U0897145

湖南省洞庭湖区

水利工作手册

湖南省洞庭湖水利事务中心 编

图书在版编目（CIP）数据

湖南省洞庭湖区水利工作手册 / 湖南省洞庭湖水利事务中心编.
—武汉 ： 长江出版社，2023.8
ISBN 978-7-5492-9115-1
Ⅰ. ①湖… Ⅱ. ①湖… Ⅲ. ①洞庭湖－湖区－水利工作－
手册 Ⅳ. ① F426.9-62

中国国家版本馆 CIP 数据核字（2023）第 162829 号

湖南省洞庭湖区水利工作手册
HUNANSHENGDONGTINGHUQUSHUILIGONGZUOSHOUCE
湖南省洞庭湖水利事务中心 编

责任编辑： 郭利娜 许泽涛
装帧设计： 蔡丹
出版发行： 长江出版社
地　　址： 武汉市江岸区解放大道 1863 号
邮　　编： 430010
网　　址： https://www.cjpress.cn
电　　话： 027-82926557（总编室）
027-82926806（市场营销部）
经　　销： 各地新华书店
印　　刷： 湖北金港彩印有限公司
规　　格： 880mm×1230mm
开　　本： 16
印　　张： 16
彩　　页： 5
拉　　页： 4
字　　数： 454 千字
版　　次： 2023 年 8 月第 1 版
印　　次： 2023 年 10 月第 1 次
书　　号： ISBN 978-7-5492-9115-1
定　　价： 98.00 元

湖南省洞庭湖区水利工作手册

编 委 会

主　　编　周北达

批　　准　曾　扬　葛国华

参编人员　杨湘隆　侯国鑫　钟艳红　张晓斌　刘　乐
　　　　　闫　东　周永强　刘　添　赵　敏　李　毅
　　　　　冯向荣　仰雨菡　石　佳　刘　烨　刘易庄
　　　　　张　恒　蒙中欢　黄康桥

顾　　问　陈文平　向朝晖　杨　建　钟芳杰　汤小俊

前言

PREFACE

洞庭湖区地处长江中游，是中部地区崛起和长江经济带开发的重要区域，是实现湖南省“三高四新”战略目标的重要着力点，洞庭湖区的发展关系到湖南省经济社会发展和千万群众福祉。

2004年，湖南省洞庭湖水利工程管理局组织编制了《防洪治涝工作手册》，但随着三峡工程的建设运行、经济社会的发展、工程设施的变更，《防洪治涝工作手册》已不能良好适应新形势、新变化。为更好提供洞庭湖区水利基础数据与洞庭湖区治理新思路，湖南省洞庭湖水利事务中心在原手册的基础上，对章节内容进行适当精减，增加了“洞庭湖保护及水资源利用”章节，更新了水情、工情等基础数据，重新命名为《湖南省洞庭湖区水利工作手册》。本次编制原则如下：

(1)资料来源

尽量采用最新的规划、设计、验收报告资料，通过向权威部门收集或实地调研取得，所有引用资料均注明资料来源(包括资料名称、年份和编制单位)，力求图、表、文简练准确。

(2)统计范围

资料统计的范围基本按照《洞庭湖区综合规划》中明确的湖南省洞庭湖区，涉及常德、益阳、岳阳、长沙、湘潭、株洲等6个地级市，共38个县(市、区)，千亩以上堤垸226个。若考虑湘江与洞庭湖分界点调整至长沙综合枢纽，则洞庭湖区涉及4个地级市，共24个县(市、区)，计有千亩以上堤垸138个。部分资料范围适当扩大，为以后留有余地，同时也列入了洞庭湖流域的相关内容。

(3)数据统计年限

水文资料统计年限到2020年，主要工程资料统计年限到2021年。

目录

CONTENTS

附　图

第 1 章　基本情况

1.1　地理位置与行政区划

洞庭湖位于长江中游右岸、湖南北部，居北纬 28°30′～30°23′，东经 111°14′～113°10′，是我国第二大淡水湖。洞庭湖区跨湖南、湖北两省，包括洞庭湖冲积平原区和受洪水顶托影响的尾闾地区。按照洞庭湖规划，行政区划涉及 42 个县(市、区)，其中：

湖北省范围内有荆州市的松滋市、公安县、荆州区、石首市。

湖南省范围内有常德、益阳、岳阳、长沙、湘潭、株洲等 6 个地级市的 38 个县(市、区)。若考虑湘江与洞庭湖分界点调整至长沙综合枢纽坝址，则湖南省范围内涉及常德、益阳、岳阳、长沙等 4 个地级市的 24 个县(市、区)。湖南省洞庭湖区行政区划(县级)见表 1-1。

表 1-1　　湖南省洞庭湖区行政区划(县级)

常德市	益阳市	岳阳市	长沙市	湘潭市	株洲市
1. 武陵区	1. 资阳区	1. 岳阳楼区	1. 望城区	1. 岳塘区 *	1. 石峰区 *
2. 鼎城区	2. 赫山区	2. 云溪区	2. 天心区 *	2. 雨湖区 *	2. 荷塘区 *
3. 澧县	3. 南县	3. 君山区	3. 雨花区 *	3. 湘潭县 *	3. 芦淞区 *
4. 津市市	4. 沅江市	4. 湘阴县	4. 芙蓉区 *		4. 天元区 *
5. 汉寿县	5. 桃江县	5. 华容县	5. 岳麓区 *		5. 渌口区 *
6. 安乡县		6. 岳阳县	6. 开福区 *		
7. 桃源县		7. 临湘市	7. 长沙县 *		
8. 临澧县		8. 汨罗市	8. 宁乡市		
9. 石门县					

注：1. 名称后带“*”的县(市、区)属于长沙综合枢纽坝址以上的行政区。

2. 除上述县级行政区外，还有 4 个县级管理区，分别为常德市的西洞庭管理区和西湖管理区、益阳市的大通湖区及岳阳市的屈原管理区。在统计口径上，西洞庭管理区计入鼎城区，西湖管理区计入汉寿县，大通湖区计入南县，屈原管理区计入汨罗市。

1.2　湖区堤垸概况

洞庭湖区堤垸历年统计范围都有所不同，就其涉及的行政区划而言，1984 年相比 1954 年范围增加了桃源县、临澧县、临湘市、汨罗市、长沙市城区、长沙县、宁乡市、湘潭市城区、湘潭县、株洲市城区、株洲县；1996 年又增加了桃江县；1999 年 8 月湖南省水利水电勘测设计规划研究总院(以下简称“湖南省水电院”)编制的《湖南省洞庭湖区防洪规划报告》又增加了石门县。

本手册考虑到湘江长沙综合枢纽建成运行后湘江尾闾水文情势的变化，堤垸统计分两种情形进行统计。一种是对湖区范围进行了适当调整，调整后的范围为：湘江至长沙综合枢纽坝址、资水至桃江水文站、沅江至桃源水文站、澧水至石门水文站；另一种仍保持原洞庭湖区规划范围，即基本按照四水（湘江、资水、沅江、澧水）控制站以下（有少数几个堤垸在四水控制站以上）。

根据湖南省洞庭湖水利事务中心 2021 年堤垸复核统计，按照洞庭湖区规划范围，洞庭湖区共有千亩以上堤垸 226 个。包括重点垸 11 个，国家级蓄洪垸 24 个，其他堤垸 191 个。共计堤长 3829.32km，保护面积 1844.39 万亩（1 亩≈0.067hm^2），保护耕地 950.60 万亩，保护人口 1401.46 万人。

若湘江尾闾计入洞庭湖区的范围由湘潭水文站调至长沙综合枢纽坝址，则调整后的洞庭湖区范围共有千亩以上堤垸 138 个。包括重点垸 11 个，国家级蓄洪垸 24 个，其他堤垸 103 个。共计堤长 3190.97km，保护面积 1690.91 万亩，保护耕地 900.1 万亩，保护人口 953.43 万人。

1.3 社会经济概况

洞庭湖区地处长江中游的枢纽位置，又处于环长株潭城市群、武汉城市辐射区，是中部崛起和长江经济带开发的重要区域，具有承东启西、连南接北的独特区位优势。长江黄金水道与京广交通动脉交汇于此，境内铁路与高速铁路、公路与高速公路纵横交错，长江岸线资源优良，是重要的水运交汇地，荆州港、岳阳港是全国内河的主要港口。

洞庭湖区是我国粮食、棉花、油料、淡水鱼等重要农产品的生产基地，矿产资源丰富，雄黄、金、锑、钨、钒产储量在全国占有重要地位，农产品加工业实力较强，初步形成了装备制造、石化、造纸、轻纺等支柱产业。

洞庭湖文化底蕴深厚，自古为文人墨客所褒颂，荆州是楚文化发祥地和三国文化之乡，区内拥有众多国家级旅游景区、自然保护区和历史文化名城名镇名村，岳阳楼、桃花源、荆州古城和洪湖等景点享誉中外。

洞庭湖还具有良好的生态功能，它南纳四水，北接长江四口（松滋口、太平口、藕池口、调弦口），东由城陵矶注入长江，具有保持江湖水域生态平衡的重要功能。湖区拥有国家一级保护动物 13 种，国家重点保护鸟类 45 种，是白鳖豚、中华鲟、江豚、小白额雁、白鹳等濒危珍稀物种的主要栖息地。

湖南省洞庭湖区涉及 6 市 38 个县（市、区），土地面积合计 47621 km^2，占全省总面积的 22.5%，人口占全省的 33.5%，GDP 占全省的 58%。若湘江与洞庭湖分界点调整至长沙综合枢纽坝址，则涉及 4 个地级市的 24 个县（市、区），土地面积合计 40343 km^2，占全省总面积的 19.0%，人口占全省的 22.0%，GDP 占全省的 27.8%，湖区各县（市、区）社会经济基本情况见表 1-2。

表 1-2　　湖南省洞庭湖区各县（市、区）社会经济基本情况

地级市	序号	县（市、区）	土地面积/km^2	耕地面积/hm^2	总人口/万人	GDP/万元	农林牧渔业总产值/万元	规模工业营业收入/万元	地方财政收入/万元
常德市	1	武陵区	270	9231	74.59	14167947	149394	10709306	120856
	2	鼎城区	2451	82335	82.76	3408155	966712	3265039	137759
	3	澧县	2075	70995	78.12	3580271	839918	2655035	106019
	4	津市市	551	18213	26.19	1581589	337262	2578076	43194
	5	汉寿县	2034	57843	81.07	2977310	815503	2380491	73962
	6	安乡县	1087	45650	53.15	1930246	537765	1076027	34575
	7	桃源县	4458	92334	85.09	3687297	1238389	2229091	130531

续表

地级市	序号	县(市、区)	土地面积 /km²	耕地面积 /hm²	总人口 /万人	GDP /万元	农林牧渔业总产值/万元	规模工业营业收入/万元	地方财政收入/万元
常德市	8	临澧县	1210	40692	43.04	1782313	539307	841228	46325
	9	石门县	3973	48563	58.71	2782192	656631	2569916	87803
益阳市	10	资阳区	635	23127	42.16	1765254	370704	3069923	57167
	11	赫山区	1285	35774	89.85	5668823	728663	9798038	116979
	12	南县	1059	58539	74.20	2623082	1050757	1662573	55741
	13	沅江市	2177	62461	69.77	3098733	927120	4203936	65901
	14	桃江县	2063	43813	79.43	2716833	680818	4114484	75715
岳阳市	15	岳阳楼区	175	3435	91.18	9700977	174970	5574148	118352
	16	云溪区	388	8671	19.23	3284341	143537	11436248	35158
	17	君山区	715	35902	26.11	1435312	434900	1546225	30331
	18	湘阴县	1581	38746	71.03	3318260	834522	2139641	104472
	19	华容县	1642	67302	73.63	3443698	1062310	5462398	58017
	20	岳阳县	2931	47033	74.42	3279816	785037	5615973	60611
	21	临湘市	1754	34021	52.17	2665783	469243	4163358	54273
	22	汨罗市	1562	43726	72.39	4641922	783009	8585724	105631
长沙市	23	望城区	1361	48330	66.52	6714233	704978	5958503	496615
	24	天心区 *	74	1057	66.96	10191523	23508	1141319	413350
	25	雨花区 *	115	2365	92.74	18881569	82421	5325757	546864
	26	芙蓉区 *	41	251	58.95	13267343	680	1176597	293402
	27	岳麓区 *	145	2387	89.30	11202318	155032	11876367	339781
	28	开福区 *	187	4498	66.48	10451976	22051	1303219	408821
	29	长沙县 *	1997	57694	108.89	15093258	1044933	22956360	1022134
	30	宁乡市	2906	92538	130.50	11137422	1647665	11937718	473116
湘潭市	31	岳塘区 *	206	4369	47.83	6000833	110212	10600384	136437
	32	雨湖区 *	78	1653	60.46	6102772	236143	5486654	81735
	33	湘潭县 *	2513	76037	86.85	4464573	872850	5501178	178759
株洲市	34	石峰区 *	165	4416	36.95	3015462	61194	6342423	79081
	35	荷塘区 *	159	4245	29.53	2193908	68511	1140056	43843
	36	芦淞区 *	67	1228	29.22	3807196	83154	974331	47652
	37	天元区 *	150	4163	33.17	3745710	133891	4121111	485378
	38	株洲县 *	1381	31900	30.31	1363915	301879	532141	75135
合计			47621	1306×10^3	2452.95	21117.42×10^4	2007.56×10^4	19205.10×10^4	684.15×10^4
全省总计			211864	4155.41×10^3	7326.62	36425.78×10^4	5361.62×10^4	35420.85×10^4	2860.84×10^4
占全省比例/%			22.5	31.4	33.5	58.0	37.4	54.2	23.9

注：1. 资料来自《湖南省统计年鉴》(2019)。

2. 名称后带"*"的县(市、区)属于长沙综合枢纽坝址以上的行政区。

1.4 水系与湖泊

洞庭湖水系由四水和长江四口洪道及入湖小河流等组成，汇水面积约 26.3 万 km²（其中湖南境内 20.48 万 km²）。天然湖泊面积 2625km²，洪道面积 1418km²（其中湖南 1013km²）。

1.4.1 洞庭湖水系主要河流概况

湖南省主要河流面积、河长见表 1-3。

表 1-3　　湖南省主要河流面积、河长

流域	水系	河名	河流长度/km		流域面积/km²		河口地点
			全长	湘境	全河	湘境	
长江	洞庭湖	松滋河	401.8	166.9	8489	5018	
		虎渡河	136.1	44.9			
		藕池河	332.8	274.3			
		华容河	85.6	72.9			
		湘江	948.0	948.0	94660	85222	濠河口
		资水	653.0	653.0	28100	26771	甘溪港
		沅江	1028.0	568.0	89800	52237	德山
		澧水	388.0	388.0	18583	15505	小渡口
		汨罗江	253.0		5770	5495	
		新墙河	108.0	108.0	2359	2359	
		其他入湖河流			15000	12200	
	小计				262761	204807	
	直接流入长江				1124	1124	
	鄱阳湖				683	683	
珠江	珠江				5185	5185	
总计					269753	211799	

注：1. 资料来自 2003 年 2 月《中华人民共和国水力资源普查成果·第 15 卷·湖南省》。

2. 根据 2013 年国家水利普查成果，湘江源头由广西桂林海洋山改为湖南蓝山，河长作相应变化。

1.4.2 长江四口洪道

长江四口洪道由松滋河、虎渡河、藕池河和华容河组成，其中，松滋河于南县肖家湾与澧水洪道合流注入西洞庭湖，虎渡河于安乡县新开口汇入松滋河，藕池河分两处入湖，中支于南县新镇洲注入南洞庭湖，东支于华容县流水沟注入东洞庭湖，华容河于六门闸注入东洞庭湖。

长江四口洪道在湖南境内计有主河和汊河、串河 15 条，合计河长 527.5km。湖南省长江四口洪道长度见表 1-4。

表 1-4　　湖南省长江四口洪道长度

河名		起点	终点	河长/km	汇入河流
松滋河	西支	澧县杨家垱	澧县张九台	36.3	松滋中支
	中支	澧县青龙窖	安乡县新开口	49.6	松虎合流段
	东支	安乡县下河口	安乡县小望角	42.8	松滋中支
	松虎合流段	安乡县新开口	南县肖家湾	21.2	目平湖
	葫芦坝串河	澧县松东下河口	澧县松西尖刀嘴	5.3	—
	彭家港串河	澧县彭家港	澧水洪道	6.5	—
	濠口串河	澧县濠口	澧水洪道	14.9	—
虎渡河		安乡黄山头(南闸)	安乡县新开口	44.9	松虎合流段
藕池河	东支	华容县殷家洲	华容县流水沟	67.3	东洞庭湖
	鲇鱼须河	华容县殷家洲	南县九都	27.9	藕池东支
	中支	华容县扯湖剅口	南县新镇洲	62.1	南洞庭湖
	陈家岭河	南县陈家岭	南县葫芦嘴	24.3	藕池中支
	西支	安乡县新堤拐	南县下柴市	51.5	藕池中支
华容河	北支	华容县洋河渡	华容县六门闸	48.0	东洞庭湖
	南支	华容县护城	华容县罐头尖	24.9	华容河北支
合计				527.5	

注：洈水发源于湖北省五峰县玉占花，于松滋市汪家汉汇入松滋河西支，河长 287km，流域面积 2218km^2，其中湖南省石门县、澧县占 619km^2（据 1980 年 4 月《湖北省水力资源普查成果》）。

华容河入口位于湖北省石首市调关镇附近的调弦口，主干全长 60.7km，其中湖南省境内 48.0km。华容河包括 1 条主支（北支）和 1 条支汊河道（南支），主干与支汊河道合计长度 85.6km。1958 年，经湖南、湖北两省协议，中央批准，分别在上游入口（调弦口）建调弦口闸，在下游出口（旗杆嘴）建六门闸控制，形成一条内河。其各级水位时的容积见表 1-5、图 1-1。

表 1-5　　华容河水位—容积统计

高程/m	22.12	23.12	24.12	25.12	26.12	27.12	28.12	29.12	30.12	31.12	32.12	33.12	34.12
容积/亿 m^3	0.077	0.146	0.213	0.284	0.364	0.450	0.553	0.643	0.746	0.851	0.971	1.106	1.242

注：高程为 85 黄海。

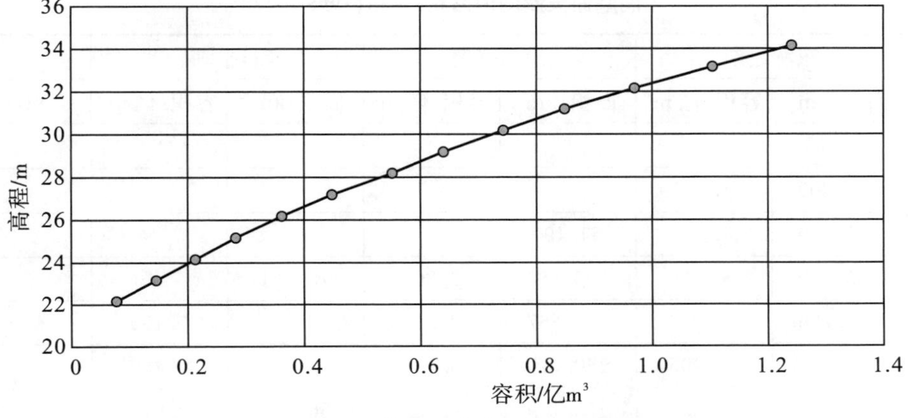

图 1-1　华容河水位—容积曲线

1.4.3 湖泊水域范围

在历史上，洞庭湖经历了一个由小到大，又由大到小的演变过程，因此各个时期的水域范围是不一样的。1949 年洞庭湖的水面面积 4350km^2，其所指即大致在各河流的河口以下范围，在经过堵支并流，移堤合垸以后，当时的部分水网地区成了洪道，一些湖泊成了内湖（如柳叶湖、冲天湖、围堤湖、珊珀湖、黄家湖、洋淘湖、大通湖等）。现状洞庭湖的水域范围包括 4 个天然湖泊和连接 4 个天然湖泊的 8 条主要洪道。洞庭湖水域范围及长度见表 1-6。

表 1-6　　洞庭湖水域范围及长度

分区	湖泊、洪道名称		起点	终点	河长/km
西洞庭	七里湖		澧县小渡口	石龟山水文站	29.3
	澧水洪道		石龟山水文站	汉寿县三角堤	38.0
	目平湖		汉寿县三角堤、坡头	小河咀水文站、南咀水文站	44.2
	沅江洪道		常德市德山杠水口	汉寿县坡头	53.5
南洞庭	南洞庭湖		小河咀水文站、南咀水文站	汨罗市磊石山	78.2
	草尾河洪道		沅江市胜天	沅江市北闸	49.8
	资水洪道	此湖口河	益阳市甘溪港	湘阴县杨柳潭	28.6
		甘溪港河	益阳市甘溪港	沅江市沈家湾	20.7
		毛角口河	湘阴县毛角口	湘阴县临资口	35.6
	湘江洪道	东支	湘阴县濠河口	湘阴县斗米嘴	21.1
		西支	湘阴县濠河口	湘阴县古塘	20.8
东洞庭	东洞庭湖		汨罗市磊石山	七里山水文站	49.6
合计	4 湖 8 洪道				469.4

1.4.4 天然湖泊

天然湖泊特指东洞庭湖、南洞庭湖、目平湖、七里湖等 4 个湖泊。根据 1995 年施测的 1∶10000 地形图（85 黄海高程），量算得 4 湖最大面积之和为 2625km^2，相应水位为东洞庭湖 34m、南洞庭湖 35m、目平湖 36m、七里湖 42m。洞庭湖天然湖泊面积、容积见表 1-7。

表 1-7　　洞庭湖天然湖泊面积、容积（1995 年）

高程/m（85 黄海）	东洞庭湖		南洞庭湖		目平湖		七里湖	
	面积/km^2	容积/亿 m^3	面积/km^2	容积/亿 m^3	面积/km^2	容积/亿 m^3	面积/km^2	容积/亿 m^3
21	91.525							
22	195.302	1.402						
23	361.350	4.144	54.190					
24	535.379	8.628	106.480	0.800	15.731			
25	788.736	15.249	203.267	2.347	22.320	0.190		
26	1042.466	24.405	350.710	5.113	33.483	0.469		
27	1203.400	35.634	515.109	9.433	56.548	0.914		

续表

高程/m (85黄海)	东洞庭湖		南洞庭湖		目平湖		七里湖	
	面积/km²	容积/亿 m³	面积/km²	容积/亿 m³	面积/km²	容积/亿 m³	面积/km²	容积/亿 m³
28	1265.161	47.977	676.821	15.381	129.640	1.820		
29	1296.403	60.785	791.281	22.709	212.160	3.529	10.766	
30	1308.970	73.812	859.343	30.952	268.751	6.404	12.712	0.117
31	1311.193	86.912	890.372	39.685	306.122	9.278	14.617	0.254
32	1312.682	100.032	897.277	48.571	323.518	12.426	22.874	0.441
33	1312.704	113.159	900.215	57.497	328.062	15.684	37.303	0.742
34	1312.802	126.287	902.670	66.450	330.849	18.979	51.480	1.186
35			905.019	75.427	332.801	22.297	66.193	1.775
36					332.903	25.626	71.636	2.464
37							73.274	3.188
38							74.196	3.926
39							74.585	4.670
40							74.673	5.415
41							74.673	6.162
42							74.673	6.908

注:1. 资料来自《洞庭湖区湖泊面积、容积最新量算及成果报告》(长江委水文局,1997年)。

2. 范围。东洞庭湖:湖口以七里山为界,在磊石山与南洞庭湖分界,藕池河以华容县新洲垸丁堤为界;南洞庭湖:湘江上以斗米嘴为界,下以磊石山与东洞庭湖分界,资水以杨柳潭为界,甘溪港以保民垸出湖口为界,以南咀和小河咀水文断面与西洞庭湖为界;目平湖:澧水以四分局、三角堤为界,沅江以坡头、新堤拐为界,以南咀和小河咀水文断面与南洞庭湖为界;七里湖:澧水上至小渡口,下至石龟山水文断面,以汇口与五里河为界。

1.4.5 湖泊总容积

选取岳阳、杨柳潭、南咀、石龟山4个水文(位)站作为4湖代表站。利用这4湖代表站1994—1996年同时水位资料建立水位相关线和七里山站水位与岳阳站水位相关成果(两站水位相差0.05m)。由七里山水位,根据以上水位相关线查得4湖代表站相应水位和容积后计算总容积(即阶梯形湖容)。本手册汇集了1995年、2003年两次实测地形资料得出的洞庭湖水位面积、容积曲线。

依据1995年实测地形资料,相应于七里山水文站31.5m(85黄海高程)时,岳阳站水位31.55m,杨柳潭站水位32.53m,南咀站水位33.55m,石龟山站水位35.45m,4湖总容积相应为167亿m³,七里山站各级水位时4湖总容积见表1-8。

表1-8　　洞庭湖天然湖泊容积统计(1995年)

七里山水位(85黄海)/m	22	23	24	25	26	27	28	29	30	31	32	33
4湖总容积/亿 m³	11.252	14.969	20.709	30.342	44.116	61.877	82.166	104.225	129.475	154.27	180.036	206.373

依据2003年实测地形资料得出的洞庭湖天然湖泊面积、容积统计见表1-9。洞庭湖天然湖泊水位—容

积曲线见图 1-2。

表 1-9　　洞庭湖天然湖泊面积、容积统计(2003 年)

七里山水位(冻结高程)/m	27	28	29	30	31	32	33	34
面积/km²	1364.76	1838.31	2127.29	2328.86	2450.13	2525.79	2567.21	2589.52
容积/亿 m³	25.25	40.99	57.91	77.74	98.42	121.72	147.08	172.92

注:1. 资料来自《洞庭湖区综合规划(修订版)》(长江委,2016 年)。

2. 冻结高程－1.94m＝85 黄海。

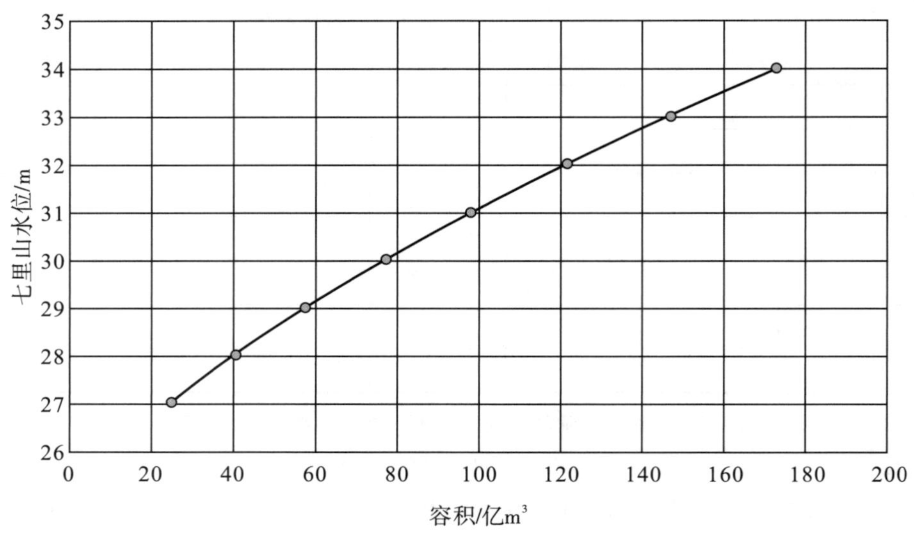

图 1-2　洞庭湖天然湖泊水位—容积曲线(2003 年)

1.4.6　尾闾

每一条河流,习惯上均根据其地貌、水流条件等情况划分为上游、中游、下游,而将其河口以上常受洪水顶托影响的河段称为尾闾。因此,尾闾只是下游河道的一部分。

1.4.7　洪道

四水河口以下过去是水网地区,自堵支并流、合垸并堤以后,各自有了独立排洪之通道,从而消除了相互顶托干扰、宣泄不畅的局面。因此,四水河口以下至天然湖泊之间的行洪通道,统称为“洪道”,仍属于“洞庭湖”天然水面的组成部分。本手册收集了依据 1995 年地形资料的澧水洪道和草尾河的面积、容积,其他洪道的面积、容积资料暂缺。

(1)澧水洪道

澧水河口(小渡口)以下过去为七里湖和水网地区,由于泥沙严重淤积,使七里湖萎缩,七里湖一目平湖的水网地区,通过 1954 年治湖时堵口、移堤、破垸、加开引河而成洪道,现状具体指石龟山水文站—汉寿县三角堤,全长 38km,洪水水面面积 65.958km²,平均河宽 1736m。澧水洪道面积、容积见表 1-10。

表 1-10 澧水洪道面积、容积

高程(85黄海)/m	25	26	27	28	29	30	31	32	33	34
面积/km²	2.545	4.929	7.28	9.635	12.199	14.915	24.376	33.235	46.989	58.157
容积/亿 m³	0	0.037	0.097	0.182	0.291	0.427	0.621	0.909	1.310	1.836
高程(85黄海)/m	35	36	37	38	39	40	41			
面积/km²	64.651	65.383	65.938	65.958	65.958	65.958	65.958			
容积/亿 m³	2.450	3.100	3.757	4.417	5.076	5.736	6.395			

注:资料来源长江委水文监测〔1997〕017号《关于呈报审批〈洞庭湖湖泊面积、容积量算成果报告〉的请示》。系采用1995年施测的1∶10000地形图量算。

(2)草尾河

草尾河分于南洞庭湖,汇于东洞庭湖,实为南洞庭湖的一条汊河,从沅江市胜天—沅江市北闸,全长49.8km,洪水水面面积41.399km²,平均河宽831m。草尾河面积、容积见表1-11。

表 1-11 草尾河面积、容积

高程(85黄海)/m	23	24	25	26	27	28	29	30	31	32	33	34	35
面积/km²	9.142	13.349	16.518	17.856	19.487	22.671	29.860	36.084	39.782	41.149	41.219	41.262	41.399
容积/亿 m³	0	0.113	0.262	0.434	0.620	0.831	1.094	1.424	1.808	2.208	2.619	3.032	3.445

注:资料来源同上,系采用1995年施测的1∶5000地形图量算。

1.4.8 湖区主要河道

湖区主要河道指洞庭湖区范围内、天然湖泊的周围几条比较大的河流和洪道。湖南省洞庭湖区主要河道情况见表1-12。

表 1-12 湖南省洞庭湖区主要河道情况表

河名		起点	终点	河长/km	水文(位)站及地方水尺
湘江	尾闾	湘潭水文站	湘阴县濠河口	122.4	湘潭、长沙、靖港
	东支洪道	湘阴县濠河口	湘阴县斗米嘴	21.1	湘阴水位站、许家台
	西支洪道	湘阴县濠河口	湘阴县古塘	20.8	新泉寺闸
资水	尾闾	桃江水文站	益阳市甘溪港	43.5	桃江水文站、益阳水位站
	茈湖口洪道	益阳市甘溪港	湘阴杨柳潭	28.6	小河口、沙头水文站、茈湖口
	甘溪港洪道	益阳市甘溪港	沅江沈家湾	20.7	窑山头、下星港(沅江市七鸭子)
	毛角口洪道	湘阴县毛角口	湘阴临资口	35.6	杨堤水文站、东河坝
沅江	尾闾	桃源水文站	德山枉水口	51.4	桃源水文站、常德水位站
	洪道	常德德山枉水口	汉寿坡头	53.5	牛鼻滩水位站、周文庙水位站、坡头
澧水	尾闾	石门水文站	澧县小渡口	62.4	石门水文站、津市水文站、小渡口
	洪道	石龟山水文站	汉寿县三角堤	38.0	石龟山水文站、沙河口、三角堤

续表

河名		起点	终点	河长/km	水文(位)站及地方水尺
松滋河	中支	澧县青龙窖	安乡县新开口	49.6	自治局水文站、安乡水文站
	西支	澧县杨家垱	澧县张九台	36.3	瓦窑河水位站、官垸水文站、汇口水文站
	东支	安乡县下河口	安乡小望角	42.8	潭子口、大湖口水文站、泥刯口
	松虎合流段	安乡新开口	南县肖家湾	21.2	肖家湾水文站
	葫芦坝串河	澧县松东下河口	澧县松西尖刀嘴	5.3	—
	彭家港串河	澧县彭家港	澧水洪道	6.5	—
	濠口串河	澧县濠口	澧水洪道	14.9	—
虎渡河		安乡黄山头(南闸)	安乡新开口	44.9	黄山头水位站、董家垱、唐家铺
藕池河	东支	华容殷家洲	华容流水沟	67.3	梅田湖、南县(罗)水文站、注滋口水位站
	鲇鱼须河	华容殷家洲	南县九都	27.9	宋市
	中支	华容址湖刯口	南县新州垸	62.1	杨泗庙、三岔河水文站
	陈家岭河	南县陈家岭	南县葫芦嘴	24.3	哑吧渡、北河口
	西支	安乡新堤拐	南县下柴市	51.5	官垱、麻河口
华容河	北支	华容洋河渡	华容六门闸	48.0	六门闸
	南支	华容护城	华容罐头尖	24.9	—
草尾河洪道		沅江胜天	沅江北闸	49.8	草尾水文站、北闸
汨罗江尾闾		汨罗南渡桥	汨罗磊石山	24.5	三星渡、南渡桥
新墙河尾闾		岳阳县筻口镇	岳阳县岳武嘴	26.8	三合
小计				1126.6	

注：1. 湖南省湖区主要河道河长1126.6km[包括六水尾闾(四水加汨罗江与新墙河)331km、四口洪道527.5km及洞庭湖8条洪道268.1km]。

2. 黄土包河在大洪水时与南洞庭湖连成一片，其面积、容积已包括在南洞庭湖内。中水位(32m，85黄海)以下时，河宽600～1200m，河长(附山洲—杨么头)60km。

3. 五里河已包括在松滋河西支内。

4. 藕池河的沱江起点南县城关，终点茅草街，河长41.2km。现已堵口(建闸)成为哑河(平原水库)，故不再列。

第2章 水准基面

2.1 相关概念

2.1.1 基面与高程系统

某点沿地平面法线或重力线方向至某一基准面的高度叫“高程”，其起算的基准面称“水准基面”，简称“基面”。初始时，一个基面就是一个高程系统，但因种种原因，初定的基准面零点发生了变动，这样一来，一个基面就有了多个高程系统，如黄海基面就分出了“1954年黄海平均海平面”“1956年黄海高程系”“1985年国家高程基准”3个高程系统。我国从海平面起算高程的概念始于元代，先后在不同范围内采用过不同的基面，如黄海、吴淞、废黄河口、大沽、大连、坎门、珠江等10余种，多数基面只有1个高程系统。

2.1.2 1956年黄海高程系(黄海高程系)

以山东省青岛验潮站1950—1956年验潮资料算得平均海水面为零起算的高程系统，验潮站码头地平面标志铜丝高程为3.61m，水准原点设在青岛市观象山，高程为72.289m。1956年黄海高程系是1959年9月4日国务院批准试行《中华人民共和国大地测量法式(草案)》首次建立的国家高程基准。简称“56黄海”。

2.1.3 1985年国家高程基准

以山东省青岛验潮站1952—1979年的潮汐观测资料为计算依据，按中数法计算1952—1979年10组19周期的平均海面的平均值为零点起算的中国国家高程系统。水准原点的高程为72.260m。1987年5月26日，国家测绘总局发出了关于启用“1985年国家高程基准”及国家一等水准网成果的通告。简称“85黄海”。

2.1.4 吴淞基面

1860年吴淞海关港务司在黄浦江西岸张华滨设水尺观测潮水位，1883年初在水尺附近埋设基准标石，1906年时，以比1871—1900年实测最低潮水位略低的一个高程作为“吴淞海关零点”，简称“吴淞零点”。1921年上海浚浦局在原标石附近300m处设钢筋混凝土水准点，名“张华滨基点”，标高5.1054m；1922年扬子江水道讨论委员会引测至江苏省镇江市，设立“镇江Y.R.C.B.M308”，简称“镇江308”，测得高程为9.387m，后来改用1947年扬子江水利委员会精密水准校测高程9.391m，是为吴淞基面水准原点。该基面广泛用于长江、淮河流域。

2.1.5 吴淞高程系统

吴淞基面原来就只有一个高程系统，但在 1957 年以前湖南省普遍使用的是“吴淞初算成果”，1957 年 3 月完成了全省水准网平差工作，新成果称为“吴淞资用成果”，简称“吴淞高程”，因此有了“平差前”与“平差后”之分，两者分别称为“吴淞初算高程”和“吴淞高程”。不知内情者误将其统称为“吴淞”，或统称为“冻结吴淞”，将两者混淆了。为示区别，将其分别称为“吴淞平差前高程”和“吴淞平差后高程”，在表格中简称为“吴淞前”和“吴淞后”（或吴淞）。

2.1.6 测站基面

1954 年从苏联引进“测站基面”的概念，即各水文（位）站选最低水位以下某高程作为本站的测站基面。

2.1.7 冻结基面

各水文（位）站水准点在引测过程中存在误差，在初测与复测之间、平差前后及高程系统的改变，都会使测站水准点高程数据发生变动。为保持各站历年水位观测资料前后高程系统的一致性，1955 年在制定《水文测站规范》时，采取了将首次测量的水准点高程数据“冻结”的办法，每次重复测量或平差后，只记载并刊布与首次数据间的差值。1959 年修订规范时，正式命名为“冻结基面”，即水准点首次高程数据所对应的基面，实为每站所独有的基面，与绝对高程接近，但其差值每站都不同。

2.1.8 绝对高程（高程，海拔高度）

绝对高程是由平均海水面为零点起算的地面点高度。

2.1.9 相对高程（假定高程）

相对高程是以假定高程基准为零点起算的地面点高度。

2.2 高程系统换算关系

2.2.1 黄海高程系统换算关系

水准原点高程的降低，即表示平均海水面的抬高，因此就“零点”的换算关系来说，“85 黄海”比“56 黄海”高了 0.029m，但由于高程引测中的误差，因此平差后具体到各地区其差值就不一样了。湖南省测绘局于 1994 年 10 月编制了《湖南省国家一、二等水准成果表（1985 年国家高程基准）》，将 9 个一等水准环线的“56 黄海高程”按接点和路线两种方法计算，取平均值改化到“85 黄海高程”，其换算关系为：56 黄海高程＋（0.081～0.133m）＝85 黄海高程。为简化计算，洞庭湖区采用：56 黄海高程＋0.09m＝85 黄海高程。湖北各站采用长江委 2000 年 12 月编的《长江防汛水情手册》成果，长江三口 5 站借用枝城站换算值。

2.2.2 吴淞高程系统换算关系

据《水文计算图表集》（长江委水文局，1980 年 3 月）：吴淞零点高程＝56 年黄海平均海平面＋1.807m。由于平差的因素，各地各个水准标点的换算值是不一样的，导致长途水准测量存在误差。

在湖南省，吴淞平差前高程－（0.02～0.55）m＝吴淞平差后高程；吴淞平差后高程－（1.68～1.85）m＝

56 黄海高程。

前者见油印测量成果，后者见原水电部长沙勘测设计院于 1959 年刊布的《湖南境内水准结点黄海与吴淞高程对照表》。不同基面的换算，均只对水准路线中的“结点”进行换算，“结点”以外的水准点只能参照附近结点的换算值内插选用。

2.2.3 冻结基面换算关系

湖南省各水文(位)站，因其建站时间的不同，采用的高程系统也就不一样，绝大多数为吴淞平差前高程系统，少数为吴淞平差后高程系统，个别为假定基面或 56 黄海高程。各站的换算关系见《水文年鉴》。

2.3 洞庭湖区水准基面

2.3.1 基本情况

在各种资料中，主要存在 2 种水准基面(4 个高程系统)，其中，水文资料绝大多数采用吴淞基面(有吴淞平差前与吴淞平差后 2 个高程系统)，地形图和河道纵、横断面资料均采用黄海基面(有 56 黄海和 85 高程两个高程系统)，在工程设计报告中采用的高程系统各异，在其换算关系上不乏失误之处。

2.3.2 洞庭湖区国家水准点各高程系统的换算关系

从刊布的正式水准成果表中统计得出，吴淞平差前高程换算为吴淞平差后高程，在常德地区为－0.09～－0.12m(澧县为－0.08～－0.30m)，益阳地区为－0.25～－0.55m，岳阳地区为－0.19～－0.24m，长沙地区为－0.02～－0.20m。

吴淞平差后高程－(1.75～1.84)m＝56 黄海高程

56 黄海高程＋0.09m＝85 黄海高程

2.3.3 洞庭湖区水文(位)站各高程系统的换算关系

国家基本站：冻结高程－(0.12～0.53)m＝吴淞平差后高程

吴淞平差后高程－(1.76～1.93)m＝56 黄海高程

地方专用站：冻结高程＋(－0.79～＋0.12)m＝吴淞平差后高程

吴淞平差后高程－(1.81～1.82)m＝56 黄海高程

因为二期治理堤防加固工程设计时硬性规定要采用吴淞平差后高程，所以湖南省水电院测量队研究决定，全部简化为 56 黄海高程(因现用高程成果表中只有黄海高程)分别加 1.81m(西区，即湘江以西)和加 1.82m(东区，即湘江以东)换算为吴淞平差后高程，再与各地方站原水尺高程相减得出“冻吴差”，这就人为地增大了误差。《洞庭湖近期治理与洞庭湖综合规划》(2016 年)采用基面为冻结吴淞高程。

2.3.4 洞庭湖区各水文(位)站及地方水尺高程换算值

一直以来只有一些零星的高程换算值资料，而且还互有出入，尤其是地方水尺资料奇缺，且有差错。由于各站使用基面不统一，以致造成上下游倒流的假象，在堤防加高过程中，各管区段互不衔接，起起落落呈波浪状，偏高者造成浪费，偏低者不利于防洪安全。为使高程系统逐步统一到国家高程基准，有利于防洪工程的建设和管理，本次特收集了洞庭湖区各水文(位)站及地方水尺的高程系统换算值资料，分河流从上游到下游，从左岸到右岸进行了整理。

(1)资料来源

国家基本站采用《水文年鉴》成果，湖北各站采用长江委编写的《长江防汛水情手册》成果；地方站采用湖南省水电院 1994 年施测的各堤垸纵横断面资料中的换算值、各种设计报告、资料、长沙水文水资源局 2001 年编制的《长沙市重要防洪堤垸水尺、水准点埋设及高程联测技术报告》等。

(2)汇编原则

《水文年鉴》中有的水文(位)站前后有几厘米的变动，由于系允许误差，故不予更改，仅牛鼻滩水位站因与常德水位站出现枯水倒流现象，故改用湖南省水电院 1996 年 7 月校测成果；地方站凡有几份校测成果的，均需要通过上下游水面线合理性检查后，取其较合理者。

(3)汇编成果表

本手册中水文站点隶属，“长江委”指长江水利委员会水文局，“湘水文中心”指湖南省水文水资源勘测中心，“地方”指各县、乡、镇水利部门设的站；“堤垸类别”中的 A 类为重点垸、B 类为蓄洪垸；“桩号”为湖南省水电院 1994 年施测的堤垸纵横断面资料，仅长春垸为 1997 年 3 月《长春垸堤防加固工程(二期)初设报告》成果。

重点垸、蓄洪垸堤堤垸编号见表 2-1，洞庭湖区水文(位)站高程换算值见表 2-2。

表 2-1　　重点垸、蓄洪垸堤堤垸编号

A 类	1	2	3	4	5	6	7	8	9	10	11	
	松澧	安造	安保	沅澧	沅南	育乐	大通湖	长春	湘滨南湖	烂泥湖	华容护城	
B 类	1	2	3	4	5	6	7	8	9	10	11	12
	澧南	九垸	西官	安澧	安昌	南汉	围堤湖	六角山	安化	和康	南顶	共双茶
	13	14	15	16	17	18	19	20	21	22	23	24
	民主	义合金鸡	城西	北湖	屈原	集成安合	钱粮湖	大通湖东	建设	建新	君山	江南陆城

表 2-2　　洞庭湖区水文(位)站高程换算值表

河名	站名	站别	隶属	冻结基面换算值/m			所在地区	堤垸		
				吴淞	56 黄海	85 黄海		类别	名称	桩号
长江中游	宜昌	水文	长江委	−0.36	−2.14	−2.07	湖北			
	枝城	水文	长江委	−0.37	−2.13	−2.05	湖北			
	沙市(二郎矶)	水文	长江委	−0.42	−2.21	−2.17	湖北			
	石首	水位	长江委	−0.27	−2.08	−2.01	湖北			
	监利(姚圻脑)	水文	长江委	−0.31	−2.14	−2.07	湖北			
长江中游	临江闸		地方	+0.12	−1.69	−1.60	君山区	B21	建设	9+696
	北闸		地方	−0.10	−1.91	−1.82	君山区	B23	君山	17+306
	城陵矶(莲花塘)	水位	长江委	−0.21	−2.03	−1.94	岳阳楼区			
	新港闸		地方	−0.06	−1.88	−1.79	云溪区	B24	陆城	17+229
	螺山(二)	水文	长江委	−0.19	−2.03	−1.99	湖北			
	新洲脑闸		地方	−0.14	−1.96	−1.87	临湘市	B24	江南	32+749
	铁山嘴		地方	−0.15	−1.97	−1.88	临湘市	B24	江南	
	汉口(武汉关)	水文	长江委	−0.21	−2.09	−2.07	湖北			

续表

河名		站名	站别	隶属	冻结基面换算值/m			所在地区	堤垸		
					吴淞	56 黄海	85 黄海		类别	名称	桩号
松滋河	中支	自治局(三)	水文	长江委	−0.20	−2.07	−1.98	安乡县	B4	安澧	40+964
		安乡	水文	长江委	−0.46	−2.28	−2.27	安乡县	A2	安造	34+000
		武圣宫		地方	−0.36	−2.17	−2.08	南县	B6	南汉	7+952
		肖家湾(二)	水位	长江委	0	−1.80	−1.74	南县	B6	南汉	
	西支	新江口	水文	长江委	−0.36	−2.17	−2.09	湖北			
		大剅口		地方	−0.51	−2.32	−2.23	澧县	A1	松澧	83+150
		瓦窑河(二)	水位	长江委	−0.18	−2.07	−1.98	安乡县	B4	安澧	
		官垸	水文	长江委	−0.53	−2.41	−2.32	澧县	B3	西官	51+459
		汇口(二)	水文	长江委	−0.23	−2.16	−2.07	澧县	A3	安保	97+950
	东支	沙道观(二)	水文	长江委	−0.27	−2.09	−2.01	湖北			
		潭子口		地方	−0.66	−2.47	−2.38	安乡县	B4	安澧	14+510
		大湖口	水文	长江委	−0.39	−2.29	−2.20	安乡县	B4	安澧	21+000
虎渡河		弥陀寺(二)	水文	长江委	−0.22	−2.03	−1.98	湖北			
		黄山头(闸下)	水位	长江委	−0.38	−2.18	−2.10	安乡县	A2	安造	
		董家垱	水文	地方	0	−1.81	−1.72	安乡县	A2	安造	64+390
		金家垱		地方	−0.54	−2.35	−2.26	安乡县	B5	安昌	18+530
		陆家渡		地方	−0.52	−2.33	−2.24	安乡县	A2	安造	45+800
藕池河	东支	管家铺	水文	长江委	−0.25	−2.09	−2.02	湖北			
		梅田湖		地方	−0.29	−2.10	−2.01	华容县	A6	永固	0+195
		南县(罗文窖)	水文	长江委	−0.24	−2.03	−1.98	南县	A7	大通湖	27+842
		北景港		地方	−0.24	−2.03	−1.94	华容县	A11	护城	35+660
		文家铺		地方	−0.19	−2.00	−1.91	南县	A7	大通湖	21+905
		燕子窝		地方	−0.35	−2.16	−2.07	华容县	A11	护城	52+710
		注滋口(一)	水位	长江委	−0.23	−2.03	−1.94	华容县	B20	大通湖东	
		注滋口(二)	水位	长江委	0	−1.80	−1.71	华容县	B20	大通湖东	198+991
	鲇鱼须	宋市		地方	−0.09	−1.90	−1.81	华容县	A11	护城	15+020
	中支	哑吧渡		地方	+0.02	−1.79	−1.70	南县	B11	南顶	12+948
		杨泗庙		地方	−0.04	−1.85	−1.76	南县	B10	和康	8+086
		厂窖		地方	+0.02	−1.79	−1.70	南县	B6	南汉	47+640
		三岔河	水文	长江委	0	−1.81	−1.76	南县	A6	育乐	
	陈家岭	三岔河		地方	−0.56	−2.37	−2.28	安乡县	B9	安化	9+112
	西支	康家岗(二)	水文	长江委	−0.27	−2.09	−2.01	湖北			
		官垱		地方	−0.45	−2.26	−2.17	安乡县	B9	安文	3+230
		麻河口		地方	−0.20	−2.01	−1.92	南县	B10	和康	38+690

续表

河名		站名	站别	隶属	冻结基面换算值/m			所在地区	堤垸		
					吴淞	56黄海	85黄海		类别	名称	桩号
湘江	尾闾	株洲	水文	湘水文中心		−1.99	−1.88	株洲市			
		湘潭	水文	湘水文中心	−0.46	−2.28	−2.24	湘潭市			
		中心港(双管子)		地方		−2.08	−1.99	天心区		解放	
		长沙(三)	水位	湘水文中心	−0.48	−2.28	−2.24	天心区			
		望城码头		地方	−0.53	−2.35	−2.26	望城区		胜利	
		靖港(三)		湘水文中心	—		+0.02	望城区	A10	大众	
		双管子		地方	−0.71	−2.53	−2.44	湘阴县	A10	沙田	
	洪道	濠河		地方	−0.13	−1.95	−1.86	湘阴县	B15	城西	1+000
		湘阴	水位	长江委	−0.26	−2.08	−1.98	湘阴县		东湖	
资水	尾闾	桃江(二)	水文	湘水文中心			−2.36	桃江县			
		新桥河闸		地方	−0.66	−2.47	−2.38	资阳区	A8	长春	2+526
		托口港		地方	−0.33	−2.14	−2.05	资阳区	A8	长春	11+712
		益阳(二)	水位	湘水文中心	−0.32	−2.13	−2.18	资阳区	A8	长春	21+960
	洪道	小河口		地方	+0.04	−1.77	−1.68	赫山区	A10	人民	12+154
		沙头(二)	水文	长江委	−0.27	−2.08	−1.97	资阳区	B13	民主	23+545
沅江	尾闾	桃源	水文	湘水文中心	−0.17	−1.98	−1.89	桃源县		车湖	
		延泉		地方	+0.03	−1.78	−1.69	桃源县		车湖	
		河洑闸		地方	−0.29	−2.10	−2.01	武陵区	A4	护丹	1+405
		常德(二)	水位	湘水文中心		−1.91	−1.82	武陵区	A4	护城	26+818
	洪道	邱家石旮		地方	−0.19	−2.00	−1.91	鼎城区	A5	三合	5+866
		牛鼻滩	水位	长江委			−1.87	鼎城区	A5	八官	52+678
		龙打吉		地方	−0.03	−1.84	−1.75	汉寿县	A4	西湖	68+650
		小港		地方	−0.27	−2.08	−1.99	汉寿县	A4	西湖	76+250
		周文庙	水位	长江委	0	−1.78	−1.69	汉寿县	A5	沅南	42+596
		坡头		地方	0	−1.81	−1.72	汉寿县	A4	西湖	88+000
澧水	尾闾	石门	水文	湘水文中心		−2.09	−2.00	石门县			
		向阳闸		地方	+0.10	−1.71	−1.62	临澧县	A1	新合	9+909
		张公庙		地方	+0.05	−1.76	−1.67	澧县	A1	澧阳	19+723
		荣家河		地方	−0.39	−2.20	−2.11	澧县	A1	澧阳	24+760
		兰江闸		地方	−0.34	−2.15	−2.06	澧县	A1	澧阳	29+890
		上福桥		地方	−0.46	−2.27	−2.18	澧县	A1	澧澹	40+570
		津市(二)	水文	湘水文	−0.31	−2.16	−2.09	津市市	A1	护市	
		小渡口		地方	−0.31	−2.16	−2.09	澧县	A1	松澧	47+740

续表

河名		站名	站别	隶属	冻结基面换算值/m			所在地区	堤垸		
					吴淞	56 黄海	85 黄海		类别	名称	桩号
西洞庭湖	七里湖	石龟山	水文	长江委	－0.28	－2.13	－2.10	津市市	A4	西湖	160＋848
	澧水洪道	沙河口		地方	＋0.03	－1.78	－1.69	鼎城区	A4	民主阳城	138＋825
	目平湖	南咀	水文	长江委	－0.18	－1.94	－1.88	沅江市			
		沙湾	水位	长江委	－0.12	－1.90	－1.83	沅江市			
		小河咀	水文	长江委	－0.14	－1.96	－1.85	沅江市	A8	长春	67＋974
南洞庭湖	南洞庭湖	沅江(二)	水位	长江委	－0.27	－2.04	－1.96	沅江市	A8	长春	57＋040
		杨柳潭	水位	长江委	－0.18	－1.99	－1.88	湘阴澧县	A9	湘滨	44＋710
		营田	水位	长江委	－0.22	－2.04	－1.92	汨罗市	B17	屈原	
	草尾河	草尾	水文	长江委	0	－1.81	－1.87	沅江市	A8	大通湖	73＋899
		黄茅洲		地方	－0.02	－1.83	－1.74	沅江市	A8	南大	91＋535
东洞庭湖		鹿角(二)	水位	长江委	－0.24	－2.06	－1.95	岳阳县			
		岳阳	水位	长江委	－0.21	－2.03	－1.94	岳阳楼区			
		城陵矶(七里山)	水文	长江委	－0.21	－2.03	－1.94	岳阳楼区			

第3章 气象特征

湖南省位于北纬24°38′～30°08′(洞庭湖位于北纬28°30′～30°20′)，属亚热带季风湿润气候，具有气候温暖、四季分明、热量充足、雨水集中、春温多变、夏秋多旱、严寒期短、暑热期长等特点。在全国综合自然区划中属亚热带常绿阔叶林带。

3.1 气温

气温是指大气的温度，是表示大气冷暖程度的量，是划分季节的指标。气候学通常以候(5天为一候)平均气温低于10℃为冬季，10～20℃为春、秋季，高于22℃为夏季。

湖区一般于3月中旬入春，入春后阴雨连绵，气温逐渐回升，春季可维持65～75d；5月下旬入夏，6月下旬起进入盛夏，立秋(8月7日或8日)后，一般人们称之为“秋老虎”的晴热天气实为晚夏，夏季一般长4个月左右，温高暑热，蒸发强盛，入夏后雨日减少，但强度加大，晚夏连晴少雨；9月底前后进入秋季，一般维持2个月左右，前一个月左右秋高气爽，后一个月左右秋风秋雨；冬季自11月底前后开始，一般可维持3个多月，气温不太低，但比较湿冷。如果按月份划分，则湖区冬季为12月至次年2月(月平均气温低于10℃)，夏季为6—9月(月平均气温高于22℃)。

采用湖南省气象局提供的湖南省地面气候资料(1981—2010年)湖区19个气象站资料统计，湖区多年平均气温在16.7(临澧)～17.5℃(岳阳)，平均气温17.2℃，其中月平均气温高于22℃的有5—9月，低于10℃的有12月至次年2月，以7月最高，为28.8℃，1月最低，为4.7℃，月平均温差达24.1℃。极端最高气温为43.6℃(益阳1961年7月24日)，极端最低气温为－18.1℃(临湘1969年1月31日)，即夏季与冬季的极端气温之差达61.7℃。湖南省洞庭湖区各气象站多年平均气温统计见表3-1。

表3-1　湖南省洞庭湖区各气象站多年平均气温统计　(单位:℃)

河名	站名	1月	2月	3月	4月	5月	6月	7月	8月	9月	10月	11月	12月	全年
湘江尾闾	株洲市	5.2	7.5	11.3	17.7	22.6	26.0	29.4	28.4	24.3	18.9	13.2	7.5	17.7
	湘潭市	5.1	7.3	11.2	17.5	22.3	25.7	29.1	28.2	23.9	18.6	13.0	7.3	17.4
	马坡岭	5.0	7.3	11.2	17.6	22.6	26.0	29.4	28.5	24.3	18.8	12.8	7.2	17.6
	宁乡	4.7	6.9	10.9	17.2	22.1	25.5	28.9	28.0	23.5	18.0	12.4	7.0	17.1
资水尾闾	桃江	4.6	6.8	10.8	17.0	21.8	25.2	28.4	27.5	23.0	17.5	12.0	6.8	16.8
	益阳	4.8	7.1	11.0	17.3	22.3	25.7	29.0	28.1	23.7	18.3	12.7	7.3	17.3
沅江尾闾	桃源	4.8	6.9	10.8	17.0	22.0	25.3	28.4	27.6	23.3	17.8	12.3	7.1	16.9
	常德	5.0	7.2	11.1	17.4	22.4	25.8	28.9	28.1	23.8	18.3	12.8	7.4	17.3

续表

河名	站名	1月	2月	3月	4月	5月	6月	7月	8月	9月	10月	11月	12月	全年
澧水尾闾	澧县	4.5	6.7	10.8	17.0	22.1	25.5	28.3	27.6	23.3	17.9	12.3	6.8	16.9
	临澧	4.3	6.5	10.6	16.9	21.9	25.3	28.2	27.5	23.2	17.6	11.9	6.5	16.7
汨罗江	汨罗	4.8	7.2	11.2	17.5	22.6	25.9	29.1	28.4	24.0	18.4	12.6	7.0	17.4
四口河道	安乡	4.6	7.0	11.0	17.2	22.2	25.6	28.5	27.9	23.6	18.2	12.6	7.0	17.1
	南县	4.6	6.8	10.9	17.1	22.1	25.6	28.5	27.7	23.5	18.1	12.5	6.9	17.0
	华容县	4.6	6.9	11.0	17.3	22.4	25.9	28.9	28.2	23.8	18.3	12.5	7.0	17.2
洞庭湖	湘阴	4.6	7.0	11.0	17.3	22.3	25.8	29.1	28.3	23.9	18.3	12.5	6.9	17.3
	汉寿	4.7	6.9	10.9	17.1	22.1	25.5	28.7	27.8	23.4	17.9	12.4	7.1	17.0
	沅江	5.0	7.2	11.1	17.3	22.3	25.7	28.9	28.2	23.9	18.6	13.1	7.5	17.4
	岳阳市	5.0	7.3	11.2	17.5	22.5	25.9	29.0	28.3	24.1	18.7	13.0	7.5	17.5
黄盖湖	临湘	4.2	6.6	10.7	17.1	22.1	25.5	28.8	27.7	23.3	17.7	11.8	6.4	16.8
平均		4.7	7.0	11.0	17.3	22.2	25.7	28.8	28.0	23.7	18.2	12.6	7.1	17.2

注：本表依据 1981—2010 年气候资料统计。

3.2 降水

大气中的水汽凝结后以液态水或固态水降落到地面的现象称为“降水”，湖南省降水中以雨水为主，雪水很少。

3.2.1 雨季的天气形势

湖南省雨季为 4—6 月，3 个月降水量占全年的 43.2%，3—8 月降水量占全年的 69.9%。局地性和地区性暴雨占 3/4，区域性和大范围暴雨占 1/4。雨季的天气形势具有以下基本特点：

(1)500hPa(毫巴)环流形势

雨季期间造成湖南省暴雨过程的环流形势基本上有 3 种。一是经向型，在暴雨过程中，中高纬度环流形势尽管不断变化，但都具有经向环流特点；二是纬向型，在暴雨过程中，中高纬度地区都保持纬向环流或为短波槽脊东移的环流特点；三是环流调整型，在暴雨发生前，中高纬度的环流特点都发生了明显变化。

(2)700hPa 天气系统

700hPa 天气系统主要有低槽（又分为低槽冷锋、北槽南涡和南北槽结合 3 种形式）、切变线（又分为横切变线低涡、切变线更替和暖式切变线三种形式）和西南低涡（又分为西风大槽低涡和南支低槽低涡两种形式）三类。湖南省雨季的暴雨过程有 2/3 由西南低涡造成，其东移的路径大体可分 4 条：①低涡进入 108°E 并位于在 33°N 以北的称偏北路；②在 27°N 以南向东南移的称东南路；③在北纬 27°～33°东移的称东路；④低涡位置偏南，移向东北，移经 108°E 时在 31°N 以南的称东北路。一般①、②路对湖南省没有影响或影响较小，③、④路的低涡容易造成湖南省暴雨过程。

(3)地面天气形势

暴雨发生时湖南省常处在冷锋、静止锋、两湖波动、副高（副热带高压）边缘等系统的影响下。

1)冷锋暴雨。

冷锋暴雨多在明显的低槽、冷锋结合影响下发生。

2)静止锋暴雨。

暴雨发生时,锋后高压常已入海或显著变性,受副高日变化的影响,静止锋南北摆动而形成暴雨,但范围小、强度较弱,容易在湖南省南部的丘陵、山地发生。

3)两湖波动暴雨。

两湖波动暴雨是在洞庭湖、鄱阳湖地区新生的气旋波动。一年四季都可能发生,按其形成过程可分为静止锋波动(4 月最多)、静止锋锋生波动(5 月最多)、冷锋波动(6 月最多)三种类型,其中以冷锋波动出现较多。两湖波动形成前后,降水将明显加大,常造成湖南省暴雨天气,约占湖南省雨季暴雨过程的 1/3。

4)副高边缘暴雨。

副高边缘暴雨是指湖南省已稳定处于副高边缘,地面为一致微弱的偏南风并形成东西向等压线时所出现的暴雨。此类暴雨过程在湖南省出现较少。

3.2.2 天气系统

西太平洋副高南部边缘的东南气流与副高西部边缘的西南气流所提供的充沛暖湿空气,是湖南省春夏暴雨水汽输送的主要来源;冷空气活动产生的大范围上升运动是影响湖南省暴雨的重要天气系统。

4 月开始,随着副高脊增强西伸,西南暖湿气流增强,湖南省进入雨季,5 月副高脊线平均位置在 17°N 左右,全省大部分地区进入暴雨季节,6 月副高脊线平均位置在 22°N 左右,是全省暴雨出现最多的时候,7 月下旬副高脊线到达长江流域,由台风、东风波、赤道辐合带产生的暴雨开始,因而 8 月有少部分地区又出现暴雨。

5、6 月有 92%的暴雨发生在切变线、低涡和低槽的影响之下,其中切变线占 74%,低槽占 18%。据全省实测最大 24h 暴雨记录的天气成因分析,受切变线影响的占 37%,台风占 21%,低涡占 18%,其他(如冷锋、低槽、静止锋)占 24%。

3.2.3 降水量

3.2.3.1 降水等级

天气预报中降水等级划分见表 3-2。

表 3-2 天气预报中降水等级划分 (单位:mm)

预报用语	降水量		预报用语	降水量	
	12h 降水量	24h 降水量		12h 降水量	24h 降水量
毛毛雨、小雨、阵雨	0.1~4.9	0.1~9.9	大暴雨—特大暴雨	105.0~170.0	175.0~300.0
小雨—中雨	3.0~9.9	5.0~16.9	特大暴雨	>140.0	>250.0
中雨	5.0~14.9	10.0~24.9	零星小雪、小雪、阵雪	0.1~0.9	0.1~2.4
中雨—大雨	10.0~22.9	17.0~37.9	小雪—中雪	0.5~1.9	1.3~3.7
大雨	15.0~29.9	25.0~49.9	中雪	1.0~2.9	2.5~4.9
大雨—暴雨	23.0~49.9	38.0~74.9	中雪—大雪	2.0~4.4	3.8~7.4
暴雨	30.0~69.9	50.0~99.9	大雪	3.0~5.9	5.0~9.9
暴雨—大暴雨	50.0~104.9	75.0~174.9	大雪—暴雪	4.5~7.5	7.5~15.0
大暴雨	70.0~140.0	100.0~250.0	暴雪	≥6.0	≥10.0

3.2.3.2 降水分布

湖南省多年平均降水量1450mm左右，与邻近省份比较，东多于江西、浙江，西多于云南、贵州、四川(成都平原)，北多于湖北的江汉平原，南少于广西、广东，而与江西接近。是全国雨水较多的地区之一，因受大气环流和地形的影响，时空分布很不均匀，容易出现水旱灾害，也是全国水旱灾害多发省份之一。

(1)时间分布

全省平均年最大降水量为2002年1961mm，最少为2011年1051.3mm，两者相差909.7mm；年内分配不匀，雨季3个月却集中了全年降水量的40%以上，四水干流及洞庭湖降水量月分配见表3-3。

表3-3 四水干流及洞庭湖降水量月分配 (单位:%)

流域	1月	2月	3月	4月	5月	6月	7月	8月	9月	10月	11月	12月	雨季	雨季月份
湘江	4.7	7.1	9.2	14.6	14.8	14.1	7.2	8.4	4.4	6.4	5.7	3.4	43.5	4—6
资水	4.1	5.8	8.1	13.7	14.4	14.4	8.3	9.9	5.8	7.1	5.3	3.1	42.5	4—6
沅江	3.1	4.5	7.1	13.3	15.4	15.8	9.6	9.4	6.0	7.6	5.3	2.9	44.5	4—6
澧水	2.1	3.4	6.4	11.0	14.1	16.4	12.8	11.5	7.8	7.4	4.8	2.3	43.3	5—7
洞庭湖	3.6	5.6	8.8	13.3	14.0	15.0	8.8	9.9	5.8	6.8	5.3	3.1	42.3	4—6

湖区多年平均降水量在1256.2(南县)～1582.5mm(临湘)，湖区平均降水量1401.4mm，其中月降水量多于100mm的有3—8月，占全年的70%以上。降水量以6月最多，达203.1mm，以12月最少，仅42.9mm，相差4.7倍。湖南省洞庭湖区各气象站多年平均降水量统计见表3-4。

表3-4 湖南省洞庭湖区各气象站多年平均降水量统计 (单位:mm)

河名	站名	1月	2月	3月	4月	5月	6月	7月	8月	9月	10月	11月	12月	全年
湘江尾闾	株洲市	77.3	103.3	149.5	187.3	190.3	207.9	125.7	123.2	72.5	81.8	74.3	51.5	1444.7
	湘潭市	72.2	98.5	130.3	170.6	185.9	212.5	130.8	105.5	68.4	82.6	71.5	48.2	1376.9
	马坡岭	78.7	99.7	149.5	200.9	188.3	225.2	133.3	115.8	74.4	75.2	83.0	48.9	1472.7
	宁乡	75.5	94.2	146.8	197.7	190.4	213.7	137.8	112.1	77.0	77.9	78.5	49.1	1450.7
资水尾闾	桃江	79.5	97.7	141.5	196.5	188.4	222.6	179.7	139.9	100.0	100.5	82.8	50.9	1580.0
	益阳	78.5	94.5	139.0	191.3	186.5	214.3	166.7	126.2	90.1	94.4	81.3	49.8	1512.5
沅江尾闾	桃源	65.8	81.7	116.5	168.8	189.1	204.4	194.5	129.0	82.7	98.6	83.8	42.5	1457.5
	常德	61.4	78.1	111.7	171.3	171.8	200.9	175.5	122.7	70.3	85.4	77.3	39.3	1365.9
澧水尾闾	澧县	47.0	64.9	89.8	142.6	164.4	203.9	201.7	115.5	73.2	81.9	65.3	32.0	1282.3
	临澧	49.5	69.8	93.9	143.5	171.3	186.6	191.6	115.7	74.9	81.3	68.7	31.9	1278.6
汨罗江	汨罗	71.8	87.1	132.0	188.5	188.9	212.7	164.4	102.4	68.6	77.7	75.6	46.1	1415.7
四口河道	安乡	54.8	75.7	103.2	158.2	156.9	181.4	170.0	116.1	63.4	80.8	71.1	36.3	1267.7
	南县	56.0	71.8	106.8	158.7	153.2	174.5	158.9	118.3	65.1	83.9	73.8	35.3	1256.2
	华容县	56.1	76.7	102.7	157.8	160.4	196.2	170.1	130.9	61.6	82.9	71.7	37.3	1304.6
洞庭湖	湘阴	74.7	91.2	141.5	189.3	184.6	202.5	158.4	130.5	71.3	83.6	76.8	49.7	1453.9
	汉寿	68.0	83.7	117.1	167.5	185.6	196.7	190.6	118.6	74.2	90.0	78.8	45.1	1415.9

续表

河名	站名	1月	2月	3月	4月	5月	6月	7月	8月	9月	10月	11月	12月	全年
洞庭湖	沅江	69.5	84.5	123.2	177.6	179.6	182.5	157.3	108.3	70.3	85.3	75.1	42.1	1355.3
	岳阳市	65.3	79.3	116.0	175.9	170.5	192.3	179.1	111.8	69.7	80.9	74.6	38.1	1353.6
黄盖湖	临湘	68.6	85.2	125.8	200.7	196.3	227.8	217.4	159.1	89.1	91.7	80.1	40.7	1582.5
平均		66.9	85.1	123.0	176.0	179.1	203.1	168.6	121.1	74.6	85.1	76.0	42.9	1401.4
占全年/%		4.8	6.1	8.8	12.6	12.8	14.5	12.0	8.6	5.3	6.1	5.4	3.1	100

注：本表依据1981—2010年气候资料统计。

(2)空间(地域)分布

每场雨的暴雨中心不同，每年的年降水量等值线形状各异，根据全省气象站多年平均降水量资料分析，湖南省存在5个高值区和4个低值区，湖南省降水高值区与低值区分布见表3-5。其中，以衡阳市南岳山站最多，多年平均年降水量1998mm(1970年年最大降水量达2947mm)，以新晃站最少，多年平均年降水量仅1135mm。华容站1968年年降水量仅750.9mm，为历年全省最低。

表3-5　湖南省降水高值区与低值区分布

分区	分布地域	多年平均降水量/mm
高值区	湘江下游南岳区(南岳山站为全省之最)	1998
	湘东南八面山与诸广山之间的桂东、汝城一带	1500～1700
	资水中游雪峰山北端的安化、桃江一带	1500～1700
	湘南都庞岭与萌渚岭之间的道县、蓝山一带	1500～1600
	湘东连云山与九岭山之间的浏阳一带	1500～1600
低值区	湘西边境新晃、芷江、麻阳、凤凰及泸溪一带	1200左右
	湘西南会同、城步一带	1200～1300
	湘中衡邵丘陵区的祁阳、祁东、衡南、衡阳县及邵阳县、邵东县之间	1200～1300
	湘北洞庭湖区的澧县、临澧、安乡、南县、华容、岳阳市一线	1200～1300

3.2.3.3 最大24h暴雨

降水的数量、强度、范围和雨型分配，决定了洪水的峰、量特征，最大24h降水更是造峰雨，短历时的暴雨也是引起山洪暴发的主要原因。全国最大24h降水量为1680mm(台湾新寮，1967年10月17日)，湖南省最大24h降水量为471.5mm(桃江蒙公塘站，1991年8月27日)，相当于桃江站6—8月3个月的多年平均降水量之和。湖南省最大24h暴雨记录见表3-6。

表3-6　湖南省最大24h暴雨记录

河名	所在县(市)	站名	降水量/mm	发生日期/(年-月-日)	备注
湘江	郴州	东坡矿	466.3	1985-08-24	
	资兴	龙溪	466.0	2000-09-01	
	浏阳	宝盖洞	412.5	1954-07-25	最大1日
	攸县	广寒坪	400.0	1975-08-14	

续表

河名	所在县(市)	站名	降水量/mm	发生日期/(年-月-日)	备注
资水	桃江	蒙公塘	471.5	1991-08-27	
	安化	梅城	423.1	1955-08-20	
沅江	龙山	水田	413.0	1998-07-21	
澧水	桑植	凉水口	430.0	1998-07-21	

3.2.3.4 雨日

湖南省多年平均雨日(>1mm)162.2d,其中多年平均≥10mm 的雨日 41.9d,最多的是南岳山站 59.3d,最少的是新晃站 34.5d。

湖区多年平均≥10mm 的雨日 42.2d,最多的是桃江站 49.1d,最少的是澧县站 36.6d。主要集中在 4—6 月,占全年的 38.8%,3—8 月 6 个月占全年的 67.2%。湖南省洞庭湖区各气象站多年平均≥10mm 降水日数统计见表 3-7。

表 3-7 湖南省洞庭湖区各气象站多年平均≥10mm 降水日数统计 (单位:d)

河名	站名	1月	2月	3月	4月	5月	6月	7月	8月	9月	10月	11月	12月	全年
湘江尾闾	株洲市	2.7	3.5	5.3	6.3	5.8	5.4	3.7	3.6	2.2	2.7	2.4	1.6	45.3
	湘潭市	2.5	3.3	5.0	6.2	5.4	5.3	3.3	2.8	1.8	2.7	2.2	1.5	42.0
	马坡岭	2.8	3.5	5.3	6.9	5.7	5.7	3.6	3.2	1.9	2.7	2.4	1.5	45.2
	宁乡	2.8	3.3	5.2	6.8	6.0	5.4	4.0	3.1	2.3	2.7	2.6	1.4	45.7
资水尾闾	桃江	2.9	3.5	5.0	6.5	6.1	6.1	4.7	3.6	3.1	3.5	2.7	1.4	49.1
	益阳	2.7	3.3	4.9	6.5	6.0	5.5	4.3	3.5	2.9	3.5	2.6	1.5	47.2
沅江尾闾	桃源	2.2	2.5	3.8	5.5	5.7	5.0	5.0	3.4	2.3	3.3	2.8	1.1	42.5
	常德	1.9	2.6	3.8	5.0	5.4	5.1	4.7	3.5	2.0	2.9	2.5	1.2	40.6
澧水尾闾	澧县	1.6	2.1	3.1	4.3	4.9	4.9	4.9	3.3	2.0	2.8	1.8	0.9	36.6
	临澧	1.6	2.4	3.3	4.5	5.2	4.9	4.9	3.5	2.1	2.7	2.1	0.8	37.9
汨罗江	汨罗	2.3	2.9	5.0	5.9	6.1	5.3	4.2	3.2	2.1	2.4	2.5	1.3	43.2
四口河道	安乡	1.6	2.6	3.5	5.0	4.8	5.0	4.5	3.3	1.7	2.9	2.0	1.1	38.0
	南县	1.7	2.5	3.6	4.9	5.0	5.0	4.5	3.5	1.7	2.8	2.1	0.9	38.1
	华容县	1.7	2.6	3.7	4.7	4.9	5.2	4.6	3.5	1.8	2.5	2.3	1.2	38.7
洞庭湖	湘阴	2.4	3.1	5.2	6.3	5.8	5.2	3.9	3.2	2.3	2.7	2.6	1.5	44.2
	汉寿	2.2	3.0	4.1	5.4	5.6	5.3	4.8	3.2	2.1	2.7	2.7	1.3	42.5
	沅江	2.3	2.9	4.4	5.4	5.4	5.1	4.1	3.2	2.2	2.8	2.6	1.1	41.5
	岳阳市	2.2	2.8	4.1	5.0	5.3	4.8	4.1	3.0	2.0	2.8	2.5	1.1	39.8
黄盖湖	临湘	2.5	2.9	4.5	5.4	5.7	5.3	4.8	4.4	2.7	2.7	2.6	1.2	44.6
平均		2.2	2.9	4.4	5.6	5.5	5.2	4.3	3.4	2.2	2.8	2.4	1.2	42.2
占全年/%		5.3	6.9	10.3	13.3	13.1	12.4	10.3	8.0	5.2	6.7	5.7	2.9	100.0

注:本表依据 1981—2010 年气候资料统计。

3.3 蒸发

蒸发是水循环过程中的重要一环，我国年降水量近 60%通过陆面蒸发返回了大气中。蒸发量与气温有关，气温愈高蒸发量愈多，大气中的水汽含量愈多，通过水汽输送，在一定条件下又凝结形成降水。

蒸发量是判别一个地区湿润或干旱程度的参数之一，干旱指数(r)等于年蒸发量除以年降水量，当 $r>1.0$ 时，说明该地区偏于干旱(当 r 为 1.0～3.0 时为半湿润半干旱地区，当 $r>3.0$ 时为十分干旱地区)；反之，当 $r<1.0$ 时，说明该地区气候湿润(当 $r<0.5$ 时为十分湿润地区)。洞庭湖区属湿润地区。

湖区多年平均蒸发量为 1155.9(安乡)～1490.5mm(岳阳)，平均为 1280.4mm，其中 4—9 月月平均蒸发量多于 100mm，1—2 月月平均蒸发量少于 50mm，以 7 月最多，达 213.2mm，以 1 月最少，为 38.5mm，两者相差 5.5 倍。湖南省洞庭湖区各气象站多年平均蒸发量统计见表 3-8。

表 3-8　湖南省洞庭湖区各气象站多年平均蒸发量统计　(单位：mm)

河名	站名	1月	2月	3月	4月	5月	6月	7月	8月	9月	10月	11月	12月	全年
湘江尾闾	株洲市	36.0	41.6	60.6	96.5	145.8	159.1	248.8	210.1	145.9	101.0	69.8	52.6	1367.8
	湘潭市	41.8	47.8	63.9	96.3	139.0	146.0	227.1	200.0	145.0	104.5	73.6	56.6	1341.6
	马坡岭	32.9	39.8	58.1	88.4	125.3	139.8	205.6	179.5	128.0	90.9	61.2	45.4	1194.9
	宁乡	41.1	46.6	70.4	110.0	149.6	159.2	248.8	208.4	144.5	103.3	74.8	57.9	1414.6
资水尾闾	桃江	37.7	43.8	67.1	100.7	132.7	132.8	194.9	169.0	119.7	84.8	62.1	48.5	1193.8
	益阳	34.1	39.7	62.0	95.3	128.8	134.2	203.0	175.8	122.1	86.8	62.1	47.1	1191.0
沅江尾闾	桃源	33.5	39.5	62.4	93.7	127.4	135.9	191.9	172.4	123.5	79.3	55.9	43.4	1158.8
	常德	36.8	43.8	63.1	97.9	141.6	145.4	206.9	193.0	139.5	90.6	63.3	48.8	1270.7
澧水尾闾	澧县	38.8	46.6	71.9	103.2	136.5	144.6	189.7	173.7	127.6	86.5	60.5	45.8	1225.4
	临澧	37.4	45.3	69.6	102.9	133.5	140.8	191.7	177.1	130.8	86.7	59.9	45.8	1221.5
汨罗江	汨罗	36.9	43.6	65.8	98.2	136.0	140.8	208.2	185.2	133.6	95.4	65.7	50.7	1260.1
四口河道	安乡	37.5	43.9	66.6	93.6	127.0	133.2	178.9	162.1	122.7	84.6	59.5	46.3	1155.9
	南县	41.1	48.4	66.7	97.5	144.6	148.4	205.5	187.4	141.1	96.1	70.7	54.7	1302.2
	华容县	38.0	44.8	68.0	99.9	134.4	144.5	196.9	178.2	130.3	90.0	62.5	46.6	1234.1
洞庭湖	湘阴	40.4	48.6	73.2	109.3	148.7	156.0	243.5	206.1	140.4	94.6	67.1	52.9	1380.8
	汉寿	34.8	40.8	65.0	93.2	129.2	136.3	193.4	171.6	121.0	78.6	57.1	44.4	1165.4
	沅江	42.2	46.6	67.3	99.7	148.6	153.5	231.6	200.9	141.4	98.5	73.1	56.5	1359.9
	岳阳市	48.0	55.0	75.0	113.0	162.7	168.3	249.9	216.4	154.1	103.0	79.2	65.9	1490.5
黄盖湖	临湘	42.5	50.2	77.8	118.1	157.7	161.5	233.7	193.8	136.4	100.0	71.2	55.5	1398.4
平均		38.5	45.1	67.1	100.4	139.4	146.3	213.2	187.4	134.1	92.4	65.8	50.8	1280.4
占全年/%		3.0	3.5	5.2	7.8	10.9	11.4	16.6	14.6	10.5	7.2	5.1	4.0	100.0

注：本表依据 1981—2010 年气候资料统计。

3.4 风

由于各地气压的不同而造成了空气的流动，空气相对于地面的运动叫“风”，通常指水平运动，用风向、风速表示。

3.4.1 风向

风向指风的来向。一般地面观测用16个方位，高空观测用360°水平方位角表示。16个方位以拉丁文缩写字母记录：E(东)、ESE(东东南)、SE(南东)、SSE(南东南)、S(南)、SSW(南西南)、SW(西南)、WSW(西西南)、W(西)、WNW(西西北)、NW(西北)、NNW(北西北)、N(北)、NNE(北东北)、NE(东北)、ENE(东东北)。

大范围盛行风向随季节有显著变化的现象称为"季风"。季风的进退和强弱波动是影响湖南省气候变化的主要原因之一。

湖南省夏季多偏南风，冬季盛行偏北风。

3.4.2 风速

单位时间内空气移动的距离叫"风速"。气象上对空气移动速度以瞬时风速(人工观测取2min平均风速，自记风速仪取10min平均风速)和时段(如日、年)平均风速表示，单位为m/s。

"蒲福风级"是风强度(风力)的一种表示方法，国际通用英国人蒲福1805年拟定的蒲福风级，后几经修改，常用来估计风速的大小，风力等级见表3-9。

表3-9　　风力等级

风力等级	风的名称	陆地地面物征象	相当风速/(m/s)
0	无风	静，烟直上	0～0.2
1	软风	烟能表示风向，但风向标不能转动	0.3～1.5
2	轻风	人面感着有风，树叶有微响，风向标能转动	1.6～3.3
3	微风	树叶及微枝摇动不息，旌旗展开	3.4～5.4
4	和风	能吹起地面灰尘和纸张，树的小枝摇动	5.5～7.9
5	清风	有叶的小树摇摆，内陆的水面有小波	8.0～10.7
6	强风	大树枝摇动，电线呼呼有声，举伞困难	10.8～13.8
7	疾风	全树摇动，迎风步行感觉不便	13.9～17.1
8	大风	微枝折毁，人向前行，感觉阻力甚大	17.2～20.7
9	烈风	建筑物有小损坏(烟窗顶部及屋顶瓦片移动)	20.8～24.4
10	狂风	陆上少见，见时可使树木拔起或将建筑物摧毁	24.5～28.4
11	暴风	陆上很少，有则必有重大损毁	28.5～32.6
12	飓风	陆上绝少，其摧毁力极大	32.7～36.9
13			37.0～41.4
14			41.5～46.1
15			46.2～50.9
16			51.0～56.0
17			56.1～61.2

风速不但影响蒸发，也影响水面流速，还直接影响堤防等水工建筑物的安全，是堤防工程设计中"波浪爬高"和"风壅水面高度"的主要计算参数，在防洪抢险工作中，除了要掌握水情以外，还要掌握风速、风向等资料，在选择抢修子堤方案时尤显重要。

据湖南省气象局1981—2010年资料统计，湖区各站的历年最大风速在15.0(南县)～21.2m/s(岳阳市)，历年最大值出现在4月的有9个站，出现在5月的有8个站，在3月、6月及8月的有1个站，出现在1月、2月、7月、9月、10月、11月及12月未出现过年最大，说明年最大风速主要出现在4—5月。

湖南省洞庭湖区各气象站历年最大风速、风向统计见表3-10。

表3-10　　湖南省洞庭湖区各气象站历年最大风速、风向统计

河名	站名		1月	2月	3月	4月	5月	6月	7月	8月	9月	10月	11月	12月	全年
湘江尾闾	株洲市	风速/(m/s)	11.7	12.0	14.0	18.3	18.0	12.0	13.7	15.3	12.0	13.0	13.7	13.0	18.3
		风向	NNW	NNW	NNW	NNW	NNW	SW	ENE	ENE	NNW	N	NNW	NNW	NNW
	湘潭市	风速/(m/s)	13	13.0	14.0	20.0	20.0	12.7	15.3	15.0	11.7	13.0	16.0	12.3	20.0
		风向	NNW	2个	N	NNW	NNW	N	SSE	WNW	2个	2个	N	N	NNW
湘江尾闾	马坡岭	风速/(m/s)	10.3	10.0	15.3	16.0	15.7	19.7	17.3	11.3	12.0	15.7	12.7	10.3	19.7
		风向	NW	NW	WNW	SW	S	W	W	2个	2个	NNW	N	NW	W
	宁乡	风速/(m/s)	13	12.7	15.3	18.3	18.0	11.0	16.0	15.0	13.0	14.3	13.7	13.7	18.3
		风向	2个	N	NNW	N	NNE	2个	ENE	SSE	SSE	N	NNW	N	N
资水尾闾	桃江	风速/(m/s)	10.0	11.0	12.0	15.3	18.7	12.0	14.3	14.7	11.0	13.7	14.3	11.3	18.7
		风向	N	NNW	2个	SSE	NNW	WNW	NNW	SE	2个	2个	N	2个	NNW
		风速/(m/s)	10.7	15.0	12.7	14.7	19.0	18.0	13.0	11.7	10.0	13.0	12.0	14.0	19.0
		风向	NNE	NNW	NNW	N	N	SSE	SSE	S	2个	N	NE	N	N
沅江尾闾	桃源	风速/(m/s)	11.5	12.0	13.3	17.0	16.0	11.7	14.3	13.0	11.0	15.0	11.0	13.7	17.0
		风向	NE	NE	NE	NNE	NNE	W	SW	SSW	NNE	NE	NNE	NNW	NNE
	常德	风速/(m/s)	13.7	11.0	11.7	17.7	12.0	11.0	12.7	11.3	10.0	10.9	11.0	11.0	17.7
		风向	NNE	NNE	NNE	ENE	2个	NNE	NNW	NNW	N	N	N	NNE	ENE
澧水尾闾	澧县	风速/(m/s)	14.0	17.0	18.0	18.0	19.0	13.7	13.0	14.7	13.3	17.0	14.3	16.0	19.0
		风向	N	NNE	NNE	NE	NNE	NE	2个	NW	NNE	NNE	ENE	NNE	NNE
	临澧	风速/(m/s)	17.7	16.0	15.7	18.0	18.3	14.0	16.0	12.0	15.0	15.7	14.0	13.3	18.3
		风向	—	—	NNE	N	NNE	NNE	NE	2个	N	NNE	2个	NNE	NNE
汨罗江	汨罗	风速/(m/s)	10.0	9.7	11.7	19.0	17.3	10.7	14.7	13.0	11.0	13.3	13.0	10.7	19.0
		风向	N	NNW	NNE	NNE	NNE	W	WSW	SE	2个	NNE	NNE	NNE	NNE
四口河道	安乡	风速/(m/s)	10.3	13.7	12.0	18.7	14.3	13.3	13.0	14.0	15.3	15.0	11.3	15.7	18.7
		风向	N	SW	2个	NNE	NNW	NNW	SW	NNW	N	N	N	N	NNE
	南县	风速/(m/s)	10.3	14.0	12.7	13.0	13.0	11.3	14.3	15.0	9.0	11.0	14.7	10.3	15.0
		风向	NE	NNW	NE	SSE	NNW	NW	NNE	SE	NNW	NNE	NNE	NE	SE
	华容	风速/(m/s)	11.3	12.0	14.0	17.0	18.3	12.7	12.3	13.0	10.0	13.3	13.3	13.0	18.3
		风向	N	NNE	N	NNE	NNE	N	NNW	N	2个	NNE	NNE	NNE	NNE

续表

河名	站名		1月	2月	3月	4月	5月	6月	7月	8月	9月	10月	11月	12月	全年
洞庭湖	湘阴	风速/(m/s)	11.3	12.0	16.7	15.3	16.0	11.0	13.0	11.7	11.3	13.0	12.3	12.3	16.7
		风向	NNW	N	NNW	NNW	NNE	WNW	WNW	2个	NNW	NNE	N	NNW	NNW
	汉寿	风速/(m/s)	8.7	11.0	11.7	11.3	16.3	11.0	11.0	15.7	8.7	9.0	11.7	9.7	16.3
		风向	N	N	NNE	NNE	WNW	N	2个	WSW	SW	NNE	N	NNE	WNW
	沅江	风速/(m/s)	11.3	14.0	14.3	19.3	19.0	12.0	13.7	13.3	14.3	17.3	16.7	14.0	19.3
		风向	2个	N	N	N	2个	3个	SW	N	N	N	N	N	N
	岳阳市	风速/(m/s)	12	12	13.7	21.2	17.7	15.7	15.5	16.0	12.0	14.0	12.2	12	21.2
		风向	NNE	NNW	NNE	NW	NW	NW	NW	N	ENE	NE	NNW	2个	NW
黄盖湖	临湘	风速/(m/s)	13.0	11.0	13.0	18.0	20.3	15.3	13.0	14.0	12.7	14.3	13.3	11.3	20.3
		风向	NNE	2个	NNW	NE	NNE	WNW	ESE	NE	NNW	NNE	NE	NNE	NNE

注:1. 表中“2个”表示同风速时不同风向出现的个数。

2. 本表依据1981—2010年气候资料统计。

第4章　水文特性

4.1　概述

洞庭湖接纳四水，吞吐长江。多年平均(1951—2020年)过境水量2842亿m^3，三口入湖沙量1.01亿t，四水入湖沙量0.25亿t，合计1.26亿t，城陵矶出湖0.37亿t，沉积在洞庭湖0.89亿t(未计入区间来沙量)。三峡工程蓄水运行前，洞庭湖由于泥沙淤积，导致河床抬高、调蓄量减少。下荆江裁弯后，城陵矶以上河段水流坡降变陡，流速加快，泄量加大，三口分流分沙比减少，进入洞庭湖的泥沙也减小；而城陵矶以下河段不但弯道没有裁弯，而且因为堵口、围堤使过水断面变窄，泄量减少影响，从而形成上压下堵的局面，造成洞庭湖口受顶托、泄量减少影响，淤积严重，同流量下水位不断抬升。三峡工程蓄水运行后，加上三峡上游一些大型水库的建设运用，长江来沙锐减90%以上，荆江河段冲刷严重，三口分流进一步减少，三口入湖沙量急剧减少，洞庭湖进出沙量基本平衡。因此，洞庭湖区水文特征，各个时期具有不同的特征。本手册水文特征值采用分片、分期进行统计，以便于对比分析。

4.1.1　面积分片

四水＋三口＋区间，这是对洞庭湖入湖水量、沙量进行水文统计时采用的分片法，因为四水和三口都设有水文控制站，且有系列完整的水文资料，而区间则无法全面控制，不但测站不全，而且系列也不完整，因此，习惯上将四水和三口控制站以下的所有集水面积统称为区间面积，实际上，区间既包括了四水尾闾的一部分，也包括了三口河道的绝大部分和洞庭湖及其周边入湖河流，是一个特定的地域名词。

4.1.2　统计分期

长江中游的枝城—城陵矶河段称为荆江，又以藕池口为界分为上、下荆江。江湖关系密切，长江水情、工情及河势的变化对洞庭湖的影响极大，因此对比分析时采用分期统计的方法，时间分期如下(表4-1)：

1)调弦口建闸前(1951—1958年)：四口中的调弦口于1958年冬堵口建闸，以后再未分过流，将调弦口的水量、沙量计入了“区间”。

2)调弦口建闸—荆江裁弯前(1959—1966年)：1967年5月下荆江开始裁弯。

3)荆江裁弯中(1967—1972年)：根据长江委水文局1987年2月《洞庭湖水沙情况简析》，下荆江裁弯情况如下：

①1967年5月中洲子人工裁弯，新河长4.3km，缩短河长32.4km。

②1969年6月上车湾人工裁弯，新河长3.5km，缩短河长29.2km。

③1972年7月沙滩子自然裁弯，新河长1.3km，缩短河长19.0km。

据长江委《水文年鉴》，荆江原河长404.2km(上荆江河长163.8km，下荆江河长240.4km)，裁弯后为

323.6km(上荆江河长 163.8km,下荆江河长 159.8km),缩短河长 80.6km。

4)荆江裁弯后—葛洲坝截流前(1973—1980 年):1980 年底葛洲坝开始截流。

5)葛洲坝运行后—三峡工程蓄水运行前(1981—2002 年):2003 年三峡水库开始试运行,习惯将 1981—2002 年分成葛洲坝运行后(1981—1998 年)、三峡工程蓄水运行前(1999—2002 年)两个时段。

6)三峡工程蓄水运行后(2003 年以来)。

表 4-1　　统计时间分期

序号	分期名称	起止年份
1	调弦口建闸前	1951—1958 年
2	调弦口建闸—荆江裁弯前	1959—1966 年
3	荆江裁弯中	1967—1972 年
4	荆江裁弯后—葛洲坝截流前	1973—1980 年
5	葛洲坝运行后	1981—1998 年
6	三峡工程蓄水运行前	1999—2002 年
7	三峡工程蓄水运行后	2003—2020 年

4.2 径流

4.2.1 产水量

洞庭湖的径流主要由降水形成,径流量的多少取决于降水量、集水面积、蒸散发等因素。1951—2020 年流域产水量成果见表 4-2。

表 4-2　　1951—2020 年流域产水量成果

流域	控制站	集水面积/km^2	多年平均径流量/亿 m^3	产水模数/(万 m^3/km^2)
湘江	湘潭	81638	659	80.7
资水	桃江	26704	228	85.4
沅江	桃源	85223	648	76.0
澧水	石门	15307	147	96.0
长江	枝城	1024131	4432	43.3

4.2.2 三口分流比

随着长江水情、工程建设、河势的变化,三口分流入湖水量存在减少的趋势,其中藕池口最为显著,特别是下荆江裁弯和三峡工程蓄水运行后,三口入湖水量减少幅度最大。藕池口分流比由 1951—1958 年的 16.1%,降至 1981—1998 年的 4.2%,再降至 2003—2020 年的 2.6%;松滋口由 1951—1958 年的 11.3%,降至 1981—1998 年的 8.5%,再降至 2003—2020 年的 7.1%;太平口由 1951—1958 年的 4.6%,降至 1981—1998 年的 3%,再降至 2003—2020 年的 1.9%。三口分流比分期统计见表 4-3。

表 4-3 三口分流比分期统计

分期	枝城	新江口		沙道观		弥陀寺		康家岗		管家铺		三口小计	
	径流量/亿 m³	径流量/亿 m³	分流比/%	径流量/亿 m³	分流比/%	径流量/亿 m³	分流比/%	径流量/亿 m³	分流比/%	径流量/亿 m³	分流比/%	径流量/亿 m³	分流比/%
1951—1958 年	4669	327.0	7.0	200.0	4.3	215.0	4.6	84.6	1.8	665.0	14.3	1492.0	32.0
1959—1966 年	4581	331.0	7.2	162.0	3.5	216.0	4.7	45.7	1.0	585.0	12.8	1340.0	29.2
1967—1972 年	4302	322.0	7.5	124.0	2.9	186.0	4.3	21.5	0.5	369.0	8.6	1023.0	23.8
1973—1980 年	4441	323.0	7.3	105.0	2.4	160.0	3.6	11.3	0.3	236.0	5.3	835.0	18.8
1981—1998 年	4438	295.0	6.6	81.7	1.9	133.0	3.0	10.3	0.2	178.0	4.0	698.0	15.7
1999—2002 年	4454	277.7	6.2	67.2	1.5	125.6	2.8	8.7	0.2	146.1	3.3	625.3	14.0
2003—2020 年	4285	249.3	5.8	56.5	1.3	80.9	1.9	3.82	0.09	107.2	2.5	497.7	11.6
1951—2002 年	4483	311.0	7.0	120.0	2.7	168.0	3.8	28.5	0.63	344.0	7.7	972.0	21.7
1951—2020 年	4432	295.0	6.7	104.0	2.3	146.0	3.3	22.2	0.50	283.0	6.4	850.0	19.2

4.2.3 多年平均径流量

洞庭湖年径流量分期统计见表 4-4。

表 4-4 洞庭湖年径流量分期统计 （单位：亿 m³）

分期	三口						四水					三口+四水	城陵矶（七里山）	区间
	新江口	沙道观	弥陀寺	康家岗	管家铺	小计	湘潭	桃江	桃源	石门	小计			
1951—1958 年	327.0	200.0	215.0	84.6	665.0	1492.0	662	247	674	159	1742	3234	3636	402
1959—1966 年	331.0	162.0	216.0	45.7	585.0	1340.0	594	208	590	145	1537	2877	3097	220
1967—1972 年	322.0	124.0	186.0	21.5	369.0	1023.0	631	238	707	154	1730	2753	2982	229
1973—1980 年	323.0	105.0	160.0	11.3	236.0	835.0	668	225	661	145	1699	2534	2789	255
1981—1998 年	295.0	81.7	133.0	10.3	178.0	698.0	686	239	631	148	1704	2402	2718	316
1999—2002 年	277.7	67.2	125.6	8.7	146.1	625.3	754	247	682	132	1815	2440	2823	383
2003—2020 年	249.3	56.5	80.9	3.8	107.2	497.7	645	215	646	145	1651	2149	2482	333
1951—2002 年	311.0	120.0	168.0	28.5	344.0	972.0	664	233	649	149	1695	2667	2967	300
1951—2020 年	295.0	104.0	146.0	22.2	283.0	850.0	659	228	648	147	1682	2532	2842	310

4.3 泥沙

4.3.1 泥沙的来源

地表水流和地下水流是最广泛、最强烈的外力地质作用因素，它们在由高处向低处流动的过程中，不断进行着侵蚀、搬运和沉积作用。河流的侵蚀作用包括向下冲刷切割河床（下蚀）和向两岸冲刷谷坡（侧蚀）；河水在流动过程中，搬运着河流自身侵蚀和谷坡上崩塌、冲刷下来的物质，其中大部分是机械碎屑物，即岩土颗粒泥沙。在搬运过程中，碎屑物逐渐磨细磨圆，受水流的紊动作用悬浮于水中并随水流移动的泥沙称为悬移质。受水流拖曳力作用沿河床滚动、滑动、跳跃或层移的泥沙称为推移质。当流速减缓时，水流所携带的物质便在重力的作用下沉积下来，形成层状的冲积物，称为河床质。可以说，岩石的风化，加上雨水的冲刷，是泥沙的主要来源。

4.3.2 泥沙测验

泥沙测验方法在世界范围内尚未很好解决，现有的仪器设备尚难保证测验精度。在湖南省所有泥沙测站，测验项目也不全，无一站施测了推移质和河床质，因此，以下分析中所指输沙量，仅为悬移质输沙量。湖区区间泥沙测站较小，难以对区间来沙量进行计算。

4.3.3 多年平均输沙量

随着长江水情、工情、河势的变化，三口入湖沙量在减少，一批大、中型水库的兴建，拦蓄了大量的泥沙，使三口和四水的入湖沙量大减，特别是三峡和其上游的大型水库建设运行后，长江（枝城）来沙量锐减，仅为三峡建库前的8.6%，减少幅度达91.4%，三口进入洞庭湖的泥沙也大大减少，洞庭湖淤积严重的趋势被扭转。

洞庭湖年输沙量分期统计见表4-5，三口分沙比分期统计见表4-6。

表4-5　洞庭湖年输沙量分期统计　（单位：万t）

分期	三口						四水					三口＋四水	城陵矶（七里山）	沉积量
	新江口	沙道观	弥陀寺	康家岗	管家铺	小计	湘潭	桃江	桃源	石门	小计			
1951—1958年	3779	2135	2285	1704	12080	21983	1228	724	1591	692	4235	26218	6716	19502
1959—1966年	3423	1831	2354	959	10490	19057	894	180	1209	550	2833	21890	5785	16105
1967—1972年	3340	1514	2108	460	6785	14207	1122	260	1922	779	4083	18290	5247	13043
1973—1980年	3423	1288	1935	215	4215	11076	1298	176	1474	718	3666	14742	3839	10903
1981—1998年	3371	1071	1644	183	3061	9330	910	163	751	523	2347	11677	2950	8727
1999—2002年	2280	570	1020	110	1690	5670	662	161	274	142	1239	6909	2030	4879
2003—2020年	366	109	116	11	272	874	478	56.0	129	167	830	1704	1776	−72
1951—2002年	3362	1398	1902	568	6093	13323	1021	264	1160	583	3028	16351	4296	12055
1951—2020年	2592	1067	1443	425	4596	10123	881	211	895	476	2463	12586	3648	8938

表4-6　三口分沙比分期统计

分期	枝城	新江口		沙道观		弥陀寺		康家岗		管家铺		三口小计	
	输沙量/万t	输沙量/万t	分沙比/%	输沙量/万t	分沙比/%	输沙量/万t	分沙比/%	输沙量/万t	分沙比/%	输沙量/万t	分沙比/%	输沙量/万t	分沙比/%
1951—1958年	53388	3779	7.1	2135	4.0	2285	4.3	1704	3.2	12080	22.6	21983	41.2
1959—1966年	54125	3423	6.3	1831	3.4	2354	4.3	959	1.8	10490	19.4	19057	35.2
1967—1972年	50333	3340	6.6	1514	3.0	2108	4.2	460	0.9	6785	13.5	14207	28.2
1973—1980年	51263	3423	6.7	1288	2.5	1935	3.8	215	0.4	4215	8.2	11076	21.6
1981—1998年	49111	3371	6.9	1071	2.2	1644	3.3	183	0.4	3061	6.2	9330	19.0
1999—2002年	34600	2280	6.6	570	1.6	1020	2.9	110	0.3	1690	4.9	5670	16.4
2003—2020年	4215	366	8.7	109	2.6	116	2.7	11	0.3	272	6.4	874	20.7
1951—2002年	49895	3362	6.7	1398	2.8	1902	3.8	568	1.1	6093	12.2	13323	26.7
1951—2020年	38149	2592	6.8	1067	2.8	1443	3.8	425	1.1	4596	12.0	10123	26.5

4.4 水位与流量

4.4.1 实测年最大洪峰流量

洞庭湖洪水主要受长江洪水和湖南四水来水影响，由于长江和四水特性各异，洞庭湖洪水组合随机变化大。长江和四水都发生大洪水时，称全流域洪水，洪水峰高量大，持续时间长，危害也最大，如 1954 年洪水和 1998 年洪水。四水一条或几条流域发生大洪水时也能形成洞庭湖大洪水，如 1996 年洪水主要来自资水和沅江，1999 年洪水主要来自沅江和澧水，2002 年、2017 年洪水主要来自资水与湘江，2020 年洪水主要来自长江。

本手册依据 1949—2020 年长达 72 年的洪水资料，统计了长江、洞庭湖区及四水尾闾洪峰水位、洪峰流量，并进行了分析排序。长江中游及洞庭湖区控制站前 12 位洪峰流量年序见表 4-7，长江中游及洞庭湖区主要站前 5 位年最大洪峰流量排序见表 4-8。

表 4-7　长江中游及洞庭湖区控制站前 12 位洪峰流量年序

河名	站名	1	2	3	4	5	6	7	8	9	10	11	12
长江中游	宜昌	1981	1954	1998	1989	1987	1974	2004	1958	1966	1982	1949	1999
	监利	1998	1981	1989	1987	2004	1982	2000	1999	1980	1984	1997	2007
	螺山	1954	1999	1998	1996	2002	1964	1988	1989	1969	1983	1968	2003
	汉口	1954	1998	1996	2002	1999	1988	1991	1983	1969	1964	1968	1989
三口	新江口	1981	1989	1998	1954	1968	1974	1999	1982	1987	1966	1958	1984
	沙道观	1954	1956	1958	1962	1968	1981	1955	1966	1974	1957	1964	1965
	弥陀寺	1962	1952	1998	1964	1956	1954	1961	1959	1966	1968	1955	1981
	管家铺	1954	1958	1956	1952	1962	1955	1957	1959	1966	1964	1961	1960
	康家岗	1954	1952	1956	1958	1953	1951	1957	1962	1959	1961	1964	1960
四水	湘潭	2019	1994	1968	2017	2003	2010	1982	1976	1972	1954	1978	2006
	桃江	1955	1996	1995	1954	2017	1988	1998	1992	2002	2016	1970	2014
	桃源	1996	1969	1999	1995	2014	1998	1954	1993	1970	1952	2004	1974
	石门	1998	2003	1980	1991	1983	1993	1954	1957	1953	1964	1995	1966
洞庭湖	石龟山	1998	2003	1954	1991	1964	1980	1983	1969	1963	1957	1993	1968
	小河咀	2003	1998	1999	2014	2004	1969	1996	1963	1980	1991	1964	1973
	南咀	2003	1998	1999	1996	1954	1969	1963	1991	1957	1973	1955	1980
	城陵矶（七里山）	2017	1996	1954	1964	1969	1995	1998	2002	1968	1952	1962	1983

表 4-8　　长江中游及洞庭湖区主要站前5位年最大洪峰流量排序　　（单位：m^3/s）

河名		站名	1		2		3		4		5		隶属
			流量	发生时间	流量	发生时间	流量	发生时间	流量	发生时间	流量	发生时间	
长江		宜昌	70800	1981-07-18	66800	1954-08-07	63300	1998-08-16	62100	1989-07-14	61700	1987-07-23	长江委
长江		监利	46300	1998-08-17	46200	1981-07-20	45500	1989-07-13	42500	1987-07-24	42500	2004-09-10	长江委
长江		螺山	78800	1954-08-07	68300	1999-07-22	67800	1998-07-26	67500	1996-07-21	67400	2002-08-24	长江委
长江		汉口	76100	1954-08-14	71100	1998-08-19	70300	1996-07-22	69200	2002-08-24	68800	1999-07-22	长江委
松滋河	中支	自治局	5100	1960-07-26	4500	1964-07-03	4460	1966-09-06	4340	1968-07-19	4150	1974-08-14	长江委
松滋河	中支	安乡	7270	1998-07-24	7030	2003-07-11	6880	1991-07-07	6480	1983-07-08	6390	1980-08-03	长江委
松滋河	西支	新江口	7910	1981-07-19	7460	1989-07-12	6540	1998-08-17	6400	1954-08-06	6330	1968-07-07	长江委
松滋河	西支	官垸	3350	1981-07-20	3150	1989-07-14	2780	1982-08-01	2770	1998-08-19	2720	1999-07-21	长江委
松滋河	东支	沙道观	3730	1954-08-06	3610	1956-07-01	3310	1958-08-26	3310	1962-07-11	3150	1968-07-18	长江委
松滋河	东支	大湖口	2530	1991-07-08	2340	1998-09-01	2250	1981-07-20	2030	1989-07-14	1950	1993-09-01	长江委
虎渡河		弥陀寺	3210	1962-07-10	3170	1952-09-19	3040	1998-08-17	3010	1964-09-15	3000	1956-07-01	长江委
藕池河	东支	管家铺	11900	1954-07-22	11400	1958-08-26	11200	1956-07-01	11100	1952-09-19	10900	1962-07-10	长江委
藕池河	东支	南县（罗）	5290	1955-06-27	5010	1956-07-01	4980	1958-08-26	4960	1962-07-11	4880	1954-08-08	长江委
藕池河	西支	康家岗	2890	1954-07-22	2720	1952-09-16	2450	1956-07-01	2250	1955-07-19	2240	1958-08-26	长江委
湘江尾闾		株洲	24300	2019-07-10	20700	1994-06-18	19900	1968-06-27	19100	1976-07-12	19000	1978-05-20	湘水文中心
湘江尾闾		湘潭	26400	2019-07-10	20800	1994-06-18	20300	1968-06-27	19900	2017-07-04	19500	2003-05-18	湘水文中心
资水	尾闾	桃江	14400	1955-08-27	11600	1996-07-16	11500	1995-07-02	11300	1954-07-25	11000	2017-07-01	湘水文中心
资水	洪道	沙头	10200	2017-07-01	9310	1996-07-17	9130	2016-07-05	8820	2002-08-21	8680	1995-07-02	长江委
沅江尾闾		桃源	29100	1996-07-17	29000	1969-07-17	27100	1999-06-30	25800	1995-07-02	25300	2014-07-17	湘水文中心
澧水尾闾		石门	19900	1998-07-23	18700	2003-07-09	17600	1980-08-02	16100	1991-07-06	15100	1983-06-27	湘水文中心
澧水尾闾		津市	17100	2003-07-10	15900	1998-07-24	15100	1980-08-02	14200	1957-07-31	13800	1983-06-27	长江委
西洞庭湖		石龟山	12300	1998-07-24	12200	2003-07-10		1954	10700	1991-07-07	10600	1964-06-30	长江委
西洞庭湖		小河咀	23100	2003-07-11	22200	1998-07-24	22100	1999-07-01	20000	2014-07-18	18600	2004-07-22	长江委
西洞庭湖		南咀	19000	2003-07-11	18000	1998-07-24	16400	1999-07-01	14600	1996-07-21	14400	1954-07-31	长江委
南洞庭湖		草尾	5620	2003-07-11	5080	1998-07-24	5010	1999-07-01	4820	1996-07-21	4640	1979-06-27	长江委
东洞庭湖		城陵矶（七里山）	49400	2017-07-04	43900	1996-07-21	43400	1954-08-02	39600	1964-07-04	38600	1969-07-19	长江委

4.4.2 实测年最高洪水位

实测最高洪水位以年最高水位为系列进行排序，长江荆江段及三口河道以1998年最高，湘江以2017年最高，资水以1996年最高，沅江以2014年最高，澧水以1998年最高，西、南洞庭湖以1996年最高，东洞庭湖以1998年最高。

长江中游及洞庭湖区控制站前12位洪水位年序见表4-9，长江中游及洞庭湖区主要站前5位年最高洪水位排序见表4-10。

表4-9　长江中游及洞庭湖区控制站前12位洪水位年序

河名	站名	1	2	3	4	5	6	7	8	9	10	11	12
长江中游	宜昌	1954	1981	1982	1998	1974	1949	1950	1989	2004	1966	1956	1987
	沙市	1998	1999	1954	1949	1981	1950	1962	1989	1956	1968	1982	1964
	石首	1998	1999	1954	1962	1989	1952	1964	1996	1983	2002	1958	1956
	监利	1998	1999	2002	1996	1983	1954	2003	2012	1989	1993	2016	1980
	城陵矶（莲花塘）	1998	1999	1996	2002	2020	2016	2017	1983	1954	1988	1980	2003
	螺山	1998	1999	1996	2002	2020	2016	2017	1954	1983	1988	1980	1968
	汉口	1954	1998	1999	1996	2020	2016	1983	1995	2002	1980	2017	1968
三口	新江口	1998	1981	1954	1989	1999	1987	1982	1974	1968	1983	1984	2004
	沙道观	1998	1981	1954	1989	1999	1987	1982	1974	1983	1956	1984	1968
	弥陀寺	1998	1999	1981	1954	1989	1962	1982	1968	1956	1987	1974	1966
	管家铺	1998	1999	1954	1962	1964	1952	1989	1958	1983	1968	1981	2002
	康家岗	1998	1999	1954	1962	1952	1964	1989	1958	1981	1983	1956	1968
四水	湘潭	1994	2019	1976	2017	1982	1968	1998	1962	2003	1954	2010	1978
	桃江	1996	1995	2002	2017	1998	1955	1954	2016	2014	2004	1988	1999
	桃源	2014	1996	1999	1998	1995	2004	2017	1969	2003	1993	2012	2007
	石门	1998	2003	1980	1991	1983	1993	1954	1957	1953	1964	1995	2010
洞庭湖	石龟山	1998	2003	1991	1983	1980	1993	1996	1999	2007	1995	1989	1988
	小河咀	1996	1998	2017	1999	2002	1995	2003	1954	1991	2014	1988	1979
	南咀	1996	1998	1999	2017	2003	2002	1954	1995	2016	1991	1983	1988
	营田	1996	1998	1999	2017	2002	1995	1954	2016	1983	1988	1969	1991
	城陵矶（七里山）	1998	1999	1996	2002	2020	2017	1954	2016	1983	1988	1968	1980

表 4-10　　长江中游及洞庭湖区主要站前 5 位年最高洪水位排序　　（单位：m）

河名		站名	1		2		3		4		5		隶属
			洪水位	发生时间	洪水位	发生时间	洪水位	发生时间	洪水位	发生时间	洪水位	发生时间	
长江		宜昌	55.73	1954-08-07	55.38	1981-07-19	54.55	1982-08-01	54.50	1998-08-17	54.47	1974-08-13	长江委
长江		沙市	45.22	1998-08-17	44.74	1999-07-21	44.67	1954-08-07	44.49	1949-07-09	44.47	1981-07-19	长江委
长江		石首	40.94	1998-08-17	40.78	1999-07-21	39.89	1954-08-07	39.85	1962-07-12	39.59	1989-07-14	长江委
长江		监利	38.31	1998-08-17	38.30	1999-07-21	37.30	2020-07-24	37.15	2002-08-24	37.06	1996-07-25	长江委
长江		莲花塘	35.80	1998-08-20	35.54	1999-07-22	35.01	1996-07-22	34.75	2002-08-24	34.59	2020-07-28	长江委
长江		螺山	34.95	1998-08-20	34.60	1999-07-22	34.18	1996-07-22	33.83	2002-08-24	33.63	2020-07-28	长江委
长江		汉口	29.73	1954-08-18	29.43	1998-08-20	28.89	1999-07-23	28.66	1996-07-22	28.50	2020-07-28	长江委
松滋河	中支	自治局	41.38	1998-07-24	41.28	2003-07-11	40.34	1991-07-07	40.28	1983-07-08	40.05	1996-07-21	长江委
松滋河	中支	安乡	40.44	1998-07-24	40.19	2003-07-11	39.72	1996-07-21	39.38	1983-07-08	39.34	1991-07-07	长江委
松滋河	西支	新江口	46.18	1998-08-17	46.09	1981-07-19	45.77	1954-08-07	45.77	1989-07-14	45.65	1999-07-21	长江委
松滋河	西支	官垸	43.00	1998-07-24	42.81	2003-07-11	41.87	1991-07-07	41.63	1983-07-07	41.27	1980-08-03	长江委
松滋河	东支	沙道观	45.52	1998-08-17	45.40	1981-07-19	45.21	1954-08-07	45.2	1989-07-14	45.06	1999-07-20	长江委
松滋河	东支	大湖口	41.34	1998-07-24	41.06	2003-07-11	40.32	1983-07-08	40.27	1991-07-07	40.18	1996-07-21	长江委
虎渡河		弥陀寺	44.90	1998-08-17	44.55	1999-07-21	44.33	1981-07-20	44.15	1954-08-07	44.09	1989-07-14	长江委
虎渡河		黄山头	41.16	1998-07-25	40.58	1999-07-21	40.50	2003-07-11	40.18	1954-08-07	40.18	1981-07-20	长江委
藕池河	东支	管家铺	40.28	1998-08-17	40.17	1999-07-21	39.50	1954-08-08	39.31	1962-07-11	39.11	1964-07-02	长江委
藕池河	东支	南县（罗）	37.57	1998-08-19	37.48	1999-07-21	36.71	1996-07-21	36.53	2002-08-24	36.50	1954-08-08	长江委
藕池河	东支	注滋口	36.27	1998-08-20	36.10	1999-07-21	35.69	1996-07-21	35.47	2002-08-24	35.13	2017-07-04	长江委
藕池河	西支	康家岗	40.44	1998-08-17	40.38	1999-07-21	39.87	1954-08-08	39.58	1962-07-11	39.41	1952-09-20	长江委
湘江	尾闾	株洲	44.58	1994-06-18	44.47	2019-07-10	43.87	1976-07-13	43.83	1968-06-28	43.68	1982-06-19	湘水文中心
湘江	尾闾	湘潭	41.95	1994-06-18	41.42	2019-07-10	41.26	1976-07-13	41.24	2017-07-03	41.23	1982-06-19	湘水文中心
湘江	尾闾	长沙	39.51	2017-07-03	39.18	1998-06-27	38.91	1994-06-19	38.46	2010-06-25	38.38	2002-08-22	湘水文中心
湘江	洪道	湘阴	36.66	1996-07-22	36.35	1998-07-31	36.25	1999-07-22	36.25	2017-07-03	35.96	2002-08-23	长江委
资水	尾闾	桃江	44.44	1996-07-17	44.31	1995-07-02	44.31	2002-08-21	44.13	2017-07-01	43.98	1998-06-14	湘水文中心
资水	尾闾	益阳	39.48	1996-07-21	39.14	2017-07-01	39.04	1995-07-02	39.03	2002-08-21	38.50	2016-07-05	湘水文中心
资水	洪道	沙头	38.15	1996-07-21	37.68	2017-07-02	37.32	1995-07-03	37.24	2002-08-21	37.08	1998-07-31	长江委
沅江	尾闾	桃源	47.37	2014-07-17	46.90	1996-07-19	46.62	1999-06-30	46.03	1998-07-24	45.86	1995-07-02	湘水文中心
沅江	尾闾	常德	42.49	1996-07-19	42.20	2014-07-18	42.06	1999-06-30	41.72	1998-07-24	41.50	1995-07-02	湘水文中心
沅江	洪道	牛鼻滩	40.57	1996-07-19	40.06	1999-07-01	40.02	1998-07-24	39.89	2014-07-17	39.70	2017-07-03	长江委
沅江	洪道	周文庙	38.79	1996-07-20	38.33	1998-07-24	38.09	1999-07-01	37.99	2017-07-03	37.87	2003-07-11	长江委
澧水尾闾		石门	62.66	1998-07-23	62.31	2003-07-10	62.00	1980-08-02	61.58	1991-07-06	61.12	1983-06-27	湘水文中心
澧水尾闾		津市	45.02	2003-07-10	45.01	1998-07-24	44.01	1991-07-07	43.48	1993-07-24	43.32	1980-08-02	长江委

续表

河名	站名	1		2		3		4		5		隶属
		洪水位	发生时间	洪水位	发生时间	洪水位	发生时间	洪水位	发生时间	洪水位	发生时间	
西洞庭湖	石龟山	41.89	1998-07-24	41.85	2003-07-11	40.82	1991-07-07	40.43	1983-07-08	40.14	1980-08-03	长江委
	小河咀	37.57	1996-07-21	37.04	1998-07-25	36.64	2017-07-03	36.60	1999-07-18	36.25	2002-08-24	长江委
	南咀	37.62	1996-07-21	37.21	1998-07-25	36.83	1999-07-22	36.51	2017-07-03	36.50	2003-07-11	长江委
南洞庭湖	沅江	37.09	1996-07-21	36.59	1998-07-31	36.43	1999-07-22	36.43	2017-07-03	36.08	2002-08-23	长江委
	营田	36.54	1996-07-22	36.26	1998-07-31	36.15	1999-07-22	35.89	2017-07-04	35.76	2002-08-23	长江委
	草尾	37.37	1996-07-21	36.96	1998-07-25	36.61	1999-07-22	36.37	2017-07-03	36.22	2002-08-24	长江委
东洞庭湖	鹿角	36.14	1998-08-20	35.91	1999-07-23	35.73	1996-07-21	35.31	2017-07-04	35.24	2002-08-24	长江委
	岳阳	36.06	1998-08-20	35.76	1999-07-22	35.39	1996-07-21	35.07	2002-08-24	34.82	1954-08-03	长江委
	七里山	35.94	1998-08-20	35.68	1999-07-22	35.31	1996-07-22	34.91	2002-08-24	34.74	2020-07-28	长江委

注:水位高程为冻结基面。

4.4.3 水位流量特征值

采用1951—2020年资料(部分测站枯水资料不全)统计了各控制站的水位、流量特征值,其中桃江站1955年最大洪峰流量,在进行柘溪设计时,由中国有色金属长沙勘察设计研究院、湖南省水文总站、益阳分站及相关水文站复查会审后,将15300m^3/s改算为14400m^3/s。长江中游及洞庭湖区控制站水位、流量特征值见表4-11。

表4-11 长江中游及洞庭湖区控制站水位、流量特征值

河名	站名	最高水位/m	发生时间	最低水位/m	发生时间	最大流量/(m^3/s)	发生时间	最小流量/(m^3/s)	发生时间
长江中游	宜昌	55.73	1954-08-07	38.07	2003-02-09	70800	1981-07-18	2770.00	1979-03-08
	沙市	45.22	1998-08-17	30.02	2003-02-10				
	石首	40.94	1998-08-17	25.37	1999-03-29				
	监利	38.31	1998-08-17	22.74	1974-03-07	46300	1998-08-17	2650.00	1952-02-05
	莲花塘	35.80	1998-08-20	只观测汛期水位					
	螺山	34.95	1998-08-20	15.56	1960-02-16	78800	1954-08-07	4060.00	1963-02-05
	汉口	29.73	1954-08-18	11.70	1961-02-05	76100	1954-08-14	4830.00	1963-02-07
三口洪道	新江口	46.18	1998-08-17	34.05	1979-04-22	7910	1981-07-19	0	2000-01-08
	沙道观	45.52	1998-08-17	河干	1982-05-23	3730	1954-08-06	−30.00	1967-05-09
	弥陀寺	44.90	1998-08-17	31.57	1978-04-20	3210	1962-07-10	0	大部分年份
	管家铺	40.28	1998-08-17	28.64	1988-05-06	11900	1954-07-22	−22.00	1974-04-22
	康家岗	40.44	1998-08-17	河干	大部分年份	2890	1954-07-22	−64.60	1979-06-28
三口洪道	官垸	43.00	1998-07-24	28.75	2014-02-07	3350	1981-07-20	−1780.00	2003-07-10
	自治局	41.38	1998-07-24	28.57	1993-02-09	5100	1960-07-26	−750.00	1998-07-24
	大湖口	41.34	1998-07-24	29.33	1999-04-10	2530	1991-07-08	−14.10	1973-04-06

续表

河名	站名	最高水位/m	发生时间	最低水位/m	发生时间	最大流量/(m^3/s)	发生时间	最小流量/(m^3/s)	发生时间
四水尾间	湘潭	41.95	1994-06-18	26.05	2011-12-21	26400	2019-07-10	100.00	1966-10-06
	桃江	44.44	1996-07-17	30.75	2015-02-08	15300	1955-08-27	11.40	2015-02-08
	桃源	47.37	2014-07-17	29.56	2020-12-31	29100	1996-07-17	36.50	2020-12-31
	石门	62.66	1998-07-23	48.67	1990-12-31	19900	1998-07-23	1.00	1996-01-01
洞庭湖	石龟山	41.89	1998-07-24	28.34	2014-02-07	12300	1998-07-24	0.35	1958-02-27
	小河咀	37.57	1996-07-21	27.69	1992-12-23	23100	2003-07-11	34.60	1955-02-04
	南咀	37.62	1996-07-21	27.16	1996-03-09	19000	2003-07-11	27.00	1979-03-07
	沅江	37.09	1996-07-21	27.89	1992-12-24				
	营田	36.54	1996-07-22	21.05	1972-01-31				
	七里山	35.94	1998-08-20	17.27	1960-02-16	49400	2017-07-04	377.00	1975-10-05

注:统计年限为新中国成立以后的水文记录,水位高程为冻结基面。

4.4.4 洪水水面线

本次特选取国家站及部分地方站的年最高洪水位资料,首次编制了长江中游、四水尾间、洪道及洞庭湖主洪道的典型年洪水水面线(相互首尾都进行了衔接)。其中地方站水尺位置不够具体,其里程系是根据站名查地图上的地名大致定的;典型年的选择按各河流的具体情况定,都考虑了主要控制站的前几位洪水。

各河流洪水水面线见表4-12至表4-17和图4-1至图4-6。

表 4-12 **长江中游典型年洪水水面线**

序号	站名	隶属	里程/km	冻结改85黄海/m	典型年最高洪水位(85黄海)/m									1951—2020年最高洪水位/m		堤顶高程/m	
					1954年	1980年	1983年	1988年	1996年	1998年	1999年	2002年	2003年	85黄海	冻结	85黄海	冻结
1	宜昌水文站	长江委	443.2	−2.07	53.66	51.48	51.11	49.66	48.89	52.43	51.61	49.63	49.43	53.66	55.73	55.93	58.00
2	枝城水文站	长江委	384.6	−2.05	48.56	47.38	47.35	46.28	48.56	48.57	47.60			48.57	50.62	49.75	51.80
3	沙市水文站	长江委	296.9	−2.17	42.52	41.50	41.52	40.50	40.84	43.07	42.59	40.64	40.54	43.07	45.22	44.35	46.50
4	石首水位站	长江委	202.9	−2.01	37.88	37.04	37.28	36.32	37.37	38.93	38.77	37.18	36.67	38.93	40.94	39.30	41.31
5	监利水文站	长江委	142.4	−2.07	34.55	34.12	34.64	34.04	34.99	36.24	36.23	35.08	34.39	36.24	38.31	37.16	39.23
6	临江闸	建设垸	106.4	−1.60	33.32	33.02	33.75	33.34	34.46	35.49				35.49	37.09	37.40	39.00
7	北闸	君山垸	95.5	−1.82		32.38	33.02	32.57		34.85				34.85	36.67	36.68	38.50
8	莲花塘水位站	长江委	61.0	−1.94	32.01	31.60	32.02	31.66	33.07	33.86	33.60	32.81	31.59	33.86	35.80	35.86	37.80
9	新港闸	陆城垸	39.1	−1.79	31.54	31.10	31.59	31.06	32.33	33.18				33.18	34.97	35.41	37.20
10	螺山水文站	长江委	31.7	−1.99	31.18	30.67	31.05	30.81	32.19	32.96	32.61	31.84	30.58	32.96	34.95		
11	新洲脑闸	江南垸	22.0	−1.87	31.15	30.59	31.01	30.50	32.04	32.93				32.93	34.80	34.63	36.50
12	铁山嘴	黄盖镇	0	−1.88	30.81	29.98	30.48	29.69	31.41	32.22	31.82	30.79		32.22	34.10		

注:1. 典型年:按莲花塘站前9位洪水位选取。

2. 里程:采用长江委里程表内插。

3. 长江委各站的基面换算值采用《长江防汛水情手册》(长江委水文局、江务局,2000年12月)资料。

表 4-13 **湘水尾间、洪道典型年洪水水面线**

序号	站名	隶属	里程/km	冻结改85黄海/m	典型年最高洪水位(85黄海)/m									1951—2020年最高洪水位/m		堤顶高程/m	
					1954年	1968年	1976年	1982年	1994年	1996年	1998年	2017年	2019年	85黄海	冻结	85黄海	冻结
1	株洲水文站	湘水文中心	162.0	−1.90	41.44	41.93	41.97	41.78	42.68	38.87	41.05	41.16	42.57	42.68	44.58		
2	湘潭水文站	湘水文中心	122.4	−2.24	38.54	39.02	39.07	39.04	39.76	36.65	38.79	39.05	39.23	39.76	41.95		
3	中心港	解放垸	93.3	−1.99	36.77	37.11	36.59	36.59	37.60		37.26					39.01	41.00
4	长沙水位站(三)	湘水文中心	81.5	−2.24		35.83	36.18	36.16	36.72	34.99	36.99	37.32	36.16	37.32	39.51		

续表

序号	站名	隶属	里程/km	冻结改85黄海/m	典型年最高洪水位(85黄海)/m									1951—2020年最高洪水位/m		堤顶高程/m	
					1954年	1968年	1976年	1982年	1994年	1996年	1998年	2017年	2019年	85黄海	冻结	85黄海	冻结
5	望城码头	胜利垸	53.9	−2.26				34.56	35.08	34.91	35.84					36.74	39.0
6	靖港	烂泥湖大众垸	43.0	−2.32		33.45	33.95	34.16	34.16	34.85	35.47	35.71	33.68	35.71	35.69	36.18	38.5
7	双管子	烂泥湖沙田垸	35.7	−2.44		33.09	33.61	33.16	△34.03	34.73	34.91					35.56	38.0
8	濠河	城西垸	20.3	−1.86	33.55	32.53	33.02	33.09	32.74	34.91	34.70	35.15	31.95	35.15	37.01	35.64	37.5
9	湘阴水位站	长江委	10.7	−1.99	33.42	32.40	31.66	31.79	31.81	34.67	34.37	34.26	31.29	34.67	36.66	34.81	36.8
10	营田水位站	长江委	−10.4	−1.92	33.10	32.36	31.41	31.32	30.65	34.59	34.31	33.94	31.08	34.59	36.54		

注:1. 里程:采用里程内插,本表以斗米嘴(洪道入湖口)为0起算,上距濠河口(湘江河口)21.1km。

2. 为了与洞庭湖衔接而加入了营田水位站。

3. △为插补值。

表4-14　资水尾闾、洪道典型年洪水水面线

序号	站名	隶属	里程/km	冻结改85黄海/m	典型年最高洪水位(85黄海)/m										1951—2020年最高洪水位/m		堤顶高程/m	
					1954年	1955年	1988年	1990年	1995年	1996年	1998年	1999年	2002年	2017年	85黄海	冻结	85黄海	冻结
1	桃江水文站	湘水文中心	72.1	−2.25	40.66	41.57	40.34	40.29	42.06	42.19	41.73	40.32	42.06	41.88	42.19	44.44	43.05	45.30
2	新桥河闸	长春垸	57.4	−2.38		39.59	38.14	38.20	39.22	39.86	38.72				39.86	42.24	40.77	43.15
3	托口港	长春垸	47.1	−2.05	36.67	37.91	37.26	36.85	38.49	39.00	37.80				39.00	41.05	39.50	41.55
4	益阳水位站	湘水文中心	39.1	−2.18	35.77	36.28	36.10	35.66	37.00	37.44	36.37	36.16	36.99	37.10	37.44	39.48		
5	小河口	烂泥湖人民垸	24.8	−1.68		34.94	34.92	34.22	35.68	36.61	35.52				36.61	38.29	38.12	39.80
6	沙头水文站	长江委	23.2	−1.97	34.17	34.43	34.58	33.86	35.33	36.16	35.12	34.88	35.24	35.69	36.16	38.15	36.21	38.20
7	杨柳潭水文站	长江委	0	−1.88	33.14	30.58	32.90	31.55	33.46	34.85	34.43	34.31	33.92	34.15	34.85	36.75		

注:里程:采用里程内插,以杨柳潭(洪道入湖口)为0起算,上距甘溪口(资水河口)28.6km。

表 4-15

沅江尾闾、洪道典型年洪水水面线

序号	站名	隶属	里程/km	冻结改85黄海/m	典型年最高洪水位(85黄海)/m										1951—2020年最高洪水位/m		堤顶高程/m	
					1954年	1969年	1991年	1993年	1995年	1996年	1998年	1999年	2003年	2014年	85黄海	冻结	85黄海	冻结
1	桃源水文站	湘水文站	104.6	−1.89	42.50	43.51	41.74	42.88	43.97	45.01	44.14	44.73	43.50	45.48	45.48	47.37	46.98	48.87
2	延泉	车湖垸	94.6	−1.69		41.70	40.82	41.91	42.81	43.86		42.61					45.31	47.00
3	河洑闸	沅澧护丹垸	83.4	−2.01		40.55	39.79	40.50	41.60	42.64	41.82	42.22					45.09	47.10
4	常德水位站(二)	湘水文中心	58.0	−1.82	37.94	38.86	38.22	38.61	39.68	40.67	39.90	40.24	39.36	40.38	40.67	42.49	43.53	45.35
5	邱家硚	沅南三合垸	48.0	−1.91	36.46	37.45	△37.28		38.54	39.50					39.50	41.41	40.79	42.70
6	牛鼻滩水位站	长江委	32.1	−1.97	35.33	36.13	36.66	36.65	37.62	38.60	38.04	38.11	37.53	37.92	38.60	40.57		
7	龙打吉	沅澧西湖垸	17.6	−1.75	35.07	35.67	36.15	36.04	36.92	37.85					37.85	39.60	38.85	40.60
8	小港	沅澧西湖垸	10.3	−1.99		35.25	35.42	35.26	36.26	37.46					37.46	39.45	38.31	40.30
9	周文庙水位站	长江委	6.0	−1.69	34.88	35.16	35.37	35.01	36.03	37.09	36.62	36.34	36.17	36.12	37.09	38.78		
10	坡头	沅澧西湖垸	0	−1.72	34.52	34.74	35.13	34.56	35.62	36.71					36.71	38.43	38.28	40.00
11	岩汪湖	沅南垸	−1.8	−1.89	34.51		34.90	34.46	35.34	36.49					36.49	38.38	37.43	39.32
12	蒋家嘴	沅南垸	−11.5	−1.69	34.51	34.39	34.47	33.60	34.83	36.16	35.77	35.20			36.16	37.85	36.87	38.56
13	小河咀水文站	长江委	−23.6	−1.87	33.85	33.52	33.80	33.05	34.35	35.70	35.16	34.73	34.34	33.75	35.70	37.57	37.63	39.50

注:1. 里程:采用里程内插,以坡头(洪道入湖口)起算,上距德山枉水口(沅江河口)53.5km。

2. 为了衔接而加入了岩汪湖、蒋家嘴、小河咀三站。

3. △为插补值。

表 4-16

澧水尾闾典型年洪水水面线

序号	站名	隶属	里程/km	冻结改85黄海/m	典型年最高洪水位(85黄海)/m									1951—2020年最高洪水位/m		堤顶高程/m	
					1954年	1980年	1983年	1989年	1991年	1993年	1995年	1998年	2003年	85黄海	冻结	85黄海	冻结
1	石门水文站	湘水文	62.4	−2.00	58.92	60.60	59.12	57.02	59.58	58.88	58.33	60.66	60.31	60.66	62.66		
2	向阳闸	松澧垸	35.0	−1.62		47.78		46.23	48.48	47.91	47.08	49.64		49.64	51.26	51.78	53.40
3	张公庙	松澧垸	25.3	−1.67	44.12	45.96	45.20	44.18	46.20	45.98	44.83	47.51		47.51	49.18	48.53	50.20

续表

序号	站名	隶属	里程/km	冻结改85黄海/m	典型年最高洪水位(85黄海)/m									1951—2020年最高洪水位/m		堤顶高程/m	
					1954年	1980年	1983年	1989年	1991年	1993年	1995年	1998年	2003年	85黄海	冻结	85黄海	冻结
4	荣家河	松澧垸	21.3	−2.11	42.68	44.36	43.92	42.95	44.85	44.82		46.13		46.13	48.24	47.59	49.70
5	兰江闸	松澧垸	16.2	−2.06		43.42	42.98	42.28	44.04	43.69	42.44	45.08		45.08	47.14	46.64	48.70
6	上福桥	松澧垸	6.5	−2.18		41.75	41.34	40.78	42.48	41.94		43.58		43.58	45.76	45.02	47.20
7	津市水文站	湘水文	2.1	−2.09	39.31	41.23	41.01	40.33	41.92	41.39	40.32	42.92	42.93	42.93	45.02	44.41	46.50
8	小渡口	松澧垸	0	−2.09		41.06	40.96	40.30	41.84	41.44	40.13	42.68		42.68	44.77	44.21	46.30

注：里程：采用里程内插，以小渡口（涔水河口，即澧水入湖口）起算。

表 4-17　洞庭湖主洪道典型年洪水水面线

序号	站名	隶属	里程/km	冻结改85黄海/m	典型年最高洪水位(85黄海)/m										1951—2020年最高洪水位/m		堤顶高程/m	
					1954年	1983年	1991年	1995年	1996年	1998年	1999年	2002年	2003年	2017年	85黄海	冻结	85黄海	冻结
1	小渡口	松澧垸	239.3	−2.09		40.96	41.84	40.13	39.62	42.68					42.68	44.77	44.21	46.30
2	石龟山水文站	长江委	210.0	−2.04	36.10	38.39	38.78	37.27	37.99	39.85	37.92	35.49	39.81	34.81	39.85	41.89	41.56	43.60
3	沙河口	沅澧垸	186.3	−1.69	35.52	36.60	36.61		36.97	37.77					37.77	39.46	39.18	40.87
4	沙湾水位站	长江委	142.9	−1.81	34.55	34.20	34.39	34.85										
5	小河咀水文站	长江委	127.8	−1.87	33.85	33.66	33.80	34.35	35.70	35.15	34.73	34.36	34.34	34.77	35.70	37.57	37.13	39.00
6	沅江水位站	长江委	114.3	−1.95	33.31	33.19	33.14	33.81	35.14	34.64	34.50	34.13	33.23	34.48	35.14	37.09	36.55	38.50
7	杨柳潭水位站	长江委	88.6	−1.90	33.14	32.96	32.64	33.46	34.85	34.43	34.31	33.92	32.56	34.15	34.85	36.75		
8	营田水位站	长江委	71.1	−1.95	33.10	32.71	32.37	33.18	34.59	34.31	34.20	33.81	32.21	33.94	34.59	36.54		
9	鹿角水位站	长江委	31.4	−1.97	33.03	32.44	31.85	32.11	33.76	34.17	33.94	33.27	31.86	33.34	34.17	36.14	35.03	37.00
10	岳阳水位站	长江委	4.3	−1.94	32.88	32.34	31.66	31.83	33.45	34.11	33.83	33.13	31.76	32.88	34.11	36.05		
11	七里山水文站	长江委	0	−1.94	32.61	32.27	31.58	31.74	33.37	34.00	33.74	32.97	31.66	32.69	34.00	35.94	35.06	37.00
12	莲花塘水位站	长江委	−4.4	−1.94	32.01	32.02	31.39	31.47	33.07	33.86	33.60	32.81	31.59	32.19	33.86	35.80		

注：1. 里程：采用1：50000图量取，以七里山站（天然湖泊量算起点）为0起算，贯穿东洞庭湖、南洞庭湖、目平湖、澧水洪道和七里湖。

2. 为了与长江衔接而加入了莲花塘站。

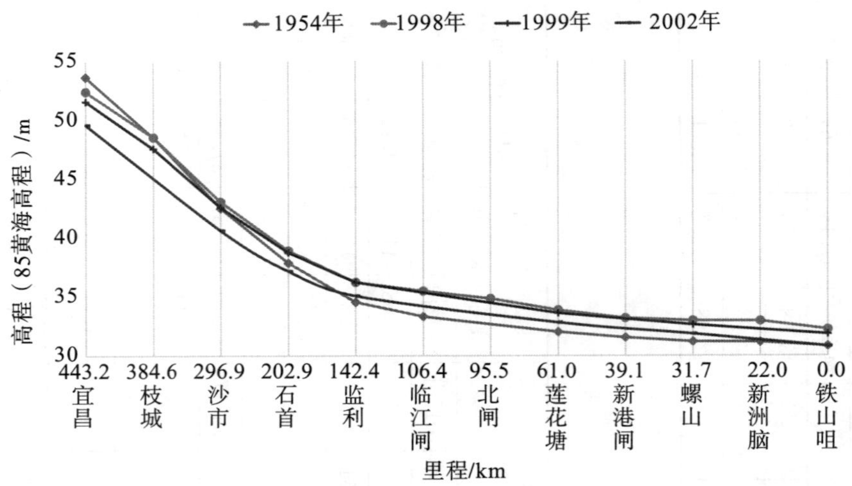

图 4-1　长江中游河道洪水水面线

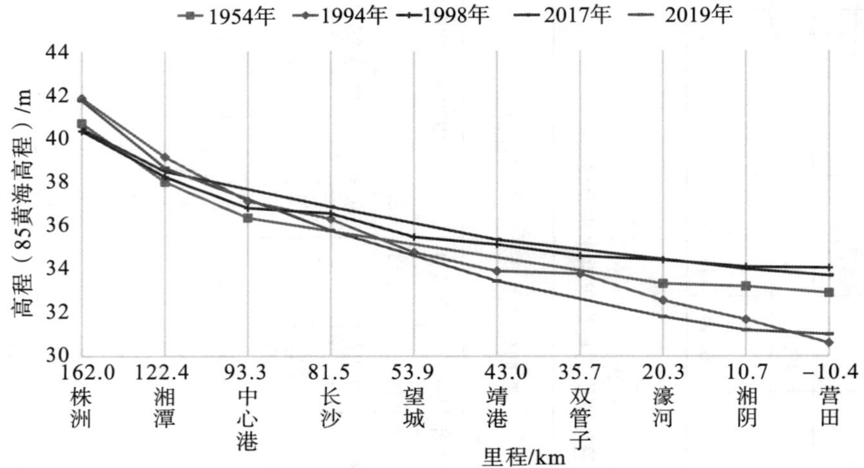

图 4-2　湘江尾闾洪道洪水水面线

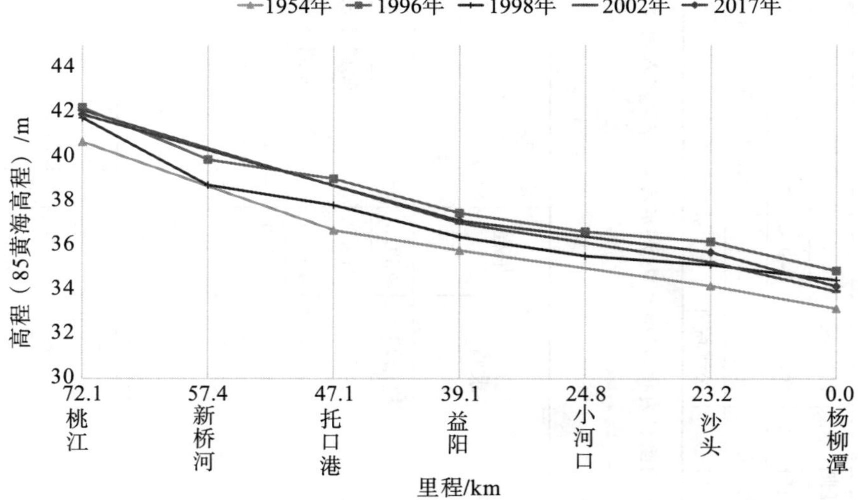

图 4-3　资水尾闾洪道洪水水面线

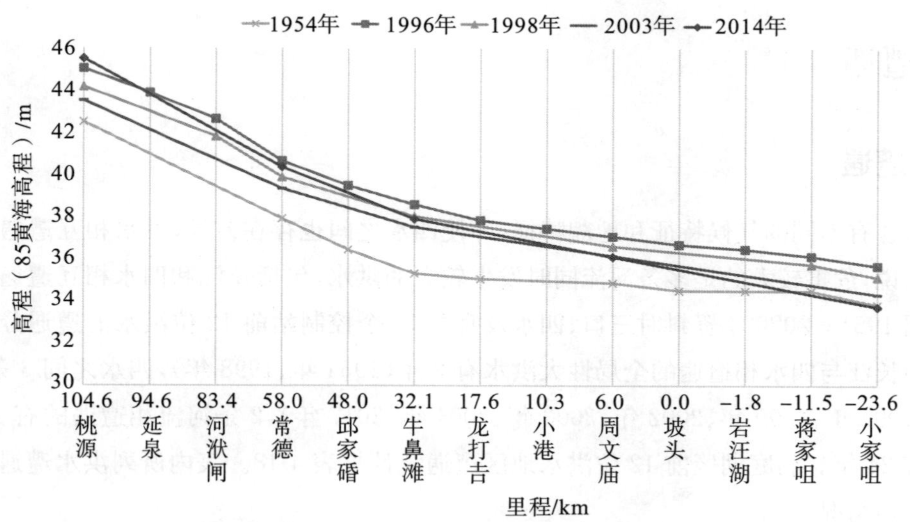

图 4-4　沅江尾闾洪道洪水水面线

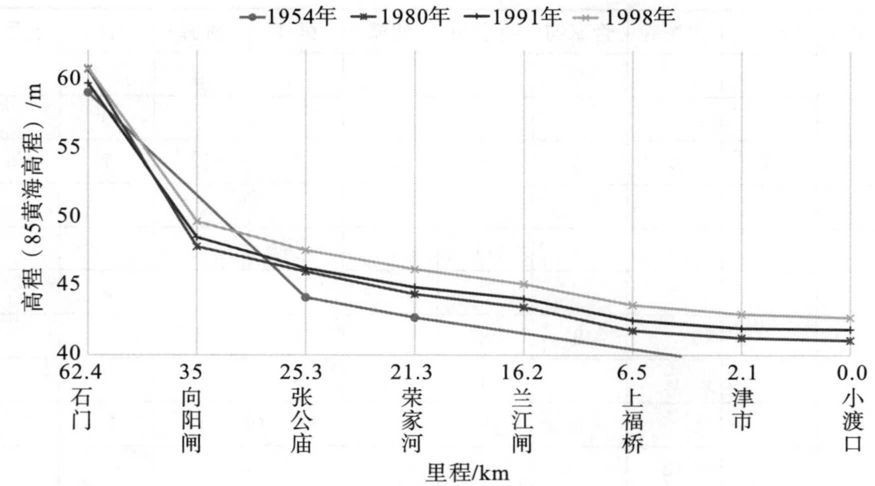

图 4.5　澧水尾闾洪水水面线

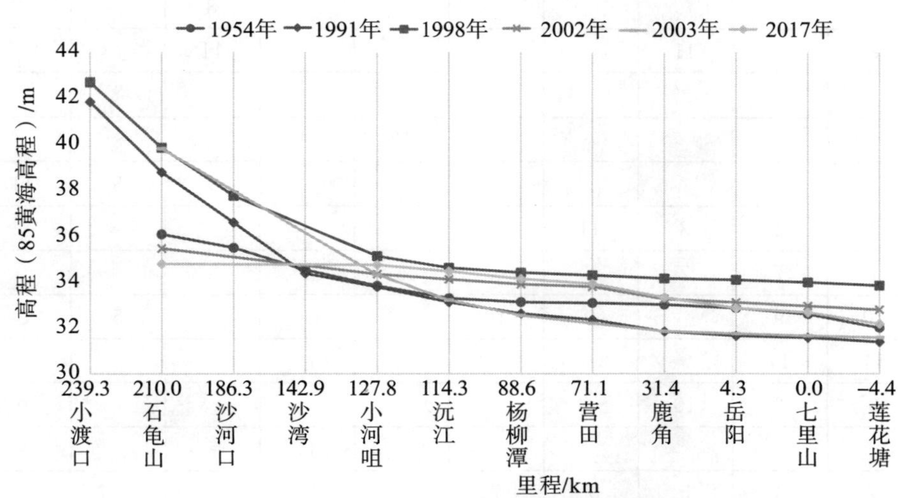

图 4-6　洞庭湖主洪道洪水水面线

4.5 洪水遭遇

4.5.1 地区遭遇

长江和四水各有不同的气候特征和地貌特征，即使四水之间也存在差异，洪水相互遭遇的随机性很大，对于洞庭湖区来说，危害较大的是多条河流同时发生较大的洪水，包括长江和四水相互遭遇、四水之间的相互遭遇。本次据1951—2020年资料对三口、四水及宜昌10个控制站前12位洪水的遭遇分析，计发生洪水年份42个，其中长江与四水相遭遇的全局性大洪水有2年(1954年、1998年)，四水之间3条或4条河流相遭遇的有6年(1995年、1999年、2002年、2003年、2004年、2017年)，2条河流相遭遇的有10年，单独1条河流涨大水的有24年。洞庭湖区前12位洪水地区遭遇统计见表4-18。表内所列洪水遭遇情况，是指年内各水系的洪水遭遇情况。

表4-18　洞庭湖区前12位洪水地区遭遇统计(洪水位序位)

年份	宜昌	新江口	沙道观	弥陀寺	管家铺	康家岗	湘潭	桃江	桃源	石门	七里山	遭遇情况
1952					6	5						长江
1953										9		澧水
1954	1	3	3	4	3	3	10	7	12	7	6	全局性
1955								6				资水
1956	11		10	9		11						长江
1957										8		澧水
1958					8	8						长江
1962				6	4	4	8					长江、湘江
1964					5	6				10		长江、澧水
1966	10			12								长江
1968		9	12	8	10	12	6				10	长江、湘江
1969									8			沅江
1974	5	8	8	11					11			长江、沅江
1976							3					湘江
1978							12					湘江
1980										3	11	澧水
1981	2	2	2	3	11	9						长江
1982	3	7	7	7			5					长江、湘江
1983		10	9		9	10				5	8	长江、澧水
1984		11	11									长江
1987	12	6	6	10								长江
1988								11			9	资水
1989	8	4	4	5	7	7						长江
1990								9				资水
1991										4		澧水

续表

年份	宜昌	新江口	沙道观	弥陀寺	管家铺	康家岗	湘潭	桃江	桃源	石门	七里山	遭遇情况
1992							11					湘江
1993									10	6		沅江、澧水
1994							1					湘江
1995								2	5	11	12	资水、沅江、澧水
1996								1	2		3	资水、沅江
1998	4	1	1	1	1	1	7	5	4	1	1	全局性
1999		5	5	2	2	2		12	3		2	长江、资水、沅江
2002					12			3			4	长江、湘江、资水
2003							9		9	2		湘江、沅江、澧水
2004	9	12					9	10		2		长江、湘江、资水、澧水
2007										12		澧水
2010							11			12		湘江、澧水
2012								11				沅江
2014								9	1			资水、沅江
2016								8			7	资水
2017							4	4	7		5	湘江、资水、沅江
2019							2					湘江

4.5.2 时间遭遇

湖南省汛期为 4—9 月，主汛期四水为 5—7 月(湘江稍早)、洞庭湖为 6—8 月、长江为 7—9 月，江、湖洪水相遭遇的主要时段在 7—8 月。洞庭湖入、出湖洪峰出现时间统计见表 4-19。

表 4-19　　洞庭湖入、出湖洪峰出现时间统计

控制站	3 月	4 月	5 月	6 月	7 月	8 月	9 月	10 月	11 月	总年数
湘潭	2	6	17	19	9	5	1	1		60
桃江	2	5	11	18	15	5	2	1	1	60
桃源		4	11	17	22	3	1	1	1	60
石门	1		7	22	21	5	4			60
三口			1	3	31	14	6	1		56
城陵矶		1	5	12	33	6	2	0	1	60

注：本资料来自《洞庭湖区综合规划》，2016，长江水利委员会。

四水和三口洪水在时间上存在一定差异，但洪水遭遇机会很多。首先从洪峰遭遇看(相差 2d 以内)，四水有两条河流洪峰遭遇的有 29 次(1951—2010 年，下同)，3 条河流同时遭遇的有 8 次，湘江和澧水没有遭遇，四水同时遭遇的情况也没有发生，三口与四水其中 1 条河流遭遇有 5 次，三口与四水其中 2 条河流同时遭遇则没有。从洪水过程遭遇情况来看，由于洞庭湖可调蓄洪水，各来水河流洪水过程也较长，洪水过程遭遇机会较多。经对各水年最大 10d 洪量发生时间进行统计分析，以相差 2d 算洪水过程遭遇，四水有 2 条河流洪水过程遭遇的有 34 年，有 3 条河流同时遭遇的有 6 年，四水同时遭遇则没有。三口洪水与四水其中 1 河流遭遇有 8 次。三口与四水其中 2 条河流遭遇则没有。统计结果表明，资水与沅江洪水遭遇的概率最大，洪峰遭遇概率为 19.0%，过程遭遇概率为 35.0%；其次是湘江与资水洪水遭遇，洪峰和过程遭遇概率分别为 19.0%和 25.0%；再次是沅江与澧水洪水遭遇，洪峰和过程遭遇概率分别为 21.7%和 19.0%；湘江和沅江洪水遭遇概率分别为 6.9%和 16.7%，概率虽不是很大，但由于 2 条河流控制面积占四水总面积的 80%，导致对洞庭湖洪水影响更大；湘江、资水与澧水遭遇的概率不大。

4.6 洪水传播时间

影响洪水传播时间的因素很多，主要是暴雨中心位置和强度、干支流洪水的大小和遭遇时间、河槽底水的高低和受回水顶托的程度等，其中，暴雨中心起主导作用，大致可分为上游、中游、下游 3 种基本类型。每一场洪水的传播时间都是不一样的，但 80%的洪水其传播时间的变动不大，50%的洪水变动范围更小，特殊组合的情况极少，因此，可以提出一个多数情况下洪水传播时间的大致变动范围。荆江及四水洪水传播时间见表 4-20、图 4-7（湖南省水文水资源局分析成果）。

表 4-20　　四水主要站洪水传播时间

河流	河段	河长/km	传播时间/h	河段	河长/km	传播时间/h	河段	河长/km	传播时间/h	河段	河长/km	传播时间/h
湘江	全州—老埠头	100	9～13	老埠头—归阳	141	14～20	归阳—衡阳	140	16～20	衡阳—衡山	67	8～10
	衡山—株洲	135	14～16	株洲—湘潭	45	5～8	湘潭—长沙	47	3～6	双牌—老埠头	66	6
	欧阳海—衡阳	132	20～30	神山头—衡阳	35	7	东江—耒阳	115	12～15	耒阳—衡阳	75	14～20
	甘溪—衡山		8～12	大西滩—株洲	53	10～14	水府庙—湘乡		12	双峰—湘乡		12
	湘乡—湘潭	63	12	双江口—槩梨		12	长沙—湘阴	72	14～24			
资水	罗家庙—邵阳	53	5～7	邵阳—冷水江	78	6～8	冷水江—新化	29	4	新化—柘溪	121	14～19
	柘溪—桃江	140	14～17	桃江—益阳	34	5～7	益阳—城陵矶	166	50～58			
沅江	黔城—安江	35	5～7	安江—浦市	141	14～17	浦市—五强溪		2～5	五强溪—桃源		6～9
	桃源—常德	49	5～7	常德—南咀	104	20～28	陶伊—浦市	82	10	思蒙—浦市	69	8
	河溪—沅陵	106	8	凤滩—沅陵	33	3						

续表

河流	河段	河长/km	传播时间/h	河段	河长/km	传播时间/h	河段	河长/km	传播时间/h	河段	河长/km	传播时间/h
澧水	南岔—张家界	73	5～9	张家界—石门	143	8～12	石门—津市	64	7～11	江垭—石门		7～10
	长潭河—石门	53	4～5	皂市—石门	14	1～2						
长江	寸滩—宜昌	658	45～60	宜昌—沙市		10～14	宜昌—安乡	276	24～34	宜昌—螺山	458	56～65
	沙市—监利	206	18～24	监利—城陵矶	81	20～28	城陵矶—螺山	24	3～6	螺山—汉口	146	24
洞庭湖	湘潭—城陵矶	220	66～72	桃江—城陵矶	192	56～62	桃源—城陵矶	279	76～82	石门—城陵矶	247	90～96
	新江口—南咀	183	36～46	新江口—石龟山		26～34	新江口—安乡	129	19～27	桃源—南咀	153	28～32
	石门—南咀	178	34～47	石龟山—南咀	52	22～28	安乡—南咀	53	14～22	南咀—沅江		6～10
	湘阴—城陵矶	101	38～42									

注：河道及湖泊的洪水传播时间因其洪水的大小、组合、暴雨中心位置及走向、洪水低水位等因素的不同而不同。因此，表中列出的传播时间仅仅是洪水的平均传播时间，具体到每场洪水则根据洪水的特性分析确定。

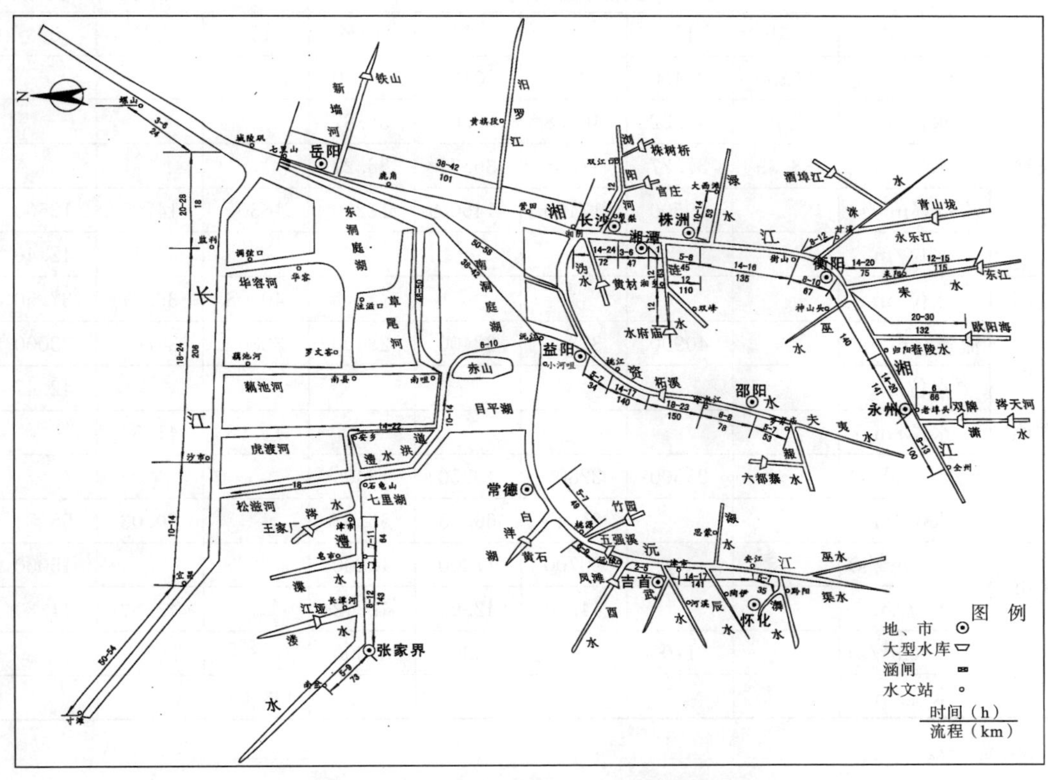

图 4.7　荆江及四水洪水传播时间示意图

4.7 设计洪水

4.7.1 设计洪峰流量

由于采用的统计系列长短不同及适线时的个人差异，计算成果会有所不同，但只要考虑了历史洪水，因其系列长，样本代表性较好，其统计参数就比较稳定。实际工程设计时都会考虑历史洪水，虽然实测系列不尽相同，但是设计洪峰流量相差不大。

本手册湖区主要控制站设计洪水成果来自流域规划及城市防洪设计报告的水文分析成果。

4.7.2 设计洪水位

因为湖区河道断面变化较大，历年水位资料的基础已失去了一致性，因此工程设计时都不采用水位频率成果，只用其作参照(其成果均偏小)，一般用设计流量查现状水位—流量关系线求得设计洪水位。无实测流量资料的设计站，计算方法有 2 种：①当设计站与参证站(有实测流量资料的站)区间面积不大时，则采用设计站水位与参证站的相应流量(不作修正)点绘水位—流量关系线，或与参证站建立水位相关求得；②当设计站与参证站(有实测流量资料的站)区间面积较大时，则采用推水面线的方法求得。

受泥沙淤积、筑堤、采砂、淘金等自然因素和人类活动的影响，各站的水位—流量关系在不断变化，因此，设计洪水位也会随之变化，应留有余地，必要时进行修正。

湖区主要控制站设计洪水成果见表 4-21。

表 4-21　　湖区主要控制站设计洪水成果

河名	站名	项目	天然洪水频率					水库调节后洪水频率			
			0.5%	1%	2%	5%	10%	1%	2%	5%	10%
湘江	湘潭	流量/(m^3/s)	26300	24400	22700	20400	18400				
		水位/m		41.22	40.58	39.64	38.87				
	长沙	水位/m	38.39	37.77	37.35	36.71	36.21				
资水	桃江	流量/(m^3/s)		19500	17400	14500	12200	16300	14700	12500	10100
		水位/m							43.79	42.46	41.41
	益阳	水位/m						40.08	39.27	37.50	
沅江	桃源	流量/(m^3/s)		40900	37300	32400	28400	38800	34800	23000	20000
		水位/m								42.47	
	常德	水位/m						41.98	41.33		
澧水	石门	流量/(m^3/s)		25500	22800	19200	16400				
		水位/m			61.45	60.45	56.67		60.03	58.84	
	津市	流量/(m^3/s)			20700	17700	15200			15000	13600
		水位/m			44.00	42.93	42.02		42.82	41.80	41.40
洞庭湖	岳阳	流量/(m^3/s)		51700	48100	43300	39300				
		水位/m						33.04			

注：水位(85 黄海)。

第 5 章 工程地质

洞庭湖的原始湖盆形成于 7000 万年前中生代末的燕山运动古陆断裂拗陷，湖盆基底为元古界海相沉积变质岩系；第三纪湖盆中接受了大量的红色碎屑堆积；300 万年前的喜马拉雅运动，湖盆继续下沉，周围山区则处于抬升状态；第四纪初，洞庭湖水系开始形成，周围地区由于间歇性抬升，沿河谷形成 6 级以上的河流阶地和河漫滩；新构造运动时期，总体上以垂直差异运动为主，洞庭盆地长期保持下沉，由于湖区地壳的升降以及江河的冲积，使湖泊、河道历有变迁。

5.1 区域地质概况

5.1.1 地貌

湖泊的发育，明显受挽近期地壳运动的控制，如湖岸线复杂，湖岸常见的湖蚀陡崖，均分布于更新统沉积物的阶地中，说明该区地壳运动以下沉作用为主。湖区之地貌依其成因和形态特征可分为 4 类：

(1)侵蚀构造低山丘陵

侵蚀构造低山丘陵分布于湖盆东、南、西部边缘及湖中的孤岛残丘，地面高程多在 100m 以上，由寒武系、震旦系、前震旦系的浅变质板岩、砂岩或花岗岩组成，山体走向受构造控制一般为 15°～40°，坡角一般为 20°～30°。

(2)剥蚀构造丘陵

由浅变质岩、岩浆岩和红层组成的残丘或丘岗。地面高程 40～80m，面积一般在数平方千米以内，呈缓坡丘状地形，如明山头、磊石山等。

(3)侵蚀堆积阶地

由侵蚀切割作用和搬运作用形成，并经受构造作用和后期剥蚀作用改造而形成的地貌景观，由更新统的网纹状黏土、砂砾或全新统的沉积物构成，地面高程为 50～80m，地貌形态为浅谷宽沟缓坡平顶丘垄状。

(4)冲—湖积平原

冲—湖积平原分布于四水尾闾及湖区广大地区，地面高程在 35m 以下，表面平坦，河网发育，主要由现代河湖堆积物组成，区内阶地发育。

5.1.2 地层岩性

湖区基岩出露甚少，第四系河流相、河湖相松散堆积物分布面积广，尤以全新统分布最广，中更新统次之，上更新统及下更新统零星出露。湖盆内的弧山残丘前震旦系浅变质碎屑岩及第四系红层出露；湖盆周边的环湖丘陵地带，前震旦系至第三系地层均有出露；东南与东北部边缘亦有加里东—燕山期花岗岩浸入体。

5.1.2.1 元古界

前震旦系冷家溪群和板溪群是本区出露最古老的地层，其岩性为一套浅变质的千枚岩、板岩、砂岩、石英砂岩等，地层褶皱强烈，构造复杂，主要出露于华容隆起带两侧、岳阳君山、磊石山、安乡黄山头、鹿虎山、常德太阳山东麓及湖盆边缘的临湘、益阳丘陵地带。后震旦系下统主要是在严寒条件下形成的冰碛砾泥岩，夹间冰期含砾砂岩、板岩；上统主要为一套温暖气候条件下形成的硅质岩建造和碳酸盐岩建造，其岩性为硅质岩、长石石英砂岩、板岩、白云岩等，零星分布于湖盆中的残山如君山、太阳山、沅江北极山及岳阳环湖丘陵地带。

5.1.2.2 古生界

古生界地层零星分布于湖盆西部边缘地带及太阳山西侧。下古生界主要为浅海相页岩、碳质页岩、硅质页岩及灰岩、泥质灰岩、白云岩等；上古生界泥盆系云台观组石英砂岩夹砂质页岩、铁质砂岩，二叠系下统为灰白色厚层石英砂岩、灰黑色厚层含燧石团块灰岩夹碳质页岩。

5.1.2.3 中生界

三叠系下统大治组下部薄层致密灰岩，中部为厚层灰层，上部为灰白色厚层鲕状白云质灰岩、鲕状灰岩，仅在湖盆西部边缘局部地方有出露；白垩系为陆相沉积，下统主要为滨湖、浅湖相砂岩、山麓桐砾岩、砂岩；上统有山麓相和滨湖三角洲相砂砾岩、砂岩。

5.1.2.4 新生界第三系

下第三系与白垩系相依分布，古新统主要为砂泥岩及盐湖相岩盐，局部为碳酸盐岩及油页岩；始新统主要为浅湖相砂泥岩，主要分布于华容砖桥、沅江赤山、常德太阳山东侧及洞庭湖拗陷中，另外环湖低山丘陵，如岳阳新墙河、宁乡及汉寿、常德南部边缘部位亦有出露。

5.1.2.5 新生界第四系

湖区第四系物质不仅分布面积广，而且厚度大，具有河流、湖泊共同作用的特点。

(1)下更新统汨罗组

出露甚少，主要见于湘阴仁山围、寨美、白水江、沅江南咀、汉寿毓德铺、龙潭桥诸地，呈狭长带状零星分布在河湖侵蚀陡坎处，其他部位均埋藏于湖滨平原之下，草尾—营田一带最大厚度205～264m，蒿子港—肖家湾—沅江荷家湾一带最大厚度148～232m。其成因主要为河湖相，上部以褐黄色、黄白色或灰黑色粉质黏土及黏土为主，并夹砂砾层，局部夹薄层泥炭；中部为黄绿、灰绿色及蓝绿色黏土与砂互层；下部为灰绿色、黄绿色及浅灰色粉质黏土，砂及砾石层；下伏基岩除华容为花岗岩体和板溪群砂板岩外，其余绝大部分地区主要为第三系或白垩系紫红色泥岩、粉砂岩。

(2)中更新统白沙组

发育尚好，主要见于沅江、南县、汉寿、临湘等地，沉积类型以河流相为主，次为残坡积沉积，沉积中心在白马寺附近，次为周文庙一带，最大厚度为123.4m，岩性特征下部为黄色、黄白色砾石、砂砾和粗砂层，底部一般见簿层铁质或夹砂、黏土透境体；上部为红色黏土，白色高岭土网纹条带极为发育。残坡积层多见于华容桃花山及临湘等地，由花岗岩类和浅变质岩风化剥蚀形成，主要岩性特征为一套棕红色黏土夹岩屑堆积物。

(3)上更新统白水江组

分布不广，湘阴白水江沿岩、汉寿野鸡场、刘家湾、常德太阳山及安乡、华容等低洼地带，以河流相沉积为主，次为河湖相沉积，厚度 2～20m，其岩性上部为灰黄色或黄色粉质黏土，中部为含细砾之粗砂层，下部为灰黄色砂砾层，富含铁锰质，具假网纹结构。

(4)全新统

全新统广布于江、河、湖地带及低山丘陵坡麓溪沟内，多构成宽广的冲积平原，其沉积类型包括冲积、湖积、河湖积和残坡积等，以湖相和河湖相为主，河流相次之，残坡积仅零星分布。

1)冲积。

冲积广泛发育于长江沿岸，四水河谷地带及长江四口分流的沿河两岸，湖区内丘陵中的河谷地带也有小面积出露。其岩性主要为一套河相沉积，下部为砂卵石层，结构松散，厚 1～10m；中部为灰褐色含砾粗砂夹褐色黏土，偶夹植物碎屑，厚 3～5m；上部以灰黑色、褐灰色、黄褐色黏土、粉土为主，局部夹透镜状粉砂，透水性差，富含腐植质，厚 2～9m。在长江四口分流地带及长江沿岸主要为粉土及粉砂。

2)冲、湖积。

冲、湖积分布于珍珠湖、大通湖及四水尾间地带，其岩性特征下部为灰褐色、灰黑色、灰绿色、蓝绿色黏土，粉质黏土及细砂层，赋存天然气，一般厚 10～20m；上部为浅棕色，淡黄褐色含钙质粉质黏土，中夹粉砂或黏土扁豆体，局部地方底部偶见薄层细砂砾层，厚 1～2m。

3)湖积。

湖积分布于大通湖、目平湖、南湖等各湖泊内及其周围，岩性为灰黑色、褐黄色黏土或粉质黏土，富含腐植质，厚 7.3～30.0m。在浅水湖盆或沼泽地带，如岳阳东湖、南津港和黄盖湖，一般为灰黑色、淡褐色的淤泥或淤泥质土，具黏性和较浓的腐臭味。

4)残坡积。

残坡积多见于丘陵化阶地与缓坡地带，组成物质复杂，视母岩的性质不同而异，一般为橘黄色或橘红色黏土、粉质黏土夹碎屑，有的具网纹结构，厚 1～10m。

5.1.2.6 岩浆岩

湖区东南边缘地带岩浆岩比较发育，以酸性侵入岩为主，多以基岩、岩株及岩脉产出。按其侵入期次由老至新为：

(1)汉寿岩坝桥岩体

汉寿岩坝桥岩体为加里东期中酸性侵入岩，呈近东西向展布，椭圆形中深成岩株产出，出露面积 42km²，为灰白色中细粒角闪石黑云母花岗闪长岩，与板溪群呈侵入接触，风化较深。

(2)益阳沧水铺岩体

属印支期，呈岩基产出，为斑状黑云母二长花岗岩，出露面积约 40km²，风化深。

(3)望湘岩体

地跨望城、湘阴两县，为一燕山期巨大的中深成相花岗岩基，受新华夏系构造控制，呈北东向展布，侵入冷家溪群岩层，临洞庭湖盆，风化剥蚀较深，有大面积第四系沉积物覆盖。

(4)岳阳庙山岩体和张帮源岩体

庙山岩体为燕山期细中粒斑状黑云母二长花岗岩，出露面积约 7km²，侵入冷家溪群和后震旦系下统，其南边被白垩统“红层”不整合覆盖，岩石风化厉害。张帮源岩体时代不明，出露面积很小，为斜长花岗岩及闪长岩，沿北西方向呈长轴状分布，侵入冷家溪群之板岩、砂岩中，风化严重。

(5)华容桃花山岩体

华容桃花山岩体分布于桃花山、天井山一带，组成华容隆起之主体，为近东西方向的似椭圆形岩体，侵入冷家溪群岩层中，均为燕山期二长花岗岩，呈岩基、岩株及岩脉产出，出露面积约 150km^2。

5.1.3 地质构造

5.1.3.1 早期构造形迹

湖区位于新华夏系第二沉积带的中部，前人称“江南古陆”之上的一个中新生代拗陷盆地。北面是江汉断陷，西南是雪峰山隆起，东西分别为幕阜山和武陵山隆起带。区内发育的构造体系主要有：东西向构造，以石门—华容—临湘构造带及汉寿崔家桥—军山铺构造带为代表，由一系列褶皱和断裂组成，主要发生在古生代及以前的地层中，大部分被湖区最新沉积掩盖；北北东向构造，包括常德—津市断裂带、岳阳—湘阴断裂、公田—宁乡断裂等，延伸最大长度超过 100km，挽近期大多仍有活动；北东向构造，位于湖盆内部，往往呈北东向的次组隆起和凹陷，以蒿子港断裂、柳林嘴断裂、幸福港断裂为代表，均隐伏在第四系地层之下；北西向构造，分布于东北部，主要构造形迹有黄山头背斜和南县北景港—鹿虎山—槐湾断裂，多为第四系覆盖。

5.1.3.2 挽近期构造形迹

显示以沉陷作用为主导，边缘差异性上升、掀斜运动以及挽近期地壳活动具有继承性的特点，表现如下。

(1)升降运动

湖盆西部、西南部和东部为强烈上升区，形成多级阶地，如四水下游发育六级阶地，显示地壳间歇性上升特点；而湖区则强烈下降，形成了广阔而巨厚的第四系冲—湖积平原，同期形成的阶地，在湖盆周边多为基座阶地，而湖盆广大地区则形成掩埋阶地，有的被深埋水下超过 100m。

(2)掀斜运动

湖盆在全新世前期表现为整体南翘北俯的掀斜，后期北部地壳上拱，使盆地北部发生于南部反向的倾斜，致使盆地内积水洼地愈来愈小，呈近东西向横贯于盆地中央偏南的部位。

(3)断裂

第四纪断裂分布较广，多发生在大的继承性活动断裂附近和中更新世沉积物中，规模较小，断距一般仅数米，最大不超过 20m。新生代以前形成的断裂，喜马拉雅运动以来产生新的活动，其规模一般较大，影响范围广，在湖区及其周围表现突出，具有代表性的断裂主要如下。

1)岳阳—湘阴断裂。

走向北北东，据记载，沿断裂曾发生 3.5～5.5 级地震 6 次。

2)公田断裂。

公田断裂位于湖盆东南角边缘地带，是控制岩体边界及盆地展布的一级断裂构造，走向北东至北北东，延伸数百千米，并有强烈地震发生。

3)赤山西部目平湖断裂。

走向北北东，东盘上升，面盘下降。

4)桃源—常德—太阳山断裂。

由多条断裂组成,长约80km,在常德河伏附近被北西向断裂切割分为南北两段,北段即太阳山断裂,呈北北东向延伸;南段主要为桃源断裂,直至近代仍在活动,曾发生过多次地震,最高达$6\frac{3}{4}$级。

5)石门—津市断裂。

走向近东西,澧水下游沿此断裂发育,曾发生过多次地震,最高达4.5级。

5.1.4 地震

5.1.4.1 地震记录

地震往往发生在活动性断裂和差异性运动比较明显的地区。湖南省发生的地震以湖区为重,湖区发生的最大两次破坏性地震分别在1631年和1555年。

1631年8月14日,常德地震,震源深度为30～40km,震中在常德澧县和安乡之间,地点在常德东北(29.3°N,111.7°E),震级$6\frac{1}{2}$～$6\frac{3}{4}$级,震中烈度Ⅷ度强,影响范围大,据历史记载,岳阳、大庸、江陵裂度达Ⅶ度,善化(今长沙、望城)、新化、泸溪、蒲圻裂度达Ⅵ度。地震即发生在近期活动的湖盆西侧北北东向断裂带上。

1555年(明嘉靖三十四年),岳阳地震,震级5.5级,烈度Ⅶ度,同期宁乡也发生较大地震,另外,安乡也有微震。地震发生在近期活动的湖盆东侧北北东向断裂带上。

5.1.4.2 地震区划

国家地震局1990年发布的《中国地震烈度区划图》将洞庭湖区划为Ⅵ度区,其中岳阳—湘阴和常德—太阳山一带划为Ⅶ度区。

国家质量技术监督局2015年发布的《中国地震动峰值加速度区划图》(GB 18306—2015)将基本烈度改为"动峰值加速度",洞庭湖区常德市区—太阳山一带为0.15g,汉寿—桃源—澧县及岳阳市楼区—湘阴青山岛镇一带为0.10g,其他地区为0.05g。地震动峰值加速度与基本烈度换算关系见表5-1。

表5-1　　地震动峰值加速度与基本烈度换算关系

地震动峰值加速度分区	<0.05g	0.05g	0.10g	0.15g	0.20g	0.30g	≥0.40g
地震基本烈度值	<Ⅵ	Ⅵ	Ⅶ	Ⅶ	Ⅷ	Ⅷ	≥Ⅸ

5.1.5 水文地质条件

湖区地下水分为基岩裂隙水和松散岩层孔隙水两类。

(1)基岩裂隙水

基岩裂隙水分布于湖盆中残山、残丘和周边丘陵地带,赋存于第四系以前的基岩裂隙中,水量贫乏,埋藏较深。

(2)松散岩层孔隙水

松散岩层孔隙水主要分布于平原区,赋存于第四系松散岩组孔隙中,一般上部为潜水,下部为承压水。

1)孔隙潜水。

径流条件较差,水交替循环微弱,主要为大气降水渗入或河水的侧向补给,地下水埋深一般为1～5m,

汛期部分地段水位距地表仅 0.2m。

2)孔隙承压水。

孔隙承压水主要赋存于以粗碎屑为主的松散岩层中，径流条件较好，水交替循环较为通畅，含水层比较稳定。其中全新统孔隙承压水分布广，含水层上部为黏土，下部为细砂、粉砂、卵石夹透镜状黏土，含水层顶板埋深 5～39m，水位埋深 1～5m；更新统孔隙承压水含水层顶板埋深一般大于 80m，赋存于砂、卵石层中，水量丰富，水头压力较大。

(3)地下水水质

地下水水质主要为 $HCO_3—C_2\cdot Mg$ 型水，pH 值(酸碱度)为 6.7～7.8(按农田灌溉水质标准为 5.5～8.5)，铁离子含量为 0.6～32mg/L，铁离子含量超过标准，另外，锰、砷和细菌的含量亦有超标准的情况。据近百件水样分析结果，对任何水泥均无侵蚀性。

5.2 工程地质条件

5.2.1 工程地质分区

鉴于湖区地域广阔，且已建工程很多，可以采用地质分区的办法满足设计需要，分区原则是能客观地反映各区工程地质条件及主要工程地质问题。岩性主要考虑地表以下 3m 工程地质岩组类型；以岩(土)工程地质类型及地貌形态划分为 4 个工程地质区；以岩(土)物理、力学性质、水文地质条件和工程地质问题及其严重程度划分为 4 个工程地质亚区。洞庭湖区工程地质分区说明见表 5-2。湖南省洞庭湖区工程地质分区平面图见图 5-1。

表 5-2　　洞庭湖区工程地质分区说明

工程地质分区		工程地质特征	主要工程地质问题
Ⅰ		包括湖盆边缘丘陵地带，湖中之孤丘、残山；地层除第四系以前的基岩以外，尚有第四系残积层；坡积层及河流相冲积堆积的网纹状黏土，且网纹状黏土一般呈硬—坚硬状态，中等压缩性，地基强度较高，地下水贫乏	主要考虑湖盆东、西两侧活动性断裂的稳定性问题
Ⅱ	$Ⅱ_1$	上部为黏土、粉质黏土、粉土，局部地段为淤泥质黏土，厚 3.0～9.5m，呈软—硬塑状态；下部粉砂、细砂和砂卵石、局部夹淤泥质黏土或粉土，厚 1～5m	存在软土沉陷和基坑边坡稳定问题以及沿下部粉砂、细砂、砂卵石层产生流土和管涌
	$Ⅱ_2$	上部薄层(<5.0m)黏土、粉质黏土、粉土层；下部为细砂、粉砂、砂卵石层，厚 5～9m，结构松散，透水性强	地基渗流破坏，涌砂现象较严重，高烈度区(大于Ⅵ度区)应考虑振动液化问题
Ⅲ	$Ⅲ_1$	表部为河、湖相混合堆积的粉砂、细砂层，厚 3～5m，结构松散，承载力不高；下部为黏土、淤泥质黏土、淤泥质粉土，厚 5m 左右，地下水位埋深小于 5m；部分地段下伏为冲积的网纹或似网纹状黏土，埋深在 10m 左右	存在基坑边坡稳定及运行中的渗漏与管涌问题
	$Ⅲ_2$	本亚区沉积环境多样，空间变化较大，岩性复杂，表部粉土，粉质黏土夹粉砂、细砂及淤泥质土，厚 1～10m，多呈透镜状分布，结构松散，呈硬—软塑状态	存在基坑边坡稳定及渗透变形与沉陷变形问题

续表

工程地质分区	工程地质特征	主要工程地质问题
Ⅳ	属于浅水湖盆或湖沼堆积物，上部为灰黑色、浅褐色淤泥质土，厚一般 3～14m，呈软—流塑状，含水量高，承载力极低，易产生塑流挤出。大部分地段下伏为冲积堆积的网纹或似网纹状黏土，埋深在 10m 左右	堤防、安建工程基础易产生滑动，堤身与建筑物开裂和不均匀沉陷

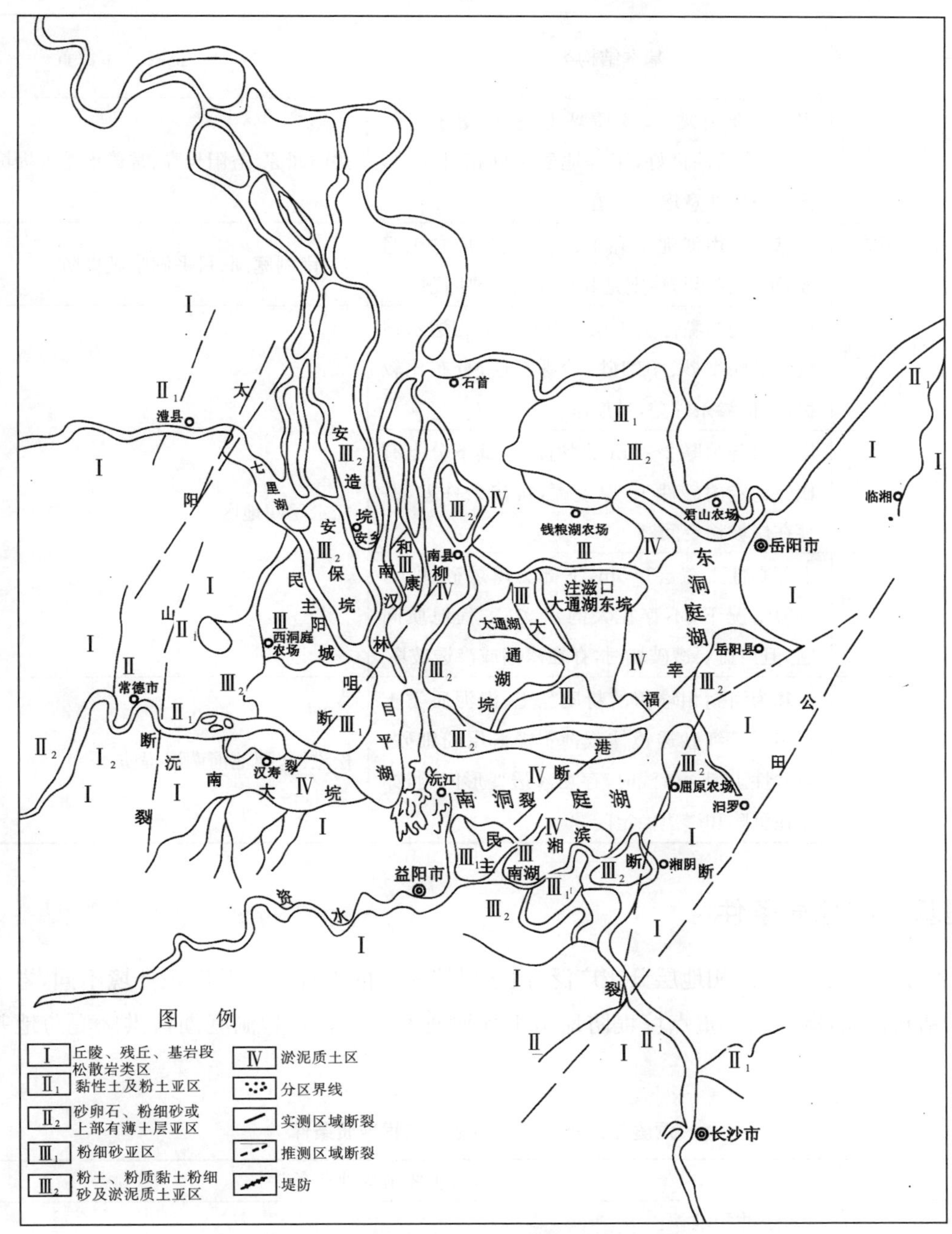

图 5-1　湖南省洞庭湖区工程地质分区平面图

5.2.2 堤基地质结构分类

为合理评价堤基水文、工程地质条件，根据地层分布、岩性特征、含水层埋深、相对隔水层与透水层组合情况，结合堤防工程特点、主要险情隐患的成因机制等诸因素的综合分析，湖南省水电院于 2001 年 2 月提出了湖区堤基地质结构分类。洞庭湖区堤基地质结构分类见表 5-3。

表 5-3　　洞庭湖区堤基地质结构分类

<table>
<tr><th colspan="2">类型</th><th rowspan="2">基本结构类型</th><th rowspan="2">主要分布位置</th></tr>
<tr><th>大类</th><th>亚类</th></tr>
<tr><td rowspan="3">单一结构类(Ⅰ)</td><td>黏性土亚类(Ⅰ₁)</td><td>堤基主要由黏土、粉质黏土、粉质壤土等组成，抗渗条件良好，工程地质条件相对简单，当冲段应注意塌岸问题</td><td>岳阳屈原、益阳长春、常德松澧等堤垸部分堤段</td></tr>
<tr><td>淤泥质软土亚类(Ⅰ₂)</td><td>堤基主要由淤泥质黏土、淤泥质粉质黏土组成，沉陷变形与稳定是其存在的主要问题</td><td>东、南洞庭湖、目平湖临湖堤防</td></tr>
<tr><td>砂性土亚类(Ⅰ₃)</td><td>地层结构为黏性土盖层<2m，其下为透水性较强的粉细砂、中细砂、砂砾石层，分布比较稳定，抗渗条件差，易崩岸</td><td rowspan="3">四水尾闾地区</td></tr>
<tr><td rowspan="2">双层结构类(Ⅱ)</td><td>薄盖层亚类(Ⅱ₁)</td><td>堤基表部为厚 2～5m 的黏性土，其下分布有比较稳定的砂性土，厚度大，抗渗条件差，并存在岸坡稳定问题</td></tr>
<tr><td>厚盖层亚类(Ⅱ₂)</td><td>上部黏性土盖层>5m，下部为厚层砂性土，一般情况下，不存在大的水文、工程地质问题，但当盖层遭破坏时，存在渗漏或渗透破坏</td></tr>
<tr><td>多层结构类(Ⅲ)</td><td></td><td>堤基为河湖相堆积的粉质黏土、淤泥质类土夹多层粉细砂透镜体或薄—极薄层粉细砂，当砂性土埋深较浅时，存在渗透变形问题，亦存在沉陷和岸边稳定问题</td><td>松滋河、藕池河两岸堤防</td></tr>
</table>

5.2.3 堤基工程地质条件

洞庭湖区第四系河相、河湖相地层分布广泛，由于堤垸所处的地理位置及沉积环境不同，岩土结构亦有所差异，根据钻孔揭露，洞庭湖区重点垸堤防地基工程地质条件见表 5-4，洞庭湖蓄洪区堤防地基工程地质条件见表 5-5。

表 5-4　　洞庭湖区重点垸堤防地基工程地质条件

<table>
<tr><th>堤垸</th><th>主要工程地质条件</th></tr>
<tr><td>松澧</td><td rowspan="3">全新统冲积堆积：
上部为灰褐色、黄褐色粉质黏土、黏土、粉土，局部夹淤泥质粉质黏土、淤泥质黏土、淤泥质粉土及透镜体状薄层粉砂，厚 1～10m；下部为粉细砂、砂砾石层，厚 3～12m，局部地段为 Q_3^{al} 黄褐色似网纹状黏土、砂砾石，或为 Q_2^{al} 黄红色网纹状黏土，钻孔揭露厚度>2m</td></tr>
<tr><td>沅澧</td></tr>
<tr><td>烂泥湖部分堤基</td></tr>
</table>

续表

<table>
<tr><th>堤垸</th><th>主要工程地质条件</th></tr>
<tr><td>湘滨南湖</td><td rowspan="5">全新统冲湖积堆积(Q_4^{al+l})：
上部为灰黑色、灰褐色淤泥质粉质黏土、淤泥质黏土，夹淤泥质粉土与透镜状淤泥层及粉细砂层，厚 1～15m；下部为 Q_3^{al} 黄褐色似网纹状粉质黏土、黏土，局部见粉细砂、砂砾石。部分地段下部为 Q_2^{al} 黄红色、棕红色网纹状黏土，钻孔揭露厚度 2～10m</td></tr>
<tr><td>沅澧</td></tr>
<tr><td>长春</td></tr>
<tr><td>烂泥湖垸部分堤基</td></tr>
<tr><td>华容护城</td></tr>
<tr><td>沅澧</td><td rowspan="6">全新统冲湖积堆积(Q_4^{al+l})：
上部为黄褐色、灰褐色粉质黏土、黏土、淤泥质粉质黏土、淤泥质黏土、淤泥质粉土，夹薄层条带状粉砂及透镜状粉细砂层，厚 2.4～16.1m；下部为灰蓝色、灰绿色、蓝绿色粉质黏土、黏土，厚 3～8.4m；或为 Q_3^{al} 黄褐色似网纹状黏土、粉质黏土，或为 Q_2^{al} 黄红色网纹状黏土，钻孔揭露厚度 4～12m</td></tr>
<tr><td>沅南垸部分堤基</td></tr>
<tr><td>安造</td></tr>
<tr><td>安保</td></tr>
<tr><td>育乐</td></tr>
<tr><td>大通湖垸</td></tr>
<tr><td>沅南</td><td rowspan="4">上更新统冲积堆积(Q_3^{al})：
上部为黄褐色、灰黄色似网纹状粉质黏土、黏土，含铁锰质结核，厚 2.8～9.5m；下部为粉细砂、砂砾石层，厚度>9.6m</td></tr>
<tr><td>沅澧</td></tr>
<tr><td>长春</td></tr>
<tr><td>烂泥湖垸部分堤基</td></tr>
<tr><td>沅南</td><td rowspan="5">中更新统冲积堆积(Q_2^{al})：
上部为黄红色、棕红色网纹状黏土，含铁锰质结核；下部为砂砾石层，厚度>20m</td></tr>
<tr><td>沅澧</td></tr>
<tr><td>长春</td></tr>
<tr><td>烂泥湖</td></tr>
<tr><td>湘滨南湖部分堤基</td></tr>
</table>

表 5-5　洞庭湖蓄洪区堤防地基工程地质条件

<table>
<tr><th>堤防</th><th>地面高程/m</th><th>主要工程地质条件</th></tr>
<tr><td>六角山垸大部</td><td>23～50</td><td rowspan="3">地层以浅黄色、黄红色网纹状黏土，似网纹状粉质黏土为主，局部分布有残坡积物质，厚 5～10m，呈可—硬塑状态，为中等压缩性土层，力学强度较高；在地貌上为河流冲积Ⅱ级阶地和低丘岗地，地下水一般埋深较大，对堤防工程影响较小</td></tr>
<tr><td>义合金鸡小部</td><td>29～34</td></tr>
<tr><td>江南陆城小部</td><td>28～35</td></tr>
<tr><td>安澧垸部分</td><td>30～32</td><td rowspan="5">地层上部为黏土，粉质黏土，局部地段为淤泥质黏土，厚 3.0～9.5m，呈软—硬塑状态，力学强度较低；下部为粉砂细砂和砂卵石层。地下水位出露较高，埋深一般为 3～5m</td></tr>
<tr><td>澧南垸</td><td>37</td></tr>
<tr><td>民主垸小部</td><td>26～31</td></tr>
<tr><td>屈原农场部分</td><td>25 左右</td></tr>
<tr><td>江南陆城大部</td><td>24～28</td></tr>
<tr><td>民主垸小部</td><td>26～31</td><td rowspan="6">本区岩性较为复杂，粉质黏土夹粉砂，细砂及淤泥质粉土，淤泥质黏土或粉细砂与淤泥质土互层，厚 3～11m，结构松散，呈软—可塑状态，其中淤泥质土含水量高，承载力低，地下水位较高，埋深 0.5～5.0m</td></tr>
<tr><td>共双茶垸小部</td><td>26～30</td></tr>
<tr><td>城西垸部分</td><td>27 左右</td></tr>
<tr><td>屈原农场部分</td><td>25 左右</td></tr>
<tr><td>义合金鸡大部</td><td>28.5</td></tr>
<tr><td>北湖垸</td><td>26～29</td></tr>
</table>

续表

堤防	地面高程/m	主要工程地质条件
集成安合垸	29～33	本区岩性较为复杂，粉质黏土夹粉砂，细砂及淤泥质粉土，淤泥质黏土或粉细砂与淤泥质土互层，厚3～11m，结构松散，呈软—可塑状态，其中淤泥质土含水量高，承载力低，地下水位较高，埋深0.5～5.0m
钱粮湖小部	26～28	
君山农场小部	28～31	
围堤湖垸、六角山垸小部	26～32，23～28	一般为灰黑色、灰褐色淤泥，淤泥质黏土，淤泥质粉土，淤泥质粉质黏土，局部夹透镜状粉细砂层，厚3～14m，呈软—流塑状，含水量大，压缩性高，承载力极低。地下水位埋深一般为2～5m，局部更浅
九垸、西官垸	32，30～32.5	
安澧垸部分、安昌垸	30～32，28～32	
安化垸、南顶垸	28～32，28.8～29.5	
和康垸、南汉垸	29～30，29～30	
民主垸部分、共双茶垸大部	26～31，26～30	
城西垸部分、钱粮湖大部	27左右，26～28	
君山农场大部	25左右	
建新农场、大通湖东垸	26～28，28～30	

5.2.4 工程地质问题及处理措施

5.2.4.1 堤基沉陷及抗滑稳定

主要发生在堤基为淤泥质软土区，筑堤时未清除加固。

(1)沉陷变形

由于淤泥质软土孔隙率大、含水量高、承载能力低、变形量大等特征，在堤身自重荷载和高洪水位期，上部荷载超过地基的承载能力，软土便遭受破坏，向基础两侧塑流挤出，使堤基产生沉陷变形，导致堤身破坏、建筑物变形、开裂。

(2)堤基滑动

部分堤基浅表部为淤泥质黏性土或淤泥，其抗剪强度较低，当外坡脚紧临河床深泓区，存在滑移临空面，洪水位迅速下降时，在内水压力作用下，堤基可能沿软弱面向河槽产生滑动。

5.2.4.2 堤基渗透稳定

堤基渗漏主要发生在堤基浅表部或上部分布有透水性强的粉细砂、砂砾石的地段，其渗透变形形式可分为管涌、流土、散浸3种类型。

(1)管涌

部分堤段直接坐落在粉细砂层上或微透水黏性土盖层较薄(厚为1～3m)，下部分布有粉细砂的地段，由于粉细砂层结构松散，孔隙率大，渗透系数达$1.6\times10^{-3}\sim6\times10^{-4}$cm/s，透水性较强，当汛期高水位时，渗透压力增大，当水力坡降大于土的临界水力坡降时，堤基下部粉细砂、砂砾石层中的细颗粒被带出，从而淘空地基，击穿上覆较薄的盖层产生管涌。仅1999年就出现渗漏、管涌达1363处，尤以汉寿阁金口、常德市丹洲等地最严重。

某些堤段上覆黏土层厚达5～7m，管涌现象仍较严重，其主要原因与堤脚附近居民摇泵井有关，由于摇泵井的抽吸作用，细颗粒随水携出，从而逐渐淘空地基，成为管涌的通道。

(2)流土

流土破坏主要发生在堤基上为粉细砂和含泥质粉砂中,由于颗粒级配均一,当汛期水力坡降增大时,动水压力超过土粒质量,使表部土粒悬浮移动,从而导致流土发生。

(3)散浸

堤基散浸是砂基堤段渗漏的普遍现象,当外河水位略高于垸内地面时,在垸内堤脚处产生分散性渗漏,在长时期高水位作用下,局部转变为流土或管涌破坏。

5.2.4.3 堤身渗漏及抗滑稳定

(1)堤身散浸

防洪大堤堤身渗漏是较普遍的现象,当堤身主要为粉土混细砂填筑而成或混杂粉土、粉细砂时,由于土体结构较松散,透水性较强,一般在外河水位略高于堤内地面或外河水位较高时,往往在垸内堤脚或堤身内坡产生散浸,久之则恶化为流土。

(2)堤身抗滑稳定

防洪大堤均经过多次加高培厚而成,在防洪过程中,部分堤段清基不彻底,加之夯压不密实,新老土层结合差,形成软弱面,在自重作用下,易产生大堤纵向拉裂,当外河高水位或水位下降时,多沿软弱面发生内、外滑坡。

5.2.4.4 抗冲刷稳定

迎水面堤岸和堤身的黏性土,抗冲能力极低,因此,普遍存在岸坡冲刷和浪蚀问题。

(1)岸坡冲刷

部分紧临江河的当冲堤段,堤外坡较陡,且无外洲滩,有些地段尚未护坡、护脚,在汛期河流冲刷作用下,塌岸严重,由于堤脚淘空,甚至造成堤身滑坡,尤其是紧临河床深泓区的堤段,当洪水位下降时,在动水压力作用下,有可能导致大堤向临空面整体滑动破坏。

(2)浪蚀

浪蚀主要发生在湖面辽阔的目平湖、南洞庭湖、东洞庭湖一带的湖堤段,由于湖面宽阔,风大浪高,水浪长期直接拍击堤岸,造成堤身剥落、崩塌或坍滑。

5.2.4.5 砂土振动液化

位于地震基本烈度为Ⅶ度区的安造、安保、沅澧、沅南垸部分堤段及岳阳市、岳阳县、汨罗市、湘阴县、常德市、临澧县、津市市、安乡县等地的蓄洪垸的大部分堤段,其堤基下部均分布有厚薄不一的粉细砂层,其结构松散,上覆有效压力较小,又多处于地下水位以下,呈饱和状态,现场标贯击数为6~10击,据公式计算判断,当地震烈度为Ⅶ度时,存在产生砂土振动液化的内在条件,一旦砂土振动液化产生,地基丧失承载力,将造成工程严重破坏。

5.2.4.6 处理措施建议

针对堤防存在的主要工程地质问题,应视具体情况采用不同的处理措施,堤防工程处理措施建议见表5-6。

表 5-6 **堤防工程处理措施建议**

<table>
<tr><th>主要问题</th><th colspan="2">处理方法</th><th>适用性</th></tr>
<tr><td rowspan="5">堤基沉陷</td><td colspan="2">换垫层法</td><td>新建堤基为淤泥或淤泥质软土</td></tr>
<tr><td colspan="2">设置内、外平台</td><td rowspan="4">软土地基</td></tr>
<tr><td colspan="2">旋喷法、粉喷桩</td></tr>
<tr><td rowspan="2">石灰拌和</td><td>浅层拌和</td></tr>
<tr><td>深层拌和</td></tr>
<tr><td rowspan="10">堤身、堤基渗透</td><td colspan="2">填塘固基</td><td rowspan="4">松散砂土地基</td></tr>
<tr><td colspan="2">增设内、外铺盖</td></tr>
<tr><td colspan="2">高压定喷</td></tr>
<tr><td colspan="2">截水槽、截水墙、板桩</td></tr>
<tr><td colspan="2">充填灌浆</td><td>堤身渗漏地段</td></tr>
<tr><td colspan="2">防渗帷幕灌浆</td><td>松散砂性土地基</td></tr>
<tr><td colspan="2">土工织物铺盖、埋设</td><td>堤基、堤身渗漏地段</td></tr>
<tr><td colspan="2">重锤夯实</td><td>加高培厚地段</td></tr>
<tr><td colspan="2">开沟导浸</td><td rowspan="2">堤身渗漏地段</td></tr>
<tr><td colspan="2">培厚大堤</td></tr>
<tr><td rowspan="5">岸坡冲刷</td><td rowspan="4">培厚大堤
护坡护脚</td><td>抛石</td><td rowspan="3">当冲堤段</td></tr>
<tr><td>浆砌块石</td></tr>
<tr><td>混凝土预制块</td></tr>
<tr><td>草皮</td><td>湖堤或非当冲堤段</td></tr>
<tr><td colspan="2">钢筋块石笼护坡</td><td>河床深泓地段</td></tr>
<tr><td></td><td colspan="2">种植防浪林</td><td>有外洲的当风浪堤段</td></tr>
</table>

第 6 章　防洪工程

6.1　城市防洪

其防洪标准执行国家统一制定的《防洪标准》(GB 50201—2014)，根据城市社会经济地位的重要性或非农业人口的数量分为 4 个等级，防洪标准见表 6-1。

表 6-1　防洪标准

等级		Ⅰ	Ⅱ	Ⅲ	Ⅳ
城市	重要性	特别重要	重要	比较重要	一般
	常住人口/万人	≥150	<150,≥50	<50,≥20	<20
	防洪标准(重现期)/年	≥200	200～100	100～50	50～20
乡村	人口/万人	≥150	<150,≥50	<50,≥20	<20
	耕地面积/万亩	≥300	<300,≥100	<100,≥30	<30
	防洪标准(重现期)/年	100～50	50～30	30～20	20～10

湖南省洞庭湖区城市防洪设计标准与设计水位情况见表 6-2。

表 6-2　湖南省洞庭湖区城市防洪设计标准与设计水位情况

序号	河名	县(市、区)名	地面高程/m	设计标准				1951—2020 年		冻结改85 黄海/m
				站名或地点	重现期/年	洪水位/m	堤顶高程/m	最高洪水位/m	发生日期	
1	湘江尾闾	渌口区		关口	20	43.90	45.40			
2		株洲市		株洲水文站	100	44.20	45.70	42.68	1994-06-18	—1.90
3		湘潭县		渭河口	20	40.69	42.19			
4		湘潭市		湘潭水文站	100	41.22	42.72	39.76	1994-06-18	—2.19
5		长沙市	35～37	长沙水位(三)站	200	38.39	40.40	37.32	2017-07-03	—2.19
6		长沙县	30～37	筒灰水尺	20	37.29	39.00			
7		望城区	30～35	望城码头	20	34.98	36.51		2017-07-03	—2.26
8	沩水	宁乡市	46～47	沩丰坝上 300m	20	49.38	50.88			
9	资水尾闾	桃江县	38～39	桃江水文站	20	42.46	44.46	42.19	1996-07-17	—2.25
10		益阳市	30～32	益阳水位站	100	40.08	41.58	37.44	1996-07-21	—2.04
11	沅江尾闾	桃源县	36	桃源水文站	20	42.47	44.52	45.48	2014-07-17	—1.89
12		常德市	30～32	常德水位站	100	41.98	44.07	40.67	1996-07-19	—1.82

续表

序号	河名	县(市、区)名	地面高程/m	设计标准				1951—2020年		冻结改85黄海/m
				站名或地点	重现期/年	洪水位/m	堤顶高程/m	最高洪水位/m	发生日期	
13	澧水尾闾	澧县	34～39	兰江闸水尺	20	44.39	46.40	45.08	1998-07-24	−2.06
14		津市市	32～34	津市水文站	20	41.80	43.28	42.93	2003-07-10	−2.09
16	汨罗江	汨罗市	31～36	南渡大桥	20	34.84	36.34			
17	新墙河	岳阳县	27	大毛家湖	20	33.24	35.24			
18	四口河道	安乡县	26.7	安乡水文站	20	38.31	39.81	38.25	1998-07-24	−2.19
19		南县	28～29	石矶头水尺	20	35.29	36.79	35.82	1998-08-19	−1.96
20		华容县	27.5	桩号74+000	20	34.35	35.85	34.16	1996-07-22	−1.98
21	洞庭湖	湘阴县	30	湘阴水位站	20	33.68	35.98	34.67	1996-07-21	−1.99
22		汉寿县	28～30	周文庙水位站	20	35.82	37.09	37.09	1996-07-20	−1.69
23		沅江市	24～31	沅江水位站	20	34.29	37.29	35.14	1996-07-21	−1.95
24		岳阳市	28～30	岳阳水位站	100	33.04	35.54	34.11	1998-08-20	−1.94
25	黄盖湖	临湘市	28	新水坝前	20	39.92	41.42			

注：资料来自《湖南省城市防洪规划报告》(湖南省水电院，1999)，《长沙市等21城市防洪工程初步设计总报告》(湖南省水电院，2000)。

6.2 堤垸防洪

6.2.1 概况

6.2.1.1 堤垸沿革

堤垸，古代又称"围"(如长沙府，岳州府)、"障"(如常德府)、"圩"(如沅江)、"垸"(如益阳、澧州、安乡、南州、华容、临湘)等。清代的官府文书统称为围，民国以后统称为垸。目前，在我国各省有的称垸，有的称圩，故有的资料中合称"圩垸"。

古人为防御洪水，首先在沿湖边缘阶地上筑堤，随着泥沙的大量淤积、移民增多，才开始向外推进，在淤高的湖洲上围垸垦殖，而且随着时间的推移，规模也越来越大，为了缩短堤线，提高防洪标准，将许多小垸合并成了大垸。

洞庭湖区的垦殖活动，最早起于魏晋南朝时期，四川、河南"流民"大量涌入洞庭湖西岸，开始围垸垦殖，到明、清和现代，由北部向南部，再向东部推进，筑堤围垸，与水争地进入极盛期，直至1958年，大规模的围垦活动才基本停止。1958年以后围堵的是一些零星湖汊和小块洲滩，1975年以后曾围挽过漉湖、横岭湖，但第二年即告漫溃，随后对废堤基进行了人工刨毁。

洞庭湖区堤垸沧桑变化，兴废无常。各时期的堤垸情况如下：

1)据1935年湖南省建设厅统计，湖区10县(常德、澧县、汉寿、安乡、益阳、南县、沅江、岳阳、湘阴、华容)共有堤垸1475个。

2)据1942年《湖南省经济年鉴》，湖区11县(增加了临湘)共有堤垸613个，垸田406.6万亩。

3)据湖南省水利局《1950年修堤总结与防汛会议总结报告》，1949年湖区14县(又增加了桃源、长沙、湘潭）共有堤垸 993 个，保护耕地 593.53 万亩，人口 256.47 万人，堤线总长 6406km。

4）据长江委洞工处 1955 年 7 月编的《洞庭湖区基本资料》，洞庭湖区分属湖南、湖北两省，在湖南境内，计有常德、汉寿、澧县、安乡、益阳、沅江、华容、望城、湘阴、岳阳、南县等 11 县①的全部或一部分；在湖北境内，计有公安、石首、松滋等 3 县的全部或一部分。全湖区共有堤垸 259 个，堤垸总面积 9539.48km²（其中耕地 5691.6km²、内湖 2269.44km²、其他 1578.44km²），人口 3283023 人，耕地 8537394 亩，堤长 4418.91km。分布于湖南境内的堤垸计 196 个，堤垸总面积 7372.71km²（其中耕地 4187.55km²、内湖 1866.19km²、其他 1318.97km²），人口 2523743 人，耕地 6281317 亩，堤长 3291.54km。②

5）湖南省水电院、省洞工局 1984 年 10 月《湖南省洞庭湖区近期防洪蓄洪工程初步设计书》，据 1980 年统计资料比 1954 年湖区范围增加了桃源、临澧、临湘、汨罗、长沙市城区、长沙县、宁乡、湘潭市城区、湘潭县、株洲市城区、渌口区及 15 个国营农场。共有千亩以上堤垸 221 个，堤垸总面积 10218km²，人口 598 万人，耕地 868 万亩，防洪大堤 3471km，二线大堤 1509km，主要间堤 832km。

6）湖南省水电厅 1995 年《湖南省洞庭湖区基本资料》根据统计至 1992 年底的各地上报资料，湖区范围增加了桃江县，共有千亩以上堤垸 226 个，堤垸总面积 10493km²，人口 811 万人，耕地 858 万亩，防洪大堤 3594km，二线大堤 1344km，主要间堤 832km。

7）湖南省洞工局 2005 年 6 月《湖南省洞庭湖区防洪治涝工作手册》根据统计至 2000 年底的各地上报资料，湖区范围与 1995 年基本相同，合计堤垸 254 个，干堤 3570km。

8）湖南省洞庭湖中心在 2020—2021 年对湖区 6 市现场进行了堤垸复核，并形成了《关于洞庭湖区堤垸复核情况的报告》，统计湖区共有堤垸 226 个，其中重点垸 11 个，国家级蓄洪垸 24 个，一般垸 191 个。

6.2.1.2 堤垸分类

目前，湖南省洞庭湖区的堤垸，按其作用和重要性，分为重点垸、蓄洪垸和一般垸 3 类。分类原则如下：

（1）重点堤垸与蓄洪堤垸的划分依据

1954 年整治洞庭湖时，提出了“重点工程”和“一般堤垸”的概念，并按不同的防洪标准进行整修。1987 年 2 月 14 日，经国务院批准，国家计委以计农〔1987〕246 号文正式确定了洞庭湖的 11 个重点堤垸和 24 个蓄洪堤垸列入国家基建项目（属民办公助性质）。

（2）重点垸的确定原则

在遭遇特大洪水情况下，保证湖区人平均有 1 亩左右的基本农田；尽量做到地区与地区之间、县与县之间、防洪蓄洪任务之间大体平衡；堤垸抗洪能力相对较高、堤线较短、保护面积较大、机械化程度和农业生产水平较高；对国家贡献较大，以及在其范围内有比较重要的工矿企业、交通枢纽、主要城镇，而一旦分洪溃垸以后，则又损失严重，短期内难于恢复元气的骨干堤垸。

（3）蓄洪垸的确定原则

蓄洪垸的设立，主要任务是解决全江性的特大洪水，控制城陵矶以下河段安全泄量和控制汉口水位不超过 29.73m，在重现 1954 年型洪水时，洞庭湖区要承担分蓄洪任务。因此，蓄洪垸以尽可能靠近控制点附近的东南洞庭湖区堤垸作为选择对象，其次是尽可能选择靠近山岗丘阜地带和交通条件较好，便于群众安

---

①含津市市。

②从 1954 年整修洞庭湖开始，打破县界共修防洪堤建立防洪大圈。在以后的统计数据中，有的按防洪大圈计数，有的按大圈内的小垸计数；有的只统计千亩以上的一般垸，有的也统计一部分千亩以下的小垸，因此，堤垸个数不确切。

全转移的堤垸。

(4)一般垸

除重点垸、蓄洪垸以外的堤垸,均归入一般垸,区别在于未列入国家基建项目。一般垸中有的已进入了城市防洪范围。

(5)平垸行洪单退垸

即退人不退耕堤垸,是特殊的一般垸,遇大水可适时分蓄洪。

6.2.1.3 堤防设计标准

洞庭湖区重点垸、蓄洪垸设计水位均相同,区别在于堤身断面及堤防超高不同。一般垸则参照蓄洪垸的设计标准。

(1)设计洪水位

1986 年开始的洞庭湖区近期防洪蓄洪(一期)工程采用 1949—1983 年期间的实测最高洪水位(绝大部分地区为 1954 年,仅湘江尾闾为 1976 年或 1968 年、1982 年,资水尾闾为 1955 年,沅江尾闾为 1969 年,澧水尾闾为 1980 年,松滋河为 1983 年,虎渡河为 1981 年或 1983 年)作为设计洪水位;1996 年开始的洞庭湖区近期治理二期工程采用 1949—1991 年期间的实测最高洪水位(除西洞庭湖区为 1991 年,南洞庭湖个别为 1988 年外,其他地区为同一期)作为设计洪水位。穿堤建筑物的设计洪水位按所在堤段设计洪水位加 0.5m 确定。各类堤垸均一样。

(2)安全超高

安全超高包括波浪爬高、风壅增高和安全加高 3 个部分。规范规定,堤顶高程采用设计洪水位加安全超高确定。批文规定,重点垸采用河堤加 1.5m,湖堤加 2.0m;蓄洪垸采用河堤加 1.0m,湖堤加 1.5m。当水面很宽(吹程远)、设计风速很大时,采用规范公式计算的结果大于以上数值时,可采用计算值。

(3)设计枯水位

采用湖区各主要控制站多年平均最低水位加 0.3m 确定。

(4)工程等级

各重点垸一线防洪大堤及穿堤建筑物均按 2 级建筑物设计,各蓄洪垸按 3 级建筑物设计。

(5)堤防标准断面型式

重点垸堤顶宽 8m,堤外坡比为 1∶2.5～1∶3.0,堤内坡比为 1∶3.00～1∶3.25,在内坡堤顶以下 4～5m 处设宽 5m 的平台;蓄洪垸堤顶宽 6m,堤外坡比为 1∶2.5,堤内坡比为 1∶3.0,当堤高大于 6m 时,在内坡堤顶以下 3～5m 处设宽 3m 的平台,在未设防汛公路的堤段堤顶增设宽 5m 的防汛公路,防汛公路均采用泥结碎石路面。当地质条件比较差,采用规范稳定计算公式计算的坡比大于以上数值时,可采用计算值。

湖区堤防设计标准见表 6-3。

表 6-3 湖区堤防设计标准

项目	重点垸	蓄洪垸
设计洪水位	1949—1991 年期间实测最高洪水位	
设计枯水位	多年平均最低水位加 0.3m	
工程等级	2	3

续表

项目		重点垸	蓄洪垸
安全超高/m	河堤	1.5	1.0
	湖堤	2.0	1.5
堤顶宽度/m		8	6
外坡比		1∶2.5～1∶3.0	1∶2.5
内坡比		1∶3.00～1∶3.25	1∶3.0
平台	位置	内坡堤顶以下4～5m处	内坡堤顶以下3～5m处
	宽度/m	5	3

注:1. 当用规范公式计算的结果大于表内数值时,可采用计算值。

2. 一般垸参照蓄洪垸标准。

6.2.2 堤垸统计

6.2.2.1 堤垸列入原则

1)一个完整的防洪保护圈合并列为一个堤垸,大垸的组成垸如沅澧垸中的西湖垸、民主垸中的保民垸不列入名录。

2)直接临外河外湖的外垸列入,临内河内湖的内垸不列入,如黄盖湖周边堤垸。

3)保护面积大于1000亩的列入。

本手册根据长沙航电枢纽建成以后,湘江尾闾水文情势的变化,以2020—2021年洞庭湖水利事务中心在湖区6市现场复核结果为基础,将洞庭湖区堤垸分2种情形进行统计。一种是对湖区范围进行了适当调整,调整后的范围为:湘江至长沙综合枢纽坝址,资水至桃江水文站,沅江至桃源水文站,澧水至石门水文站;另一种仍保持原洞庭湖区规划范围,即基本按照四水控制站以下(有4个堤垸在四水控制站以上)。

堤垸复核结果表明,洞庭湖区范围调整后湖区共有千亩以上堤垸138个,包括重点垸11个,国家级蓄洪垸24个,一般垸103个。共计总堤长3190.97km,保护面积1690.91万亩,保护耕地900.1万亩,保护人口953.43万人。

若按照洞庭湖区规划范围,经复核湖区共有千亩以上堤垸226个,包括重点垸11个,国家级蓄洪垸24个,一般垸191个。共计总堤长3829.32km,保护面积1844.39万亩,保护耕地950.60万亩,保护人口1401.46万人。

湖南省洞庭湖区堤垸统计汇总见表6-4。

表6-4　　湖南省洞庭湖区堤垸统计汇总

序号	范围	堤垸总数	类型	分类堤垸个数	堤防长度/km	保护面积/万亩	垸内耕地/万亩	人口/万人
1	基本按照四水控制站(洞庭湖区规划范围)	226	合计	226	3829.32	1844.39	950.60	1401.46
			重点垸	11	1221.24	989.52	534.44	563.16
			蓄洪垸	24	1174.23	455.04	231.83	170.20
			一般垸	191	1433.85	399.83	184.33	668.10

续表

序号	范围	堤垸总数	类型	分类堤垸个数	堤防长度/km	保护面积/万亩	垸内耕地/万亩	人口/万人
2	三站一枢纽（调整后范围）	138	合计	138	3190.97	1690.91	900.10	953.43
			重点垸	11	1221.24	989.52	534.44	563.16
			蓄洪垸	24	1174.23	455.04	231.83	170.20
			一般垸	103	795.50	246.35	133.82	220.08

注：本表资料来自《关于洞庭湖区堤垸复核情况报告》(2021 年)。

6.2.2.2 重点垸

洞庭湖区的 11 个重点垸，也就是 11 个防护大圈，一般都由几个大小堤垸合并而成，除 4 个重点垸未跨县以外，其他都跨县，有 3 个垸还跨地级市。

洞庭湖区 11 个重点垸情况见表 6-5，重点垸控制站特征水位见表 6-6。

6.2.2.3 蓄洪垸

蓄洪垸即蓄滞洪区，其建设重点是垸内蓄洪安全建设、堤防及分洪口门建设等工程，包括防洪工程和蓄洪工程两部分。防洪工程要求能防御一般洪水，在出现超额洪水时，需要有计划地、人为地分别破堤分洪，因此，要求做到蓄洪时保安全，不蓄洪时保丰收。洞庭湖区的 24 个蓄洪垸有 5 个跨县，有 1 个垸还跨地级市。

洞庭湖区 24 个蓄洪垸情况见表 6-7，蓄洪垸控制站特征水位见表 6-8。

表 6-5　洞庭湖区 11 个重点垸情况

序号	堤垸	所属地市	所属县(市、区)	一线堤防长度/km			保护面积/万亩	保护人口/万人	保护耕地/万亩	备注
				总长	其中：直接挡外河洪水堤防长度	其中：当相邻堤垸分洪或溃决时挡水堤长				
	合计			1221.240	1144.428	56.038	989.52	563.16	534.44	
1	松澧	常德市	3县(市)	88.773	78.770	10.003	117.789	73.23	58.10	九垸隔堤总长 8.07km，杨家挡隔堤 1.933km
1.1	新合垸	常德市	临澧县	12.195	12.195		13.860	8.62	11.26	
1.2	澧县部分	常德市	澧县	72.128	62.125	10.003	97.973	60.91	44.06	含澧阳、澧松等
1.3	津市部分	常德市	津市市	4.450	4.450		5.956	3.70	2.78	含涔澹农场
2	安保	常德市	安乡县	99.983	99.983		53.30	18.20	23.62	
3	安造	常德市	安乡县	81.478	79.178	2.300	30.69	21.19	15.70	湖北省黄金垸和安造垸接壤的北隔堤长 2.3km
4	沅澧	常德市	5县(市、区)	167.341	167.341		207.95	129.20	114.43	
4.1	西毛里湖垸	常德市	津市市	10.050	10.050		30.70	15.47	16.89	
4.2	鼎城部分	常德市	鼎城区	50.449	50.449		87.57	44.14	48.19	含民主阳城、八官、贺家山等
4.3	汉寿部分	常德市	汉寿县	60.290	60.290		66.32	32.33	36.50	含西湖垸、西湖管理区
4.4	武陵部分	常德市	武陵区	46.552	46.552		23.36	37.26	12.85	含护城丹洲、芦山等
5	沅南	常德市	2县(区)	65.116	55.605	9.511	84.67	38.20	43.00	与围堤湖隔堤 9.511km
5.1	沅南垸	常德市	汉寿县	52.650	43.139	9.511	74.63	33.67	37.90	
5.2	三合垸	常德市	经开区	12.466	12.466		10.04	4.53	5.10	
6	长春		3县(市、区)	77.990	77.990		57.86	45.34	28.48	
6.1	烟包山垸	常德市	汉寿县	0.500	0.500		2.90	0.90	0.62	
6.2	沅江部分	益阳市	沅江市	31.395	31.395		25.99	20.37	12.79	
6.3	资阳部分	益阳市	资阳区	46.095	46.095		28.97	24.07	15.07	
7	大通湖		3县(市、区)	186.684	159.434	27.250	169.03	61.99	91.84	与大通湖东垸隔堤 27.25km

续表

序号	堤垸	所属地市	所属县(市、区)	一线堤防长度(km)			保护面积/万亩	保护人口/万人	保护耕地/万亩	备注
				总长	其中:直接挡外河洪水堤防长度	其中:当相邻堤垸分洪或溃决时挡水堤长				
7.1	南县部分	益阳市	南县	75.873	60.751	15.102	39.71	17.22	20.93	
7.2	沅江部分	益阳市	沅江市	88.329	88.329		72.02	35.20	47.05	
7.3	大通湖部分	益阳市	大通湖区	22.50	10.352	12.148	57.30	9.57	23.86	
8	育乐		2县	127.156	127.156		55.50	33.07	28.44	
8.1	育乐垸	益阳市	南县	105.606	105.606		49.91	31.08	24.80	
8.2	永固垸	岳阳市	华容县	21.550	21.550		5.59	1.99	3.64	
9	烂泥湖		4县(市、区)	132.310	132.310		127.41	76.09	72.07	
9.1	赫山部分	益阳市	赫山区	28.874	28.874		67.45	40.88	36.60	
9.2	湘阴部分	岳阳市	湘阴县	59.563	59.563		31.69	16.97	20.07	含湘资、岭北、沙田等
9.3	大众垸	长沙市	望城区	29.483	29.483		20.77	9.60	10.50	
9.4	新民垸	长沙市	宁乡市	14.390	14.390		7.50	8.64	4.90	
10	湘滨南湖	岳阳市	湘阴县	83.845	83.845		30.57	28.85	19.36	
11	华容护城	岳阳市	华容县	110.567	82.916	27.651	54.75	37.80	39.40	与钱粮湖垸隔堤 6.974km,与湖北隔堤 20.677km

注:资料来自湖南省洞庭湖水利事务中心《关于洞庭湖区堤垸复核情况的报告》(2021年)。

表 6-6 重点垸控制站特征水位 （冻结高程：m）

垸名	河名	站名	规划设计		1951—2020 年最高		堤顶	冻结高程改		
			洪水位	发生日期	洪水位	发生日期	高程	吴淞后	56 黄海	85 黄海
A1 松澧	澧水尾闾	向阳闸	50.10	1991-07-06	51.26	1998-07-23	53.45	+0.1	−1.71	−1.62
		兰江闸	46.10	1991-07-07	47.14	1998-07-23	48.70	−0.34	−2.15	−2.06
		津市水文站	44.01	1991-07-07	45.02	2003-07-10	46.50	−0.31	−2.18	−2.16
	七里湖	小渡口	43.93	1991-07-07	44.77	1998-07-24	46.30	−0.31	−2.18	−2.09
	松滋西支	瓦窑河水位站	41.59	1991-07-07	42.67	1998-07-24	43.90	−0.18	−2.07	−1.98
A2 安造	松滋东支	大湖口水文站	40.32	1983-07-08	41.35	1998-07-24	42.30	−0.39	−2.29	−2.20
	松滋中支	安乡水文站	39.38	1983-07-08	40.44	1998-07-24	41.70	−0.46	−2.28	−2.19
	虎渡河	董家垱	39.36	1983-07-08	40.47	1998-07-24	41.90	−0.34	−2.15	−2.06
		黄山头水位站	40.18	1954-08-07	41.22	1998-07-25	42.20	−0.38	−2.19	−2.10
A3 安保	松滋中支	安乡水文站	39.38	1983-07-08	40.44	1998-07-24	41.70	−0.46	−2.28	−2.19
		武圣宫	37.45	1983-07-09	39.00	1998-07-25	39.80	−0.36	−2.17	−2.08
		肖家湾水位站	36.58	1983-07-09	38.20	1998-07-25	39.40	0	−1.80	−1.71
	澧水洪道	沙河口	38.30	1991-07-07	39.46	1998-07-24	40.87	+0.03	−1.78	−1.69
	七里湖	石龟山水文站	40.82	1991-07-07	41.89	1998-07-24	43.60	−0.28	−2.13	−2.04
	松滋西支	汇口巡测站	40.88	1991-07-07	41.94	1998-07-24		−0.23	−2.16	−2.07
A4 沅澧	沅江尾闾	河洑闸	42.56	1969-07-17	44.65	1996-07-19	47.00	−0.29	−2.10	−2.01
		常德水位站	40.68	1969-07-17	42.49	1996-07-19	45.35	−0.09	−1.91	−1.82
		牛鼻滩水位站	38.63	1991-07-13	40.57	1996-07-19	42.00	−0.25	−2.06	−1.97
	沅江洪道	周文庙水位站	37.06	1991-07-14	38.78	1996-07-20	40.50	0	−1.78	−1.69
		坡头	36.85	1991-07-14	38.43	1996-07-20	40.20	0	−1.81	−1.72
	目平湖	赵家河	36.46	1954-07	38.08	1996-07-21	40.00	−0.16	−1.97	−1.88
		三角堤	36.73	1983-07-09	38.61	1996-07-21	40.00	−0.37	−2.18	−2.09
	澧水洪道	蒿子港	39.00	1991-07-07	39.46	1998-07-24	40.92	+0.03	−1.78	−1.69
	七里湖	石龟山水文站	40.82	1991-07-07	41.89	1998-07-24	43.60	−0.28	−2.13	−2.10
A5 沅南	沅江洪道	牛鼻滩水位站	38.63	1991-07-13	40.57	1996-07-19	42.00	−0.25	−2.06	−1.97
		车脑	38.50	1991-07-13	40.38	1996-07-19	41.67	−0.29	−2.10	−2.01
		周文庙水位站	37.06	1991-07-14	38.78	1996-07-20	40.50	0	−1.78	−1.69
	目平湖	蒋家嘴	36.20	1954-07-31	37.85	1996-07-21	39.50	+0.03	−1.78	−1.69
A6 育乐	藕池东支	梅田湖	38.04	1954-08-08	38.85	1998-08-19	40.43	−0.29	−2.10	−2.01
	沱江	石矶头	36.69	1980-08-30	37.78	1998-08-19	39.01	−0.24	−2.05	−1.96
	藕池中支	三岔河水文站	36.05	1983-07-09		1998-08-19	38.40	0	−1.81	−1.72
		杨泗庙	37.12	1954-08-08	37.84	1998-08-19	38.50	−0.04	−1.85	−1.76
A7 大通湖	藕池东支	文家铺	36.23	1954-08-08	37.44	1998-08-19	38.63	−0.19	−2.00	−1.91
		罗文窖水文站	36.50	1954-08-08	37.73	1998-08-19	39.00	−0.24	−2.03	−1.94
	沱江	八百弓	35.81	1954-08-08	37.66	1996-07-21	38.40	−0.14	−1.95	−1.86

续表

垸名	河名	站名	规划设计		1951—2020 年最高		堤顶	冻结高程改		
			洪水位	发生日期	洪水位	发生日期	高程	吴淞后	56 黄海	85 黄海
A7 大通湖	草尾河	草尾水文站	35.62	1954-08-03	37.37	1996-07-21	38.50	0	−1.81	−1.72
		黄茅洲	35.35	1954-08-03	36.74	1996-07-22	38.30	−0.02	−1.83	−1.74
		泗湖山	35.21	1954-08-03	36.42	1996-07-22	37.00	−0.09	−1.90	−1.81
	东洞庭湖	大东口闸	35.09	1954-08-03	36.13	1998-08-20	37.50	−0.27	−2.08	−1.99
A8 长春	资水尾间	新桥河	41.97	1955-08-27	42.24	1996-07-17	43.15	−0.66	−2.47	−2.38
		接城堤	39.45	1955-08-27	40.47	1996-07-17	41.04	−0.61	−2.42	−2.33
		益阳水位站	38.32	1955-08-27	39.48	1996-07-21	40.00	−0.32	−2.13	−2.18
	甘溪港河	窑山口	37.05	1988-09-10	38.63	1996-07-21	39.30	−0.40	−2.21	−2.12
		下星港	35.37	1954-06-29	37.22	1996-07-21	38.50	+0.08	−1.73	−1.64
	南洞庭湖	沅江水位站	35.28	1979-06-27	37.09	1996-07-21	39.00	−0.27	−2.04	−1.95
		小河咀水文站	35.72	1954-08-01	37.57	1996-07-21	39.50	−0.14	−1.96	−1.87
	目平湖	烟包山	35.98	1954-08-01	37.77	1996-07-21	39.5	+0.03	−1.78	−1.69
A9 湘滨 南湖	毛角口河	东河坝	35.68	1954-08-03	37.46	1996-07-21	37.50	−0.74	−2.55	−2.46
		临资口	35.43	1954-08-03	36.91	1996-07-21	37.50	−0.52	−2.37	−2.28
	南洞庭湖	杨柳潭水位站	35.10	1979-06-27	36.75	1996-07-21	37.00	−0.18	−1.99	−1.90
	毛角口河	杨堤水文站	35.30	1954-06-29	37.63	1996-07-21	37.50	0	−1.81	−1.72
A10 烂泥湖	茈湖口河	沙头水文站	36.57	1988-09-10	38.15	1996-07-21	38.20	−0.27	−2.08	−1.99
	毛角口河	杨堤水文站	35.30	1954-06-29	37.63	1996-07-21	37.50	0	−1.81	−1.72
		临资口	35.43	1954-08-03	36.91	1996-07-21	37.50	−0.52	−2.37	−2.28
	湘水尾间	靖港	36.48	1982-06-19	35.59	2017-07-03	38.50	−0.59	−2.41	−2.32
	沩水	双江口船闸	38.70	1969-08-10				−0.79	−2.61	−2.52
A11 华容 护城	鲇鱼须河	宋市	37.58	1954-08-08	38.26	1998-08-19	39.90	−0.09	−1.90	−1.81
	藕池东支	北景港	36.35	1954-08-08	37.68	1998-08-20	39.00	−0.24	−2.03	−1.94
		燕子窝	35.80	1954-08-08	36.93	1998-08-20	38.10	−0.35	−2.16	−2.07
	华容河	华容大桥	35.89	1954-08-04	36.10	1998-08	38.80	−0.26	−2.07	−1.98

注：靖港 2017 年最高水位，是靖港(三)站水位，与 85 黄海的换算关系为 +0.02。

表6-7　洞庭湖区24个蓄洪垸情况

序号	所在堤垸	所属地市	所属县(市、区)	一线堤防长度/km			保护面积/万亩	保护人口/万人	保护人口/万人(蓄洪垸运用预案数据)	其中:安全人口/万人	保护耕地/万亩	蓄洪容积/亿 m^3	备注
				总长	其中:直接挡外河洪水堤防长度	其中:当相邻堤垸分洪时挡水堤长							
	总计			1174.230	1158.503	18.366	455.04	174.334	170.196	11.08	231.834	163.810	
1	钱粮湖合计			146.387	146.387		68.11	22.73	28.21	0.28	40.26	22.20	
1.1	君山部分	岳阳市	君山区	65.176	65.176		32.55	10.63	10.13		16.33	11.19	包含钱北、钱南、小团洲等;层山安全区堤防12.394 km(含1999年建设但未达标的2.526km)
1.2	华容部分	岳阳市	华容县	81.211	81.211		35.56	12.10	18.08		23.93	11.01	包含新太、新华、新生、团洲等
2	共双茶	益阳市	沅江市	119.100	119.100		43.95	16.45	16.86	0.64	23.64	18.51	安全区初设16.741km
3	大通湖东合计			43.357	43.357		34.52	14.13	13.87	0.51	15.23	11.20	
3.1	华容部分	岳阳市	华容县	32.051	32.051		18.53	8.12	7.97		8.29	6.80	包含新洲、幸福、隆西等,安全区初设11.049km
3.2	同兴垸	益阳市	南县	11.306	11.306		14.55	6.01	5.90		6.94	4.40	
4	民主合计			81.230	81.230		36.79	12.52	12.62	1.84	17.50	11.21	
4.1	资阳民主	益阳市	资阳区	72.045	72.045		35.74	12.16	12.24		17.04	11.04	
4.2	保民垸	益阳市	沅江市	9.185	9.185		1.05	0.36	0.38		0.46	0.38	
5	澧南	常德市	澧县	24.198	24.198		5.15	2.90	2.67	2.90	2.33	2.00	
6	西官	常德市	澧县	59.000	59.000		10.44	1.80	1.90	1.80	5.50	4.44	
7	围堤湖	常德市	汉寿县	15.130	15.130		5.50	2.80	1.56	2.80	2.80	2.37	
8	城西	岳阳市	湘阴县	51.757	51.757		15.90	7.04	7.40	0.32	8.83	7.61	
9	建设	岳阳市	君山区	18.288	18.288		15.69	8.99	6.37		8.70	4.94	

续表

序号	所在堤垸	所属地市	所属县(市、区)	一线堤防长度/km			保护面积/万亩	保护人口/万人	保护人口/万人(蓄洪垸运用预案数据)	其中安全人口/万人	保护耕地/万亩	蓄洪容积/亿 m^3	备注
				总长	其中:直接挡外河洪水堤防长度	其中:当相邻堤垸分洪时挡水堤长							
10	九垸	常德市	澧县	24.500	24.500		8.05	2.06	1.83		2.42	3.79	蓄洪垸运用预案:保护面积 6.74 万亩
11	屈原合计			43.280	43.280		35.86	15.53	13.78		25.07	11.96	与汨罗市之间的 3.87km 城市防洪隔堤未修,若蓄洪,目前只能依靠京广铁路路堤挡水
11.1	屈原部分	岳阳市	屈原区	38.180	38.180		20.70	9.96	8.84		16.89	9.73	
11.2	湘阴部分	岳阳市	湘阴县	5.160	5.160		10.13	3.14	2.78		4.99	1.05	
11.3	汨罗部分	岳阳市	汨罗市	1.500	1.500		5.03	2.43	2.16		3.19	1.18	
12	江南陆城合计			47.062	47.062		34.83	10.99	10.63		11.85	10.41	保护面积采用蓄洪垸运用预案数据
12.1	江南垸	岳阳市	临湘市	31.964	31.964		25.05	6.01	5.81		6.68	5.94	
12.2	陆城垸	岳阳市	云溪区	15.098	15.098		9.78	4.98	4.82		5.17	4.47	
13	建新	岳阳市	君山区	34.664	18.834	15.830	7.54	1.01	1.03		3.59	1.96	与钱粮湖垸隔堤长 3.08km,与建设垸隔堤长 12.75km;另外,初设报告建新垸总堤长 37.461km 是包括了与君山垸隔堤,本次将该段隔堤计入君山垸;长江干堤 2.96km,洞庭湖堤 15.871km

续表

序号	所在堤垸	所属地市	所属县(市、区)	一线堤防长度/km			保护面积/万亩	保护人口/万人	保护人口/万人(蓄洪垸运用预案数据)	其中安全人口/万人	保护耕地/万亩	蓄洪容积/亿 m^3	备注
				总长	其中：直接挡外河洪水堤防长度	其中：当相邻堤垸分洪时挡水堤长							
14	安澧	常德市	安乡县	69.655	69.655		18.41	6.21	6.16		9.20	9.20	
15	安昌	常德市	安乡县	84.247	84.247		17.27	5.65	5.24		7.63	7.10	与和康垸隔堤6.916km未计入
16	安化	常德市	安乡县	42.487	42.487		14.07	4.36	4.42		6.14	4.50	栗林河堤长18.4km未计入，南安隔堤5.95km未计入
17	南汉	益阳市	南县	67.360	67.360		14.57	6.71	6.85		7.80	5.66	
18	和康	益阳市	南县	46.403	46.403		14.52	5.66	5.50		7.79	6.20	
19	集成安合	岳阳市	华容县	54.275	54.275		18.50	7.55	7.15		8.87	6.83	
20	南顶	益阳市	南县	40.238	40.238		6.98	2.61	2.49		3.46	2.57	
21	君山	岳阳市	君山区	37.978	35.442	2.536	13.71	7.28	6.59		7.73	4.80	与建新垸隔堤2.536km
22	义合金鸡	岳阳市	湘阴县	9.930	9.930		2.98	1.65	1.62		1.48	1.21	
23	北湖	岳阳市	湘阴县	10.800	10.800		7.25	2.69	3.51		2.93	2.59	
24	六角山	常德市	汉寿县	2.903	2.903		4.46	2.03	1.94		1.09	0.55	

注：资料来自湖南省洞庭湖水利事务中心《关于洞庭湖区堤垸复核情况的报告》(2021年)。

表 6-8 蓄洪垸控制站特征水位 (单位:m)

垸名	河名	站名	规划设计		1951—2020 年最高		堤顶	冻结高程改		
			洪水位	发生时间	洪水位	发生时间	高程	吴淞后	56 黄海	85 黄河
B1	澧水尾闾	兰江闸	46.10	1991-07-07	47.14	1998-07-23	48.70	−0.34	−2.15	−2.06
澧南	道水	陈家河	45.15	1991-07-07	46.80	1998-07-23	45.80	−0.26	−2.07	−1.98
B2	七里湖	甘家湾	42.95	1991-07-07	43.65	1998-07-24	45.15			
九垸	松滋西支	官垸水文站	41.87	1991-07-07	43.00	1998-07-24	43.00	−0.53	−2.41	−2.32
B3	松滋西支	官垸码头	41.70	1991-07-07	42.78	1998-07-24	43.00	−0.40	−2.21	−2.12
西官	松滋中支	自治局水文站	40.34	1991-07-07	41.38	1998-07-24	42.25	−0.20	−2.07	−1.98
B4	松滋东支	大湖口水文站	40.32	1991-07-08	41.35	1998-07-24	42.30	−0.39	−2.29	−2.20
安澧	松滋中支	自治局水文站	40.34	1991-07-07	41.38	1998-07-24	42.25	−0.20	−2.07	−1.98
B5	虎渡河	唐家铺	38.68	1983-07-08	39.75	1996-07-21	40.30	−0.63	−2.44	−2.35
安昌	藕池西支	官垱	38.84	1954-08-05	39.67	1998-08-19	41.30	−0.45	−2.26	−2.17
B6	松滋中支	武圣宫	37.45	1983-07-09	39.00	1998-07-25	39.80	−0.36	−2.17	−2.08
南汉	藕池中支	三岔河水文站	36.05	1983-07-09			38.40	0.00	−1.81	−1.72
B7 围堤湖	沅江洪道	龙打吉	37.90	1991-07-13	39.60	1996-07-19	40.60	−0.03	−1.84	−1.75
B8 六角山	目平湖	六角山水闸	36.22	1991-07-14	37.85	1996-07-19	39.30	−0.01	−1.82	−1.73
B9 安化	藕池西支	官垱	38.84	1954-08-05	39.67	1998-08-19	41.30	−0.45	−2.26	−2.17
B10	藕池中支	杨泗庙	37.12	1954-08-08	37.84	1998-08-19	38.50	−0.04	−1.85	−1.76
和康	藕池西支	麻河口	37.28	1954-08-10	37.94	1998-08-19	38.80	−0.20	−2.01	−1.92
B11 南顶	藕池中支	哑吧渡	37.38	1954-08-08	37.97	1999-07-22	39.00	+0.02	−1.79	−1.70
B12	南洞庭湖	东南湖水位站	35.37	1954-08-03			37.30	−0.51	−2.32	−2.23
共双茶	草尾河	泗湖山	35.21	1954-08-03	36.42	1996-07-22	37.00	−0.09	−1.90	−1.81
B13	甘溪港河	下星港	35.37	1954-06-29	37.22	1996-07-21	38.50	+0.08	−1.73	−1.64
民主	此湖口河	沙头	36.57	1988-09-10	38.15	1996-07-21	38.20	−0.27	−2.08	−1.99
B14 义合	湘江东支	濠河口	35.41	1954-08-03	37.01	2017-07-03	37.50	−0.13	−1.95	−1.86
B15 城西	湘江西支	临资口	35.43	1954-08-03	36.91	1996-07-21	37.50	−0.52	−2.37	−2.28
B16 北湖	湘江东支	许家台	35.11	1954-08-03	36.37	1996-07-21	37.50			
B17	南洞庭湖	营田水位站	35.05	1954-08-03	36.54	1996-07-22		−0.22	−2.04	−1.95
屈原	汨罗江	三星渡	35.72	1983-07-09	36.25	1996-07-22	38.00	−0.11	−1.93	−1.84
B18 集	藕池东支	梅田湖	38.04	1954-08-08	38.85	1998-08-19	40.43	−0.29	−2.10	−2.01
成安合	鲇鱼须河	宋市	37.58	1954-08-08	38.26	1998-08-19	39.90	−0.09	−1.90	−1.81

续表

垸名	河名	站名	规划设计		1951—2020 年最高		堤顶	冻结高程改		
			洪水位	发生时间	洪水位	发生时间	高程	吴淞后	56 黄海	85 黄河
B19	藕池东支	注滋口(二)	34.95	1954-08-04	36.41	1998-08-20	37.00	0	−1.80	−1.71
钱粮湖	东洞庭湖	六门闸	34.75	1954-08-03	36.21	1998-08-20	37.00	+0.03	−1.78	−1.69
B20 大通湖东	藕池东支	注滋口(二)	34.95	1954-08-04	36.41	1998-08-20	37.00	0	−1.80	−1.71
B21 建设	长江	临江闸	35.60	长流规	37.09	1998-08-20	39.00	+0.12	−1.69	−1.60
B22 建新	东洞庭湖	新港子	34.82	1954	36.32	1998-08-20	36.50	−0.07	−1.88	−1.79
B23	长江	北闸	35.45	长流规	36.67	1998-08-20	38.50	−0.10	−1.91	−1.82
君山	东洞庭湖	南闸	34.82	1954	36.18	1998-08-20	37.00	−0.08	−1.89	−1.80
B24 江南陆城	长江	螺山水文站	34.01	长流规	34.95	1998-08-20		−0.19	−2.03	−1.99
		铁山嘴	33.23	长流规	34.09	1998-08-20		−0.15	−1.97	−1.88

6.2.2.4 平垸行洪单退垸

平垸行洪单退垸属于一种特殊的一般垸。洞庭湖区单退垸名录见表 6-9。

6.2.2.5 一般垸

一般垸的规模绝大部分都较小，其抗洪能力因垸而异。少数部分已进入城市防洪范围，其抗洪能力较强；大部分因无投入来源，抗洪能力较弱。各种资料中，因情况不同、时间不同、统计口径不同，数据有差异。本次选用了以下资料进行汇总：

1)《湖南省洞庭湖区重要一般垸堤防加固工程可行性研究报告(送审稿)》(湖南省水电院，2016 年 10 月)。

2)《湖南省洞庭湖区重要堤防加固工程可行性研究总报告(送审稿)》(湖南省水电院，2016 年 12 月)。

3)《关于洞庭湖区堤垸复核情况的报告》(湖南省洞庭湖中心，2021 年)。

本次汇总的原则如下：

1)统计范围为洞庭湖洪道、四口洪道及尾闾地区。湘江至湘潭水文站、资水至桃江县城关垸、沅江至桃源县麦市垸、澧水至临澧县青山垸、汨罗江至汨罗市罗江垸、新墙河至岳阳县筻口垸。

2)统计规模为保护面积大于 1000 亩的堤垸。

3)已合并的堤垸，不再单列。如已并入沅南垸的德山镇四合垸、屈原垸的三汊港垸等。

未列入本次统计的堤垸有：

1)已列入双退(退人、退耕)的堤垸。

2)单退垸已经分列。

3)因修建电站而成库区或改变了水情的堤垸。如湘江渌口区三门镇株洲航运电站坝址以上的湘潭县湘衡垸、黄龙垸、深溪垸、寺门前垸、潭湘垸及渌口区王十万垸，挽洲、荷包洲、龙船港、大同湖、堂市、庙前、黄竹港、湖塘、三门、朱亭、白鱼、华石、磨盘洲、淦田、昭陵、江边村等垸，澧水青山水轮泵站以上的石门县二都、易市等垸。

4)内湖垸，如黄盖湖内垸等。

5)保护面积 1000 亩以下的堤垸。

洞庭湖区千亩以上一般垸基本情况见表 6-10。

表 6-9　洞庭湖区单退垸名录

序号	堤垸名称	所属市	所属县	河流	堤长/km	保护面积/万亩	垸内耕地/万亩	人口/万人	备注
1	六合垸	岳阳市	岳阳县	新墙河	6.520	1.10	0.80	0.02	单退垸
2	燎原垸	岳阳市	岳阳县	新墙河	3.290	0.45	0.35	0.08	单退垸
3	五星垸	岳阳市	岳阳县	新墙河	4.360	0.20	0.20		单退垸
4	杨柳垸	岳阳市	岳阳县	新墙河	6.540	0.37	0.37		单退垸
5	古港垸	岳阳市	岳阳县	新墙河	2.260	0.22	0.15		单退垸
6	新河垸	岳阳市	岳阳县	新墙河	1.360	0.15	0.14		单退垸
7	四新垸	岳阳市	岳阳县	新墙河	1.640	0.21	0.21		单退垸
8	万福垸	岳阳市	岳阳县	新墙河	4.760	0.21	0.08	0.01	单退垸
9	万石湖垸	岳阳市	岳阳县	东洞庭湖	0.537	1.07	1.11		单退垸
10	七星垸	岳阳市	岳阳县	新墙河	3.450	0.51	0.37		单退垸
11	大毛家湖垸	岳阳市	岳阳县	新墙河	4.010	1.14	0.71	0.06	单退垸
12	双河坝垸	岳阳市	汨罗市	汨罗江	1.140	1.07	0.73	0.004	单退垸
13	幸福垸	岳阳市	汨罗市	汨罗江	2.090	0.12	0.07	0.01	单退垸
14	松柏垸	岳阳市	汨罗市	汨罗江	9.830	0.85	0.85	0.01	单退垸
15	李弯坝垸	岳阳市	汨罗市	汨罗江	0.150	0.32	0.23	0.01	单退垸
16	洋沙湖垸	岳阳市	湘阴县	湘江	1.450	2.18	1.58	1.67	单退垸
17	石牛垸	岳阳市	湘阴县	白水江	4.170	0.62	0.52	0.57	单退垸
18	乌龟冲垸	岳阳市	湘阴县	湘江	1.700	0.42	0.16	0.18	单退垸
19	小北湖垸	岳阳市	湘阴县	资水	5.100	0.34	0	0	单退垸
20	龙船港垸	岳阳市	湘阴县	湘江	0.278	0.53	0.18	0.14	单退垸
21	青潭垸	岳阳市	湘阴县	湘江	6.780	1.65	1.080	0.20	单退垸
22	樟树港垸	岳阳市	湘阴县	湘江	2.020	0.18	0.08	0.20	单退垸
23	文径港垸	岳阳市	湘阴县	湘江	1.489	0.17	0.06	0.04	单退垸
24	南阳垸	常德市	鼎城区	南阳河	3.200	0.25	0.07		单退垸
25	放羊坪垸	常德市	鼎城区	枉水河	4.760	0.19	0.14	0.15	单退垸
26	关山垸	常德市	临澧县	澧水	3.370	0.31	0.23	0.30	单退垸

续表

序号	堤垸名称	所属市	所属县	河流	堤长/km	保护面积/万亩	垸内耕地/万亩	人口/万人	备注
27	沔泗洼垸	常德市	临澧县	道水	3.210	0.25	0.21	0.28	单退垸
28	看花垸	常德市	临澧县	道水	2.780	0.40	0.38	0	单退垸
29	陈家河垸	常德市	临澧县	道水	4.440	0.83	0.64	0.82	单退垸
30	团结垸	常德市	桃源县	延溪	1.910	0.20	0.10	0.006	单退垸
31	毛坪垸	常德市	澧县	道水	2.300	0.59	0.15	0.10	单退垸
32	白马垸	常德市	澧县	道水	2.200	0.71	0.12	0.09	单退垸
33	廖坪垸	常德市	澧县	道水	3.000	1.19	0.17	0.15	单退垸
34	英溪垸	常德市	澧县	道水	4.000	0.77	0.21	0.25	单退垸
35	彭坪垸	常德市	澧县	道水	5.500	1.81	0.73	0.40	单退垸
36	七里湖垸	常德市	澧县	澧水	21.150	1.85	1.48	0.04	单退垸
37	新洲下垸	常德市	澧县、津市	澧水	8.860	2.89	1.10		单退垸
38	三汊障垸	常德市	汉寿县	目平湖	2.450	0.46	0.07	0.02	单退垸
39	甘溪港巴垸	益阳市	资阳区	资水	2.430	0.16	0.12		单退垸
40	鲜鱼村	益阳市	沅江市	挖口子河	1.200	0.46	0.36	0.268	单退垸
41	杨阁老	益阳市	沅江市	目平湖、白沙河	0.968	0.36	0.15		单退垸
42	目平湖垸	益阳市	沅江市	目平湖	8.640	1.75	0.92	0.05	单退垸
43	五汊湖垸	益阳市	沅江市	目平湖	0.500	0.20	0.11	0.01	单退垸
44	江猪头垸	益阳市	沅江市	南洞庭湖	2.460	0.16	0.07		单退垸
45	畔山洲垸	益阳市	沅江市	南洞庭湖	7.400	0.57	0.32	0.01	单退垸
46	团山巴垸	益阳市	沅江市	沅江	6.200	1.85	1.29	0.53	单退垸
47	翻身外垸	长沙市	望城区	湘江	2.980	0.35	0.20	0.03	长沙枢纽以上，单退垸
48	仰天湖大堤	湘潭市	岳塘区	湘江	6.250	0.3825	0.04		长沙枢纽以上，单退垸

表 6-10 洞庭湖区千亩以上一般垸基本情况(不含平垸行洪单退垸)

序号	堤垸名	所在市	所在县(区、市)	所在河流	堤长/km	保护面积/万亩	垸内耕地/万亩	人口/万人	备注
1	东风湖垸	岳阳市	岳阳楼区	东洞庭湖	6.917	9.71	0	4.33	
2	南湖垸	岳阳市	岳阳楼区	东洞庭湖、长江	8.776	8.40	0	13.77	
3	永济垸	岳阳市	云溪区	长江	12.180	18.75	4.72	10.50	
4	人民垸	岳阳市	华容县	华容河	17.000	2.79	2.17	1.30	
5	民生垸	岳阳市	华容县	长江	32.700	15.61	13.61	8.30	
6	篢口垸	岳阳市	岳阳县	新墙河	19.480	3.05	1.47	1.08	
7	城北垸	岳阳市	岳阳县	新墙河	1.970	0.15	0.14	2.00	
8	三合垸	岳阳市	岳阳县	新墙河	9.710	1.71	0.97	1.10	
9	麻塘垸	岳阳市	岳阳县	东洞庭湖	12.000	3.92	3.20	2.10	
10	黄盖垸	岳阳市	临湘市	长江	6.000	19.60	9.10	8.30	
11	中洲磊石垸	岳阳市	岳阳县、汨罗市	洞庭湖、汨罗江	20.510	16.08	14.23	10.63	
12	瑞林垸	岳阳市	汨罗市	汨罗江	3.559	0.11	0.11	0.10	
13	松华垸	岳阳市	汨罗市	汨罗江	4.100	0.15	0.30	0.43	
14	罗江垸	岳阳市	汨罗市	汨罗江、罗江	20.730	2.11	1.66	1.49	
15	双楚垸	岳阳市	汨罗市	汨罗江	8.500	1.21	0.93	0.76	
16	湖溪垸	岳阳市	汨罗市	汨罗江	12.400	3.49	0.64	9.00	
17	东湖垸	岳阳市	湘阴县	湘江、白水江	9.845	4.81	0.52	18.60	
18	漳江垸	常德市	桃源县	沅江	16.870	2.20	0.80	12.00	桃源水文站以上
19	桃花垸	常德市	桃源县	沅江	14.790	2.70	1.40	2.90	桃源水文站以上
20	麦市垸	常德市	桃源县	沅江	6.990	0.45	0.42	0.22	桃源水文站以上
21	易市垸	常德市	石门县	澧水	15.920	3.31	2.43	7.10	
22	二都垸	常德市	石门县	澧水	17.580	3.34	1.77	8.60	
23	善卷垸	常德市	鼎城区	沅江	33.500	13.65	8.20	18.12	
24	安福垸	常德市	临澧县	道水	13.510	5.04	0.88	7.28	
25	望城垸	常德市	临澧县	道水	6.040	1.10	0.55	0.82	
26	青山垸	常德市	临澧县	澧水	3.260	0.86	0.37	0.37	

续表

序号	堤垸名	所在市	所在县(区、市)	所在河流	堤长/km	保护面积/万亩	垸内耕地/万亩	人口/万人	备注
27	洞坪垸	常德市	临澧县	澧水	9.940	0.80	0.43	0.71	
28	山洲垸	常德市	临澧县	澧水	6.300	0.57	0.42	0.42	
29	将军垸	常德市	临澧县	道水	2.820	0.56	0.44	0.12	
30	楚兴垸	常德市	临澧县	道水	8.350	0.75	0.60	0.55	
31	观音庵垸	常德市	临澧县	道水·	7.260	1.52	1.16	0.91	
32	浔阳垸	常德市	桃源县	沅江	6.900	2.80	1.50	2.20	
33	车湖垸	常德市	桃源县	沅江	21.600	5.80	3.70	5.86	
34	木塘垸	常德市	桃源县	沅江	17.300	3.80	2.83	3.50	
35	陬溪垸	常德市	桃源县	沅江	28.600	10.60	7.52	10.00	
36	桐岭垸	常德市	桃源县	白洋河	3.560	0.25	0.15	0.09	
37	沙萝垸	常德市	桃源县	沅江	1.380	0.52	0.42	0.38	
38	新洲上垸	常德市	津市市	澧水	4.530	1.93	1.30	4.50	
39	阳由垸	常德市	津市市	澧水	9.000	1.83	0.67	5.00	
40	苏斗坪垸	常德市	澧县	道水	0.900	0.12	0.05	0.05	
41	向荣垸	益阳市	桃江县	资水	5.100	0.69	0.41	0.60	桃江水文站以上
42	永申垸	益阳市	赫山区	资水、志溪河	15.800	2.15	1.20	3.20	
43	新桥河上垸	益阳市	资阳区	资水	7.220	2.04	1.21	1.09	
44	南田垸	益阳市	高新区	志溪河	2.180	0.20	0.17	0.16	
45	北峰山垸	益阳市	高新区	志溪河	8.150	1.01	0.75	0.72	
46	城关垸	益阳市	桃江县	资水	11.700	5.07	2.87	18.00	
47	花果山垸	益阳市	桃江县	资水	7.110	6.88	3.29	4.20	
48	牛潭河垸	益阳市	桃江县	资水	11.990	3.77	2.42	2.60	
49	宪成垸	益阳市	沅江市	南洞庭	9.200	1.80	1.20	0.60	
50	永新垸	益阳市	沅江市	南洞庭	22.190	1.84	1.09	0.95	
51	净下洲垸	益阳市	沅江市	草尾河	16.350	1.34	0.73	0.56	
52	澎湖潭垸	益阳市	沅江市	南洞庭	5.130	0.16	0.16	0.09	

续表

序号	堤垸名	所在市	所在县(区、市)	所在河流	堤长/km	保护面积/万亩	垸内耕地/万亩	人口/万人	备注
53	长善垸	长沙市	芙蓉区	浏阳河	8.500	3.28	0	40.00	长沙枢纽以上
54	东岸垸	长沙市	芙蓉区	浏阳河	6.750	1.08	0	9.00	长沙枢纽以上
55	解放垸	长沙市	天心区	湘江	11.600	2.17	0.80	1.00	长沙枢纽以上
56	官桥垸	长沙市	天心区	湘江	3.050	0.24	0.20	0.38	长沙枢纽以上
57	南托垸	长沙市	天心区	湘江	9.490	1.44	1.80	2.00	长沙枢纽以上
58	兴马垸	长沙市	天心区	湘江	10.500	0.11	0.10	0.16	长沙枢纽以上
59	苏托垸	长沙市	开福区	捞刀河	8.850	1.85	1.30	2.30	长沙枢纽以上
60	戴家河垸	长沙市	开福区	湘江	2.500	0.30	0	3.33	长沙枢纽以上
61	涝湖垸	长沙市	开福区	湘江、浏阳河、捞刀河	11.250	1.00	0.04	18.00	长沙枢纽以上
62	福安新河垸	长沙市	开福区	湘江、浏阳河	12.800	1.88	0	32.00	长沙枢纽以上
63	朝正垸	长沙市	开福区	浏阳河	5.300	1.01	0	4.00	长沙枢纽以上
64	乌溪垸	长沙市	开福区	捞刀河、白沙河	2.680	0.17	0.11	0.17	长沙枢纽以上
65	双湖垸	长沙市	开福区	白沙河	3.650	0.15	0.11	0.17	长沙枢纽以上
66	合丰垸	长沙市	雨花区	浏阳河、圭塘河	14.150	2.79	0	16.00	长沙枢纽以上
67	潭阳垸	长沙市	雨花区	浏阳河	6.170	0.30	0		长沙枢纽以上
68	曙光垸	长沙市	雨花区	浏阳河	3.420	0.66	0.54	0.65	长沙枢纽以上
69	三湖垸	长沙市	岳麓区	湘江	3.950	0.23	0.19	0.29	长沙枢纽以上
70	联丰垸	长沙市	岳麓区	靳江河	2.200	0.30	0.02	12.00	长沙枢纽以上
71	麓山垸	长沙市	岳麓区	湘江、龙王港	4.960	0.40	0	23.20	长沙枢纽以上
72	九江垸	长沙市	岳麓区	靳江河	3.990	0.29	0.25	0.09	长沙枢纽以上
73	丰顺垸	长沙市	岳麓区	湘江、靳江河	7.860	3.37	0	30.00	长沙枢纽以上
74	洋湖垸	长沙市	岳麓区	湘江、靳江河	12.110	1.59	0	17.00	长沙枢纽以上
75	高桥垸	长沙市	岳麓区	湘江	0.900	0.21	0.08	0.12	长沙枢纽以上
76	湘麓垸	长沙市	岳麓区	湘江	2.100	0.59	0	0	长沙枢纽以上
77	五星垸	长沙市	岳麓区	靳江河	3.300	0.30	0.16	0.02	长沙枢纽以上

续表

序号	堤垸名	所在市	所在县(区、市)	所在河流	堤长/km	保护面积/万亩	垸内耕地/万亩	人口/万人	备注
78	花塘垸	长沙市	岳麓区	靳江河	2.300	0.15	0.10	0.05	长沙枢纽以上
79	幸福垸	长沙市	岳麓区	靳江河	3.680	0.23	0.14	0.20	长沙枢纽以上
80	高裕垸	长沙市	望城区	八曲河	1.000	0.26	0.15	1.20	长沙枢纽以上
81	胜利垸	长沙市	望城区	湘江、八曲河、马家河	8.020	1.92	1.10	2.76	长沙枢纽以上
82	双合垸	长沙市	望城区	湘江	0.740	0.17	0.14	0.02	
83	翻身垸	长沙市	望城区	沙河	4.550	0.87	0.80	0.74	长沙枢纽以上
84	同福垸	长沙市	望城区	湘江	17.650	2.70	1.84	1.61	长沙枢纽以上
85	联合垸	长沙市	望城区	湘江	9.400	1.22	0.98	1.52	长沙枢纽以上
86	周湖垸	长沙市	望城区	湘江	1.400	0.17	0.07	0.01	长沙枢纽以上
87	新塘垸	长沙市	望城区	湘江	2.500	0.21	0.17	0.02	长沙枢纽以上
88	施家湖垸	长沙市	望城区	湘江、沙河	2.500	0.14	0.06	0.02	长沙枢纽以上
89	李家湖垸	长沙市	望城区	沩水	1.860	0.18	0.13	0.02	长沙枢纽以上
90	湘洲垸	长沙市	望城区	湘江	8.200	0.28	0.30	0.00	长沙枢纽以上
91	高沙垸	长沙市	长沙县	捞刀河	5.450	0.43	0.35	0.28	长沙枢纽以上
92	三合垸	长沙市	长沙县	捞刀河	3.260	0.28	0.17	0.30	长沙枢纽以上
93	水塘垸	长沙市	长沙县	捞刀河、白沙河	5.100	2.42	1.83	0.60	长沙枢纽以上
94	团结垸	长沙市	长沙县	捞刀河	4.270	1.65	0.79	0.79	长沙枢纽以上
95	回龙垸	长沙市	长沙县	捞刀河	9.600	2.53	1.68	1.15	长沙枢纽以上
96	梨江花园垸	长沙市	长沙县	浏阳河	3.200	0.20	0.27	0.41	长沙枢纽以上
97	敢胜垸	长沙市	长沙县	浏阳河、榨山港	22.000	2.26	1.70	2.81	长沙枢纽以上
98	双江垸	长沙市	长沙县	金井河	3.910	0.55	0.35	0.09	长沙枢纽以上
99	梅塘垸	长沙市	长沙县	白沙河	3.900	0.23	0.16	0.13	长沙枢纽以上
100	红旗垸	长沙市	长沙县	白沙河	5.500	0.48	0.46	0.38	长沙枢纽以上
101	果园垸	长沙市	长沙县	捞刀河、金井河	9.280	1.46	0.74	0.70	长沙枢纽以上
102	红花垸	长沙市	长沙县	金井河	2.620	0.30	0.15	0.13	长沙枢纽以上

续表

序号	堤垸名	所在市	所在县(区、市)	所在河流	堤长/km	保护面积/万亩	垸内耕地/万亩	人口/万人	备注
103	古井垸	长沙市	长沙县	捞刀河	3.460	0.18	0.11	0.09	长沙枢纽以上
104	先锋垸	长沙市	长沙县	浏阳河	3.900	0.14	0.12	0.21	长沙枢纽以上
105	团山湖垸	长沙市	望城区	沩水、八曲河	13.590	2.30	1.31	1.39	
106	苏蓼垸	长沙市	望城区	湘江	10.980	2.45	1.20	1.02	
107	李湖垸	长沙市	望城区	湘江	1.885	0.17	0.11	0.01	
108	群英垸	长沙市	宁乡市	沩水	22.330	4.52	3.16	12.67	
109	回龙垸	长沙市	宁乡市	沩水	22.300	5.21	2.83	11.02	
110	石渚垸	长沙市	望城区	湘江、石渚河	3.310	1.13	1.19	0.81	
111	太丰垸	长沙市	望城区	湘江	3.940	0.53	0.20	0.43	
112	白沙垸	长沙市	望城区	沩水	3.750	0.35	0.18	0.12	
113	南中垸	长沙市	望城区	沩水	3.47	0.37	0.25	0.14	
114	石峰垸	株洲市	石峰区	湘江	12.000	9.30	0.17	22.36	长沙枢纽以上
115	马家河垸	株洲市	天元区	湘江	5.370	1.30	0.58	1.59	长沙枢纽以上
116	河西垸	株洲市	天元区	湘江	27.000	2.00	1.88	41.67	长沙枢纽以上
117	雷打石垸	株洲市	天元区	湘江	9.500	2.55	2.54	2.35	长沙枢纽以上
118	枫溪	株洲市	芦淞区	湘江	12.000	0.24	0.10	0.57	长沙枢纽以上
119	建宁垸	株洲市	荷塘区	湘江	4.960	1.43	1.20	1.11	长沙枢纽以上
120	渌口镇垸	株洲市	渌口区	湘江	4.270	0.21	0.12	2.92	长沙枢纽以上
121	南岸城塘垸	株洲市	渌口区	湘江、渌江	10.070	3.98	0.97	1.24	长沙枢纽以上
122	河西大堤	湘潭市	雨湖区	湘江	9.120	5.25	0.20	10.00	长沙枢纽以上
123	十万垅大堤	湘潭市	雨湖区	湘江	10.170	2.21	0.39	40.00	长沙枢纽以上
124	九华湘江大堤	湘潭市	雨湖区	湘江	18.900	20.80	4.20	21.00	长沙枢纽以上
125	河东大堤	湘潭市	岳塘区	湘江	29.250	14.28	1.05	30.00	长沙枢纽以上
126	京竹堤	湘潭市	湘潭县	湘江、涓水	2.340	0.22	0.09	0.24	长沙枢纽以上
127	滨江堤	湘潭市	湘潭县	湘江	2.500	1.64	0.42	5.86	长沙枢纽以上
128	沿河堤	湘潭市	湘潭县	涟水	5.560	1.37	0.40	0.20	长沙枢纽以上

续表

序号	堤垸名	所在市	所在县(区、市)	所在河流	堤长/km	保护面积/万亩	垸内耕地/万亩	人口/万人	备注
129	白托堤垸	湘潭市	湘潭县	涟水	7.800	1.25	0.78	1.26	长沙枢纽以上
130	杨溪堤	湘潭市	湘潭县	涓水	6.040	0.87	0.46	0.45	长沙枢纽以上
131	莲托堤	湘潭市	湘潭县	涓水	10.800	1.82	0.95	0.78	长沙枢纽以上
132	凫塘堤	湘潭市	湘潭县	涓水	2.200	1.17	0.31	0.26	长沙枢纽以上
133	郭家桥堤	湘潭市	湘潭县	涓水	4.400	1.17	0.28	0.32	长沙枢纽以上
134	四新堤	湘潭市	湘潭县	涓水	7.500	1.91	0.46	0.59	长沙枢纽以上
135	湾东港堤垸	湘潭市	湘潭县	湘江、紫荆河	1.60	1.38	0.26	0.49	长沙枢纽以上
136	卓江堤	湘潭市	湘潭县	湘江	14.500	2.50	1.23	1.13	长沙枢纽以上
137	石潭堤	湘潭市	湘潭县	涟水	1.390	0.67	0.06	2.20	长沙枢纽以上
138	建中堤垸	湘潭市	湘潭县	涟水	2.400	1.41	0.12	0.18	长沙枢纽以上
139	新南堤垸	湘潭市	湘潭县	涟水	2.600	0.90	0.08	0.02	长沙枢纽以上
140	古城垸	湘潭市	湘潭县	涟水	15.820	2.76	1.80	2.40	长沙枢纽以上
141	龙华正福堤	湘潭市	湘潭县	涟水	11.900	5.12	1.65	1.50	长沙枢纽以上
142	同福堤	湘潭市	湘潭县	涟水	6.750	2.91	1.05	1.30	长沙枢纽以上
143	姜畲大堤	湘潭市	雨湖区	湘江、涟水	15.380	6.75	2.89	5.68	长沙枢纽以上

主要万亩以上一般垸控制站特征水位见表6-11。

表 6-11 主要万亩以上一般垸控制站特征水位 (单位:m)

河名	垸名	站名	规划设计		1951—2020年最高		堤顶高程	冻结高程改		
			洪水位	发生时间	洪水位	发生时间		吴淞后	56黄海	85黄海
西洞庭湖	七里湖	阳由	津市水文站	44.01	1991-07-07	45.02	2003-07-10	46.5	−0.31	−2.18	−2.09
西洞庭湖	七里湖	新洲上	新洲闸	43.33	1991-07-07	44.10	1998-07-24	45.5			
西洞庭湖	七里湖	新洲下	朱家嘴	42.53	1991-07-07	43.36	1998-07-24	44.0			
西洞庭湖	七里湖	七里湖	彭家港	42.01	1991-07-07	43.00	1998-07-24	43.5			
西洞庭湖	目平湖	目平湖	西堤电排站	36.20	1954-07-31	38.40	1996-07-18	38.2			
南洞庭湖	草尾河	净下洲	水管站	35.60	1954-08-03	36.62	1996-07-21	36.8			
南洞庭湖	湘水东支	洋沙湖	洋沙湖闸	35.45	1954-08-03	36.70	1996-07-21	37.0			
南洞庭湖	湘水东支	东湖	湘阴水位站	35.41	1954-08-03	36.66	1996-07-21	36.8	−0.26	−2.08	−1.99
东洞庭湖	东洞庭湖	磊石	长山闸	35.04	1954-08-03	35.96	1996-07-21	37.5			
东洞庭湖	东洞庭湖	中洲	鹿角水位站	35.00	1954-08-03	36.14	1998-08-20	37.0	−0.24	−2.06	−1.97
东洞庭湖	东洞庭湖	万石湖	万石湖闸	35.00	1954-08-03	36.13	1998-08-20	37.0			
东洞庭湖	东洞庭湖	大毛家湖	堤委会	35.00	1954-08-03	36.23	1998-08-20	37.0			
东洞庭湖	东洞庭湖	麻塘	中闸	34.82	1954-08-03	36.12	1998-08-20	37.0			
东洞庭湖	东洞庭湖	湖滨	湖滨	34.82	1954-08-03	36.21	1998-08-20	36.5			
东洞庭湖	东洞庭湖	岳阳城区	岳阳水位站	34.82	1954-08-03	36.05	1998-08-20	37.0	−0.21	−2.03	−1.94
东洞庭湖	华容河	人民大	华容大桥	35.89	1954-08-04	36.10	1998-08	38.8	−0.26	−2.07	−1.98
长江	干流	民生	塔市	37.74	长流规	38.56	1998-08-18	40.0	−0.32	−2.13	−2.04
长江	干流	永济	象骨港	34/33	长流规	35.64	1998-08-20	37.8	−0.21	−2.03	−1.94
湘江尾闾	干流	园艺场			1976-07-13						
湘江尾闾	干流	马家河	新马	42.20	1976-07-13			43.2			
湘江尾闾	干流	石峰垸(霞湾)	霞湾街	43.50	1976-07-13			44.8			
湘江尾闾	干流	湾东港			1976-07-13			43.8			
湘江尾闾	干流	卓江			1976-07-13			43.5			
湘江尾闾	干流	九华湘江大堤(和平)			1976-07-13			42.6			
湘江尾闾	干流	十万垅	唐兴桥	41.66	1976-07-13			42.5			
湘江尾闾	干流	河西			1976-07-13						
湘江尾闾	干流	姜畲大堤(天星)	粟山塘	41.16	1976-07-13			42.5			
湘江尾闾	干流	河东	木鱼湖	41.26	1976-07-13			43.0			
湘江尾闾	干流	仰天湖	王家晒	40.26	1976-07-13			42.0			
湘江尾闾	干流	南托	窑湾寺	39.28	1976	39.86	1994-06-18	40.86		−2.03	−1.94
湘江尾闾	干流	解放	中心港	39.10	1968-06-28	39.59	1994-06-18	40.3		−2.08	−1.99
湘江尾闾	干流	洋湖	枯石塘	38.49		39.30	1998-06-27	40.0		−2.14	−2.05

续表

河名		垸名	站名	规划设计		1951—2020 年最高		堤顶高程	冻结高程改		
				洪水位	发生时间	洪水位	发生时间		吴淞后	56 黄海	85 黄海
湘江尾闾	干流	丰顺	炮台子	38.42	1976-07-12	39.20	1998-06-27	40.0			
		涝湖	陈家渡	38.20		39.20	1998-06-27	39.5		−2.15	−2.06
		联合	喻家坪	37.19	1982-06-19	38.78	1998-06-27	38.8		−2.49	−2.40
		同福	白沙洲	36.97	1982-06-19		1998-06-27	38.5		−2.44	−2.35
		胜利	望城码头	36.82	1982-06-19	38.05	1998-06-27	38.5		−2.35	−2.26
		石渚	古城桥	36.67	1982-06-19		1998-06-27	38.5		−2.35	−2.26
		苏蓼	金钩寺	35.97	1982-06-19	37.30	1998-06-27	38.0		−2.46	−2.37
	涓水	连托						44.1			
	涟水	古城		43.42	1982			45.5			
		同伏	黄草港	42.50	1968			44.5			
		正伏	谢家港	42.50	1968			44.2			
		姜畲	杨家港	41.86	1968			43.5			
	浏阳河	敢胜	汤洋桥	39.80	1954	40.50	1998-06-27	42.0		−1.87	−1.78
		合丰	川河	38.46	1976	40.22	1998-06-27	41.5		−2.07	−1.98
		东岸	堤委会	38.01	100 年一遇	39.64	1998-06-27	41.48		−2.03	−1.94
		长善	堤委会	38.49	100 年一遇	39.61	1998-06-27	41.5		−2.03	−1.94
		朝正	月湖港口	37.86	1976	39.57	1998-06-27	40.0		−2.06	−1.97
	捞刀河	果园	金龙寺	40.80	1969	40.54	1965-07	41.6		−1.43	−1.34
		回龙	马家夹	40.53	1969	40.61	1969-07-10	43.5		−2.01	−1.92
		团结	堤委会	39.60	1969	39.18	1998-06-27	40.0		−1.91	−1.82
		水塘	堤委会	38.20	1962	38.90	1998-06-27	40.5		−1.94	−1.85
		苏托	甘嘴坨	37.78	1962	38.76	1998-06-27	39.8		−2.25	−2.16
	沙河	翻身	谭家巷	37.28	1982	38.51	1998-06-27	38.7		−2.35	−2.26
	沩水	迴龙	沩丰坝	50.57		47.57	1998-06-14	52.08			
		群英	修防会	39.47	1969	39.47	1969-08	41.0			
		团山湖	山汉河坝	36.49	1982.6	37.88	1998-06-27	38.0		−2.36	−2.27
资水尾闾	干流	桃江城关	桃江水文站	43.82	1955-08-27	44.44	1996-07-17	42.5～45.6	−0.53	−2.34	−2.25
		牛潭河	桃江水文站					44.6			
		花果山	罗公桥	41.05	1955-08-27			42.5～44.0			
		新桥河上	新桥河	41.97	1955-08-27	42.24	1996-07-17	43.15	−0.66	−2.47	−2.38
		永申	牛坪	39.30	1955-08-27	39.92	1996-07-01	41.1			

续表

河名		垸名	站名	规划设计		1951—2020年最高		堤顶	冻结高程改		
				洪水位	发生时间	洪水位	发生时间	高程	吴淞后	56黄海	85黄海
沅江尾闾	干流	桃花源	水溪闸	48.00	1969-07-17	49.60	1996-07-19	51.1			
		樟江	桃源水文站	45.40	1969-07-17	47.37	2014-07-17	48.87	−0.17	−1.98	−1.89
		车湖	延泉	43.39	1969-07-17	45.95	1996-07-19	47.0			
		陬溪	鲢鱼口	43.10		45.00	1996-07-19	46.5			
		木塘	孙家河	42.85		44.86	1996-07-19	45.6			
		善卷	建设硚	40.67	1969-07-17	42.17	1996-07-19	44.55	0	−1.81	−1.72
澧水尾闾	道水	安福									
		烽火	烽火电站	45.35		46.50	1998-07-23	47.0			
汨罗江尾闾	干流	罗江	油埠滩	37.95	1983-07-09	37.95	1983-07-09	39.0			
		湖溪	小桥闸	36.90	1983-07-09			37.5			
		双楚	牛巷口	36.22	1983-07-09			38.0			
		松柏	宝塔闸	35.04	1954-07-26	35.96	1996-07	37.5			
		双河坝	双河坝闸	35.04	1954-07-26	35.96	1996-07	37.5			
新墙河	干流	筻口	筻口大桥	37.60	1954-08-03						
		三合	三合	35.00	1954-08-03	36.20	1998-08-21	37.0			
		六合	六合	34.82	1954-08-03	36.20	1998-08-21	36.5			

注：湘江尾闾长沙至濠河口河段（含浏阳河、捞刀河、沩水）一般垸最高水位为2017年，因没有观测资料最高水位仍列1998年、1996年水位。湘江长沙站2017年最高水位为39.51m（冻结）、1998年最高水位为39.18m，靖港站2017年最高水位为35.71m（85黄海）、1998年最高水位为35.47m，濠河口水文站2017年最高水位为37.01m（冻结）、1996年最高水位为36.77m。其他观测站实际使用可内插或调查修正。

第 7 章 蓄洪工程

7.1 蓄滞洪区

7.1.1 概况

蓄滞洪区是指包括分洪口在内的河堤背水面以外临时贮存洪水的低洼地区及湖泊等，也是重要的防洪工程设施。

洞庭湖区的蓄滞洪区，主要指 24 个蓄洪垸。蓄洪垸的堤防建设见 6.2 节，本节专门叙述蓄洪垸的垸内安全建设。

7.1.1.1 用途

洞庭湖蓄滞洪工程是长江中游整体防洪规划中的一个重要组成部分，它与湖北省的洪湖蓄滞洪区一起共同蓄纳长江中游城陵矶地区的超额洪水，它是保障荆江大堤、武汉市及洞庭湖区的城市和重点堤垸防洪安全的一个重要措施。三峡水库建成后，按三峡水库对枝城补偿和城陵矶补偿不同的防洪调度方式可减少该地区的分蓄洪量，但蓄滞洪区仍需长期保存，只是使用概率会有所减小、承蓄量有所减少。

7.1.1.2 建设情况

洞庭湖蓄滞洪区的安全建设始于 1970 年，建设内容主要是安全台、安全树、安全仓库等，当时的蓄洪垸是 37 个，1984 年一期初设上报 30 个，水电部(1987)水电水规字第 103 号文批准为 24 个。随着转移安置方式的改变，1986 年开始的一期治理，安全建设的内容为楼、台、路、桥、船、库、树等。楼：指安全楼房，一、二层为框架结构，主要由垸民自筹资金，国家适当补助，蓄洪时，垸民上楼避水；台：包括顺堤台（紧傍防洪大堤，并连成一体）和垸内台（呈梯形，高达十余米，面积大小不等，需占用大量土地）；路：指转移公路和道路；桥：指公路桥和渠道桥；船：指抢运人员和物资的运输船只；库：指储备粮食和防汛抢险物资的仓库；树：指安全树，以备来不及撤离的人员临时上树避水。由于安全楼与垸内安全台均存在二次转移的问题，因此，从 1996 年开始的二期治理逐步调整为结合小城镇建设，增设安全区，并加强了分洪口门、电排月围、渡口码头等工程措施，其主要内容可概括为区、台（顺堤台）、路、桥、船、库等。

1998 年大水以后，根据国务院有关文件精神，为抗御 1998 年型洪水，在城陵矶地区优先建设 100 亿 m^3 蓄洪容积。湖南省选定钱粮湖、大通湖东及共双茶三大蓄洪垸重点进行安全建设，主要内容包括建设 11 个安全区，2 个安全台，3 个分洪闸，目前已基本建成。

根据《洞庭湖区综合规划》，洞庭湖区新建安全区 39 处，面积 105.78km^2；规划新建安全台 47 处、面积 520.79 万 m^2，加上已建安全台面积 137.88 万 m^2，安全台总面积 658.67 万 m^2。规划新建、扩建转移生产道路 161 条，总长 824.80km，新建跨河桥梁 296 座。规划加培堤防长 156.16km，其中蓄洪垸堤长 113.94km，一般垸堤长 42.22km。劈裂灌浆堤段长 26.99km，锥探灌浆堤段长 113.32km，垂直防渗墙处理堤段长 93.98km。护坡处理堤段长 997.75km，抛石护脚处理堤段长 237.69km。堤基防渗墙处理堤段长 498.33km，压浸平台土方填筑量 678.3 万 m^3，填塘固基土方工程量 804.07 万 m^3，规划整修接长涵闸 196 处。

7.1.1.3 溃决与运用情况

20 世纪 80 年代以来，1995 年围堤湖破垸蓄洪；1996 年围堤湖再次破垸蓄洪，共双茶、钱粮湖、大通湖东三垸自然溃口蓄洪；1998 年澧南、西官二垸自然溃口蓄洪；1999 年民主垸自然溃口蓄洪；2003 年澧南垸破堤再次蓄洪。

(1)澧南垸

1998 年 7 月 23 日白芷棚、汪家洲和刘家祠堂 3 处自然溃口，总长 712m，拦蓄水量 2.72 亿 m^3，死亡 49 人，倒房 5148 间，损失粮食 1084 万 kg；2003 年 7 月 10 日 0 时接蓄洪命令，1 时 30 分宋家渡堤段实施爆破蓄洪，破口长 310m(因当时分洪闸在建，不能使用)，蓄洪 5h 后，澧县县城兰江闸站水位降低 1.02m，效果显著，因新建了乔家河、张家滩两个集镇，垸内居民于 2001 年底全部迁出，故仅农业和基础设施受损失。

(2)西官垸

1980 年鸟儿洲堤段先管涌后溃垸，死亡 2 人，倒房 1.119 万间，损失粮食 415 万 kg；1998 年 7 月 24 日学堤拐段溃口，长 390m，最大冲深 16.5m，拦蓄水量 5.584 亿 m^3，死亡 7 人，倒房 8.1816 万间，损失粮食 750 万 kg。

(3)围堤湖垸

20 世纪 80 年代以来遭受了数次洪水的侵袭，尤其是 1995 年、1996 年两次损失惨重。1995 年 7 月 3 日 3 时破堤，破口长 833m(上口长 458m，下口长 375m)，拦蓄水量 2.59 亿 m^3，倒房 1200 间，损失粮食 22 万 kg；1996 年 7 月 19 日水漫堤顶，0 时 33 分再次破垸，破口长 960m(上口长 530m，下口长 430m)，拦蓄水量 2.93 亿 m^3，倒房 1500 间，损失粮食 22 万 kg。

(4)共双茶垸

1996 年 7 月 22 日 12 时，新华轮窑处溃决，长 510m，最大冲深 5.5m，24 日出现最高水位，垸内两道间堤失守，共华、双华、茶盘洲全部被淹，拦蓄水量 17.02 亿 m^3，倒房 2.441 万间，损失粮食 49776 万 kg。

(5)民主垸

1999 年 7 月 23 日甘溪港河中洲堤段先管涌，后塌陷溃堤，溃口桩号 14+870～15+118，长 248m，冲深 12～18m，由于有间堤，因此只造成民主片受灾，死亡 8 人，倒房 2.27 万间，损失粮食 7363 万 kg。

(6)钱粮湖垸

1996 年 7 月 19 日，团洲垸溃决，死亡 14 人，倒房 26364 间，损失棉花 9 万担；同次，钱粮湖农场溃决，死亡 17 人，倒房 38270 间，损失粮食 3980 万 kg。2016 年 7 月 10 日钱粮湖新华垸溃决。

(7)大通湖东垸

1996 年 7 月 21 日溃决，死亡 24 人，倒房 36852 间。

7.1.2 蓄滞洪区分类

7.1.2.1 蓄滞洪区分类情况

国务院2008年7月批复的《长江流域防洪规划》中，为防御1954年洪水，考虑三峡工程按初步设计阶段拟定的对城陵矶补偿调度方式，按照蓄滞洪区的启用概率和重要性，将长江中下游蓄滞洪区分为重要、一般和规划保留3类。根据分类标准，洞庭湖区重要蓄滞洪区9处、一般蓄滞洪区4处，蓄滞洪保留区11处，其中重要蓄滞洪区是使用概率较大(一般在20年一遇以下)的蓄滞洪区；一般蓄滞洪区是三峡工程建成后为防御1954年洪水，除重要蓄滞洪区外，还需启用的蓄滞洪区；蓄滞洪保留区是三峡工程建成后为防御超标准洪水或特大洪水需要使用的蓄滞洪区。

洞庭湖蓄滞洪区分类如下：

9处重要蓄滞洪区分别为钱粮湖、共双茶、大通湖东、民主、澧南、西官、围堤湖、城西、建设垸；4处一般蓄滞洪区分别为九垸、屈原、江南陆城、建新垸；11处蓄滞洪保留区分别为集成安合、南汉、和康、安澧、安昌、安化、南顶、六角山、义合金鸡、北湖、君山垸。

7.1.2.2 安全建设

在总结蓄滞洪区安全建设经验教训的基础上，根据各类蓄滞洪区的洪水风险特点和人口及财产分布情况，制定蓄滞洪区安全建设的总体思路与对策。

对于运用概率较高的重要蓄滞洪区，尽可能创造条件以永久性避洪安置方式使居民能够得到有效的安全保障，在分蓄洪水时能正常、稳定生活。综合考虑耕作半径、区内或周边有无城镇和中心村、附近有无岗地、有无土源等条件和因素，合理布局，采取以安全区为主，安全台、后靠安全地区等方式相结合进行居民避洪安置。

对于一般蓄滞洪区，可采取定居和转移相结合的方式安置。在淹没水深相对较深的重度风险区以永久性避洪安置为主，对中度、轻度风险区，采取分洪临时撤退为主的避洪安置措施，结合新农村建设“道路村村通”规划，修建撤退道路、桥梁、码头等。

对蓄滞洪保留区因其使用概率较小，原则上不再进行安全区和安全台建设，可适当进行撤退道路、配套桥梁和通信预警系统建设。

对于有效蓄洪容积较大且经济发展较快的蓄滞洪区，结合经济社会发展的需要，有条件时通过论证后，在满足防洪需要的前提下可适当扩大安全区的范围。

7.1.2.3 管理要求

洞庭湖蓄滞洪区是长江防洪体系的一个重要组成部分，对长江防洪具有战略意义，做好蓄洪垸的管理工作，意义十分重大。主要从以下几个方面进行考虑：

(1)配备必要的管理设施和设备

制定各种规章制度、设置各种标志、加强堤防的监测、配置有关管理设施(建立指挥中心、车辆、船只)等。

(2)人口控制管理

蓄滞洪区必须严格控制人口机械增长，并创造条件促进人口外移。

(3)土地利用开发管理

制定蓄滞洪区开发利用政策，调整产业结构，禁止在重要蓄滞洪区及一般蓄滞洪区的中高风险区内建设大型工厂、油库等，如确需建设，必须经过充分论证、报送上级主管部门批准，并自行解决其本身防洪安全问题，分洪时不得给社会增加转移工作负担与决策压力。

(4)计划分洪后的补偿管理

洞庭湖蓄洪垸为计划分蓄洪堤垸，由于蓄滞洪区内的安全建设进展缓慢，导致计划分洪运用十分困难，而一旦贻误了分蓄洪时机，将会引起更为严重的损失。因此除了加快蓄滞洪区的安全建设进度外，还必须加快制定计划分洪后的补偿细则。

7.1.3 安全建设目标、原则及设计标准

(1)目标

根据蓄滞洪区在实际运用中存在的问题，二期治理时将原来的“以转移为主，保区内人民生命安全”调整为“以保障人民生命和主要财产安全”为目标。

(2)原则

全面规划、因地制宜、合理布局，以靠山和转垸外迁、安全区和顺堤台为重点，平战结合、分期实施的原则。

(3)设计标准

1)工程等级。

堤防及穿堤建筑物级别为3级；顺堤台、机电设施保护等工程级别为4级。

2)设计洪水位。

采用1949—1991年期间的最高洪水位确定。

3)堤顶超高。

安全区的围堤按河堤加1.5m，其他堤段加2.0m确定；顺堤台均加1.5m。

4)排涝标准。

安全区采用10年一遇一日暴雨一日排干。

5)人口安置标准。

安全区100m^2/人，顺堤台30m^2/人。

6)转移设施标准。

公路干线按4km左右布置1条，宽5～7m，碎石路面厚0.25m；转移桥涵按实际情况确定；转移船只每个水委会一艘，80吨位。

7.1.4 设计成果

(1)有关文献

1)《湖南省洞庭湖区近期防洪蓄洪工程初步设计书》(湖南省水电院、湖南省洞工局1984年10月)及《修改补充报告》(1987年8月)；

2)《洞庭湖蓄洪区高程与面积、容积曲线》(湖南省水电院)；

3)《湖南省洞庭湖区蓄洪安全建设规划》(湖南省水利厅，1990年9月)；

4)《洞庭湖蓄滞洪区安全建设规划》(长江委，1995年4月)；

5)《湖南省洞庭湖蓄滞洪区安全建设补充规划报告》及分报告、附图、附表(长江委、湖南省水利厅;1997 年 6 月);

6)《湖南省洞庭湖蓄滞洪区安全建设可行性研究报告(第一批垸)》总报告及分报告(湖南省水电院,1999 年 5 月);《湖南省洞庭湖蓄滞洪区安全建设工程规划报告(13 垸)》总报告及分报告(湖南省水电院,2000 年 3 月);

7)《湖南省洞庭湖区蓄洪垸堤防加固工程可研报告》总报告及分报告(湖南省水电院,2000 年 3 月);

8)共双茶、钱粮湖、大通湖东三垸蓄滞洪区安全建设及堤防加固工程项目建议书等;

9)《洞庭湖区综合规划(修订稿)》(长江委,2016 年 5 月)。

(2)本次整编成果

本手册编辑原则上以《洞庭湖区综合规划》资料为准并进行对比分析,有变化依据的则采用新资料,所缺部分尽量补齐,各种整编表格均在表下注明了资料出处。

蓄滞洪区基本情况见表 7-1,蓄滞洪区高程与面积、容积的关系见表 7-2,蓄滞洪区安全区建设规划基本情况见表 7-3,蓄滞洪区分洪口门规划情况见表 7-4,蓄滞洪区分洪口门设计水位成果见表 7-5。

表 7-1　　蓄滞洪区基本情况

湖名	垸名	蓄洪水位(冻结)/m	有效蓄洪容积/亿 m³	复核有效蓄洪容积/亿 m³	规划分洪口门			分洪闸设计流量/(m³/s)
					处数	分洪口宽/m	进洪流量/(m³/s)	
西洞庭湖	B1 澧南	44.61	2.00	2.21	1	126.8	2886	2315
	B2 九垸	41.38	3.79	3.82	1	440	2924	
	B3 西官	40.50	4.44	4.76	1	210	1713	1500
	B4 安澧	39.90	9.20	9.42	1	350	3549	
	B5 安昌	38.85	7.10	7.23	2	340	2339	
	B6 南汉	37.40	5.66	6.15	3	832	5448	
	B7 围堤湖	38.00	2.37	2.22	2	597	2740	3190
	B8 六角山	36.00	0.55	0.61	1	120	683	
南洞庭湖	B9 安化	38.12	4.50	4.72	1	190	1738	
	B10 和康	37.40	6.20	6.16	2	480	4000	
	B11 南顶	37.30	2.57	2.20	1	200	1700	
	B12 共双茶	35.37	18.51	15.04	3	600	7200	3630
	B13 民主	35.25	11.21	11.96	2	920	4000	
	B14 义合金鸡	35.41	1.21	0.79	2	66	347	
	B15 城西	35.41	7.61	7.92	2	300	3000	
	B16 北湖	35.41	2.59	1.91	1	40	1000	
	B17 屈原	34.83	11.96	12.45	1	130	4557	
东洞庭湖	B18 集成安合	36.69	6.83	6.26	1	300	2635	
	B19 钱粮湖	34.82	22.20	23.78	7	1350	10050	4180
	B20 大通湖东	35.39	11.20	11.67	4	550	6779	2190
	B21 建设	34.40	4.94	3.54	1	300	2210	

续表

湖名	垸名	蓄洪水位（冻结）/m	有效蓄洪容积/亿 m³	复核有效蓄洪容积/亿 m³	规划分洪口门			分洪闸设计流量/(m³/s)
					处数	分洪口宽/m	进洪流量/(m³/s)	
东洞庭湖	B22 建新	34.61	1.96	1.56	1	200	756	
	B23 君山	35.00	4.80	4.69	1	260	1851	
长江	B24 江南陆城	33.50	10.41	10.48	3	390	6985	
合计			163.82	161.55	44	8745.8	81090	

注：1. 蓄洪水位、有效蓄洪量：采用资料 9)。

2. 分洪口门采用资料 6)及湖南省人民政府湘政发〔1991〕29 号文件综合整理。

3. 复核有效蓄洪容积是指 2018 年长江委重现测量并扣除了安全区后的蓄洪容积。

表 7-2　蓄滞洪区高程与面积、容积的关系

垸名	项目													
B1 澧南	高程/m	35.00	36.00	37.00	38.00	39.00	40.00	44.61						
	面积/km²	2.87	8.14	13.41	20.47	23.96	26.16	30.47						
	容积/亿 m³	0.06	0.11	0.22	0.39	0.61	0.86	2.23						
B2 九垸	高程/m	30.50	32.00	33.00	34.00	35.00	36.00	37.00	38.00	39.00	40.00	41.38		
	面积/km²	15.00		28.60	33.90	44.94	44.94	44.94	44.94	44.94	44.94	44.94		
	容积/亿 m³		0.18	0.40	0.71	1.11	1.55	2.00	2.45	2.90	3.35	3.97		
B3 西官	高程/m	33.0	35.0	36.0	37.0	38.0	39.0	40.5						
	面积/km²	9.67	64.22	67.60	67.60	67.60	67.60	67.60						
	容积/亿 m³	0.140	0.870	1.530	2.210	2.890	3.560	4.575						
B4 安澧	高程/m	30.0	31.0	32.0	33.0	34.0	35.0	36.0	37.0	38.0	39.0	39.9		
	面积/km²	2.47	27.55	67.85	95.85	110.25	118.30	125.66	129.46	129.46	129.46	129.46		
	容积/亿 m³		0.150	0.627	1.447	2.447	3.617	4.837	6.117	7.407	8.697	9.867		
B5 安昌	高程/m	30.00	31.00	32.00	33.00	34.00	35.00	36.00	37.00	38.00	38.85			
	面积/km²	10.52	34.34	68.01	90.45	107.09	110.45	113.11	115.81	11.58	115.81			
	容积/亿 m³	0.105	0.329	0.841	1.633	2.621	3.707	4.827	5.972	7.130	8.114			
B6 南汉	高程/m	30.7	31.2	31.7	32.2	32.7	33.2	34.0	37.4					
	面积/km²	36.62	63.81	79.79	89.23	93.64	96.18	97.16						
	容积/亿 m³	0.117	0.328	0.650	1.037	1.491	1.945	2.705	5.661					
B7 围堤湖	高程/m	29	30	31	32	33	34	35	36	37	38			
	面积/km²	4.00	14.00	20.67	27.34	31.34	33.54	33.54	33.54	33.54	33.54			
	容积/亿 m³	0.02	0.11	0.28	0.52	0.82	1.14	1.48	1.81	2.15	2.48			
B8 六角山	高程/m	25.0	26.0	27.0	28.0	29.0	30.0	31.0	31.5	32.0	33.0	34.0	35.0	36.0
	面积/km²	0.51	2.45	4.34	6.59	7.09	8.60	9.02	9.62	10.12	11.50	12.71	13.83	14.59
	容积/亿 m³	0.0026	0.0174	0.0514	0.1061	0.1745	0.2530	0.3411	0.3877	0.4371	0.5452	0.6663	0.7990	0.9411

续表

B9 安化	高程/m	30.00	31.00	32.00	33.00	34.00	35.00	36.00	37.00	38.00	38.12				
	面积/km²	0.50	12.05	32.61	55.20	71.82	76.8	77.93	78.48	78.48	78.48				
	容积/亿 m³	0.0050	0.1206	0.4467	0.9987	1.7169	2.4849	3.2642	4.0490	4.8338	4.9280				
B10 和康	高程/m	29.5	30.0	30.6	31.0	31.5	32.0	32.5	33.0	33.6	37.4				
	面积/km²	2.27	6.07	26.20	55.53	74.60	85.27	91.47	94.93	96.82	96.82				
	容积/亿 m³	0.007	0.040	0.190	0.420	0.790	1.220	1.680	2.150	2.730	6.410				
B11 南顶	高程/m														
	面积/km²														
	容积/亿 m³														
B12 共华	高程/m	27.00	27.50	28.00	28.50	29.00	29.50	30.00	30.50	31.00	31.50	32.00	32.50	33.00	35.37
	面积/km²	14.47	37.95	61.28	71.62	78.75	88.75	100.15	109.37	117.03	123.50	129.47	132.13	132.81	133.13
	容积/亿 m³		0.13	0.38	0.71	1.00	1.51	1.98	2.50	3.07	3.67	4.30	4.96	5.62	8.78
双华	高程/m	27.00	27.50	28.00	28.50	29.00	29.50	30.00	30.50	31.00	35.26				
	面积/km²	5.50	11.19	25.82	51.67	70.76	84.37	88.68	90.22	90.57	90.78				
	容积/亿 m³		0.04	0.13	0.33	0.63	1.02	1.46	1.90	2.35	6.22				
茶盘洲	高程/m	27.00	27.50	28.00	28.50	29.00	29.50	30.00	30.50	35.21					
	面积/km²	6.03	9.43	16.81	25.45	33.00	43.91	52.04	52.14	52.30					
	容积/亿 m³		0.04	0.10	0.21	0.36	0.55	0.79	1.05	3.51					
B13 民主	高程/m	27.00	28.00	30.00	32.00	34.00	34.75								
	面积/km²	23.58	77.78	144.48	178.10	192.89	201.50								
	容积/亿 m³	0.13	0.64	2.86	6.09	9.80	11.20								
B14 义合 金鸡	高程/m	27	28	29	30	31	32	33	34	35	36	注:表内数据为围堤内部分,加围堤外部分总有效蓄洪量1.21亿 m³			
	面积/km²	3.6	4.5	6.2	7.15	7.8	9.5	10.0	10.5	11.0	11.5				
	容积/亿 m³	0.03	0.07	0.12	0.19	0.27	0.36	0.46	0.56	0.67	0.78				
B15 城西	高程/m	27.00	28.00	29.00	30.00	31.00	32.00	33.00	34.00	35.00	35.41				
	面积/km²	33.97	55.52	76.32	91.79	98.16	101.96	104.50	105.00	105.50	105.50				
	容积/亿 m³	0.51	0.96	1.62	2.46	3.41	4.41	5.44	6.49	7.54	7.98				
B16 北湖	高程/m	27	28	29	30	31	32	33	34	35	36				
	面积/km²	14.0	21.0	26.1	30.1	35.5	40.0	42.5	45.7	48.1	48.6				
	容积/亿 m³	0.12	0.30	0.54	0.82	1.15	1.53	1.94	2.38	2.85	3.31				
B17 屈原	高程/m	26.00	27.00	28.00	29.00	30.00	31.00	32.00	33.00	34.00	34.83				
	面积/km²	53.457	82.718	108.402	124.473	138.473	150.473	160.473	168.473	173.920	175.420				
	容积/亿 m³	0.400	1.010	2.000	3.020	4.500	5.900	7.500	9.070	10.800	12.326				

续表

B18 集成 安合	高程/m	29.50	30.00	31.00	32.00	33.00	34.00	35.00	36.00	36.69
	面积/km²	6.820	14.447	60.932	100.940	122.670	127.434	127.434	127.434	127.434
	容积/亿 m³		0.05	0.43	1.24	2.36	3.60	4.88	6.15	7.08
B19 钱粮湖	高程/m	27.00	28.00	29.00	30.00	31.00	32.00	33.00	34.00	34.82
	面积/km²									
	容积/亿 m³	1.43	2.11	3.85	6.62	9.93	13.42	17.29	20.86	24.25
B20 大通 湖东	高程/m									
	面积/km²									
	容积/亿 m³									
B21 建设	高程/m	29.87	30.00	31.00	32.00	33.00	34.00	35.00	35.35	
	面积/km²									
	容积/亿 m³	0.40	0.56	1.62	2.64	3.70	4.77	5.80	6.13	
B22 建新	高程/m	28.00	29.00	30.00	31.00	32.00	33.00	34.00	34.61	
	面积/km²	5.00	11.99	26.60	36.40	40.16	40.16	40.16	40.16	
	容积/亿 m³	0.03	0.11	0.30	0.62	1.00	1.40	1.81	2.05	
B23 君山	高程/m	27.0	28.0	29.0	30.0	31.0	32.0	34.4		
	面积/km²	5.37	23.37	53.47	80.05	87.44	88.95	88.95		
	容积/亿 m³	0.02	0.17	0.55	1.22	2.06	2.94	5.07		
B24 江南	高程/m	25.0	26.0	27.0	28.0	29.0	30.0	31.0	32.0	33.5
	面积/km²	31.10	38.76	55.23	74.21	92.83	97.79	106.97	115.09	122.39
	容积/亿 m³	0.26	0.62	1.09	1.73	2.57	3.52	4.54	5.65	6.84
陆城	高程/m	25.0	26.0	27.0	28.0	29.0	30.0	31.0	32.0	33.5
	面积/km²	24.41	32.05	35.87	46.23	54.88	62.27	68.74	74.46	79.57
	容积/亿 m³	0.20	0.49	0.83	1.24	1.74	2.33	2.98	3.70	4.47

注：高程采用冻结基面，资料来自《湖南省洞庭湖蓄滞洪区安全建设补充规划图集》(长江委、湖南省水利厅)。

表 7-3　　蓄滞洪区安全区建设规划基本情况

垸名	安全区名	所在县(市、区)	规划人口/人		城镇面积/km²	工业产值/万元	固定资产/万元	蓄洪水位/m	地面高程/m	规划安全区	
			定居	转入						面积/km²	围堤长/km
B12 共双茶	创业	沅江市	8217	17182		27500		33.65	28.25	3.40	8.641
	泗湖山	沅江市	8448	30582		15000		33.65	27.75	4.15	11.576
	幸福镇	沅江市	7593	17975		75000		33.65	28.00	3.09	9.521
	新华	沅江市	4409	22792		6000		33.65		4.50	4.380
	白沙	沅江市	2786	17150				33.65		2.90	2.976
	华田	沅江市	2351	15557				33.65		2.50	3.806
B13 民主	沙头镇	资阳区	5979	22024	0.32	3200	14300	33.26	20.25	2.90	4.820
	茈湖口	资阳区						33.26		4.20	
	张家塞	资阳区						33.26		4.10	

续表

垸名	安全区名	所在县（市、区）	规划人口/人		城镇面积/km²	工业产值/万元	固定资产/万元	蓄洪水位/m	地面高程/m	规划安全区	
			定居	转入						面积/km²	围堤长/km
B15 城西	南阳	湘阴县	1050	4730	0.20	3000	6303	33.42	27.00	1.48	
	鹤龙	湘阴县						33.42		1.49	
	蔡家港	湘阴县	1519	12087				33.42		1.51	
	顺风	湘阴县						33.42		1.52	
	东方红	湘阴县						33.42		1.50	
B17 屈原	小边山	管理区	27829	3965	6.30	45000	90000	33.10	28.50	12.28	14.742
	高泉	管理区	2678	5843	1.5	2678	6000	33.10	28.50	3.30	5.072
	横港	管理区	1479	8480	0	85	1400	33.10	23.50	1.00	4.080
	大江	管理区	1375	7789	0	70	1200	33.10	24.50	0.92	3.890
	河市	管理区	1540	8628	0	120	1600	33.10	28.00	1.02	4.040
	三星渡	管理区						33.10			
	石山	管理区						33.10			
B19 钱粮湖	治河渡	华容县	8659	15653		50500		33.06		2.81	
	潘家渡	华容县	1016	11745		5200		33.06		1.46	5.664
	层山	君山区	52628	13773	5.20			33.06		13.48	
	团洲	华容县	3793	14673		23600		33.06		2.51	8.208
B19 钱粮湖	良心堡	君山区	4616	22687	0.39	16000		33.06		4.20	9.408
	插旗	华容县	5929	22471	0.50	32000		33.06		3.39	8.529
	方台湖	君山区	215	6575				33.06		0.70	2.884
	团洲湖	华容县	1483	9206		2700		33.06		1.58	5.76
	后靠	华容县		83127				33.06			
B20 大通湖东	华阁镇	南县	12902	29144		3600		33.68	28.00	5.57	
	注滋口	华容县	8008	14781		70000		33.68	28.50	2.98	7.831
	老河	南县	1770	11231				33.68		1.52	5.190
	同丰	南县	4780	12557				33.68		1.90	6.200
B20 大通湖东	东浃河	华容县	2120	15717				33.68		1.9	6.705
	团山	华容县	3689	17635		2000		33.68		3.01	
	新洲	华容县	693	6486				33.68		1.03	5.660
B22 建新	建新	君山区	3785	5863	0	500	3000	32.82	27.5	13.33	16.682
B24 江南陆城	江南	临湘市	3178	3323	0.60	9000	30000	31.23	26.75	0.97	4.720
	陆城	云溪区	3047	2383	2.11	19104	58671	31.72	27.00	2.56	6.640
合计	50处										

注：1. 资料来源：①洞庭湖区钱粮湖、共双茶、大通湖东垸三垸蓄洪工程钱粮湖蓄洪垸安全建设一期工程初步设计报告；②全国蓄滞洪区建设与管理规划；③湖南省洞庭湖区围堤湖、澧南、西官垸安全建设及民主、城西垸安全建设试点工程可行性研究报告；④安化等9垸初设报告。

2. 高程系统采用85黄海高程。

表 7-4 蓄滞洪区分洪口门规划情况

垸名	口门名称	口门位置	起止桩号	宽度/m	设计水位/m	设计流量/(m^3/s)	所在河流
B1 澧南	回龙	澧县澧南乡回龙村	7+000～7+127	126.8	42.87	2886	澧水尾闾
B2 九垸	张市窖	澧县九垸乡张市窖	12+000～12+440	440	40.27	2924	七里湖
B3 西官	濠口	澧县西官乡濠口村	42+240～42+450	210	38.89	1713	松滋西支
B4 安澧	小望角	安乡县安凝乡	34+500～34+850	350	38.11	3549	松滋中支
B5 安昌	白粉嘴	安乡县安昌乡	17+512～17+702	190	37.13	2339	虎渡河
	同春	安乡县安宏乡	31+022～31+172	150	37.13		虎渡河
B6 南汉	南鸿学家	南县武圣宫镇	63+300～63+560	260	35.68	5448	藕池西支
	西伏		38+200～38+486	286			藕池西支
	下新码头		27+600～27+886	286			
B7 围堤湖	北拐下	汉寿县辰阳街道办	1+500～1+947	447	36.53	2740	沅江洪道
	接港下	汉寿县辰阳街道办	14+000～14+150	150			沅江洪道
B8 六角山	鲜鱼冲	汉寿县蒋家嘴镇	2+093～2+213	120	34.30	683	目平湖
B9 安化	天保	安乡县三岔河镇	17+100～17+290	190	36.40	1738	藕池西支
	陈家村	南县北河口乡	1+800～2+000	200	35.48	4000	藕池中支
B10 和康	金家铺	南县麻河口镇	18+900～19+180	280	35.48		藕池中支
B11 南顶	西河头	南县牧鹿湖乡	23+450～23+600	150	35.60	1700	陈家岭河
B12 共双茶	共华八形汉	沅江市白沙乡	22+700～23+050	350	33.65	4000	南洞庭湖
	黑湖脑	沅江市茶盘洲镇	84+500～84+590	90	33.10	1200	南洞庭湖
	双华鲇鱼下	沅江市泗湖山镇	102+800～102+960	160	33.54	2000	南洞庭湖
B13 民主	陈婆洲	益阳市资阳区沙头镇	20+745～21+205	460	34.80	4000	资水洪道
	大潭口	资阳区此湖口镇	66+745～66+205	460	33.26		南洞庭湖
B14 义合金鸡	湾河上堵坝	湘阴县静河乡爱民村	0+500	46	33.56	347	湘江尾闾
	麦子一爱民	湘阴县静河乡金鸡	1+850	20	33.56		湘江尾闾
B15 城西	熊家棚	湘阴县浩河口镇	2+690～2+840	150	33.42	3000	湘江洪道
	斗米嘴	湘阴县湘临乡	21+300～21+450	150	33.42		南洞庭湖
B16 北湖	省园艺场三队	湘阴县石塘乡	9+300～9+340	40	33.12	1000	南洞庭湖
B17 屈原	凤凰嘴	岳阳市屈原管理区	3+100～3+230	130	33.10	4557	汨罗江
B18 集成安合	安合天螺洲	华容县操军乡	27+900	300	34.68	2635	藕池东支
B19 钱粮湖	新生莲花窖	华容县插旗镇	0+000～0+220	220	33.68	1660	藕池东支
	农场刘家铺	岳阳市君山区良心堡镇	11+600～11+880	280	33.20	2060	藕池东支
	农场二门闸	岳阳市君山区钱粮湖镇	38+500～38+680	180	33.04	1300	东洞庭湖
	农场大东哈	岳阳市君山区采桑湖镇	45+000～45+300	300	33.04	2500	东洞庭湖
	团洲团北	华容县团洲乡	33+710～33+860	150	33.04	1090	东洞庭湖

续表

垸名	口门名称	口门位置	起止桩号	宽度/m	设计水位/m	设计流量/(m³/s)	所在河流
B19 钱粮湖	新华新河里	华容县治河渡镇	15+200～15+310	110	33.47	720	华容河北支
	新华鲇鱼下海	华容县治河渡镇	0+900～1+010	110	33.91	720	华容河北支
B20 大通湖东	同兴德胜	南县华阁镇	4+800～5+000	200	33.68	6779	藕池河东支
	隆西风车拐	华容县注滋口镇	174+080～174+230	150	33.07		东洞庭湖
	团山新沟闸	华容县幸福乡	176+760～176+860	100	33.07		东洞庭湖
	新洲新安村	华容县幸福乡	186+100～186+200	100	33.07		东洞庭湖
B21 建设	王家塌子	岳阳市君山区广兴洲镇	8+000	300	33.03	2210	东洞庭湖
B22 建新	黄安湖	岳阳市君山区广兴洲镇	7+500	200	33.03	756	东洞庭湖
B23 君山	楼西湾	岳阳市君山区柳林洲镇	32+300～32+560	260	32.71	1851	东洞庭湖
B24 江南陆城	陆城周家墩	岳阳市云溪区陆城镇	18+400～18+530	130	31.72	6985	长江
	陆城鸭栏下	临湘市儒溪镇	24+700～24+830	130	31.23		长江
	江南北堤拐	临湘市黄盖镇	52+100～52+230	130	30.70		长江
合计	44 处			8745.8		81090	

注：1. 采用资料 6）及湖南省人民政府湘政发〔1991〕29 号文件综合、补充、整理。

2. 西官垸、围堤湖垸、澧南垸、钱粮湖垸、共双茶垸、大通湖东垸已建分洪闸，分洪口门使用可根据实际情况调整。

3. 高程系统采用 85 黄海高程。

表 7-5　蓄滞洪区分洪口设计水位成果

垸名	分洪口	设计水位/m			发生时间/(年-月)	所在河流
		85 黄海	吴淞后	冻结		
B1 澧南	刑市	43.53	45.27	45.61	1981-07	澧水尾闾
B2 九垸	张市窖	40.27	42.03	42.34	1981-07	七里湖
B3 西官	濠口	38.89	40.68	41.21	1981-07	松滋西支
B4 安澧	小望角	38.11	39.91	40.09	1981-07	松滋中支
B5 安昌	林场	37.13	38.85	38.85	1981-07	虎渡河
B6 南汉	太合	35.00	37.40	37.70	1954-08	藕池西支
B7 围堤湖	桔园	36.53	38.25	38.28	1991-07	沅江洪道
B8 六角山	园艺场	34.30	36.03	36.00	1981-07	目平湖
B9 安化	天保	36.40	38.12	38.12	1954-08	藕池西支
B10 和康	金家	35.48	37.20	37.40	1954-08	藕池中支
B11 南顶	西河头	35.60	37.32	37.30	1954-08	藕池中支陈家岭河
B12 共双茶	宪成原种场	33.65	35.37	35.37	1954-08	南洞庭湖
B13 民主	陈婆州	34.80	36.52	36.79	1955-08	资水洪道
	大潭口	33.26	34.98	35.25	1979-06	南洞庭湖

续表

垸名	分洪口	设计水位/m			发生时间/(年-月)	所在河流
		85 黄海	吴淞后	冻结		
B14 义合金鸡	金鸡	33.56	35.11	35.41	1954-08	湘江尾闾
B15 城西	黄花岭	33.42	35.15	35.41	1954-08	湘江东支
B16 北湖	园艺场	33.12	35.15	35.41	1954-08	南洞庭湖
B17 屈原	凤凰嘴	33.09	34.82	35.04	1954-08	汨罗江
B18 集成安合	南华	34.68	36.40	36.69	1954-08	藕池东支
B19 钱粮湖	团北	33.04	34.75	34.75	1954-08	东洞庭湖
B20 大通湖东	德胜	33.68	35.39	35.39	1954-08	藕池东支
B21 建设	广兴渔场	33.03	34.75	34.63	1954-08	东洞庭湖
B22 建新	黄安湖	33.03	34.75	34.82	1954-08	东洞庭湖
B23 君山	楼西湾	32.71	34.44	34.65	1954-08	东洞庭湖
B24 江南陆城	北堤拐	30.70	32.42	32.48	1954-08	长江
	周家墩	31.72	33.44	33.50	1954-08	长江

注:来自资料 6),并补充了“所在河流”。

7.2 平垸行洪退田还湖工程

7.2.1 概述

长期以来,随着泥沙的逐年淤积、人口增长和消灭血吸虫病害等原因,洪道、湖泊洲滩被不断围垦开发,使河湖行蓄洪能力下降,洪灾频繁,特别是 1998 年长江流域特大洪水,使沿江人民生命财产遭受巨大损失。洪水过后,党中央、国务院及时作出了灾后重建、整治江湖、兴修水利的重大决策,国务院提出了“封山育林、退耕还林,平垸行洪、退田还湖,加固堤防、疏浚河湖,以工代赈、移民建镇”的 32 字政策措施。因此,实行“平垸行洪、退田还湖”增加河湖行蓄洪能力,保证重点地区的防洪安全,是防御大洪水,保障沿江(河、湖)两岸群众生产、生活条件,促进经济社会可持续发展的基本措施。

7.2.2 平退方式

国务院国发〔1999〕12 号文指出:对影响行洪的洲滩民垸,采取退人又退耕的“双退”方式,坚决平毁;对其他洲滩民垸,有条件的可采取退人不退耕的“单退”方式,即平时处于空垸待蓄状态,一般洪水年份仍可进行农业生产,遇较大洪水年份滞蓄洪水。今后 3~5 年平垸行洪、退田还湖、移民建镇工作,除了继续对严重影响行洪的洲滩民垸实施“双退”外,重点要结合蓄滞洪区建设进行。

根据国家文件精神,湖南省发布了《中共湖南省委 湖南省人民政府关于平垸行洪、退田还湖、移民建镇的若干意见》,对洞庭湖区采取以下平退方式。

(1)双退

双退即退人又退耕,移民搬出平退堤垸异地安置。一般是阻碍行洪严重,需要实施平垸行洪,刨毁堤防的堤垸、巴垸、江心洲垸等。

(2)单退

单退即退人不退耕,移民依托平退堤垸就近安置。一般是阻洪不严重,具有利用价值和移民生产安置有较大难度的堤垸。

7.2.3 规划与实施情况

湖南省水电院于2000年7月提出了《湖南省洞庭湖区“平垸行洪、退田还湖、移民建镇”3～5年水利规划报告》,列入平退堤垸314处,平退总面积236.8万亩(1578.6km^2),计划搬迁22万户、81.6万人;其中单退104处(包括蓄洪垸7处)、双退210处;314处堤垸中,有外滩和江心洲巴垸261处。涉及的范围:湘江至长沙市开福区、资水至安化县、沅江至桃源县、澧水至临澧县城、汨罗江至平江县、长江从华容县洪山头到临湘市儒溪镇。

洞庭湖区实际实施平垸行洪340处,其中单退垸117处,双退垸223处。洞庭湖区平垸行洪基本情况见表7-6,洞庭湖区已实施平垸行洪的千亩以上单退垸47个(表6-9)。

表7-6　洞庭湖区平垸行洪基本情况

	项目	平退垸所在水系				合计
		洞庭湖周边	四口水系	四水尾闾	长江干流	
合计	堤垸处数/处	42	119	167	12	340
	面积/km^2	156.04	134.21	434.88	53.61	778.74
	蓄洪容积/万m^3	72980	59162	206162	9632	347936
	户数/户	36798	36429	80674	4432	158333
	人数/人	117840	118919	267651	15972	520382
单退垸	堤垸处数/处	27	9	78	3	117
	面积/km^2	138.11	70.71	339.66	25.93	574.41
	蓄洪容积/万m^3	68916	45778	192461	4234	311389
	户数/户	33553	12054	53846	850	100303
	人数/人	108033	39740	181622	2977	332372
双退垸	堤垸处数/处	15	110	89	9	223
	面积/km^2	17.93	63.50	95.22	27.68	204.33
	蓄洪容积/万m^3	4064	13384	13701	5398	36547
	户数/户	3245	24375	26828	3582	58030
	人数/人	9807	79179	86029	12995	188010

7.3 水库工程

7.3.1 有关概念

(1)总库容

校核洪水位以下的水库静库容。

(2)防洪库容

防洪高水位至防洪限制水位之间的水库容积。

(3)调洪库容

设计洪水位至防洪限制水位之间的水库容积。

(4)兴利库容(有效库容,调节库容)

正常蓄水位至死水位之间的水库容积。

(5)共用库容(重复利用库容,结合库容)

正常蓄水位至防洪限制水位之间汛期用于蓄洪、非汛期用于兴利的水库容积。

(6)死库容(垫底库容)

死水位以下的水库容积。

(7)死水位

水库在正常运用情况下,允许消落到的最低水位。

(8)正常蓄水位(正常高水位,设计洪水位,兴利水位)

水库在正常运用的情况下,为满足设计的兴利要求在供水期开始时应蓄到的最高水位。

(9)防洪限制水位(汛前限制水位)

水库在汛期允许兴利蓄水的上限水位,也是水库汛期防洪运用时的起调水位。

(10)防洪高水位

水库遇下游防护对象的设计洪水时在坝前达到的最高水位。

7.3.2 水库的防洪任务及等级划分

(1)防洪任务

一是修建泄洪建筑物,以防止洪水溢顶造成大坝失事;二是设置防洪库容,拦蓄洪水、削峰错峰、延长泄洪时间,以确保下游防护区的安全。

(2)等级划分

据《水利水电工程等级划分及洪水标准》(SL 252—2017)规定,水库的等级按水库总库容的大小划分,水库分等指标见表 7-7。

表 7-7 水库分等指标

工程等别	Ⅰ	Ⅱ	Ⅲ	Ⅳ	Ⅴ
工程规模	大(1)型	大(2)型	中型	小(1)型	小(2)型
水库总库容/亿 m^3	≥10	10~1	1~0.1	0.1~0.01	0.01~0.001

7.3.3 主要的防洪水库概况

根据湖南省水利厅、湖南省统计局关于发布的《湖南省水库名录》,截至 2020 年 10 月 31 日,湖南省已建成并运行的水库共 13737 座,总库容 545.45 亿 m^3。其中,大型水库(总库容不小于 1 亿 m^3)50 座,中型水库

(总库容1亿m^3以下且不小于1000万m^3)366座,小(1)型水库(总库容1000万m^3以下且不小于100万m^3)2022座,小(2)型水库(总库容100万m^3以下且不小于10万m^3)11299座。

在湖南省水库中,大部分属于以灌溉为主的小型水库,没有预留防洪库容。有些虽然预留了防洪库容,但受库容或控制面积较小、离洞庭湖较远等影响,对洞庭湖洪水控制作用较小。

本手册汇集了邻近洞庭湖区,预留了较大的防洪库容,对洞庭湖洪水控制作用较大的大型水库的基本资料。包括柘溪、五强溪、凤滩、江垭与皂市5座大型水库。

5座大型防洪水库基本情况见表7-8,5座大型防洪水库库容曲线见表7-9。

表7-8　5座大型防洪水库基本情况

序号		1	2	3	4	5
水库名称		柘溪	五强溪	凤滩	江垭	皂市
河名	干流	资水	沅江	沅江	澧水	澧水
	一级支流			酉水	溇水	渫水
建设地点		安化县	沅陵县	沅陵县	慈利县	石门县
集水面积/km^2		22640	83800	17500	3711	3000
校核	频率/%	0.10	0.01	0.02	0.02	0.02
	洪水位/m	172.71	114.20	211.44	240.40	144.56
设计	频率/%	0.5	0.1	0.1	0.2	0.2
	洪水位/m	171.19	111.13	209.65	236.37	143.50
大坝	最大坝高/m	104.00	85.83	112.50	131.00	88.00
	坝顶高程/m	174.0	117.5	211.5	245.0	148.0
	坝型	混凝土单支墩大头坝	混凝土重力坝	混凝土空腹重力拱坝	碾压混凝土重力坝	碾压混凝土重力坝
水位	正常蓄水位/m	169	108	205	236	140
	汛限水位/m	162.0	98.0	198.5	210.6	125.0
	死水位/m	144	90	170	188	112
库容	总库容/亿m^3	35.67	43.50	17.30	17.41	14.39
	兴利库容/亿m^3	30.20	30.48	13.90	15.72	12.00
	防洪库容/亿m^3	10.60	13.60	2.77	7.38	7.83
发电	装机台数	6+3	5	6	3	2
	总装机容量/MW	972.5	1200.0	800.0	300.0	120.0
建设期	开工时间/(年-月)	1958-07	1986	1970-10	1994	2004-02
	蓄水时间/(年-月)	1961-02	1994-12	1978-05	1998-10	2007-10
	建成时间/(年-月)	1962-09	1996	1979	1999	2008-04

表 7-9　　5 座大型防洪水库库容曲线

柘溪				五强溪				凤滩		江垭		皂市	
水位/m	容积/亿 m^3	水位/m	容积/亿 m^3	水位/m	容积/亿 m^3	水位/m	容积/亿 m^3	水位/m	容积/亿 m^3	水位/m	容积/亿 m^3	水位/m	容积/亿 m^3
100	0.100	161.00	19.30	60	0.240	102	20.925	130	0.05	140	0.07	110.0	2.338
110	0.550	162.00	20.40	65	0.800	103	22.243	150	0.96	150	0.31	113.0	2.900
120	1.500	163.00	21.60	70	1.570	104	23.631	170	3.30	160	0.88	115.0	3.440
130	3.300	164.00	22.80	75	2.800	105	25.083	185	6.70	170	1.77	120.0	4.549
140	6.100	165.00	24.00	80	4.520	106	26.610	190	8.22	180	2.94	125.0	5.980
144	7.620	166.00	25.20	85	6.600	107	28.203	193	9.19	190	4.38	130.0	7.705
145	8.020	167.00	26.60	86	7.343	108	29.843	195	9.86	200	6.10	140.0	12.001
146	8.420	167.50	27.20	87	7.878	109	31.545	197	10.57	210	8.20	143.5	13.810
147	8.855	168.00	28.00	88	8.434	110	33.348	200	11.70	220	10.71		
148	9.350	169.00	29.40	89	9.035	111	35.270	202	12.52	230	13.72		
149	9.850	170.00	31.00	90	9.692	112	37.220	205	13.90	240	17.26		
150	10.420	171.00	32.60	91	10.368	113	39.200	207	14.86	250	21.31		
151	11.020	171.19	32.90	92	11.068	114	41.370	209	15.93				
152	11.640	172.00	34.30	93	11.815	115	43.724	210	16.50				
153	12.340	172.71	35.70	94	12.586	116	46.125						
154	13.040	173.00	36.40	95	13.377	117	48.676						
155	13.740	174.00	38.30	96	14.255	118	51.420						
156	14.560	175.00	40.60	97	15.207	119	54.271						
157	15.460	176.00	43.30	98	16.238	120	57.350						
158	16.360			99	17.345								
159	17.260			100	18.490								
160	18.200			101	19.675								

第 8 章　治涝工程

8.1　概况

8.1.1　有关概念

(1)涝灾

农田中降雨径流未能及时排除对作物正常生长产生的危害。

(2)渍灾

地下水位过高或土壤水分过饱和对作物正常生长产生的危害。

(3)等高截流

在排水区内按地形高程分级设置截流工程,按不同高程分区排水的一种排水治涝措施。

(4)排水区

按地区、水文条件和现有水利设施等情况,将排水区划分为高排区和低排区、自排区和抽排区等。

(5)排水系统

排水系统包括撇洪渠(撇洪河、截流沟)、滞涝区、排水闸、排水泵站以及各级排水沟等。

8.1.2　涝渍成因

湖区的堤防随着外湖的泥沙淤积和湖面减少使水位抬升而加高,堤防外高内低之势随之形成,堤内地下水位随之抬高;内湖的面积减少和淤积,使其承纳雨水的能力降低,因此,垸老田低和内湖调蓄能力的萎缩是造成湖区涝渍灾害加重的主要原因。

8.1.3　工程措施

治涝的工程措施可以概括为 4 个字,即“撇、排、滞、抽”。

(1)撇(撇洪)

为防止山洪直接进入堤垸成灾,根据不同的地形条件兴建撇洪渠,拦截坡地或河道上游的洪水,使其直接排入外河(湖)。

(2)排(闸排)

利用排水渠系末端的水闸和穿堤涵闸,在汛期,当外河(湖)的水位低于渠内水位时,开闸抢排,当外河(湖)水位将高于渠内水位时,则闭闸防止洪水倒灌。

(3)滞(滞蓄)

将排区短期内无法排除的涝水暂时蓄存在内湖、哑河、沟渠、低洼地内,然后逐渐排入外河(湖)。

(4)抽(泵排)

采用泵站将垸内涝渍水抽入外河(湖)。

其规划原则是:高水高排、低水低排、等高截流、高排低蓄、分区调蓄、集中抽排。

其运用顺序是:撇洪—闸排—滞蓄—泵排。抢排时则先低后高、先田后湖、先近后远。

8.1.4 设计标准

(1)防洪标准

撇洪渠及内湖的堤防设计洪水位按 10 年一遇洪水位确定(即按 10 年一遇设计暴雨遭遇外河设计洪水位时经调洪演算求得的水位);干堤堤顶高程按设计洪水位加超高 1.0m 确定。

(2)工程等级

堤防及穿堤建筑物的工程等级为 3 级。

(3)排涝标准

按表 8-1 的标准规划排涝装机(采用 10 年一遇设计暴雨,泵站每天运行 22h,作物耐淹水深取 50mm)。

表 8-1 湖南省洞庭湖区排涝工程设计标准(10 年一遇)

分区		最大 12h 暴雨,12h 排干	最大 24h 暴雨,24h 排干	最大 1d 暴雨,1d 排干	最大 3d 暴雨,3d 末排至作物耐淹水深	最大 15d 暴雨,15d 末排至控制水位
长沙市	主城区	√				
	非主城区		√			
	郊区农田			√		
其他城市	城区		√			
	郊区农田			√		
堤垸	农田				√	
	内湖					√

8.2 撇洪工程

8.2.1 等级划分

撇洪河尚无专门的等级划分标准,借用灌排渠(沟)工程分级指标。《灌排渠(沟)工程分级指标》见表 8-2。

表 8-2 《灌排渠(沟)工程分级指标》(SL 252—2017) (单位:m^3/s)

主要建筑物级别	1	2	3	4	5
灌溉流量	>300	300~100	100~20	20~5	<5
排水流量	>500	500~200	200~50	50~10	<10

8.2.2 工程概况

洞庭湖区撇洪工程的修建始于 1958 年，1973 年以后又陆续修建了一批规模较大的撇洪工程，据统计，1996 年湖区共有撇洪渠 304 条，长 1299.3km，撇洪面积 6406km^2，撇洪流量 14129m^3/s。本次整理出湖区大中型(撇洪流量>50m^3/s)撇洪渠 40 条，长 521.5km，撇洪面积 6730km^2，撇洪流量 10578m^3/s。湖南省洞庭湖区大中型撇洪渠基本情况见表 8-3。

表 8-3　湖南省洞庭湖区大中型撇洪渠基本情况

垸名	序号	名称	所在地	干渠长度/km	撇洪面积/km^2	撇洪标准/年	撇洪流量/(m^3/s)	撇入河流	建设年份
A1 松澧	1	涔水	澧县	72.43	1144.0	10	724	七里湖	1973
A4 沅澧	2	渐水	常德市武陵区河洑镇	17.30	284.0	20	702	沅江尾闾	1959
	3	冲柳	常德市鼎城区 3 垸	55.40	554.0	10	620	沅江洪道	1975
A5 沅南	4	南湖	汉寿县	50.50	968.0	10	1665	目平湖	1978
	5	肖家湖	常德市鼎城区三合垸	10.80	63.0	10	140	沅江洪道	1974
A8 长春	6	新河	资阳区新桥河—跃进河坝	5.00	76.0	10	120	资水尾闾	
	7	拦截山水	资阳区杨七闸—土林港	10.25	17.6	10	82	资水尾闾	
	8	白马仑	资阳区市十中—李家湖	6.50	16.0	10	78	资水尾闾	
A10 烂泥湖	9	烂泥湖	赫山区罗家嘴—望城乔口	37.49	690.0	10	1200	湘江尾闾	1979
A11 华容护城	10	华容河	华容县	16.60	728.0	10		东洞庭湖	1964
B14 义合金鸡	11	团结	湘阴县安静乡、城南乡	7.968	75.0	10	100	湘江东支	
B17 屈原	12	屈原	岳阳市屈原管理区	17.51	92.0	10	132	南洞庭区	1965
B24 江南陆城	13	冶湖	临湘市江南垸	29.82	188.0	10	441	长江	1978
C12 东湖	14	东湖	湘阴县城关镇	1.53	190.0	10	500	湘江西支	
C14 中洲	15	中洲	岳阳县	6.50	252.0	10	525	东洞庭湖	1979
C20 人民大	16	板桥湖	华容河胜峰乡	13.39	31.9	10	87	东洞庭湖	
C24 雷打石	17	胜利	渌口区	3.30	90.0	20	147	湘江尾闾	
C32 马家河	18	万丰	株洲市天元区	4.00	15.0	10	80	湘江尾闾	
	19	高塘	株洲市天元区	5.00	10.0	10	50	湘江尾闾	
	20	中路	株洲市天元区	5.00	15.0	10	50	湘江尾闾	
	21	立雨	株洲市天元区	6.00	12.0	10	50	湘江尾闾	
	22	南塘	株洲市天元区	4.00	15.0	10	50	湘江尾闾	
	23	湘江	株洲市天元区	3.00	8.0	10	50	湘江尾闾	
C36 湾东港	24	向东	湘潭县	13.91	247.0	10	672	湘江尾闾	
C44 天星	25	护潭一级	湘潭市雨湖区	6.20	45.0	10	111	湘江尾闾	
C46 仰天湖	26	王家赛	湘潭市岳塘区	14.75	79.8	10	280	湘江尾闾	
C61 联合	27	荷塘	望城区龙王坝—回龙洲	2.80	14.5	10	60	湘江尾闾	
C75 漂沙井	28	漂沙井	渌口区	5.40	15.0	10	80	湘江：渌水	
C86 古城	29	群英	湘潭县	4.60	37.0	10	58.1	湘江：涟水	
C87 同伏	30	烈雁金	湘潭县同伏、正伏垸	13.00	146.0	10	335	湘江：涟水	

续表

垸名	序号	名称	所在地	干渠长度/km	撇洪面积/km²	撇洪标准/年	撇洪流量/(m³/s)	撇入河流	建设年份
C91 姜畲	31	团结	湘潭县	6.50	41.7	5	61.2	湘江:涟水	
C102 曙光	32	曙光	长沙县	6.50	74.0	10	271	湘江:浏阳河	
C117 回龙	33	石灰嘴	长沙县	6.70	20.5	10	88.7	湘江:捞刀河	
C118 团结	34	万明	长沙县	12.75	27.0	10	105	湘江:捞刀河	
C122 苏托	35	桃花港	长沙县	3.66	24.0	10	72	湘江:捞刀河	
C129 翻身	36	黄苗嘴	望城区黄苗嘴—桥驿	8.00		50	60	湘江:沙河	1974
C152 善卷	37	茅坪	常德市鼎城区	13.00	299.0	10	282	沅江尾闾	1978
	38	南撇	临澧县新安镇	9.633	22.9	50	207	澧水尾闾	
	39	陈家桥	临澧县望城乡	2.80	55.6	10	178	澧水:道水	
C166 楚塘	40	双楚	汨罗市	2.00	46.0	10	64	汨罗江尾闾	

8.2.3 治理情况

1986 年开始的洞庭湖一期治理，撇洪工程未纳入规划；1996 年开始的洞庭湖二期治理，规划了 8 条撇洪渠的续建配套和除险保安工程，但在审批“三个单项工程”时，只批准了位于重点垸的涔水、冲柳、南湖、烂泥湖 4 条，其他的华容河、屈原、冶湖、中洲 4 条尚未立项。二期治理规划整治撇洪渠基本情况见表 8-4。

表 8-4 二期治理规划整治撇洪渠基本情况

序号	名称	所在堤垸	干渠/km		列入二期/km		撇洪面积/km²	设计最大流量/(m³/s)	出口闸名	撇入河流	建设年份
			河长	堤长	河长	堤长					
1	涔水	A1 松澧	72.43	106.42	72.43	100.90	1144.25	724	小渡口	七里湖	1973
2	冲柳	A4 沅澧	55.40	142.00	47.50	117.96	553.61	620	苏家	沅江洪道	1975
3	南湖	A5 沅南	50.50	102.17	50.50	50.45	967.56	1665	蒋家嘴	目平湖	1978
4	烂泥湖	A10 烂泥湖	37.49	70.79	37.49	70.79	689.60	1200	乔口	湘江尾闾	1979
小计			215.82	421.38	207.92	340.10	3355.02	4209			
5	华容河	A11 华容护城	16.60	67.98	0	0	728.00		友谊	东洞庭湖	1964
6	屈原	B17 屈原	17.51	28.65	0	0	92.00	132	营田	南洞庭湖	1965
7	冶湖	B24 江南陆城	29.82	32.24	0	0	188.00	441	鸭栏	长江	1978
8	中洲	C14 中洲	6.50	9.05	0	0	251.60	525	中洲	东洞庭湖	1979
合计			286.25	559.30	207.92	340.10	4614.62				

8.3 内湖内河工程

洞庭湖区原本是“水乡泽国”，1952 年和 1954 年堤垸整修以后，内湖颇多，但随着人口的增长，填湖造田建房、修建精养鱼池以及内湖淤积等原因，使内湖的面积和容积逐步萎缩，以致涝渍灾害加重，电排装机猛增，因而加重了国家和垸民的负担。因此，在堤垸内保留 10%～15%的湖泊率是非常必要的。

据统计资料，湖区在1954年时的内湖面积为340万亩，1964年为176万亩，1973年五查四定时为113万亩。1986年时为668处内湖（含内河），总面积137.8万亩，堤长2853km，可调蓄容积16.55亿m^3，换算为3d排水量为6385m^3/s。1993年二期规划采用总面积136.1万亩，堤长2853km，调蓄容积8.4亿m^3。2013年《全国第一次水利普查成果》（以下简称“水普”），常年水面面积1km^2以上的内湖155个，总面积110.39万亩。2019—2021年遥感影像调查内湖主体水域面积87.81万亩，湖滩水田或鱼塘面积22.25万亩；主体水域1km^2以上的内湖94个，面积560.98km^2，其中长沙市2个，岳阳市45个，常德市29个，益阳市15个，跨市3个。

洞庭湖区内湖面积分市域统计见表8-5，洞庭湖区内湖基本情况见表8-6。

表8-5　洞庭湖区内湖面积分市域统计

所在地	水利普查		2019—2021年遥感影像调查					
			主体水域1km^2以上		主体水域1km^2以下		湖滩成片水田或鱼塘	
	内湖个数/个	面积/万亩	内湖个数/个	面积/万亩	内湖个数/个	面积/万亩	个数/个	面积/万亩
长沙	2	1.37	2	1.31	0	0	1	0
岳阳	58	39.41	45	35.68	13	1.51	16	3.60
常德	62	32.18	29	17.47	33	1.66	37	13.31
益阳	30	23.66	15	18.21	15	0.49	20	4.60
跨市	3	13.78	3	11.47	0	0	2	0.74
合计	155	110.39	94	84.15	61	3.66	76	22.25

表8-6　洞庭湖区内湖基本情况　（单位：km^2）

序号	名称	所在堤垸	市	县（市、区）	湖泊编码（水普）	常年水面面积（水普）	河湖划界面积	2019—2021年遥感影像调查面积		备注
								主体水域	水田或鱼塘	
1	北民湖	松澧垸	常德市	澧县	FE059	13.30	25.52	13.67	0	
2	宋鲁湖	松澧垸	常德市	澧县	FE162	2.70	3.08	2.93	0	
3	马公湖	松澧垸	常德市	澧县	FE130	3.76	4.57	4.07	0	
4	杨家湖	松澧垸	常德市	澧县	FE195	4.02	3.91	3.58	0	
5	水沫堰	松澧垸	常德市	澧县	FE161	1.15	1.06	0.95	0	
6	李公堰	安造垸	常德市	安乡县	FE214	2.90	1.90	0	2.90	
7	蔡家湖	安造垸	常德市	安乡县	FE062	1.31	1.15	0.64	0	
8	珊珀湖	安保垸	常德市	安乡县	FE155	18.90	19.99	17.39	0	
9	大溶湖	安保垸	常德市	安乡县	FE209	2.99	2.65	0	2.99	
10	冲天湖	沅澧垸	常德市	鼎城区	FE168	3.89	4.87	4.15	1.54	
11	土硝湖	沅澧垸	常德市	鼎城区	FE071	4.47	6.10	4.68	0	
12	柳叶湖	沅澧垸	常德市	武陵区	FE119	9.07	22.74（含沾天湖）	10.26	0	河湖划界时柳叶湖与沾天湖被当成一个湖划界

续表

序号	名称	所在堤垸	市	县(市、区)	湖泊编码（水普）	常年水面面积(水普)	河湖划界面积	2019—2021年遥感影像调查面积		备注
								主体水域	水田或鱼塘	
13	沾天湖	沅澧垸	常德市	武陵区	FE202	7.12	22.74（含柳叶湖）	9.20	0	水普名：占天湖
14	西湖	沅澧垸	常德市	津市市	FE179	9.52	46.11（含毛里湖）	9.53	0	河湖划界时西湖与毛里湖被当成一个湖划界
15	毛里湖	沅澧垸	常德市	津市市	FE132	25.70	46.11（含西湖）	23.90	0	
16	牛屎湖	沅澧垸	常德市	鼎城区	FE147	8.18	9.49	9.07	0	
17	白芷湖	沅澧垸	常德市	鼎城区	FE053	6.84	5.66	5.23	1.49	
18	南赶湖	沅澧垸	常德市	汉寿县	FE138	2.93	2.78	0	2.93	
19	太北湖	沅澧垸	常德市	汉寿县	FE165	2.99	2.87	0	3.00	
20	大南湖	沅澧垸	常德市	汉寿县	FE166	3.60	4.06	0	4.06	水普名：太南湖
21	新障湖	沅澧垸	常德市	汉寿县 西湖垸	FE188	1.54	1.85	0	1.85	
22	西脑湖	沅澧垸	常德市	汉寿县 西湖垸	FE180	3.65	3.80	0	3.80	
23	太白湖	沅澧垸	常德市	汉寿县 西湖垸	FE164	5.61	6.57	5.34	0.65	
24	樊溪湖	沅澧垸	常德市	鼎城区	FE090	1.34	0.59	1.34	0	
25	黄花湖	沅澧垸	常德市	鼎城区	FE105	1.81	1.34	0.66	1.38	
26	南通湖	沅澧垸	常德市	鼎城区	FE144	2.02	划界位置错误	0	2.03	
27	泥港口湖	沅澧垸	常德市	鼎城区	FE145	1.26	划界位置错误	0	0.75	
28	谢家湖	沅南垸	常德市	鼎城区	FE187	1.66	划界位置错误	1.73	0	
29	鹰湖	沅澧垸	常德市	鼎城区	FE199	21.60	6.20	0	20.91	
30	外八宝湖	沅澧垸	常德市	鼎城区 津市市	FE173	1.28	1.26	0.88	0.21	
31	大溪湖	沅澧垸	常德市	汉寿县	FE078	1.18	1.09	1.24	0.27	
32	内八宝湖	沅澧垸	常德市	津市市	FE136	1.45	1.01	0.86	0.53	
33	田珍湖	沅澧垸	常德市	津市市	FE167	1.37	1.64	1.07	0	
34	杨坝垱	沅澧垸	常德市	津市市	FE194	2.18	3.32	2.15	0	
35	肖家湖	沅南垸	常德市	鼎城区 汉寿县	FE186	2.47	3.41	2.58	0	
36	洋淘湖	沅南垸	常德市	汉寿县	FE197	3.92	4.33	0	3.88	
37	车厢湖	沅南垸	常德市	汉寿县	FE067	1.16	1.36	0.55	0.81	
38	城北湖	沅南垸	常德市	汉寿县	FE069	2.15	2.40	2.02	0	

续表

序号	名称	所在堤垸	市	县(市、区)	湖泊编码(水普)	常年水面面积(水普)	河湖划界面积	2019—2021年遥感影像调查面积		备注
								主体水域	水田或鱼塘	
39	过水湖	沅南垸	常德市	汉寿县	FE094	3.53	2.82	0.07	1.76	
40	滑泥湖	沅南垸	常德市	汉寿县	FE104	1.77	2.24	1.72	0	
41	蒋家山湖	沅南垸	常德市	汉寿县	FE111	2.07	1.76	0	1.88	
42	南湖撇洪湖	南湖南垸	常德市	汉寿县	FE141	4.18	连带河合并划界,此次不做统计	3.30	0.61	
43	刘家湖	沅南垸	常德市	汉寿县	FE118	1.13	1.20	1.08	0	
44	盘湖	沅南垸	常德市	汉寿县	FE149	2.56	2.76	0.43	2.42	
45	青泥湖	沅南垸	常德市	汉寿县	FE152	4.32	5.48	4.46	0	
46	调蓄湖	沅南垸	常德市	汉寿县	FE082	1.97	2.29	0.54	1.63	
47	西湖	沅澧垸	常德市	汉寿县	FE178	2.96	3.72	0	3.72	
48	余家桥湖	南湖南垸	常德市	汉寿县	FE200	1.34	2.00	0.52	0.12	
49	盘塘湖	沅南垸	常德市	武陵区 鼎城区	FE150	1.86	1.70	0.96	0.41	
50	菱角湖	育乐垸	益阳市	南县	FE158	2.82		0	2.82	水普名:上莲湖
51	下莲湖	育乐垸	益阳市	南县	FE184	1.41		0	1.41	
52	调蓄湖	育乐垸	益阳市	南县	FE081	3.15		0	3.15	
53	大通湖	大通湖垸	益阳市	南县 沅江市 大通湖管区	FE077	79.4	81.52	79.09	0	
54	瓦岗湖	大通湖垸	益阳市	沅江市	FE172	2.95	5.62	4.84	0	水普名:瓦缸湖
55	胭包山湖	烟包山垸	益阳市 常德市	沅江市 汉寿县	FE192	11.20	15.94	9.36	0	
56	南门湖	长春垸	益阳市	资阳区	FE142	2.27	2.69	1.74	0.27	
57	黄家湖	长春垸	益阳市	资阳区 沅江市	FE106	12.60	14.57	9.68	0	
58	大榨栏湖	长春垸	益阳市	沅江市	FE079	2.61	3.62	1.99	0.30	
59	浩江湖	长春垸	益阳市	沅江市	FE095	5.78	5.61	4.50	0	
60	花荣汊湖	长春垸	益阳市	沅江市	FE102	1.04	1.63	0.75	0	
61	上琼湖	长春垸	益阳市	沅江市	FE159	1.88	1.42	1.22	0	
62	下琼湖	长春垸	益阳市	沅江市	FE185	1.05	0.92	0.76	0.06	

续表

序号	名称	所在堤垸	市	县（市、区）	湖泊编码（水普）	常年水面面积（水普）	河湖划界面积	2019—2021年遥感影像调查面积		备注
								主体水域	水田或鱼塘	
63	白洋湖	湘滨南湖垸	岳阳市	湘阴县湘滨垸	FE051	1.20	1.29	0.96	0	
64	黄土湖	湘滨南湖垸	岳阳市	湘阴县湘滨垸	FE109	1.61	1.68	0.97	0.12	水普名：黄土上湖
65	酬塘湖	湘滨南湖垸	岳阳市	湘阴县湘滨垸	FE072	2.21	2.53	2.04	0	
66	烂泥湖	烂泥湖垸	益阳市 岳阳市	赫山区 湘阴县	FE086	12.30	9.45	9.32	4.74	
67	鹿角湖	烂泥湖垸	益阳市 岳阳市	赫山区 湘阴县	FE125	4.88	6.02	4.74	0.18	
68	北萍湖	烂泥湖垸	益阳市	赫山区	FE060	1.99	2.12	1.82	0	
69	鼻湖	烂泥湖垸	岳阳市	湘阴县岭北垸	FE061	4.69	3.03	0.69	3.87	
70	鹅公湖	烂泥湖垸	岳阳市	湘阴县湘资垸	FE089	2.12	1.06	0.67	0.81	
71	夹洲哑河湖	烂泥湖垸	岳阳市	湘阴县	FE213	1.07	2.54	1.02	0	
72	下荆湖	烂泥湖垸	岳阳市	湘阴县	FE227	1.14	1.31	1.11	0	
73	团头湖	烂泥湖垸	长沙市	望城区 宁乡市	FE171	8.03	5.66	7.18	0	
74	塌西湖	华容护城垸	岳阳市	华容县护城垸	FE163	9.24	11.44	8.43	1.73	
75	赤眼湖	华容护城垸	岳阳市	华容县护城垸	FE070	2.16	2.30	1.87	0.10	
76	蔡田湖	华容护城垸	岳阳市	华容县护城垸	FE063	2.51	4.27	2.19	0	
77	罗帐湖	华容护城垸	岳阳市	华容县禹磐垸	FE128	2.84	2.55	2.11	0	
78	西湖	华容护城垸	岳阳市	华容县	FE177	8.48	8.07	3.92	0	
79	牛屎湖	华容护城垸	岳阳市	华容县禹磐垸	FE148	4.17	4.80	2.84	0	
80	黄田湖	安澧垸	常德市	安乡县	FE108	6.65	5.01	0.63	6.08	
81	大兴湖	安昌垸	常德市	安乡县	FE210	3.33	1.58	0	3.02	
82	鸭踏湖	安昌垸	常德市	安乡县	FE229	1.56	1.66	0	1.56	

续表

序号	名称	所在堤垸	市	县(市、区)	湖泊编码(水普)	常年水面面积(水普)	河湖划界面积	2019—2021 年遥感影像调查面积		备注
								主体水域	水田或鱼塘	
83	龙池湖	六角山垸	常德市	汉寿县	FE121	8.22	9.21	8.22	0	
84	八形汊湖	共双茶垸	益阳市	沅江市	FE045	3.94	2.57	6.51	0	水普名:八形汊内湖
85	麻阳湖	共双茶垸	益阳市	沅江市	FE129	1.29		0	1.29	
86	北港长湖	共双茶垸	益阳市	沅江市	FE057	3.13	3.57	1.41	1.11	
87	刘家湖	民主垸	益阳市	资阳区	FE117	1.58	2.69	1.35	0.67	
88	注兰湖	民主垸	益阳市	资阳区	FE205	1.58	3.98	0.45	3.12	水普名:注南湖
89	长白湖	民主垸	益阳市	资阳区	FE064	3.46	3.54	0.88	1.15	水普名:长泊湖
90	团湖	民主垸	益阳市	资阳区	FE169	1.27	1.48	0	1.32	
91	黄金湖	民主垸	益阳市	资阳区	FE107	2.48	2.62	1.29	0.99	水普名:黄荆湖
92	德兴湖	民主垸	益阳市	资阳区	FE080	3.6	4.46	2.95	0.24	
93	鸟子湖	民主垸	益阳市	沅江市	FE146	1.24	2.32	0.42	0.30	
94	此湖口湖	民主垸	益阳市	资阳区	FE191	1.40	1.85(截取面积)	1.39	0	
95	洪合湖	民主垸	益阳市	资阳区	FE101	1.61	2.03	1.64	0	
96	义合金鸡垸哑湖	义合金鸡垸	岳阳市	湘阴县义合垸	FE198	1.27	3.52	1.23	0	
97	鹤龙湖	城西垸	岳阳市	湘阴县	FE097	5.24	5.63	1.07	3.78	
98	长大湖	城西垸	岳阳市	湘阴县	FE065	1.63	1.78	0.85	0	
99	白泥湖	北湖垸	岳阳市	湘阴县	FE048	2.77	3.14	2.79	0	
100	范家坝湖	北湖垸	岳阳市	湘阴县	FE091	2.49	3.56	2.64	0	
101	三汊港湖	屈原垸	岳阳市	湘阴县	FE154	2.69	3.76	2.22	0	
102	东湾湖	集成安合垸	岳阳市	华容县安合垸	FE088	1.63	4.97	1.56	0	
103	东湖	钱粮湖垸	岳阳市	华容县新生垸	FE085	24.20	26.04	25.66	0	
104	七星湖	钱粮湖垸	岳阳市	君山区	FE151	1.93	1.68	1.38	0.51	
105	北湖	钱粮湖垸	岳阳市	君山区	FE058	2.62	2.58	1.37	1.57	
106	悦来河	钱粮湖垸	岳阳市	君山区	FE201	1.09	2.85	1.94	0	水普名:悦来湖
107	方台湖	钱粮湖垸	岳阳市	君山区	FE092	1.41	1.38	1.08	0	

续表

序号	名称	所在堤垸	市	县(市、区)	湖泊编码(水普)	常年水面面积(水普)	河湖划界面积	2019—2021年遥感影像调查面积		备注
								主体水域	水田或鱼塘	
108	上采桑湖	钱粮湖垸	岳阳市	君山区	FE156	2.12	9.00（含下采桑湖）	0.80	0.62	
109	下采桑湖	钱粮湖垸	岳阳市	君山区	FE182	3.42	9.00（含上采桑湖）	2.59	0.79	
110	光复湖	大通湖东垸	益阳市	南县同兴垸	FE093	4.34	5.53	0	4.13	
111	团湖	建设垸	岳阳市	君山区	FE170	3.58	2.36	2.01	0	
112	白浪湖	建设垸	岳阳市	君山区	FE047	1.10	0.96	0.92	0	
113	横垱湖	建设垸	岳阳市	君山区	FE098	1.00	1.17	0.89	0	
114	冶湖	江南陆城垸	岳阳市	临湘市江南垸	F6080	10.6	14.30	10.12	1.73	
115	涓田湖	江南陆城垸	岳阳市	临湘市江南垸	F6076	4.01	4.65	3.37	0	
116	陈家湖	江南陆城垸	岳阳市	临湘市江南垸	F6073	1.22	1.42	0.79	0.42	
117	黄盖湖	黄盖垸	岳阳市	湖北赤壁市湖南临湘市	F6070	65.7（含湖北）	38.32	35.71（湖南），32.37（湖北）	0	
118	定子湖		岳阳市	临湘市	F6074	1.52	1.88	1.02	0.41	
119	中山湖	中山湖垸	岳阳市	临湘市	F6081	3.83	6.34	2.07	1.90	
120	黄泥湖	永济垸	岳阳市	云溪区	F6075	1.44	0.89	0.65	0	
121	白泥湖	江南陆城垸	岳阳市	云溪区	F6072	9.40	14.75	9.28	0	
122	松杨湖	江南陆城垸	岳阳市	云溪区	F6077	4.05	7.01	5.04	0	
123	洋溪湖	江南陆城垸	岳阳市	云溪区临湘市	F6079	3.26	5.01	3.52	0	
124	肖家湖	江南陆城垸	岳阳市	云溪区陆城镇	F6078	2.42	2.15	1.75	0	
125	洋沙湖	洋沙湖垸	岳阳市	湘阴县	FE196	3.75	4.45	3.23	0	
126	东湖	东湖垸	岳阳市	湘阴县	FE212	3.20	1.80	25.66	0	
127	大荆湖	民生垸	岳阳市	华容县	FE075	9.93	11.21	7.60	0	
128	沉塌湖	民生垸	岳阳市	华容县	FE068	3.91	8.61	3.50	0	
129	枉赤湖	善卷垸	常德市	鼎城区	FE176	1.82	0.86	0.61	0.12	

续表

序号	名称	所在堤垸	市	县(市、区)	湖泊编码(水普)	常年水面面积(水普)	河湖划界面积	2019—2021 年遥感影像调查面积		备注
								主体水域	水田或鱼塘	
130	安乐湖	沅南垸	常德市	汉寿县	FE043	11.20	10.40	9.02	0.52	
131	红星垸湖	南湖南垸	常德市	汉寿县	FE100	1.34	划界位置错误	0	1.24	
132	李家障湖	南湖南垸	常德市	汉寿县	FE114	2.60	1.29	0.84	0.90	
133	刘家河湖	南湖南垸	常德市	汉寿县	FE116	1.03	1.27	0.94	0	
134	筲箕湖	围堤湖垸	常德市	汉寿县	FE160	1.27	1.25	0	1.38	
135	胥家湖	新洲上垸	常德市	津市市	FE189	1.19	1.25	0.99	0	
136	南湖汊	新洲下垸	常德市	澧县 津市市	FE140	1.25	1.09	1.09	0	
137	牛奶湖		常德市	湖北 公安县 湖南澧县	FE219	15.50 (含湖北)	4.39	4.69 (湖南), 11.15 (湖北)	0	水普名: 牛浪湖
138	板桥湖		岳阳市	华容县	FE055	3.88	0.61	0.49	3.39	
139	吉家湖	永济垸	岳阳市	岳阳楼区	FE110	1.29	1.40	1.16	0	
140	芭蕉湖	永济垸	岳阳市	岳阳楼区 云溪区	F6071	10.40	10.43	8.70	0	
141	南湖	南湖垸	岳阳市	岳阳楼区	FE139	13.80	12.42	13.31	0	
142	北套湖	中洲 磊石垸	岳阳市	岳阳县	FE207	1.51	1.12	1.57	0	
143	大明外湖	中洲 磊石垸	岳阳市	岳阳县	FE208	6.64	7.87	9.59	0	
144	南套湖	中洲 磊石垸	岳阳市	岳阳县	FE143	2.32	0.55	0.50	0	
145	坪桥湖	中洲 磊石垸	岳阳市	岳阳县	FE220	11.30	5.42	10.22	2.25	
146	上宝塔湖	中洲 磊石垸	岳阳市	岳阳县	FE223	1.42	2.27	1.47	0	
147	下宝塔湖	中洲 磊石垸	岳阳市	岳阳县	FE226	3.05	3.59	3.04	0	
148	蓄水湖	麻塘垸	岳阳市	岳阳县	FE228	1.06	1.03	0.87	0	
149	梅溪湖		长沙市	岳麓区	FE216	1.09	1.66	1.58		
150	万石湖	万石湖垸	岳阳市	岳阳县	FE174	1.47	1.84	1.63	0	
151	百万湖	南汉垸	益阳市	南县	FE054	1.55		0	1.39	
152	白洋湖	和康垸	益阳市	南县	FE052	1.60	1.29	0	1.60	
153	鹭鸶湖	大通湖垸	益阳市	沅江市	FE127	3.32		0	3.47	

续表

序号	名称	所在堤垸	市	县(市、区)	湖泊编码(水普)	常年水面面积(水普)	河湖划界面积	2019—2021年遥感影像调查面积		备注
								主体水域	水田或鱼塘	
154	三联湖	大通湖垸	益阳市	沅江市	FE221	1.39		0	1.87	
155	东风湖	东风湖垸	岳阳市	岳阳楼区	FE084	2.69	2.83	2.29	0	

湖区内河(也称哑河)情况仍沿用原《洞庭湖区防洪治涝工作手册》资料，整理后计33处，水面面积15.512万亩，可调蓄水量30413万 m^3，洞庭湖区内河基本情况见表8-7。

表8-7 洞庭湖区内河基本情况

垸名	序号	名称	所在地	集水面积/km^2	最大水面面积/万亩	湖底一般高程/m	堤长/km	堤顶一般高程/m	最高蓄水位/m	总蓄水量/万 m^3	可调蓄水量/万 m^3
松澧垸	1	涔水河	澧县 津市市	550.0	2.540	32.0	92.9	43.00	41.00	9600	7040
	2	澹水河	澧县 津市市	179.0	0.670	32.0	42.9	42.00	39.00	2010	1080
安造垸	3	蔡家溪	安乡	2.9	0.180	28.0	18.0	32.00	30.00	108	45
	4	理兴垱哑河	安乡	2.8	0.172	29.0	14.0	33.00	30.00	136	45
安保垸	5	虾叭脑哑河	安乡	6.6	0.400	28.5	19.0	39.00	34.00	213	52
	6	下鱼口哑河	安乡	2.2	0.130	28.5	16.0	39.00	34.00	70.5	40
沅澧垸	7	马家河	鼎城区 武陵区	170.0	1.400	27.0	94.3	37.00	35.00	5516	4150
	8	渐水河	鼎城区 武陵区	288.0		33.7	16.3	46.00	43.00	1180	1150
	9	高水内江	汉寿县 西湖垸	322.0	1.210	24.0	162.0	34.00	32.50	5630	3864
	10	低水内江	汉寿县 西湖垸	114.0	1.200	24.0	102.0	30.00	27.80	2100	1364
沅南垸	11	沧浪内江	汉寿县	105.0	0.480	28.0	30.0	36.00	34.50	1700	1220
	12	岩汪湖内江	汉寿县	15.0	0.210	24.0	24.0	28.00	27.00	550	180
育乐垸	13	南茅运河	南县	166.0	0.533	25.5	87.8	29.71	28.21	1334	356

续表

垸名	序号	名称	所在地	集水面积/km^2	最大水面面积/万亩	湖底一般高程/m	堤长/km	堤顶一般高程/m	最高蓄水位/m	总蓄水量/万 m^3	可调蓄水量/万 m^3
大通湖垸	14	塞阳运河	沅江市大通湖管区		0.650	24.5～25.5	44.0	29.54	27.78	1400	800
		其中	沅江市		0.450			29.28	27.78	900	600
			益阳市大通湖管理区		0.200			29.80	27.78	500	200
	15	五七泄洪道	益阳市大通湖管理区		0.800			29.55	27.78	2000	700
	16	五七运河	益阳市大通湖管理区		0.450			29.55	27.78	1500	400
	17	老二运河	益阳市大通湖管理区		0.225			29.80～30.80	27.78	520	200
	18	湖子口哑河	益阳市大通湖管理区		0.364			34.45	27.78	2000	800
湘滨南湖垸	19	南湖哑河	湘阴县南湖垸	66.7	0.300			31.00	30.00	800	200
烂泥湖垸	20	兰溪哑河	益阳市赫山区		0.567			35.50	32.85	2200	379
	21	张芦渠	益阳市赫山区		0.200			32.78	32.05	910	53
	22	围山渠	益阳市赫山区		0.120			32.50	32.00	340	80
烂泥湖垸	23	夹洲哑河	湘阴县岭北垸		0.159			33.00	31.00	529	159
	24	沩水老河	望城区大众垸	82.7	0.388		31.4	36.00～37.00			
华容护城垸	25	华容河	岳阳市华容县				68.0	38.30～40.00			3428
安澧垸	26	米湖哑河	安乡县	1.65	0.10	28.0	15.0	38.50	34.00	66.6	39

续表

垸名	序号	名称	所在地	集水面积/km²	最大水面面积/万亩	湖底一般高程/m	堤长/km	堤顶一般高程/m	最高蓄水位/m	总蓄水量/万 m³	可调蓄水量/万 m³
义合金鸡	27	哑河	湘阴县义合垸	19.9	0.320			34.50	29.00	1450	450
钱粮湖垸	28	高排悦来河	岳阳市君山区		0.190	25.0			28.50		253
	29	良心堡水库	岳阳市君山区		0.145	25.0			29.50～30.00		96
	30	麻石水库	岳阳市君山区		0.123	25.0			29.50		80
	31	沙山水库	岳阳市君山区		0.106	27.0			29.00		70
大通湖东	32	隆庆河	华容县团山垸								840
君山	33	濠河	岳阳市君山区		0.530				26.50		
合计					15.512						30413

8.4 水闸工程

8.4.1 水闸类型

(1)水闸

由闸墩支撑的闸门控制流量、调节水位的中、低水头水工建筑物。

(2)开敞式水闸

闸门门顶以上不设胸墙的水闸。

(3)胸墙式水闸

闸孔上部设置固定或活动挡水胸墙的水闸。

(4)涵洞式水闸(涵闸)

闸身为埋在填土下的输水涵洞、洞口设置闸门的水闸。圆形输水管叫涵管,在洞庭湖区,对小型涵管有的地方叫碈(音昏),冲天式的叫剅(音楼)口。

(5)拦河闸

为调节上游水位,控制河道泄量而拦河修建的水闸。

(6)节制闸

为调节上游水位,满足下一级渠道分水要求而拦河(渠)修建的水闸。

(7)进水闸(取水闸,渠首闸)

渠道首部用于取水并控制进水流量的水闸。

(8)分水闸

干渠以下各级渠道首部控制分水流量的水闸。

(9)分洪闸

建于河岸边、蓄洪区或分洪道进口处用以分泄河道洪水的水闸。

(10)排水闸(排涝闸)

排水渠道上用以排除内河或洼地涝、渍水的水闸。

(11)泄水闸(退水闸)

排泄水库或渠道中多余水量的水闸。

8.4.2 工程概况

在洞庭湖区的历次统计资料中,不分水闸类型全部统计为“涵闸”。涵闸工程是随着堤防的修建而发展起来的,1949 年时湖区共有大小堤垸 993 个,在 6406km 的堤防上共有各式刭涵 11191 座,但其涵洞多为砖、瓦、木管,木质叠梁填土闸门,孔径小,启闭困难。1949 年以后逐步改造为浆砌石、混凝土、钢筋混凝土涵洞及钢筋混凝土或钢质闸门;通过合堤并垸以后,至 1987 年尚有涵闸 1697 座;至 1996 年按 6 个市填报的资料汇总,计有主要涵闸 1122 处 1491 孔。至 2002 年,湖区共有大中型涵闸 155 处 381 孔,其中常德市 44 处 128 孔、益阳市 33 处 69 孔、岳阳市 35 处 86 孔、长沙市 12 处 29 孔、湘潭市 23 处 53 孔、株洲市 8 处 21 孔。本次依据 226 个堤垸名录统计口径,对湖区大中型涵闸进行了整理,共计 118 处 299 孔,其中重点垸 71 处 201 孔、蓄洪垸 23 处 49 孔、其他垸 24 处 46 孔(表 8-8 至表 8-10)。

表 8-8 重点垸大中型涵闸基本情况

垸名	序号	闸名	类别	所在河流	地点	桩号	孔数	孔径 宽×高 /(m×m)	高程/m		闸身结构	闸门形式	设计流量 /(m^3/s)	建设年月
									底板	堤顶				
A1 松澧	1	南闸	撇洪	澧水尾闾左岸	临澧县新合垸	0+000	2 1	5.4×2.4 3×3.12	52.80 51.60	57.50	钢筋混凝土	钢平板		1972 建， 1999 改建
	2	合溪	排水	澧水尾闾左岸	临澧县新合垸	8+973	2	2.5×3.25	42.00	53.80	浆砌石	钢筋混凝土平板		1971-02
	3	向阳	排水	澧水尾闾左岸	临澧县新合垸	9+950	2	2.5×3.65	44.20	53.40	浆砌石	钢筋混凝土平板		1972-04 建， 1990 外接
	4	乔家河	排水	澧水尾闾左岸	澧县澧阳垸	26+930	2	3×3.6	35.50	49.80	钢筋混凝土	钢平板		1992-05
	5	熊家湾	排水	涔水堤	澧县澧阳垸		2	3×4	41.50	46.00	浆砌石	钢筋混凝土平板		1979-03
	6	干河	排水	涔水堤	澧县澧阳垸	0+000	2	3×3.5	38.60	45.50	浆砌石	钢筋混凝土薄壳		1975-12
	7	段必溶	排水	涔水堤	澧县澧阳垸	5+200	3	3×3.5	35.50	44.00	浆砌石	钢筋混凝土平板		1972-12
	8	狮子桩(新)	分洪	涔水堤	澧县澧阳垸	19+396	4	5×4	37.80	42.00	钢筋混凝土开敞	钢平板		1992-05
	9	狮子桩	分洪	涔水堤	澧县澧阳垸	22+264	3	4×5	31.40	42.00	钢筋混凝土开敞	钢平板		1966-05 建， 2019 改建
	10	十回港	排水	澹水左岸堤	澧县澧阳垸	0+550	1 4	3×3 3.5×4	32.00 33.50	46.00 44.50	钢筋混凝土	钢筋混凝土平板		1998-10 1994-10
	11	福田寺	分洪	澹水左岸堤	澧县澧阳垸	11+550	1 1	4×5 2.6×3.8	32.30	43.80	钢筋混凝土 浆砌石	钢筋混凝土平板		1991-11
	12	东洲	节制	澹水右岸堤	澧县澧阳垸	21+158	3	3.7×4.5	32.50	43.50	钢筋混凝土	钢平板		1993-12
	13	中渡口	节制	澹水右岸堤	澧县澧阳垸		3	4×5	32.00	43.50	钢筋混凝土	钢平板		1990-06
	14	七百户	分洪	北民湖堤	澧县澧阳垸	4+882	2	4×5	31.00	43.00	钢筋混凝土	钢平板		1992-05
	15	伍公嘴	拦洪	涔水	津市涔澹农场		5 1	4×5 4×7	30.00	43.00	钢筋混凝土	钢平板		1965-12
A1 松澧	16	小渡口	排水	涔水出口	澧县澧松垸	47+769	2 6	4×7 4×5	31.00 33.00	46.30	钢筋混凝土	钢平板	674	1973 建， 2015 改建
	17	莲余	排水	涔水堤	澧县澧松垸	58+016	2	4×4	29.44		钢筋混凝土箱涵	混凝土平板		2000-08

续表

垸名	序号	闸名	类别	所在河流	地点	桩号	孔数	孔径 宽×高 /(m×m)	高程/m		闸身结构	闸门形式	设计流量 /(m³/s)	建设年月
									底板	堤顶				
A2 安造	18	董家垱	排水	虎渡河右岸	安乡县	63+900	2	2.2×2.85	29.70	42.00	钢筋混凝土	钢筋混凝土拱涵		1957 建，1998 改建
A3 安保	19	大鲸港	排水	松滋中支右岸	安乡县	12+520	1	3×3	28.50	41.80	钢筋混凝土箱涵	钢筋混凝土平板		2000
	20	六角尾	排水	松虎洪道右岸	安乡县	36+463	4	2.0×2.0	30.33	40.85	条石	钢筋混凝土平板		1999 年重建
A4 沅澧	21	河洑镇	排水	沅江尾闾左岸	武陵区护城丹洲	1+304	3	5×2.6	44.50	47.10	钢筋混凝土	木平板		
	22	河洑	节制	沅江尾闾左岸	武陵区护城丹洲	1+304	6	4.5×6.25	33.75	47.10	混凝土条石拱	钢平板	860	1959-04 建，2000 改建
	23	南碚	排水	沅江尾闾左岸	武陵区护城丹洲	26+157	4	3.1×4	30.00	45.00	钢筋混凝土	钢平板	670	1952,2019
	24	马家吉	船闸	马家河	武陵区芦山垸	32+350	1	8.8×13	31.00	44.20	钢筋混凝土	钢平板		1988
	25	小河口	防洪	沅江洪道左岸	鼎城区八官崇孝	54+300	3	3.5×3.5	29.00	42.00	混凝土	钢平板		1990
	26	苏家吉	排水	沅江洪道左岸	鼎城区八官崇孝	63+500	5	10×4.74	28.00	41.50	钢筋混凝土	钢弧形	987	1955-04 建，2000 改建
	27	拦马口	泄洪	冲柳撇洪河	鼎城区八官崇孝	20+100	2	3×2.5	28.20	37.50	钢筋混凝土	钢筋混凝土平板		1992
	28	仁和	进水	澧水洪道右岸	鼎城区民主阳城	144+291	2	3×4.5	28.00	41.48	混凝土箱涵	钢平板		1972
	29	新河口	排水	柳叶湖出口	鼎城区冲天柳叶	4+900	1	8	28.20	40.60	块石	钢平板		1980 建，2016 改建
	30	伍甲拐(老)	排水	冲天湖出口	鼎城区冲天柳叶	10+500	3	4.5×6.25	28.00	38.00	钢筋混凝土	钢筋混凝土平板	160	1965 建，1990 整修
	31	伍甲拐(新)	排水	冲柳撇洪河堤	鼎城区冲天柳叶	7+800	4	4.5×6.25	28.37	38.50	钢筋混凝土	钢平板		1978
	32	唐家嘴	船闸	冲柳撇洪河堤	鼎城区冲天柳叶		1	8	28.00	40.00	钢筋混凝土	钢筋混凝土平板		1972
	33	赵家河	排水	目平湖右岸堤	汉寿县西湖垸	111+450	3	4×5	26.50	39.50	钢筋混凝土拱涵	钢平板	45.6	1956-02 建，1992 内接
	34	罗家铺	排水	民阳间堤	汉寿县西湖垸		3	4×5	27.50	37.80	钢筋混凝土箱涵	钢平板		1956-02
	35	新民	排水	哑河堤	津市西毛里湖垸	0+450	2 1	4×3 4×6	29.00	39.00	钢筋混凝土	钢平板		1975-12

续表

垸名	序号	闸名	类别	所在河流	地点	桩号	孔数	孔径 宽×高 /(m×m)	高程/m 底板	高程/m 堤顶	闸身结构	闸门形式	设计流量 /(m^3/s)	建设年月
A5 沅南	36	东风	节制	沅江洪道右岸堤	鼎城区 德山四合垸	4+160	4	4×4.5	33.50	43.00	钢筋混凝土	钢平板	147	1974-04 建，2000 改建
	37	蒋家嘴(老)	排水	目平湖右岸堤	汉寿县	51+800	7	4.5×4.5	27.00	39.50	钢筋混凝土箱涵	钢平板	583	1958 建，2017 改建
	38	蒋家嘴(新)	排水 船闸	目平湖右岸堤	汉寿县	67+260	3 1	10×9 8×9	25.10	39.50	钢筋混凝土箱涵 钢筋混凝土开敞	钢弧形 双向人字	1062	1976-05
	39	翻水口	船闸	南湖撇洪河	汉寿县	14+200	1	8×10.55	27.50	40.00	钢筋混凝土开敞	钢平板		1976-06 建，1986 整修
	40	偏山	泄洪	南湖撇洪河	汉寿县	35+400	2	8×10	30.80	40.00	钢筋混凝土开敞	钢弧形		2000-12
A6 育乐	41	沱江下堵口	排水 船闸	藕池东支沱江	南县	65+419	3 1	3×3.2 8×11.6	27.78 24.20	38.19 38.18	钢筋混凝土	钢平板	100	2001-05
	42	育乐门	排水	南洞庭湖左岸	南县	65+613	3	5×5.1	34.20	39.50	钢筋混凝土	钢平板		1998-12
	43	茅草街	船闸	南茅运河	南县	66+004	1	8×12.75	25.50	39.60	钢筋混凝土	钢平板		1979-04 建，1996-11 改建
A7 大通湖	44	沱江上堵口	进水	藕池东支沱江	南县	28+840	3	3×3.5	28.72	39.30	钢筋混凝土	钢平板		2001-05
	45	胜天	高排	草尾河左岸	沅江市	71+207	2	4×3	36.30	38.80	钢筋混凝土箱涵	钢平板		1997
	46	黄茅洲	船闸	塞阳运河	沅江市	90+600	1	6×8	26.50	38.50	钢筋混凝土箱涵	钢平板		1955-04 建，1996 接长
	47	向南	排水	草尾河左岸	沅江市	100+947	1	3×5	25.40	38.30	钢筋混凝土箱涵	钢平板		1986
	48	南大河	排水	草尾河左岸	沅江市	113+197	1	4×7	24.50	37.50	钢筋混凝土箱涵	钢平板		1979 建，2002 外接
	49	合兴洲	排水	东洞庭湖左岸	沅江市	132+650	1	4×5	25.70	38.20	钢筋混凝土箱涵	钢平板		1972
	50	增加	排水	东洞庭湖左岸	沅江市	158+514	1	3.5×4.5	25.26	37.50	钢筋混凝土拱涵	钢平板		1974-05
	51	朝阳	排水	东洞庭湖左岸	沅江市	159+336	2	4×5	24.50	37.50	钢筋混凝土拱涵	钢平板		1971 建，1999-12 接长

续表

垸名	序号	闸名	类别	所在河流	地点	桩号	孔数	孔径 宽×高/(m×m)	高程/m		闸身结构	闸门形式	设计流量/(m³/s)	建设年月
									底板	堤顶				
A7 大通湖	52	五门(大东口)	排水	东洞庭湖左岸	沅江市	159+478	5	4×5	24.50	37.50	钢筋混凝土箱涵	钢平板	100	1955 建，1991 外接
	53	大东口	排水	东洞庭湖左岸	沅江市	159+728	4	2.5×3.5	18.50	37.30	钢筋混凝土箱涵	钢平板		
	54	向东	排水	东洞庭湖左岸	益阳市大通湖管区	168+781	2	3.4×4.4	25.00	37.00	钢筋混凝土	钢平板		1972-04 建，2000 重建
A7 大通湖	55	增金	排水	黄一五间堤	沅江市	7+503	1	4×5	25.50	35.20	石拱涵	钢筋混凝土平板		1958
	56	东湖	排水	黄一五间堤	沅江市	11+409	1	4×5	25.50	35.20	石拱涵	钢平板		1974
	57	向阳	排水	黄一五间堤	沅江市	15+309	1	4×5	25.50	35.20	石拱涵	钢平板		1966
	58	保丰	排水	黄一五间堤	沅江市	16+279	1	3.5×5	26.00	35.20	石拱涵	钢平板		1980
	59	胜利	排水	黄一五间堤	沅江市	26+009	1	4×5	26.00	35.50	石拱涵	钢筋混凝土平板		1975
A8 长春	60	永兴	排水	甘溪港	益阳市资阳区	44+677	2	4×6	27.00	39.00	钢筋混凝土	钢平板		1967-03 建，1996-11 改建
	61	沈家湾	排水	甘溪港	沅江市	53+146	1	4×7	27.50	38.50	钢筋混凝土	钢平板		1984 建，2000 内接
	62	烟包山	排水	目平湖	汉寿县	77+396	1	4×5	27.50	39.50	钢筋混凝土	钢平板		1964-11 建，2000 改建
A10 烂泥湖	63	新泉寺	排水	湘江西支	湘阴县湘资垸	29+750	8	4×5	25.00	37.00	钢筋混凝土敞开	钢平板	450	1953 建，2015 改建
	64	乔口	排水	湘江尾闾	望城区大众垸		8	8×7	28.00	37.00	混凝土、钢筋混凝土	钢平板	1200	1978 建，2019 改建
	65	双江口(二)	防洪	沩水左岸	宁乡市新民垸	122+810	1	4×4.7	34.40	42.75	混凝土箱涵			1993
	66	彭里桥	排水	沩水左岸	宁乡市新民垸	130+950	1	3.2×5	43.63	49.63	混凝土箱涵			1991
	67	大路坪	节制	烂泥湖撇洪河	益阳市赫山区	24+875	8	8×5	30.50	38.50	钢筋混凝土	钢平板	1130	1976-10 建，1995—1999 加固

续表

垸名	序号	闸名	类别	所在河流	地点	桩号	孔数	孔径 宽×高 /(m×m)	高程/m 底板	高程/m 堤顶	闸身结构	闸门形式	设计流量 /(m^3/s)	建设年月
A10 烂泥湖	68	马转坳	排水	烂泥湖撇洪河	宁乡市闸坝湖垸	12+700	2	2.8×3.2	27.00	37.80	混凝土	钢平板		2002-12
	69	湖盆桥	节制	烂泥湖撇洪河	宁乡市闸坝湖垸	14+118	3	3.2×6	30.00	37.58	混凝土	钢筋混凝土平板		1977
A11 华容	70	油榨岭	排水	藕池东支罗帐湖	华容县	58+750	2 1	3×3.5 3×4	25.30 24.80	37.50	石拱涵钢筋混凝土	钢筋混凝土平板		1963 1975
护城	71	麻里泗	排水	华容河右岸	华容县	71+590	1 2	3×3.5 2.5×3	26.32 25.73	38.10	石拱涵	钢平板		1959

表 8-9　蓄洪垸大中型涵闸基本情况

垸名	序号	闸名	类别	所在河流	地点	桩号	孔数	孔径 (宽×高) (m×m)	高程/m 底板	高程/m 堤顶	闸身结构	闸门形式	设计流量 /(m^3/s)	建设年月
B12 共双茶	1	三洲嘴	进水	南洞庭湖左岸	沅江市双华垸	8+455	2	3×4	25.9	37.5	钢筋混凝土	钢平板		1973 建,1988 外接
	2	八形汊		南洞庭湖左岸	沅江市宪成垸		1	4×6	27.0	37.5	钢筋混凝土拱涵	钢平板		1983
	3	共华西		南洞庭湖左岸	沅江市宪成垸	41+802	1	4×6.2	26.2	38.0	钢筋混凝土拱涵	钢平板		1980
	4	双华	排水	草尾河右岸	沅江市茶盘洲镇	96+096	1	4×4.5	25.6	36.5	钢筋混凝土	钢平板		1963
	5	紫红洲	排水	草尾河右岸	沅江市共华垸	67+275	1	3.5×4.9	27.0	37.5	石拱涵	钢平板		1958
B16 北湖	6	杨家山	低排	南洞庭湖右岸	湘阴县	10+300	2	3×3.5	27.0	36.5	浆砌石			1965-12
	7	范家坝	撇洪	南洞庭湖右岸	湘阴县	10+700	2	4×4	28.0	36.5	混凝土			1976-11
B17 屈原	8	三汊港(高)	排水	南洞庭湖右岸	湘阴县三汊港垸	1+560	2	3×3.5	29.0	36.0	浆砌石	平板		1971
	9	三汊港(低)	排水	南洞庭湖右岸	湘阴县三汊港垸	2+080	2	3.5×4	25.0	36.0	浆砌石	平板		1964
	10	营田	撇洪	南洞庭湖右岸	岳阳市屈原管区		4	4×4	28.5	38.0	钢筋混凝土	钢平板	132	1964.10
	11	迎丰(低)	排水	南洞庭湖右岸	岳阳市屈原管区		1	4×5	23.6	36.0	石拱	钢平板		1972.11
B19 钱粮湖	12	胜峰		华容河北支	华容县新太垸	9+280	3	3×3.5	27.0	37.6	石拱	钢筋混凝土平板		1972
	13	黄石垱	撇洪	华容河北支	华容县新太垸	12+230	2	2.5×3	28.8	37.3	钢筋混凝土	钢平板		1981-04

续表

垸名	序号	闸名	类别	所在河流	地点	桩号	孔数	孔径（宽×高）(m×m)	高程/m		闸身结构	闸门形式	设计流量/(m³/s)	建设年月
									底板	堤顶				
B19 钱粮湖	14	望君洲	低排	东洞庭湖	君山区(钱南垸)	18+650	2	3.2×4	24.7	36.4	钢筋混凝土箱涵	钢平板		1959-12
	15	六门(旗杆嘴)	排水	东洞庭湖	君山区(钱南垸)		6	3×3.5	25.0	36.0	浆砌石拱	钢平板	200	1958-04
	16	蔡家嘴	排水	华容河	君山区(钱南垸)	36+433	2	2.5×3	24.8	38.0	钢筋混凝土、块石	钢筋混凝土平板		1963-12
	17	友谊	排水	东洞庭湖	君山区(钱北垸)	32+930	1	4×5	25.0	36.5	钢筋混凝土箱涵	钢平板		1970-05
B21 建设	18	洪水港	排水	长江	岳阳市君山区	33+774	1	4×5	26.5	39.0	钢筋混凝土箱涵	钢平板		1999-05
B22 建新	19	新港子	排水	东洞庭湖	岳阳市建新农场	3+150	2	3×3	25.5	37.0	钢筋混凝土箱涵	钢平板		2001-03
B23 君山	20	新东	排水	长江	岳阳市君山区	29+190	2	3×3	25.5	36.5	钢筋混凝土箱涵	钢筋混凝土平板		1978-04
B24 江南 陆城	21	鸭栏	泄洪	长江	临湘市江南垸	108+081	4	5×6	24.5	36.6	钢筋混凝土	钢平板	440	1959-10
	22	新洲脑	低排	长江	临湘市江南垸	118+122	1	4×5	22.0	36.5	钢筋混凝土	钢平板		1965-02
	23	铁山嘴	低排	长江	临湘市黄盖镇	142+010	4	4×5	21.0	36.6	浆砌石拱		250	1958-12

表 8-10 其他垸大中型涵闸基本情况

垸名	序号	闸名	类别	所在河流	地点	桩号	孔数	孔径（宽×高）(m×m)	高程(m)		闸身结构	闸门形式	设计流量/(m³/s)	建设年月
									底板	堤顶				
C2 洋沙湖	1	洋沙湖	排水	湘江东支	湘阴县	0+300	4	4×5	27.0	37.0	钢筋混凝土	平板		1964 建，2016 改建
	2	樟树港	撇洪	湘江东支	湘阴县	1+170	2	3×4	30.50	39.00	块石	钢平板		1972
C3 磊石	3	磊石(高)	撇洪	东洞庭湖	汨罗市	0+000	1	4×4	23.00	37.50	箱涵	钢筋混凝土平板		1989
	4	磊石(低)	撇洪	东洞庭湖	汨罗市	0+600	1	4×4	23.50	37.50	箱涵	钢平板		1983
	5	磊石	低排	东洞庭湖	汨罗市	6+300	1	4×4	22.50	37.00	箱涵	钢平板		1987
C4 中洲	6	二门(黑泥湖)	低排	东洞庭湖	岳阳县		2	5×4	22.00	37.00	箱涵	钢平板	175	1975
	7	平江河	低排	东洞庭湖	岳阳县		2	4×3	22.50	37.00	箱涵	钢筋混凝土平板		1983
	8	杨家湖(六门)	撇洪	东洞庭湖	岳阳县		6	7×4	26.00	37.00	箱涵	钢筋混凝土平板	525	1978

续表

垸名	序号	闸名	类别	所在河流	地点	桩号	孔数	孔径（宽×高）（m×m）	高程(m)		闸身结构	闸门形式	设计流量/(m^3/s)	建设年月
									底板	堤顶				
C5 城区	9	南津港	低排	东洞庭湖	岳阳楼区六角山		1	4×5	22.00	37.00	钢筋混凝土箱涵	钢平板		1965-11
C6 民生	10	洪山头	排水	长江	华容县	30+343	2	2.5×3	25.30	39.20	钢筋混凝土	钢平板	100	1985-05
C7 永济	11	纸厂 4 号	排水	长江	岳阳市云溪区		1	4×5	24.00		钢筋混凝土	钢平板		
	12	华能	排水	长江	岳阳市云溪区	78+800	2	2.9×2.9			钢筋混凝土	钢平板		1989-05 建，1999 年接长
C19 迴龙	13	炭河	泄洪	湘江:沩水左岸	宁乡市	21+025	1	4×4	60.33	64.87	混凝土	混凝土平板		1970-06
C20 群英	14	伏虎桥		湘江:沩水右岸	宁乡市	16+650	2	4×5.5	43.70	49.34	混凝土			1978
C21 花果山	15	港口河		资水尾闾右岸	桃江县	5+160	2	3×3	38.00	43.50	块石	钢筋混凝土平板		1970-08
C22 车湖	16	城北	防洪	沅江尾闾左岸	桃源县	2+485	3	10×2.8	45.40	48.20	钢筋混凝土	钢平板		1996-11
	17	延泉	排水	沅江尾闾左岸	桃源县	14+500	1	4×4.6	33.15	47.00	钢筋混凝土	钢平板		1956-12
	18	王家山	排水	沅江尾闾左岸	桃源县	21+600	2	3.42×4	41.00	47.40	钢筋混凝土	钢拍门		1996-11
C23 陬溪	19	鲢鱼口	排水	沅江尾闾左岸	桃源县	13+307	2	3×4	32.20	46.50	条石拱	钢平板		1973-12
	20	东风	排水	沅江尾闾左岸	桃源县	16+554	1	4×5	32.00	46.40	条石拱	钢平板		1958-12
C24 善卷	21	老金刚		沅江尾闾右岸	常德市鼎城区	25+500	2	2.5×3.25	31.15	44.70	条石	钢平板		1958
C25 洞坪	22	漫水桥		澧水尾闾河中	临澧县	0+630	1	4×4.5	50.20	55.40	浆砌石	钢平板		1980-10
C26 双河坝	23	反修河	防洪	汨罗江右岸	汨罗市	1+000	2	5×5	32.00	36.00	钢筋混凝土	钢筋混凝土平板		1964
C27 四新	24	尖山	撇洪	新墙河右岸	岳阳县		2	3×2.5	29.70	35.00	块石拱	钢筋混凝土平板		1973-11

8.5 泵站工程

8.5.1 泵站类型

(1)泵站(抽水站、扬水站、抽水机站)

以动力机(如内燃机、电动机等)带动水泵抽水,或用于排涝渍,或用于灌溉,或用于工业、城镇供水。泵站包括水泵、动力机、传动设备(三者合称为水泵机组)、进出水管道(或流道),及其辅助设备和配套建筑物(如围栏、机房等)。水泵机组加进出水管道总称抽水装置。

排涝泵站多选择在排水区下游便于集中涝渍水的低洼地点或排水渠末端、地质条件较好的地方,出水口设闸门或拍门(单向活门)以防停机时水流倒灌。

(2)水轮泵站

用水轮泵作为抽水装置的泵站。

(3)水锤泵站

用水锤泵作为抽水装置的泵站。

(4)潮汐泵站

以海洋潮汐能作为动力的泵站。

(5)浮动式泵站(泵船)

抽水装置安设在泵船上,可以随水源水位的变化而浮动的泵站。

(6)泵车

水泵机组及其辅助设备装置在台车上,可随工作需要而移动位置的抽水设施。

8.5.2 等级划分

灌溉、排水泵站分等指标见表 8-11。

表 8-11　　灌溉、排水泵站分等指标

工程等别	Ⅰ	Ⅱ	Ⅲ	Ⅳ	Ⅴ
泵站规模	大(1)型	大(2)型	中型	小(1)型	小(2)型
装机流量/(m^3/s)	⩾200	200～50	50～10	10～2	<2
装机功率/(万 kW)	⩾3	3～1	1～0.1	0.1～0.01	<0.01

8.5.3 工程概况

洞庭湖区泵站建设始于 1953 年堤垸大整修以后,当时使用的动力设备主要是以烟煤作为燃料的蒸汽机和部分以木炭和白煤作为燃料的煤气机,并逐步改用柴油机(简称机排站)。1958 年开始兴建电力排灌泵站(简称电排、灌站),1963 年开始了连续 3 年的“电排歼灭战”,至 1966 年累计装机容量达 17.3 万 kW,至 1973 年装机容量达 23.03 万 kW。1974 年开始建设以控湖为主的单机 800kW 以上的泵站,至 1992 年累计装机容量 53.44 万 kW。至 1996 年湖区有 55kW 以上的泵站 2457 处,装机 4510 台,装机容量 55.6055 万 kW。

至2003年湖区共有排灌泵站3422处，装机容量70.1953万kW。至2021年，按照226个堤垸名录统计口径，湖区共有排灌泵站12009处，装机容量133.21万kW，其中大中型泵站252处，装机容量59.15万kW，小型泵站11757处，装机容量74.05万kW。洞庭湖区泵站基本情况汇总见表8-12，洞庭湖区大中型泵站基本情况见表8-13。

表8-12　洞庭湖区泵站基本情况汇总

序号	市别	座数	装机容量		流量/(m^3/s)
			台数	功率/kW	
一	长沙市	484	939	159127	1469
1	大中型	37	243	87243	770
2	小型	447	696	71884	699
二	株洲市	237	815	70041	468
1	大中型	9	70	19256	187
2	小型	217	373	27241	162
三	湘潭市	67	250	71325	641
1	大中型	12	85	35025	326
2	小型	55	165	36300	315
四	岳阳市	7579	8458	385430	3509
1	大中型	65	387	142665	1453
2	小型	7514	8071	242765	2056
五	常德市	2509	3446	381719	3745
1	大中型	74	455	195354	2055
2	小型	2435	2991	186365	1690
六	益阳市	1144	1989	287989	3021.94
1	大中型	55	356	112002	1015.95
2	小型	1089	1633	175987	2005.99
总计		12009	15525	1332087	12734.94
1	大中型	252	1596	591545	5806.95
2	小型	11757	13929	740542	6927.99

注：1. 统计范围：荆江河段（包括铁山嘴至城陵矶长江河道）以南，四水尾闾控制站（汨罗江为伍市镇、新墙河为筻口镇）以下，高程在50m以下的平原、湖泊水网区。

2. 本表按市进行统计，小型泵站只统计排涝或灌排结合泵站，灌溉泵站本次不统计。

3. 单座泵站装机容量<55kW或设计流量<1m^3/s的小型泵站本次不统计。

表 8-13　洞庭湖区大中型泵站基本情况　（基面：吴淞高程）

序号	泵站名称	所在乡镇	所在堤垸	所属大圈	排入河湖	功能	兴建/改造年份	装机容量		流量/(m^3/s)	设计扬程/m	内湖(河)起排水位/m	所在堤防警戒水位/m	所在堤防保证水位/m	堤顶高程/m	防洪闸堤顶高程/m	受益面积/万亩		
								台数	功率/kW								集雨面积	其中：耕地	其中：内湖
	总计		252					1596	591545										
一	长沙市		37					243	87243	770.00									
(一)	芙蓉区		7					55	25925	253.00							8		
1	亭子港泵站	东屯渡街道	长善垸		圭塘河	排涝	2015	7	1900	18.10	8.00	33.00	36.00	38.68	39.70	39.70	2.290	无	无
2	东屯渡泵站	东屯渡街道	长善垸		浏阳河	排涝	2015	7	1585	14.70	7.40	33.00	36.00	38.68	39.70	39.70	1.560	无	无
3	中心泵站	马王堆街道	长善垸		浏阳河	排涝	2005	11	7240	71.30	18.00	32.50	36.00	38.68	39.70	39.70	1.358	无	无
4	三角塘泵站	湘湖管理局	长善垸		浏阳河	排涝	2007	7	4560	45.40	14.00	34.00	36.00	38.68	39.70	39.70	1.243	无	无
5	杉木港泵站	东岸街道	东岸垸		浏阳河	排涝	2013	10	5160	50.16	15.00	32.00	36.00	38.68	39.50	39.50	0.673	无	无
6	砂嘴子泵站	马坡岭街道	东岸垸		浏阳河	排涝	2012	7	4040	40.00	12.00	32.00	36.00	38.68	39.50	39.50	0.544	无	无
7	罗溪港泵站	马坡岭街道	东岸垸		浏阳河	排涝	2013	6	1440	13.36	7.20	32.00	36.00	38.68	39.50	39.50	0.152	无	无
(二)	雨花区		5					44	15780	140							3		
1	李家山泵站	东山街道	合丰垸		浏阳河	排涝	2008	8	2735	23.00	4.00	34.30	36.00	38.50	41.50	41.50	0.530	无	无
2	和平闸泵站	东山街道	合丰垸		浏阳河	排涝	2009	6	2595	19.00	12.00	34.20	36.00	38.50	41.50	41.50	0.630	无	无

续表

序号	泵站名称	所在乡镇	所在堤垸	所属大圈	排入河湖	功能	兴建/改造年份	装机容量		流量/(m^3/s)	设计扬程/m	内湖(河)起排水位/m	所在堤防警戒水位/m	所在堤防保证水位/m	堤顶高程/m	防洪闸堤顶高程/m	受益面积/万亩		
								台数	功率/kW								集雨面积	其中：耕地	其中：内湖
3	后河泵站	黎托街道	合丰垸		浏阳河	排涝	2014	6	2130	21.00	7.00	33.90	36.00	38.50	41.00	41.00	0.30	无	无
4	竹砂桥泵站	黎托街道	合丰垸		浏阳河	排涝	2018	8	2520	25.00	6.90	34.10	36.00	38.50	41.50	41.50	0.48	无	无
5	王家嘴泵站	黎托街道	合丰垸		圭塘河	排涝	2006	16	5800	52.00	11.00	34.00	36.00	38.50	41.50	41.50	0.86	无	无
(三)	岳麓区		8					70	16901	117							30	0	1
1	罗家湖泵站	桔子洲街道	湘麓垸		湘江	排涝	2020	7	2205	19.20	6.50	31.80	36.00	38.00	41.50	41.50	1.26	0.00	0.10
2	枯石塘泵站	洋湖街道	洋湖垸		湘江	排涝	2010	6	1800	13.66	7.40	31.80	36.00	38.37	41.50	41.50	1.36	无	0.08
3	龙骨寺泵站	洋湖街道	洋湖垸		靳江	排涝	2014	6	3080	27.85	7.51	31.80	36.00	38.37	41.50	41.50	1.77	无	0.60
4	学士泵站	学士街道	白菜湖垸		靳江	排涝	2011	6	2880	21.96	8.00	31.80	36.00	38.37	39.38	39.38	2.20	无	无
5	港口泵站	岳麓街道	丰顺垸		靳江	排涝	2003年兴建/2016年扩建	14	2564	21.00	7.40	31.80	36.00	38.37	39.35	39.35	0.78	无	无
6	麓山垸泵站	西湖街道	麓山垸堤委会		龙王港	排涝	2005	7	1750	14.00	9.00	32.00	36.00	38.37	40.00	40.00	6.40	无	无
7	岳北泵站	观沙岭街道	岳北垸		湘江	排涝	2009	15	1551	10.00	7.00	3.15	36.00	38.37	39.10	39.10	8.60	无	无

续表

序号	泵站名称	所在乡镇	所在堤垸	所属大圈	排入河湖	功能	兴建/改造年份	装机容量		流量/(m³/s)	设计扬程/m	内湖(河)起排水位/m	所在堤防警戒水位/m	所在堤防保证水位/m	堤顶高程/m	防洪闸堤顶高程/m	受益面积/万亩		
								台数	功率/kW								集雨面积	其中：耕地	其中：内湖
8	岳华泵站	观沙岭街道	岳北垸		湘江	排涝	2009	9	1071	10.00	7.00	31.50	36.00	38.37	39.10	39.10	7.90	无	无
(四)	长沙县		5					24	6597	65							21	0	0
1	羊凤塘泵站	黄花镇	回龙垸		捞刀河	排涝灌溉	2015	4	1400	14.57	8.00	32.50	36.00	38.37	42.00	42.00	4.38	无	无
2	围子园泵站	黄花镇	回龙垸		捞刀河	排涝灌溉	2015	4	1160	9.09	6.00	31.60	36.00	38.37	42.00	42.00	2.74	无	无
3	柳树湾泵站	黄花镇	回龙垸		捞刀河	排涝抗旱	2015	5	1200	10.70	7.00	31.60	36.00	38.37	42.00	42.00	3.22	无	无
4	马家峡泵站	黄花镇	回龙垸		捞刀河	排涝	2015	7	1717	18.96	10.00	32.50	36.00	38.37	42.00	42.00	5.70	无	无
5	花园港泵站	榔梨街道	榔梨		浏阳河	排涝	2014	4	1120	11.56	8.00	31.60	36.00	38.37	42.00	42.00	5.20	无	无
(五)	望城区		10					42	20200	160	96	277	348	375	395	395	38	13	
1	靖港泵站	靖港镇	大众垸	烂泥湖大圈	湘江	排涝	1976/2018	3	2400	22.50	7.00	32.50	34.50	37.36	39.80	39.80	12.00	4.00	无
2	石头堤泵站	高塘岭街道	大众垸	烂泥湖大圈	湘江	排涝	2015/2019	4	1920	15.66	7.15	26.50	35.00	37.20	39.80	39.80	3.30	0.90	无
3	粉行泵站	高塘岭街道	大众垸	烂泥湖大圈	湘江	排涝	1972/2018	4	1000	9.51	7.77	26.00	34.50	37.36	39.80	39.80	2.10	0.80	无
4	玉泉山泵站	靖港镇	大众垸	烂泥湖大圈	湘江	排涝	1975/2018	4	2240	20.19	7.21	26.50	34.50	37.36	39.80	39.80	3.01	1.81	无

续表

序号	泵站名称	所在乡镇	所在堤垸	所属大圈	排入河湖	功能	兴建/改造年份	装机容量		流量/(m³/s)	设计扬程/m	内湖(河)起排水位/m	所在堤防警戒水位/m	所在堤防保证水位/m	堤顶高程/m	防洪闸堤顶高程/m	受益面积/万亩		
								台数	功率/kW								集雨面积	其中：耕地	其中：内湖
5	乔口泵站	乔口镇	大众垸	烂泥湖大圈	湘江	排涝	1962/2018	4	1000	9.22	7.77	26.50	34.50	37.36	39.80	39.80	2.19	1.60	无
6	谭家巷泵站	丁字湾街道	翻身垸		沙河	排涝	1977	2	1090	1.30	16.00	29.00	35.00	37.80	38.50	38.50	5.35	0.60	无
7	枞树港泵站	白沙洲街道	同福垸		湘江	排涝	2012	4	2160	22.50	10.00	29.30	35.00	37.58	39.30	39.30	4.60	0.80	无
8	港口河泵站	大泽湖街道	联合垸		湘江	排涝	2010	4	1000	8.80	10.00	26.50	35.00	38.00	39.30	39.30	2.20	0.60	无
9	黄田坪泵站	铜官街道	石渚垸		湘江	灌溉排涝	2014	3	1270	0.60	12.00	27.20	35.00	37.20	39.20	39.20	1.50	0.80	无
10	高沙脊泵站	高塘岭街道	胜利垸		沩水	排涝	2018	10	6120	50.00	11.00	26.50	35.00	37.98	39.50	39.50	1.80	0.90	无
（六）	宁乡市		2					8	1840	35	3.31	94.10	99.30	109.47	100.01	102.24	7.80	2.18	
1	唐公庙泵站	历经铺街道	群英垸		沩水河	排涝	2020	4	840	15.80	2.01	42.00	46.80	51.56	46.69	46.24	2.87	1.12	
2	幸福渠泵站	回龙铺镇	回龙垸		沩水河	排涝	2020	4	1000	19.20	1.30	52.10	52.50	57.91	53.32	56.00	4.93	1.06	
二	株洲市		9					70	19256	187									
（一）	芦淞区		2					17	7585	89							92	0	0
1	建宁闸排渍站	建宁街道	湘江大堤		湘江	排涝	1984/2005、2016	7	5800	64.00	6.50～7.20	38.00	40.00	42.00	47.00	47.00	38.00		

续表

序号	泵站名称	所在乡镇	所在堤垸	所属大圈	排入河湖	功能	兴建/改造年份	装机容量		流量/(m^3/s)	设计扬程/m	内湖(河)起排水位/m	所在堤防警戒水位/m	所在堤防保证水位/m	堤顶高程/m	防洪闸堤顶高程/m	受益面积/万亩		
								台数	功率/kW								集雨面积	其中：耕地	其中：内湖
2	中基洲联合泵站	贺家土街道	湘江大堤		湘江	排涝	1994	10	1785	25.00	7.00	38.00	40.00	42.00	47.00	47.00	54.00		
（二）	石峰区		1					4	2240	17.00							8.00	0	0
1	新桥排渍站	铜塘湾街道	湘江大堤		湘江	排涝	2012	4	2240	17	8	38.00	40.00	42.00	47.00	47.00	8.00		
（三）	天元区		4					28	7333	70							7	0	0
1	渡口排渍站	泰山路街道	湘江大堤		湘江	排涝	1995	7	1880	15.00	5.00	39.00	40.00	42.00	47.00	47.00	0		
2	花南排渍站	泰山路街道	湘江大堤		湘江	排涝	2014	7	2795	31.00	5.00	35.00	40.00	42.00	47.00	47.00	1.00		
3	陈埠港排渍站	嵩山路街道	湘江大堤		湘江	排涝	2004	6	1542	14.00	7.00	37.00	40.00	42.00	47	47.00	1.00		
4	韶溪联合泵站	嵩山路街道	湘江大堤		湘江	排涝	2006	8	1116	10.00	8.00	37.00	40.00	42.00	47	47.00	4.00		
（四）	渌口区		2					21	2098	11							4	2	0
1	黄竹港联合泵站	龙船镇	湘江大堤		湘江	灌排	1995	8	1050	4.00	8.00	40.00	42.00	44.00	49.00	49.00	2.00	1.00	
2	王十万联合泵站	龙船镇	湘江大堤		湘江	灌排	1970	13	1048	7.00	11.00	41.00	43.00	45.00	49.00	49.00	2.00	1.00	
三	湘潭市		12					85	35025	326	42								
（一）	湘潭县		3					18	5975	56							34	6	0

续表

序号	泵站名称	所在乡镇	所在堤垸	所属大圈	排入河湖	功能	兴建/改造年份	装机容量		流量/(m^3/s)	设计扬程/m	内湖(河)起排水位/m	所在堤防警戒水位/m	所在堤防保证水位/m	堤顶高程/m	防洪闸堤顶高程/m	受益面积/万亩		
								台数	功率/kW								集雨面积	其中：耕地	其中：内湖
1	邯郸港埠泵站	易俗河镇	滨江堤		湘江	排涝	2007	6	2110	20.00	7.30	35.50	38.00	39.50	43.50	35.50	9.20	1.50	
2	京竹泵站	易俗河镇	滨江堤		湘江	排涝	2019	7	1865	16.00	8.00	35.50	38.00	39.50	43.50	35.50	3.71	1.50	
3	湾东港泵站	易俗河镇	滨江堤		湘江	排涝	2016	5	2000	19.80	7.50	36.00	38.00	39.50	43.90	35.50	21.00	3.00	
（二）	雨湖区		3					22	5660	60.00							27.78	10.00	
1	竹埠港泵站	护潭街道	天星堤		湘江	排涝	1972	7	1005	13.00	4.51	34.50	38.00	39.50	42.50	34.00	9.68	5.00	
2	唐兴桥泵站	窑湾街道	十万垅		湘江	排涝	1966	9	1895	16.00	8.00	34.50	38.00	39.50	42.50	34.00	4.65	2.00	
3	万楼泵站	万楼街道	河西堤		湘江	排涝	2018	6	2760	31.00	7.10	36.00	38.00	39.50	42.50	34.00	13.45	3.00	
（三）	岳塘区		6					45	23390	210.45	42						17.43613		
1	金江电排站	昭山镇	仰天湖		湘江	排水	2005	18	11400	104.00	7.00	34.50	38.00	39.50	38.00	40.5	9.00		
2	王家晒电排站	荷塘街道	仰天湖		湘江	排水	2009	8	2790	24.55	6.50	34.50	39.00	39.50	41.00	41	0.70		
3	木鱼湖泵站	宝塔街道	河东大堤		湘江	排水	2010	8	4420	40.00	7.50	35.50	40.00	39.50	42.50	42	3.82		
4	严家港泵站	双马街道	河东大堤		湘江	排水	2010	4	1800	16.40	6.50	36.20	39.00	39.50	42.50	42	1.35		

续表

序号	泵站名称	所在乡镇	所在堤垸	所属大圈	排入河湖	功能	兴建/改造年份	装机容量		流量/(m^3/s)	设计扬程/m	内湖(河)起排水位/m	所在堤防警戒水位/m	所在堤防保证水位/m	堤顶高程/m	防洪闸堤顶高程/m	受益面积/万亩		
								台数	功率/kW								集雨面积	其中：耕地	其中：内湖
5	社山港泵站	双马街道	河东大堤		湘江	排水	2019	4	1750	15.50	7.50	35.50	40.00	39.50	42.50	41.5	1.42		
6	向家坝泵站	双马街道	河东大堤		湘江	排水	2018	3	1230	10.00	7.00	36.50	41.00	39.50	42.50	42	1.14		
四	岳阳市		65					387	142665	1453	30								43
(一)	华容县		18					126	36260	432.93							117.88	65.90	8.39
1	花兰窖泵站	禹山	护城垸	华容护城	藕池河	灌排	1976/2009	4	3200	31.20	8.00	27.50	35.50	36.50	38.30	38.30	30.23	14.20	2.22
2	万庚泵站	万 庚	护城垸	华容护城	华容河	灌排	1965/2020	6	1100	9.00	9.20	27.50	34.50	35.50	39.20	39.20	1.80	1.20	
3	三汊河泵站	禹山	护城垸	华容护城	华容河	灌排	1967/2009	7	1120	10.85	6.50	27.50	34.50	35.50	37.80	37.80	3.00	2.50	0.60
4	北景港泵站	北景港	护城垸	华容护城	藕池河	灌排	2000	6	1260	10.80	7.50	27.50	35.50	36.50	39.00	39.00	3.80	2.80	0.60
5	南岳庙泵站	操军	集成安合垸		藕池河东支	灌排	1966/2009	11	1760	16.50	6.90	29.50	36.50	38.00	39.00	39.00	3.70	3.20	0.75
6	申家河泵站	梅田湖	集成安合垸		藕池河东支	排涝	1973/2009	8	1280	12.00	7.60	31.80	36.50	38.00	39.60	39.60	2.90	2.60	0.06
7	长荆泵站	东山	民生垸		长江	排涝	1966/2020	6	1100	10.92	4.20	29.50	36.00	37.50	39.90	39.90	1.00	0.90	
8	石山矶泵站	章华	护城垸	华容护城	华容河	排涝	1981/2009	3	2400	23.40	8.00	27.50	34.50	35.50	38.40	38.40	34.60	14.00	1.88

续表

序号	泵站名称	所在乡镇	所在堤垸	所属大圈	排入河湖	功能	兴建/改造年份	装机容量		流量/(m^3/s)	设计扬程/m	内湖(河)起排水位/m	所在堤防警戒水位/m	所在堤防保证水位/m	堤顶高程/m	防洪闸堤顶高程/m	受益面积/万亩		
								台数	功率/kW								集雨面积	其中：耕地	其中：内湖
9	麻浬泗泵站	章华	护城垸	华容护城	华容河	排涝	1965/2010 2020	10	1600	15.00	7.50	27.50	34.50	35.50	38.10	38.10	4.75	4.50	0.62
10	新麻浬泗泵站	章华	护城垸	华容护城	华容河	排涝	2019	6	2700	18.00	9.20	27.50	34.50	35.50	38.10	38.10	2.04	1.50	
11	团北泵站	团洲	团洲垸	钱粮湖大圈	洞庭湖	排涝	2000	8	1440	12.00	7.50	27.50	33.50	35.00	36.80	36.80	4.10	2.80	
12	向东泵站	注滋口	隆西	大通湖东垸	洞庭湖	排涝	1984/2005 2016 2020	8	1600	11.20	10.32	27.80	33.50	35.00	36.90	36.90	4.23	1.80	
13	东浃河泵站	注滋口	幸福新洲垸	大通湖东垸	洞庭湖	排涝	1990/2020	8	1480	12.64	8.88	27.50	33.50	35.00	37.00	37.00	9.00	1.25	0.27
14	南堤拐泵站	治河渡	新华垸	钱粮湖大圈	华容河	排涝	1986/2020	8	1480	11.52	6.78	28.20	33.50	35.00	37.00	37.00	2.35	2.00	
15	友谊泵站	东山	民生垸		长江	排涝	2005/2020	8	1760	15.36	8.42	30.00	36.00	37.50	40.00	40.00	4.90	4.30	0.60
16	大荆湖泵站	东山	民生垸	-	长江	排涝	1996/2013 2020	8	1480	12.80	8.42	31.50	36.00	37.50	40.00	40.00	3.68	4.39	0.80
17	六门闸泵站	钱粮湖镇	钱南垸	钱粮湖大圈	洞庭湖	排涝	在建	6	8400	190.00	3.00	32.50	33.50	35.00	36.80	36.80			

续表

序号	泵站名称	所在乡镇	所在堤垸	所属大圈	排入河湖	功能	兴建/改造年份	装机容量		流量/(m^3/s)	设计扬程/m	内湖(河)起排水位/m	所在堤防警戒水位/m	所在堤防保证水位/m	堤顶高程/m	防洪闸堤顶高程/m	受益面积/万亩		
								台数	功率/kW								集雨面积	其中：耕地	其中：内湖
18	鲇市泵站	鲇鱼须镇	护城垸	华容护城	藕池河东支	灌排	1977/2020	5	1100	9.74	8.43	27.50	36.50	37.70	39.80	39.80	1.80	1.96	
(二)	湘阴县		11					64	22480	219.92							84.22	21.71	2.79
1	蔡家港泵站	鹤龙湖镇	城西垸		湘江	排涝	1999	4	1240	10.00	9.40	26.60	34.00	35.50	37.50	37.50	1.20	0.80	0.20
2	城西泵站	鹤龙湖镇	城西垸		湘江	排涝	1975	14	2520	19.60	8.00	26.80	34.00	35.50	37.50	37.50	5.40	4.81	0.81
3	黄泥嘞泵站	岭北镇	烂泥湖大圈		湘江	排涝	2002	4	1240	9.92	7.50	28.30	34.50	36.00	37.50	37.50	1.10	0.58	
4	许家台泵站	石塘镇	白泥湖垸		湘江	排灌	1996	6	1200	10.20	8.70	27.00	34.00	35.50	37.50	37.50	1.80	1.20	0.43
5	黄口潭泵站	南湖洲镇	湘滨南湖垸		资水	排灌	1980	6	1320	10.02	8.00	26.90	34.00	36.00	37.50	37.50	2.20	1.67	
6	永兴泵站	岭北镇	烂泥湖大圈		湘江	排涝	1996	4	1240	9.32	9.40	28.20	34.00	36.00	37.50	37.50	4.30	0.40	0.03
7	官港泵站	岭北镇	烂泥湖大圈		湘江	排涝	1978	2	2000	15.60	6.50	28.20	34.50	36.00	37.50	37.50	4.30	4.25	0.25
8	王家河泵站	湘滨镇	湘滨南湖垸		资水	排涝	1990	9	1520	10.60	8.00	28.40	34.00	36.00	37.50	37.50	9.30	3.50	0.80
9	东河坝泵站	新泉镇	烂泥湖大圈		资水	排涝	1978	2	2000	15.10	9.20	26.90	34.00	36.00	37.50	37.50	9.00	4.50	0.27
10	洋沙湖泵站	洋沙湖街道	洋沙湖垸		湘江	排涝	2018	5	5000	64.00	4.16	31.50	34.00	35.50	37.50	37.50	30.75		

续表

序号	泵站名称	所在乡镇	所在堤垸	所属大圈	排入河湖	功能	兴建/改造年份	装机容量		流量/(m^3/s)	设计扬程/m	内湖(河)起排水位/m	所在堤防警戒水位/m	所在堤防保证水位/m	堤顶高程/m	防洪闸堤顶高程/m	受益面积/万亩		
								台数	功率/kW								集雨面积	其中：耕地	其中：内湖
11	新泉寺泵站	新泉镇	烂泥湖大圈		湘江	排涝	2019-6	8	3200	45.56	2.83	32.00	34.00	36.00	37.50	37.50	14.87		
(三)	君山区		10					58	21710	194.93							40.75	27.53	2.94
1	悦来河泵站	钱粮湖镇	钱南垸	钱粮湖大圈	洞庭湖	灌排	1990	4	3200	32.00	5.30	27.50	32.50	35.00	31	36.70	10.41	5.77	0.95
2	牛奶铺泵站	柳林洲镇	君山垸		洞庭湖	排涝	2020	5	2520	21.34	8.76	26.50	33.50	35.00	37.00	37.00			
3	友谊泵站	许市镇	钱粮湖大圈		洞庭湖	灌排	2019	6	3780	30.80	7.38	28.00	33.50	35.00	35.00	37.00	9.23		
4	钱口泵站	钱粮湖镇	钱粮湖大圈		华容河	排涝	1977	6	1080	9.60	6.30	26.50	33.50	35.00	35.00	36.80	1.20		
5	灌头尖泵站	钱粮湖镇	钱南垸	钱粮湖大圈	华容河	排涝	1980	8	1280	10.40	6.30	26.50	33.50	35.00	35.00	36.80	4.03	2.24	0.37
6	层山泵站	钱粮湖镇	钱南垸	钱粮湖大圈	华容河	排涝	1963	8	1280	10.40	5.30	26.50	33.50	35.00	35.00	37.00	4.03	2.24	0.37
7	二门闸泵站	钱粮湖镇	钱南垸	钱粮湖大圈	洞庭湖	排涝	1965	7	1120	9.10	5.30	26.20	33.50	35.00	35.00	37.00	3.53	1.96	0.32
8	穆湖铺泵站	柳林洲镇	君山垸		洞庭湖	排涝	2008	4	3200	29.24	8.00	26.80	33.50	35.00	38.50	38.50	8.32	8.00	0.53
9	广兴洲泵站	广兴洲镇	建设垸		洞庭湖	灌排	1993	4	3200	32.00	8.11	27.30	34.50	36.00	36.00	37.00		7.32	0.40
10	采桑湖泵站	钱粮湖镇	钱南垸	钱粮湖大圈	洞庭湖	排涝	1980	6	1050	10.05	8.00	26.50	33.50	35.00	35.00	37.00			

续表

序号	泵站名称	所在乡镇	所在堤垸	所属大圈	排入河湖	功能	兴建/改造年份	装机容量		流量/(m^3/s)	设计扬程/m	内湖(河)起排水位/m	所在堤防警戒水位/m	所在堤防保证水位/m	堤顶高程/m	防洪闸堤顶高程/m	受益面积/万亩		
								台数	功率/kW								集雨面积	其中：耕地	其中：内湖
（四）	岳阳县		5					22	9750	87.04							27.08	19.20	4.93
1	中洲大电排泵站	中洲乡	中洲垸		东洞庭湖	排涝	2002	4	3200	37.60	5.70	27.00	33.50	35.00	37.20	37.20	13.00	6.00	2.03
2	北湖村北闸泵站	麻塘办事处	麻塘垸		东洞庭湖	排涝	1975	4	2000	14.96	6.50	24.50	33.50	35.00	37.50	37.50	2.22	3.90	0.04
3	麻塘垸中闸电排泵站	麻塘办事处	麻塘垸		东洞庭湖	排涝	1971	4	1000	7.60	6.50	25.00	33.50	35.00	37.50	37.50	1.70	3.90	0.18
4	北垸村新北套电排泵站	中洲乡	中洲垸		东洞庭湖	排涝	1976	4	1420	10.80	8.00	24.50	33.50	35.00	37.20	37.20	3.16	1.00	2.38
5	三江村南套泵站	中洲乡	中洲垸		东洞庭湖	排涝	1979	6	2130	16.08	9.50	24.00	33.50	35.00	37.20	37.20	7.00	4.40	0.32
（五）	临湘市		4					25	16380	216	30						360	32	18
1	铁山嘴泵站	黄盖镇	黄盖垸		长江	排涝	1989/2008/2021	5	12000	180.00	4.50	26.50	28.50	29.50	31.50		230.70	19.60	10.50
2	群英泵站	黄盖镇	黄盖垸		鸭棚口河	灌溉排涝	1980	6	1110	10.40	7.60	20.00	28.50	29.50	31.50	31.50	34.00	2.86	0.84

续表

序号	泵站名称	所在乡镇	所在堤垸	所属大圈	排入河湖	功能	兴建/改造年份	装机容量		流量/(m^3/s)	设计扬程/m	内湖(河)起排水位/m	所在堤防警戒水位/m	所在堤防保证水位/m	堤顶高程/m	防洪闸堤顶高程/m	受益面积/万亩		
								台数	功率/kW								集雨面积	其中：耕地	其中：内湖
3	谷花洲泵站	江南镇	江南垸	江南陆城	长江	排涝	1979/2009	10	1850	14.30	9.00	25.00	32.00	33.50	36.50	36.50	25.00	6.00	5.00
4	烟波尾泵站	江南镇	江南垸	江南陆城	长江	排涝	2000	4	1420	11.20	8.50	25.50	26.50	25.50	34.00		70.00	4.00	1.90
（六）	云溪区		2					8	5200	34							21.84	2.36	
1	象骨港泵站	松杨湖街道	永济垸		长江	排涝	2020	4	1800	12.80	11.63	25.50	32.50	34.00	37.60	37.60	10.92	1.18	
2	永济泵站	松杨湖街道	永济垸		长江	排涝	2020	4	3400	21.06	11.63	25.50	32.50	34.00	37.60	37.60	10.92	1.18	
（七）	汨罗市		2					14	2810	22.70							69.68	3.21	0.66
1	长山泵站	白塘镇	磊石垸		汨罗江	排渍	1978	10	1550	12.70	10.00	25.60	33.50	35.50	37.50	37.50	36.28	2.42	0.42
2	江南堤泵站	白塘镇	磊石垸		汨罗江	排渍	2018	4	1260	10.00	8.30	26.00	33.50	35.50	37.50	37.50	33.40	0.79	0.24
八	屈原区		4					23	9055	76.95							19.51	9.90	0.38
1	磊石泵站	凤凰乡	屈原垸		洞庭湖	排涝	1978	4	3200	28.00	8.00		33.50	35.50	38.00	38.00	7.28	3.70	0.18
2	周家垅泵站	凤凰乡	屈原垸		洞庭湖	排涝	2019	5	2250	17.75	9.90		33.50	35.50	38.00	38.00	4.62	2.40	0.18
3	青港泵站	凤凰乡	屈原垸		洞庭湖	排涝灌溉	1968	8	1625	16.00	7.50		33.50	35.50	38.00	38.00	3.56	1.80	0.01
4	推山嘴泵站	营田镇	屈原垸		洞庭湖	排涝	1995	6	1980	15.20	7.50		33.50	35.50	38.00	38.00	4.05	2.00	0.01

续表

序号	泵站名称	所在乡镇	所在堤垸	所属大圈	排入河湖	功能	兴建/改造年份	装机容量		流量/(m^3/s)	设计扬程/m	内湖(河)起排水位/m	所在堤防警戒水位/m	所在堤防保证水位/m	堤顶高程/m	防洪闸堤顶高程/m	受益面积/万亩		
								台数	功率/kW								集雨面积	其中：耕地	其中：内湖
(九)	建新农场		3					14	3580	33.01							6.85	4.80	
1	三津渠泵站	岳阳监狱	建新		洞庭湖	排涝	2009	4	1260	10.25	8.11	28.50	33.50	35.00	36.50	36.50	2.00	1.20	
2	柳叶湖泵站	岳阳监狱	建新		洞庭湖	排涝	2009	6	1320	12.56	7.30	29.00	33.50	35.00	37.50	37.50	2.20	2.00	
3	黄安湖泵站	0	建新		洞庭湖	排涝	1999	4	1000	10.20	7.60	28.50	33.50	35.00	36.50	36.50	2.65	1.60	
(十)	市直属		6					33	15440	136							353	108	5
1	南湖泵站	岳阳楼区	南湖涝区		洞庭湖	排涝	2019	7	7000	66.50	7.02	26.06	31.06	34.55	35.56	35.56	23.18	1.90	2.15
2	东风湖泵站	岳阳楼区	东风湖涝区		洞庭湖	排涝	1993	8	1240	12.00	7.48	26.06	31.06	34.55	35.06	35.06	2.60		0.38
3	土矶头泵站	陆城	陆城垸	江南陆城	长江	排涝	1999	5	2000	13.00	9.00	25.50	32.50	34.00	37.40	37.40	78.80	3.80	0.86
4	新设泵站	陆城	陆城垸	江南陆城	长江	排涝	2003	3	1200	12.30	6.80	25.50	32.50	34.00	37.40	37.40	78.70	3.80	0.86
5	鸭栏泵站	江南	江南垸	江南陆城	长江	排涝	2003	3	1200	12.30	6.80	26.00	32.00	33.50	36.90	36.90	14.57	2.85	0.50
6	长江补水取水泵站	许市镇	建设垸		长江	灌溉	2018	7	2800	19.54	9.50		34.44	35.00	36.00		155.46	95.47	
五	常德市		74					455	195354										180

续表

序号	泵站名称	所在乡镇	所在堤垸	所属大圈	排入河湖	功能	兴建/改造年份	装机容量		流量/(m^3/s)	设计扬程/m	内湖(河)起排水位/m	所在堤防警戒水位/m	所在堤防保证水位/m	堤顶高程/m	防洪闸堤顶高程/m	受益面积/万亩		
								台数	功率/kW								集雨面积	其中：耕地	其中：内湖
(一)	武陵区		1					4	1240	10.16							4.10	2.90	0.05
1	观音寺泵站	芦荻山乡	芦山垸	沅澧大圈	沅江	排涝	1999	4	1240	10.16	9.20	31.50	39.00	40.68	43.00	43.00	4.10	2.90	0.05
(二)	鼎城区		12					76	30090	363.84							162.72	133.54	23.73
1	苏家吉泵站	贺家山农场	八官垸	沅澧大圈	沅江	排涝	2003	4	6400	156.40	3.20	34.50	34.50	34.30	41.60	41.60	83.12	67.30	19.65
2	牛鼻滩泵站	牛鼻滩镇	八官垸	沅澧大圈	沅江	排涝	1993	4	5000	54.00	8.50	37.00	37.00	38.55	41.70	41.70	11.56	6.32	0.15
3	谈家河泵站	牛鼻滩镇	八官垸	沅澧大圈	冲柳高水	灌排	1977	5	4000	35.00	8.70	35.00	35.00	35.50	38.50	38.50	9.25	5.06	0.50
4	芷湾泵站	牛鼻滩镇	八官垸	沅澧大圈	沅江	灌排	1958	6	1080	9.54	8.00	37.00	37.00	38.50	41.84	41.84	2.50	1.37	0.15
5	大沙河口泵站	十美堂镇	民主阳城垸	沅澧大圈	澧水	灌排	1974	4	4000	28.00	9.60	37.00	37.00	38.30	41.00	41.00	18.48	10.22	1.50
6	小沙河口泵站	十美堂镇	民主阳城垸	沅澧大圈	澧水	灌排	1964	7	1230	11.20	6.80	37.00	37.00	38.30	41.00	41.00	6.31	3.49	0.04
7	汪家洲泵站	蒿子港镇	民主阳城垸	沅澧大圈	澧水	灌排	1965	7	1260	12.10	7.50	37.00	37.00	38.30	41.68	41.68	6.31	3.49	0.90
8	天井碚泵站	郭家铺街道	善卷垸		沅江	灌排	1980	7	1295	10.50	7.50	38.50	38.50	40.67	44.30	44.30	2.75	8.50	0.03
9	永安碚泵站	郭家铺街道	善卷垸		沅江	排涝	2000	8	1420	10.40	7.50	38.50	38.50	40.67	44.40	44.40	2.75	8.50	0.03

续表

序号	泵站名称	所在乡镇	所在堤垸	所属大圈	排入河湖	功能	兴建/改造年份	装机容量		流量/(m^3/s)	设计扬程/m	内湖(河)起排水位/m	所在堤防警戒水位/m	所在堤防保证水位/m	堤顶高程/m	防洪闸堤顶高程/m	受益面积/万亩		
								台数	功率/kW								集雨面积	其中：耕地	其中：内湖
10	茅坪泵站	斗姆湖街道	善卷垸		沅江	排涝	1969	7	1295	10.50	7.00	38.50	38.50	40.67	44.70	44.70	8.30	3.90	0.71
11	牛望嘴泵站	十美堂镇	民主阳城垸	沅澧大圈	澧水	灌排	1964	7	1260	11.20	7.03	37.00	37.00	38.30	40.50	40.50	5.29	11.56	0.02
12	邱家硚泵站	石门桥镇	三合垸	沅南垸	沅江	排涝	1979	10	1850	15.00	7.50	31.10	37.50	39.00			6.10	3.83	0.05
（三）	汉寿县		13					71	42050	478							244	163	28
1	岩汪湖泵站	岩汪湖镇	沅南垸		目平湖	灌排	1975	8	10000	58.40	10.59	27.30	35.50	36.79	39.50	39.50	36.50	17.60	3.36
2	蒋家嘴泵站	蒋家嘴	沅南垸		目平湖	排涝	1992	5	6250	192	3.00	34.00	35.50	36.50	38.39	38.39	84.60	30.20	3.85
3	坡头泵站	坡头	西湖垸	沅澧大圈	目平湖	灌排	1976	2	7600	55.20	10.28	27.00	35.50	36.85	39.64	39.64	40.78	26.10	2.03
4	新赵家河泵站	西港	西湖垸	沅澧大圈	目平湖	排涝	2018	3	2400	27.00	6.64	28.78	35.50	36.46	39.50	39.50	2.68	25.40	3.70
5	赵家河泵站	西港	西湖垸	沅澧大圈	目平湖	灌排	1965	9	1665	16.98	7.00	27.00	35.50	36.46	39.41	39.41	8.09	4.95	0.81
6	小港西泵站	洲口	西湖垸	沅澧大圈	沅江洪道	灌排	1965	6	1200	12.24	7.00	27.00	36.50	38.25	39.93	39.93	5.56	3.40	0.42
7	全家口泵站	罐头嘴	西湖垸	沅澧大圈	沅江洪道	灌排	1990	6	1680	12.00	10.00	27.00	37.00	38.67	40.79	40.79	10.70	3.33	0.37
8	龙打吉泵站	罐头嘴	西湖垸	沅澧大圈	沅江洪道	灌排	1958	8	1320	10.47	9.00	27.00	37.00	38.67	40.60	40.60	3.36	2.17	2.40

续表

序号	泵站名称	所在乡镇	所在堤垸	所属大圈	排入河湖	功能	兴建/改造年份	装机容量		流量/(m³/s)	设计扬程/m	内湖(河)起排水位/m	所在堤防警戒水位/m	所在堤防保证水位/m	堤顶高程/m	防洪闸堤顶高程/m	受益面积/万亩		
								台数	功率/kW								集雨面积	其中：耕地	其中：内湖
9	菱北泵站	沧港	沅南垸		沅江洪道	灌排	1965	7	1335	11.53	7.00	28.90	37.00	39.07	41.20	41.20	6.78	5.42	2.70
10	车脑泵站	沧港	沅南垸		沅江洪道	排涝	2014	5	1200	11.63	7.00	30.00	37.20	39.44	40.38	40.38	5.98	5.15	2.20
11	盘湖硚泵站	沧港	沅南垸		沅江洪道	灌排	1965	6	1140	11.10	7.00	30.00	37.50	40.00	42.37	42.37	2.18	5.32	2.10
12	马家铺泵站	龙阳	沅南垸		沅江洪道	排涝	2021	4	5000	30.82	12.57	25.50	36.50	38.12	40.22	40.22	34.16	15.80	2.50
13	翻水口泵站	株木山	沅南垸		沅江洪道	灌排	2020	2	1260	28.47	2.00	32.00	35.70	35.90	39.50	39.50	2.50	17.69	1.50
(四)	安乡县		13					77	24470	183							140	78	14
1	仙桃泵站	安康乡	安保垸		淞虎	排涝	1976/2009	2	4400	43.00	5.62	30.60	37.50	39.38	40.80	40.80	31.50	18.63	3.14
2	六角尾泵站	陈家嘴镇	安保垸		淞虎	排涝	1977/2008	4	3200	28.00	7.50	31.00	36.50	38.54	40.38	40.38	17.98	14.00	0.15
3	下渔口泵站	下渔口镇	安保垸		淞虎	灌排	1965/2019	9	1665	13.95	8.00	29.40	36.50	38.54	40.66	40.66	5.71	2.25	0.10
4	五七泵站	安障乡	安造垸		淞滋东支	灌排	1977/2009	10	1850	15.00	7.60	31.60	37.50	39.38	42.00	42.00	12.86	6.46	0.42
5	大鲸港泵站	大鲸港镇	安保垸		淞滋东支	灌排	1965/2009	9	1620	13.80	7.60	30.40	37.00	39.38	41.69	41.69	12.70	4.80	3.00
6	芦林铺泵站	芦林铺镇	安保垸		淞虎	灌排	1964/2014	7	1120	10.50	7.07	30.30	35.50	37.16	39.73	39.73	6.20	2.70	0.07

续表

序号	泵站名称	所在乡镇	所在堤垸	所属大圈	排入河湖	功能	兴建/改造年份	装机容量		流量/(m^3/s)	设计扬程/m	内湖(河)起排水位/m	所在堤防警戒水位/m	所在堤防保证水位/m	堤顶高程/m	防洪闸堤顶高程/m	受益面积/万亩		
								台数	功率/kW								集雨面积	其中：耕地	其中：内湖
7	东保泵站	大湖口镇	安澧垸		淞滋东支	灌排	1996/2013	8	1480	12.00	8.18	38.50	40.74	40.74	42.45	42.45	7.80	5.30	0.40
8	董家垱泵站	安全乡	安造垸		虎渡	灌排	1965/2009	8	1440	12.00	8.60	31.50	37.50	39.36	41.56	41.56	5.54	1.94	0.25
9	张九台泵站	大湖口镇	安澧垸		淞滋东支	灌排	1966/2003	6	1250	10.30	7.33	30.80	38.00	40.33	42.51	42.51	7.84	7.86	0.15
10	长岭洲泵站	深柳镇	安造垸		淞虎	灌排	1985/2008	5	1385	10.00	8.50	31.00	37.50	39.38	41.50	41.50	10.20	3.88	0.31
11	祝家渡泵站	深柳镇	安造垸		淞虎	灌排	2018	3	1890	14.00	9.43	28.50	37.50	39.38	41.50	41.50	10.20	5.04	0.24
12	豆港泵站	安丰乡	安保垸		澧水	灌排	2019	3	1820	15.53(引) 5.80(排)	10.50/3.45	30.50	39.00	41.36	42.50	42.50	3.50	0.75	2.75
13	赵家湖泵站	大鲸港镇	安保垸		澧水	灌排	2015	3	1350	10.21(引) 9.96(排)	8.93	30.85	38.50	40.59	42.48	42.48	8.14	4.02	2.70
（五）	澧县		12					74	42980	508	122	369	476	467	488	488	310	69	5
1	羊湖口泵站	澧澹街道	澧阳垸	松澧大圈	澧水	排涝	1995	4	6400	82.00	6.37	37.00	39.00	40.79	43.50	43.50	53.70	23.80	3.06
2	观音港泵站	小渡口镇	澧淞垸	松澧大圈	澧水	排涝	1980	4	4000	32.00	9.80	31.50	39.50	42.95	46.00	46.00	34.40	17.20	0.30

续表

序号	泵站名称	所在乡镇	所在堤垸	所属大圈	排入河湖	功能	兴建/改造年份	装机容量		流量/(m^3/s)	设计扬程/m	内湖(河)起排水位/m	所在堤防警戒水位/m	所在堤防保证水位/m	堤顶高程/m	防洪闸堤顶高程/m	受益面积/万亩		
								台数	功率/kW								集雨面积	其中：耕地	其中：内湖
3	黄沙湾泵站	澧阳街道	澧阳垸	松澧大圈	澧水	排涝	1983	10	2000	18.00	6.50	36.50	43.50	46.10	48.70	48.70	8.80	6.33	
4	崔家湾泵站	梦溪镇	涔康下垸	松澧大圈	涔水	排涝	1995	7	1120	9.59	8.13	32.50	39.50	40.50	43.00	43.00	2.70	2.00	0.45
5	福田寺泵站	澧澹街道	澧阳垸	松澧大圈	澹水	排涝	1995	7	1120	10.59	6.00	34.50	39.50	42.00	43.50	43.50	7.00	2.55	
6	罗家湖泵站	官垸镇	西官垸		松滋河	排涝 灌溉	1997	7	1295	9.80	8.00	32.00	39.00	41.04	42.50	42.50	5.00	2.50	
7	青龙窖泵站	如东镇	澧淞垸	松澧大圈	松滋河	排涝 灌溉	1983	8	1480	12.00	7.65	32.50	40.00	41.78	44.40	44.40	11.50	5.18	1.40
8	紫水溪泵站	澧南镇	澧南垸		道水	排涝 灌溉	2000	6	1580	12.88	9.67	34.50	42.50	45.67	46.20	46.20	6.60	3.75	0.12
9	丁家湖泵站	小渡口镇	澧淞垸	松澧大圈	松滋河	排涝	2001	3	1065	7.99	8.75	31.80	39.50	41.71	44.40	44.40	2.30	1.80	
10	六方台泵站	涔南镇	澧阳垸	松澧大圈	涔水	排涝	1993	6	1110	8.80	8.61	33.15	40.00	42.15	42.50	42.50	6.85	2.10	
11	上河口泵站	涔南镇	澧阳垸	松澧大圈	涔水	排涝	1979	6	1110	10.80	7.57	33.50	40.00	42.15	43.00	43.00		1.45	
12	小渡口泵站	小渡口镇	澧松垸	松澧大圈	澧水		2021	6	20700	294.00	34.47	涔水 37.10 澧水 38.10	34.47				171.63		
(六)	临澧		1					4	1800	23							47	4	0

续表

序号	泵站名称	所在乡镇	所在堤垸	所属大圈	排入河湖	功能	兴建/改造年份	装机容量		流量/(m^3/s)	设计扬程/m	内湖(河)起排水位/m	所在堤防警戒水位/m	所在堤防保证水位/m	堤顶高程/m	防洪闸堤顶高程/m	受益面积/万亩		
								台数	功率/kW								集雨面积	其中：耕地	其中：内湖
1	高家垱泵站	合口镇	松澧垸		澧水	排涝	2020	4	1800	23.30	5.49	43.50	49.50	51.96	52.80	52.80	47.30	4.18	0.12
（七）	桃源县		6					49	10098	91	31						27	11	0
1	马井泵站	陬市镇	陬溪垸		陬溪	排涝	1980	10	2200	18.00	6.00	35.50	41.00	43.14	46.50	46.50	11.70	3.76	0.07
2	西溪泵站	木塘垸镇	木塘垸		沅江	排涝	1979	8	1480	12.00	6.00	35.20	41.00	42.85	45.28	45.28	3.80	2.83	0.01
3	黄花井泵站	漳江街道	漳江垸		延溪	排涝	1983/2016	11	2540	23.30	4.40	39.50	42.50	45.40	48.90	48.90	1.6350	0.2777	0.04
4	延泉泵站	漳江街道	车湖垸		白洋河	排涝	1983	9	1188	10.80	5.20	37.00	42.00	44.30	47.20	47.20	5.70	2.95	0.07
5	新桥泵站	浔阳街道	漳江垸		沅江	排涝	1974/2014	8	1745	16.95	4.80	39.50	42.50	45.40	48.90	48.90	2.76	0.5615	0.02
6	梅溪桥泵站	浔阳街道	浔阳垸		沅江	排涝	2017	3	945	10.35	4.70	39.00	42.50	45.40	48.20	48.20	1.29	0.40	0.003
（八）	津市市		5					24	12400	101							66	24	9
1	毛里湖泵站	毛里湖镇	西湖垸	沅澧大圈	澧水	排涝	2018	4	5600	50.00	7.50	30.1	38.50	40.82	44.00	44.00	55.00	18.00	6.00
2	石龟山泵站	毛里湖镇	西湖垸	沅澧大圈	澧水	排涝	1989	3	1500	10.67	8.00	31.00	38.50	40.82	44.00	44.00	2.40	2.08	0.83
3	汪家桥泵站	汪家桥街道办事处	护市垸	松澧大圈	澧水	排涝	1982	5	1820	13.30	7.50	32.00	41.00	44.02	46.82	46.82	1.17		0.47

续表

序号	泵站名称	所在乡镇	所在堤垸	所属大圈	排入河湖	功能	兴建/改造年份	装机容量		流量/(m^3/s)	设计扬程/m	内湖(河)起排水位/m	所在堤防警戒水位/m	所在堤防保证水位/m	堤顶高程/m	防洪闸堤顶高程/m	受益面积/万亩		
								台数	功率/kW								集雨面积	其中：耕地	其中：内湖
4	澧阳泵站	襄阳街街道办事处	阳由垸		澧水	排涝	1965	6	1500	10.48	8.50	32.50	41.00	44.02	46.50	46.50	3.22	0.50	0.40
5	新洲泵站	新洲镇	新洲上垸		澧水	排涝	1989	6	1980	16.96	7.00	35.00	40.00	43.33	45.50	45.50	4.45	3.50	0.80
(九)	石门县		1					4	1120	17.20							2.34	0.05	
1	东方桥泵站	楚江街道办	易市垸		澧水	排涝	1999	4	1120	17.20	3.70	56.50	58.50	61	62.00	62.00	2.34	0.05	
(十)	津市农场		1					10	1150	8.90							2.80	0.90	
1	白羊堤泵站	津市监狱	涔澹	松澧大圈	涔水	灌排	1992	10	1150	8.90	9.50		39.00	41.56	43.00	43.00	2.80	0.90	
(十一)	西湖区		1					10	1600	11.40							10.00	5.70	
1	三角堤泵站	西湖镇	西湖垸	沅澧大圈	澧水	排涝	1988/2009	10	1600	11.40	8.68	29.10	36.00	36.73	40.10	40.10	10.00	5.70	
(十二)	西洞庭		4					24	5556	51							9.36	7.65	5.08
1	王家湖泵站	西洞庭管理区祝丰镇	民主阳城垸	沅澧大圈	冲柳高水	排涝	1979/2014	4	1600	14.48	8.07	29.40	35.50	36.68	39.00	39.00	3.81	2.81	1.40
2	泥港口泵站	西洞庭管理区祝丰镇	民主阳城垸	沅澧大圈	冲柳高水	排涝	1975/2019	8	1480	12.90	8.07	29.70	35.50	36.68	39.00	39.00	1.90	1.84	1.40

续表

序号	泵站名称	所在乡镇	所在堤垸	所属大圈	排入河湖	功能	兴建/改造年份	装机容量		流量/(m³/s)	设计扬程/m	内湖(河)起排水位/m	所在堤防警戒水位/m	所在堤防保证水位/m	堤顶高程/m	防洪闸堤顶高程/m	受益面积/万亩		
								台数	功率/kW								集雨面积	其中：耕地	其中：内湖
3	清明垱泵站	西洞庭管理区金凤街道	民主阳城垸	沅澧大圈	冲柳高水	排涝	2013	4	1420	12.20	5.60	30.50	35.50	36.68	39.00	39.00	1.35	1.20	0.88
4	龙泉泵站	西洞庭管理区祝丰镇	民主阳城垸	沅澧大圈	牛屎湖	灌排	1991/2020	8	1056	11.50	4.90	28.80	31.50	32.51	33.00	33.00	2.30	1.80	1.40
5	十字岔泵站					排涝	2015	4	740	13.22	4.60	29.50	31.50	32.00	32.50	32.50	0.62	0.52	0.88
(十三)	市直属		4					31	22600	231							58	28	5
1	南碚泵站	启明街道	江北城区	沅澧大圈	沅江	排涝	1991/2007	7	7000	56.50	7.39	32.50	39.00	40.68	44.50	44.50	4.74	0	0
2	马家吉泵站	启明街道	江北城区	沅澧大圈	沅江	排涝	2003/2019	12	11000	86.60	8.86	31.80	39.00	40.68	44.20	44.20	42.26	23.86	4.72
3	花山泵站	启明街道	江北城区	沅澧大圈	花山河	排涝	2014	8	2800	65.90	1.55	32.80	34.00	34.50	36.25	36.25	8.87	2.37	0
4	靳家湾泵站	启明街道	江北城区	沅澧大圈	马家吉河	排涝	2012	4	1800	21.60	3.99	29.50	34.50	35.36	34.12	38.09	2.06	1.90	0
六	益阳市		55					356	112002	1016							759	458	81.00
(一)	南县		18					114	27490	246							152	95	43.00
1	育新泵站	中鱼口	育乐垸		藕池河中支	排涝	1978/2009	4	4000	32.00	8.36	29.50	35.50	36.50	39.10	39.00	50.00	27.20	3.85

续表

序号	泵站名称	所在乡镇	所在堤垸	所属大圈	排入河湖	功能	兴建/改造年份	装机容量		流量/(m^3/s)	设计扬程/m	内湖(河)起排水位/m	所在堤防警戒水位/m	所在堤防保证水位/m	堤顶高程/m	防洪闸堤顶高程/m	受益面积/万亩		
								台数	功率/kW								集雨面积	其中：耕地	其中：内湖
2	长胜泵站	南洲镇	育乐垸		藕池河中支	排灌	1987/2009	7	1085	9.10	7.00	28.70	35.60	36.60	39.10	39.10	5.20	3.40	0.19
3	荷花泵站	南洲镇	育乐垸		藕池河中支	排灌	1974/2009	6	1080	9.60	7.50	28.70	35.60	36.60	38.70	38.70	2.20	1.30	0.09
4	下钟家嘴泵站	浪拔湖镇	育乐垸		藕池河东支	排灌	1966/2009	7	1295	11.20	8.50	28.70	35.90	36.90	39.60	39.60	4.29	2.45	0.12
5	中鱼口泵站	中鱼口	育乐垸		沱江	排灌	1961/2009	8	1110	9.60	7.80	28.70	34.50	36.00	38.80	38.80	2.73	2.30	0.58
6	白马圻泵站	南洲镇	育乐垸		沱江	排灌	1981/2009	10	1850	16.00	8.00	28.70	34.50	36.00	39.30	39.30	4.00	2.00	0.30
7	苏河泵站	乌嘴乡	大通湖垸		沱江	排灌	1972/2008	5	1100	9.00	9.20	27.20	34.50	36.00	38.50	38.50	2.30	1.60	0.39
8	复兴港泵站	华阁镇	同兴垸	大通湖东垸	藕池河东支	排灌	1965/2008	7	1295	11.90	7.50	27.20	34.00	35.50	37.20	37.20	1.57	1.10	0.28
9	疏河泵站	三仙湖	育乐垸		沱江	排灌	1966/2009	5	1100	9.00	7.30	27.30	34.50	36.00	38.50	38.50	1.60	1.02	0.42
10	双丰泵站	茅草街镇	大通湖垸		五七河	排灌	1971/2008	5	1100	9.00	8.50	27.00	34.50	36.00	38.10	38.10	1.80	1.17	31.00
11	南华港泵站	华阁镇	同兴垸	大通湖东垸	藕池河东支	排灌	1980/2008	8	1480	13.60	7.00	27.40	34.00	35.50	37.20	37.20	3.20	2.20	0.64
12	平伏泵站	明山头镇	大通湖垸		湖子口哑河	排灌	1972/2008	5	1100	9.00	7.00	25.70		35.90	37.70	37.70	2.50	1.70	0.38

续表

序号	泵站名称	所在乡镇	所在堤垸	所属大圈	排入河湖	功能	兴建/改造年份	装机容量		流量/(m^3/s)	设计扬程/m	内湖(河)起排水位/m	所在堤防警戒水位/m	所在堤防保证水位/m	堤顶高程/m	防洪闸堤顶高程/m	受益面积/万亩		
								台数	功率/kW								集雨面积	其中：耕地	其中：内湖
13	唐家湾泵站	武圣宫镇	南汉垸		淞澧洪道	排灌	1965/2011	8	1740	12.80	10.22	29.00	35.10	37.00	39.80	39.80	3.40	2.80	0.04
14	哑吧渡泵站	浪拔湖镇	南鼎垸		藕池河中支	排灌	1965/2011	6	1110	9.60	8.00	30.80	35.60	37.50	38.70	38.70	3.10	1.80	0.03
15	杨泗庙泵站	麻河口镇	和康垸		藕池河中支	排灌	1967/2012	6	1110	9.60	7.30	28.70	35.30	36.80	38.80	38.70	2.80	2.30	1.77
16	鱼尾洲泵站	南洲镇	育乐垸		藕池河东支	排灌	1970/2009	8	2315	18.20	8.00	28.50	35.50	36.50	38.80	38.80	0.80	0.50	0.12
17	三仙湖调节泵站	茅草街镇	育乐垸		赤磊洪道	排灌	2020	4	2520	38.00	4.19	34.50	34.00	36.05	39.00	39.00	58.38	38.50	2.10
18	青树嘴电排	青树嘴镇	大通湖垸		沱江	排灌	2020	5	1100	8.90	7.00	27.00	34.50	36.00	38.10	38.10	1.80	1.17	1.00
(二)	沅江市		10					65	14805	119							56.92	37.64	2.17
1	紫红洲泵站	共华镇	共双茶垸		草尾河	排涝	2008	4	4000	32.00	8.90	29.50	33.80	34.30	38.00	38.00	18.15	12.50	0.70
2	八百亩泵站	泗湖山镇	共双茶垸		草尾河	排涝	2008	8	1480	10.40	8.11	27.40	33.30	35.30	37.50	37.50	6.10	4.50	0.30
3	三码头泵站	共华镇	共双茶垸		草尾河	排涝	2008	6	1120	8.55	7.98	28.50	33.80	34.80	37.50	37.50	4.00	2.50	
4	石矶湖泵站	琼湖街道	长春垸		南洞庭湖(万子湖)	排涝	2014	6	1110	8.90	8.60	29.00	33.50	35.28	38.00	38.00	3.50	2.10	0.11

续表

序号	泵站名称	所在乡镇	所在堤垸	所属大圈	排入河湖	功能	兴建/改造年份	装机容量		流量/(m^3/s)	设计扬程/m	内湖(河)起排水位/m	所在堤防警戒水位/m	所在堤防保证水位/m	堤顶高程/m	防洪闸堤顶高程/m	受益面积/万亩		
								台数	功率/kW								集雨面积	其中：耕地	其中：内湖
5	沈家湾泵站	琼湖街道	长春垸		甘溪巷河	排涝	2013	7	1120	9.50	7.83	31.50	33.50	35.28	38.00	38.00	3.50	2.10	0.41
6	南大中心泵站（原双丰中心泵站）	南大膳镇	大通湖垸		东洞庭湖	排涝	2019	7	1120	9.50	7.45	27.00	33.20	35.00	37.50	37.50	8.22	6.55	
7	永和泵站	黄茅洲镇	大通湖垸		草尾河	排涝	2009	7	1295	9.80	8.75	28.80	33.80	34.80	38.50	37.00	5.00	4.00	
8	茶盘洲泵站	茶盘洲镇	共双茶垸		草尾河	排涝	2008	8	1440	12.10	8.94	27.50	33.30	35.00	37.50	36.50	3.50	2.50	0.65
9	熙福一站	草尾镇	大通湖垸		草尾河	排涝	2009	6	1110	8.40	8.33	28.50	34.00	36.00	38.50	37.00	4.45	0.56	
10	北河口一站	四季红镇	大通湖垸		大通湖	排涝	2014	6	1010	9.52	7.02	25.40	28.80	29.50	30.40	32.40	0.50	0.33	
（三）	赫山区		8					48	16940	144							98.67	43.30	5.65
1	新河泵站	欧江岔镇	烂泥湖垸		撇洪新河	排涝	1976	4	4000	34.00	8.00	31.00	35.50	36.80	38.75	38.75	33.35	13.40	2.46
2	小河口泵站	兰溪镇	烂泥湖垸		资江	排涝	1979	4	4400	34.00	8.50	31.50	34.50	36.50	40.60	40.60	33.58	12.34	0.85
3	罗家嘴泵站	龙光桥街道	烂泥湖垸		撇洪新河	排涝	1996	7	1120	10.22	7.00	29.60	35.50	36.80	40.00	40.00	6.15	3.80	0.06

续表

序号	泵站名称	所在乡镇	所在堤垸	所属大圈	排入河湖	功能	兴建/改造年份	装机容量		流量/(m³/s)	设计扬程/m	内湖(河)起排水位/m	所在堤防警戒水位/m	所在堤防保证水位/m	堤顶高程/m	防洪闸堤顶高程/m	受益面积/万亩		
								台数	功率/kW								集雨面积	其中：耕地	其中：内湖
4	新八字哨泵站	八字哨镇	烂泥湖垸		资江	排涝	1992	7	1295	9.45	7.50	28.00	34.00	36.00	38.30	38.30	7.05	2.60	0.28
5	苏家湖泵站	兰溪镇	烂泥湖垸		撇洪新河	排涝	1977/2001	6	1095	8.54	7.50	28..6	35.50	37.50	40.35	40.35	6.16	3.10	0.63
6	油麻潭泵站	兰溪镇	烂泥湖垸		资江	排涝	1964/2010	6	1110	8.10	8.00	27.80	34.00	36.00	38.50	38.50	4.55	2.10	0.45
7	鹿角湖泵站	八字哨镇	烂泥湖垸		资江	排涝	2018	8	2240	21.60	5.46	30.30	34.00	36.00	38.30	38.30	5.73	4.47	0.85
8	奎星塔泵站	泉交河镇	烂泥湖垸		撇洪新河	排涝	2018	6	1680	17.70	3.94	31.00	35.50	36.80	38.75	38.75	2.10	1.49	0.08
(四)	资阳区		7					50	10505	90							59.15	24.24	4.63
1	黄家湖泵站	长春镇	长春垸		甘溪港	排灌	2013	8	2220	24.90	4.70	32.00	34.00	36.50	39.80	39.80	26.25	5.10	1.70
2	南门桥泵站	长春镇	长春垸		甘溪港	排涝	1992	7	1295	11.83	7.00	28.80	34.50	36.50	39.20	39.20	12.80	6.20	0.37
3	山田泵站	张家塞乡	民主垸		万子湖	排涝	1995	7	1120	9.45	7.50	28.50	33.80	35.80	38.00	38.00	7.10	3.50	0.75
4	大潭口泵站	张家塞乡	民主垸		万子湖	排涝	1988/2020	6	1500	12.06	9.06	26.50	34.00	36.00	38.50	38.50	4.00	3.20	0.53
5	永丰泵站	茈湖口镇	民主垸		资江	排涝	1963/2009	10	1850	14.00	10.83	26.50	34.00	36.00	38.00	38.00	3.80	2.50	0.46
6	祁青泵站	茈湖口镇	民主垸		万子湖	排涝	1974/2008	6	1200	8.40	10.58	26.70	33.80	35.80	38.00	38.00	3.40	2.43	0.55

续表

序号	泵站名称	所在乡镇	所在堤垸	所属大圈	排入河湖	功能	兴建/改造年份	装机容量		流量/(m^3/s)	设计扬程/m	内湖(河)起排水位/m	所在堤防警戒水位/m	所在堤防保证水位/m	堤顶高程/m	防洪闸堤顶高程/m	受益面积/万亩		
								台数	功率/kW								集雨面积	其中：耕地	其中：内湖
7	王家湾泵站	沙头镇	民主垸		甘溪港	排灌	1983/2020	6	1320	9.42	10.99	26.50	34.50	36.50	38.20	38.20	1.80	1.31	0.27
(五)	桃江县		5					27	6732	67							3.06	0.65	
1	鲇鱼港泵站	桃花江镇	城关垸		獭溪河	排渍	2020	7	1750	14.00	7.79	38.16	39.20	42.30	43.60	43.60	0.46	0.02	
2	曾家坪泵站	桃花江镇	城关垸		资水	排渍	2020	5	1252	12.00	6.58	39.52	39.20	42.30	42.50	42.50	0.37	0.20	
3	牛潭河泵站	桃花江镇	牛潭河垸		资水	排渍	2020	7	1690	22.63	4.30	39.68	39.20	42.30	43.76	43.76	0.80	0.30	
4	团山泵站	桃花江镇	城关垸		獭溪河	排渍	2011	4	1000	8.76	8.37	41.28	39.20	42.30	43.60	43.60	0.93	0.05	
5	枣树潭泵站	桃花江镇	城关垸		獭溪河	排渍	2012	4	1040	9.62	5.77	39.81	39.20	42.30	43.60	43.60	0.51	0.08	
(六)	市直属		5					40	33930	327							314.14	227.50	24.80
1	明山泵站	明山头镇	大通湖垸		藕池河东支	排涝	1977	6	13800	150.00	6.00	28.60	34.50	36.00	38.10	38.10	150.00	109.60	12.40
2	大东口泵站	金盆镇	大通湖垸		洞庭湖	排涝	2003	4	10000	90.00	9.27	28.60	33.20	35.00	37.75	37.75	150.00	109.60	12.40
3	团洲泵站	兰溪镇	烂泥湖垸	烂泥湖大圈	资江	排灌	2020	12	4960	38.93	7.75	29.37	33.37	35.37	39.50	39.50	3.83	2.30	
4	西流湾泵站	赫山区	烂泥湖垸	烂泥湖大圈	资江	排渍排污	2004	10	1970	20.35	6.50	32.50	34.50	40.00	40.30	40.00	1.83		

续表

序号	泵站名称	所在乡镇	所在堤垸	所属大圈	排入河湖	功能	兴建/改造年份	装机容量		流量/(m^3/s)	设计扬程/m	内湖(河)起排水位/m	所在堤防警戒水位/m	所在堤防保证水位/m	堤顶高程/m	防洪闸堤顶高程/m	受益面积/万亩		
								台数	功率/kW								集雨面积	其中：耕地	其中：内湖
5	清水塘泵站	长春镇	长春垸		资江	排涝	2011	8	3200	28.00	8.50	29.00	36.50	28.50	40.30	40.00	8.48	6.00	
(七)	大通湖区		2					12	1600	23	8						75.45	29.96	
1	烂泥湖泵站	千山红镇	大通湖垸		五七运河	排灌	2020	8	880	11.20	5.31	25.58	27.80	28.50	30.50	30.50	37.89	15.15	12.40
2	农乐垸泵站	河坝镇	大通湖垸		金盆河	排涝	2020	4	720	11.60	3.11	25.58	27.80	28.50	30.00	30.00	37.56	14.81	12.40

8.5.4 建设情况

泵站既是排涝工程的组成部分，更是农田水利灌溉的重要设备，因此泵站建设属农田基本建设的内容，列有专项资金，1975 年湖南省委成立了湖区基本建设领导小组，加强了湖区大泵站的建设。从 1993 年开始国家每年安排以工代赈资金 8000 万元支持电排站的更新改造、机排站的改造以及部分兴建工程。2005 年国家启动了中部四省大型排涝泵站更新改造项目，湖南省纳入更新改造规划的大型排涝泵站共 29 处 155 座 1037 台，装机容量 28.7 万 kW，流量 2483m³/s，新增装机容量 2.88 万 kW，工程已于 2010 年完工。2009 年国家启动了《全国大型灌溉排水泵站更新改造方案》，洞庭湖区纳入规划的泵站 13 处 177 座 948 台套，装机容量 15.20 万 kW，设计流量 1511m³/s，工程已于 2021 年 6 月完成建设。2018 年启动洞庭湖区重点区域排涝能力建设，主要包括烂泥湖垸等 18 个重点涝片的排涝能力建设，建设总规模 48 亿元，2021 年底已完成。

第9章 江湖关系与长江中下游防洪

9.1 概述

江湖关系，是指长江尤其是长江中游荆江河段与洞庭湖以及古云梦泽之间在长期演变过程中的相互因果关系。

2000多年前，洞庭湖只是君山旁边的一个小湖，而云梦泽却是一个面积2万km^2的庞然大湖，当时长江穿湖而过，江湖不分（所以云梦泽才是真正意义上的“吞吐长江”，而后来取而代之的洞庭湖却始终只是吞吐长江的一部分，而且前者是自然形成的，而后者有人类活动影响的因素）。沧桑巨变，时至今日，云梦泽已经消亡（成了江汉平原），洞庭湖也由小变大，又由大变小，其结果是洪水灾害更加频繁。

江湖萎缩，主要根源是泥沙，人类活动也起了催化作用。岩石的风化加上雨水的冲刷，给江湖带来了源源不断的泥沙，而滥伐森林、过量垦荒却加剧了水土流失；随之泥沙充斥江湖，抬高河床，造就了大量洲滩，为垦殖创造了条件；过量的围垦，形成人与水争地，超额洪水无处去，冲毁堤防泛滥成灾，恶性循环，加速了湖泊的萎缩、消亡。随着人口的增长，财富的积累，洪灾损失的加重，人们总结经验教训，开始重视水土保持、限制围垦、强调可持续发展战略。

为了改善江湖防洪的恶劣形势，1952年修建了荆江分洪工程；1986年开始大规模的整治洞庭湖、修建蓄滞洪区（洞庭湖一期治理工程）；1994年开始兴建规模巨大的三峡水利工程，于2003年蓄水运行；1996年开始洞庭湖区重点垸建设、加高142km长江干堤，提升堤垸的防洪能力（洞庭湖二期治理工程）；2009年湖南省开始重点建设蓄滞洪区、加固堤防；2020年再对洞庭湖区重点垸堤防加固进行规划，2022年开始重点垸堤防加固一期治理工程，计划于“十四五”期间完成重点垸堤防加固一期治理工程。

以上这些举措在很大限度上改善了江湖防洪形势，特别是三峡工程建设后从根本上改善了荆江河段防洪压力，但也给长江中下游带来了很大变化与诸多不利影响，如清水下泄导致河道冲刷崩岸、三口分流分沙减少及其断流天数增加、洞庭湖枯水期提前及其持续时间延长、江湖联系减弱等。

9.2 江湖关系概况

2000多年前，云梦泽南连长江，北通汉水，方九百里，面积约2万km^2。长江出三峡后，入云梦泽，再下汉口。由于有云梦泽调洪，“洪水过程不明显，江患甚少”。那时的洞庭湖还只是君山附近一小块水面，方二百六十里（估计1000km^2左右），其余都是被四水河网切割的沼泽平原。洞庭湖与云梦泽之间有“华容隆起”分水岭相隔，不曾相连，仅于城陵矶一处与长江相汇。

在长江和汉水大量泥沙被带到云梦泽，通过长时期的淤积之后，到公元500年前后，云梦泽由过去的方九百里演变到三四百里，迫使荆江河段水位抬升，江水倒灌入洞庭湖，使洞庭湖与南面的青草湖相连，由过去的方二百六十里扩大到方五百里。到公元1000年前后，统一的云梦泽演变成星罗棋布的小湖群，人称“千湖之国”，与此同时，也形成了荆江河槽的雏形，并存有九穴十三口作为洪水入湖的通道。荆江河段水位进一步抬升，使洞庭湖南连青草、西吞赤沙，横亘七八百里。

当云梦泽出现大面积洲滩后，人类就在洲滩上从事生产活动。早在公元325年前后就开始在江陵筑堤。在九穴十三口又被泥沙逐渐淤塞的时候，人们进行了堵口并垸，到公元1542年江北九穴十三口中的最后一口郝穴堵口，形成了统一的荆江大堤、统一的荆江河槽和江汉平原。公元1650年再堵位于荆江大堤下游的庞家渡口（监利西门渊），从此，江水被约束在单一的荆江河槽里，不能再向江汉平原分流（但仍然可以从洪湖倒灌，一直持续到1956年新滩口堵口），这就促使水位再抬升（据考证，荆江水位在近2000年内抬升13.4m，其中近800年来抬升11.1m）。荆江河床的不断淤高，在地势上为江水南侵创造了条件。调弦口原本是引桃花山山水入长江的通道，叫生江口，太平口原本是引涜水山水入长江的通道，叫油口，由于长江水位抬升，江水南侵，才迫使这两个北流入江的河口转向南流入湖，南流河道形成的时间，调弦口为1570年前后，太平口大概在明末清初，但两口分流比还只占长江来水量的百分之几，江湖关系较为稳定。

现代江湖关系自1860年藕池口溃决成藕池河开始。1860年藕池口溃决成藕池河，1870年松滋口溃决成松滋河，四口分流荆江成为定局，使入湖径流量大幅度增加，触发了140余年来江湖关系的巨大变化。藕池河、松滋河由片流成河后，有一个发展的过程。一方面由于坡降大，河流不断冲刷，流量相应扩大；另一方面，荆江特别是下荆江流量被分泄后，由于城陵矶水位没有大的变化，故下荆江流量受阻，从而又进一步加大了藕池河的流量，以及它的冲刷。这正是藕池河发展最盛时较松滋河为大且支汊众多的原因。可见，松滋河、藕池河自形成到鼎盛时期，即江湖关系第一种状态，它有一个并不太长的过程。这一过程究竟到什么时候为止，目前尚缺乏研究，但是从已有的水文资料来看，直到1937年四口河道分泄长江洪水的分流比年径流量达43.1%，洪峰流达52.7%，基本上与下荆江平起平坐。自那时起，四口河道中藕池河西支开始出现衰退，调弦口分流的华容河，于1958年建闸控制，四口入湖径流呈下降趋势。三峡运行后（2003年），四口入湖水量进一步下降，三口断流时间不断延长，湖区枯水期提前，给江湖关系带来了新的变化。因此，在1860年至20世纪30年代为江湖关系第一阶段，即四口径流量加大阶段；20世纪40年代以后至三峡水库运行前为江湖关系第二阶段，即径流量减小阶段；三峡水库运行后江湖关系总的趋势仍具有第二阶段的一些特性，但又发生了新的变化，可谓江湖关系的第三阶段。

在江湖关系第一阶段，四口径流量加大，使其河道（主要是松滋河、藕池河）冲刷，洞庭湖淤积加剧；而荆江径流量减少使其淤积，城陵矶以下含沙量减少引起城汉河段冲刷。这一阶段对长江中游干流防洪有利，但是对洞庭湖则是灾害连绵。据资料统计，1870—1949年，荆江溃口10次，平均8年一次，较之藕池河、松滋河冲开前的1788—1870年有明显减少，该时段荆江28年溃口，平均不到3年就出现一次。可见当四口分流处于第一阶段时，荆江径流量减小，对其防洪有明显的好处。藕池河、松滋河冲开后，1860年至三峡水库建成运行140余年间，由于该两河冲开，荆南地区洪灾频繁，即令到了江湖关系第一阶段向第二阶段过渡期间，1930—1949年也有16年淹水。在新中国成立加强防洪工程后，1954—2003年，发生严重洪灾的仍有12次，平均约4年一次。但是四口河道的发展，特别是河道的伸长、坡降减少以及洞庭湖淤积的加剧，促使其走向反面，分流河道转冲为淤，并且淤积不断向上发展，而影响到口门。

进入江湖关系第二阶段后，入湖径流量减少，四口河道淤积，洞庭湖淤积减弱，荆江因流量加大而冲刷，城汉河段则由含沙量加大而淤积。江湖关系变化的第二阶段对长江干流防洪不利，虽然进入洞庭湖的水沙减少，但是城陵矶水位抬高和湖区前期淤积，洞庭湖防洪形势并没有缓解与改善。影响江湖关系第二阶段变化的主要因素为：荆江裁弯、葛洲坝水库下游河段冲刷。荆江裁弯对江湖关系干扰最大，一方面加大了荆江冲刷，另一方面进一步加大了荆江流量，减少了三口分流，后者又进一步引起荆江冲刷。葛洲坝水库蓄水，进一步加大了荆江特别是下荆江冲刷。

三峡水库和上游梯级水库的削峰、拦沙及对径流过程的改变，通过江湖关系各方面的内在联系而起作用，是导致第三阶段江湖关系各方面产生新变化的重要因素。三峡水库蓄水以来，四口水系年径流量平均分流比从下荆江裁弯前（1956—1966 年）的 29.4%下降至目前（2003—2020 年）的 11.6%，四口断流时间延长，松滋、虎渡、藕池分洪道年平均断流时间分别增加了 57 天、53 天和 50 天，从而使得洞庭湖区低水位频繁出现，枯水季节提前，持续时间不断延长，导致洞庭湖区在枯水期缺水问题更为严峻。此外，由于三口分沙比急剧下降，三口分沙比由下荆江裁弯前（1956—1966 年）的 35.1%下降至目前（2003—2020 年）的 20.7%，洞庭湖年均淤积量由下荆江裁弯前（1956—1966 年）的 1.55 亿 t 减少至目前（2003—2020 年）的 72 万 t，洞庭湖由三峡运行前的严重淤积状态转为冲淤平衡（或微冲状态）状态。

综观一部江湖演变史，实际上也是一部人与自然相处的关系史，人类从最初的依附自然，到后来的开发自然、掠夺自然，最后做到与自然和谐相处，既与当时环境有关，也是一个认识不断深化的过程。

9.3 长江概况

长江是我国第一大河，也是亚洲第一大河，是世界著名的河流，其河长仅次于尼罗河与亚马孙河，居世界第三位，其流域面积和水量仅次于亚马孙河与刚果河，也是世界第三位。

9.3.1 流域范围

长江古称大江、丽水。源出青海省西南边境的青藏高原唐古拉山脉主峰各拉丹冬雪山北麓，由西向东流经青海、西藏、云南、四川、重庆、湖北、湖南、江西、安徽、江苏，于上海市崇明岛以东注入东海，横贯我国 11 省（直辖市、自治区），支流伸展到甘肃、陕西、河南、贵州、广西、广东、福建、浙江 8 省（自治区）。流域范围西以芒康山、宁静山与澜沧江相邻，南以南岭、武夷山、天目山与珠江和闽浙诸河为界，北以巴颜喀拉山、秦岭、大别山与黄河、淮河分野，东入东海。总流域面积 180 万 km^2，占全国总面积的 18.8%。流域地处我国大陆中部，深入内陆腹地，地理位置优越，养育着全国 1/3 的人口，工农业总产值约占全国的 40%，其中，长江流域有上海、江苏、浙江、安徽、江西、湖北、湖南、重庆、四川、云南、贵州等 11 个省（直辖市），是长江经济带主要的经济中心。

9.3.2 河系

（1）干流

长江干流全长 6397km，落差 5400m。青海玉树市直门达以上称通天河，直门达—宜宾称金沙江，宜宾以下始称长江。

宜昌以上为上游，全长 4504km，集水面积 100 万 km^2，流经山地、丘陵地区，河谷深切，河道窄深，坡陡流急，河床平均坡降 0.28‰～0.18‰。其中宜宾以上 3464km 滩多流急，坡降大，落差 5100m，占全江落差的 95%；宜宾—宜昌段（也称川江）长 1040km，除三峡外，沿江丘陵与阶地相间。

宜昌—鄱阳湖口为中游，全长 955km，集水面积 68 万 km^2，流经平原地区，地势平坦，江面宽阔，水流平缓，坡降小，河床平均坡降 0.05‰～0.02‰，沿江两岸均筑有堤防，并与众多大小湖泊相连（现状仅存洞庭湖和鄱阳湖未堵闭）。其中，宜昌—枝城河长 60.8km，是山区性河流向平原性河流的过渡段，为顺直微弯河型，河道两岸抗冲能力强，河床稳定性较高；枝城—城陵矶称荆江，世称“万里长江险在荆江”，因为左岸有四口分流，水道最为复杂，上荆江江高地低，形势险要，下荆江曲折蜿蜒，泄流不畅。

鄱阳湖口—河口为下游，全长 938km，集水面积 12 万 km^2，河谷宽阔，河道水位变幅小，河床平均坡降 0.02‰～0.002‰，两岸也有堤防保护。其中，江苏仪征—扬州河段古称扬子江；大通以下约 600km 受潮汐影响，是坍岸最严重的河段。以镇江、扬州附近为顶点，茅山以东，通扬运河以南，杭州湾以北，为长江三角洲，其南北两翼各有一个大碟形洼地，北为里下河平原，南为太湖平原，居中是一系列以河口沙坝为核心的河口亚三角洲，并处在长江南北汊流包围之中，如崇明岛、长兴岛、横沙岛等。长江三角洲与东面宽广的大陆架相连，是长期以来由长江带来的泥沙冲淤而成，如今的三角洲平原，仍以平均每年 30～40m 的速度向外伸延。目前，长江河口总的形势是三级分汊，四口入海。

（2）支流

长江水系发育，支流众多，其中集水面积 1000km^2 以上的河流有 483 条，10000km^2 以上的有 49 条。集水面积以嘉陵江为最大，年径流量以岷江最大，河道长度以汉江最长。长江流域主要水系概况见表 9-1。

表 9-1　　长江流域主要水系概况

分段	水系名称	岸别	流域面积 /km^2	河道长度 /km	天然落差 /m	平均比降 /‰	控制站名称	集水面积 /km^2	多年平均流量 /(m^3/s)	平均年径流量 /亿 m^3	平均年输沙量 /万 t
上游	雅砻江	左	128444	1535	3192	28.85	小得石	117081	1860	593.0	4190
	岷江	左	135868	735	3560		高场	135378	2800	953.0	5260
	沱江	左	27860	629	2832	3.74	李家湾	23283	397	149.3	1170
	赤水河	右	20440	436	1588	3.50	赤水	16622		97.4	731
	嘉陵江	左	160000	1120	2300		北碚	156142	2100	698.8	13400
	乌江	右	87920	1037	2124	2.05	武陵	83035	1590	505.0	3040
中游	清江	右	17300	423	1430		长阳	15080	419	135.0	833
	洞庭湖	右	262823	239			七里山			2979.0	4485
	汉江	左	159000	1577	1962		沙洋	144219	1510	582.0	
	府澴河		15100	331.7		0.33	卧龙潭			47.1	
	鄱阳湖	右	162225				湖口	162225	4810		
下游	水阳江	右	10265	254			宣城	3346	254		53.6
	巢湖	左	13500				巢湖闸	9258	61		
	太湖	右									

9.3.3 水文气象特性

（1）降水

长江流域属亚热带季风气候区，流域多年平均降水量约 1100mm，但时空分布很不均匀，在地域分布上，大致自东南向西北递减，在时间分布上，降水集中在夏、秋两季，且中下游雨季早于上游，右岸先于左岸。4、5 月华南地区热低压建立，而青藏高原热低压也在 5 月生成，由于影响华南地区暖湿气流与中高纬度入侵的冷空气交绥，长江以南地区，特别是洞庭湖、鄱阳湖水系雨季开始；6 月西太平洋副高脊线明显北移到 20°N

附近，青藏热低压加强，强盛的夏季风活跃在长江流域一带，中纬度西风环流引导的冷空气不断南下，在江淮流域与暖湿的西南季风气候相遇，形成 6 月中旬至 7 月中旬长江中下游梅雨，而长江上游左岸乌江水系以及三峡区间亦受其影响，降水明显增多；7 月中旬至 8 月中下旬副高脊线继续北跳到 30°N 附近，上述地区在西太平洋副高压控制下降水明显减少，雨季推进到长江上游；9 月至 10 月上旬，副高脊线南撤，地面冬季风开始入侵到四川、贵州地区，青藏热低压影响仍然存在，高原东侧西南季风还相当强劲，西南暖湿气流出现在近地面的冬季风上面，常造成四川盆地东北部、汉江上游地区秋雨连绵，甚至出现大暴雨，形成秋汛；10 月中旬副高脊线退到南海，高原热低压消失，长江流域雨季结束。5—10 月降水量占全年的 70%～90%。

(2)径流

干流宜昌、汉口、大通站多年平均年径流量分别为 4340 亿 m^3、7060 亿 m^3、8910 亿 m^3，多年平均入海水量 9190 亿 m^3(不含淮河入江水量)。径流年际变化呈支流大、干流小的规律，年内丰枯差异明显。丰水年份 1954 年和 1998 年出现了严重的洪涝灾害，枯水年份 1972 年、1978 年和 2006 年则造成了大面积的旱灾。径流年内分配规律与降雨相似，年内分配不均，干流上游比下游、左岸比右岸集中程度更高，干流连续最大 4 个月径流占全年径流百分比，自上游至下游呈递减趋势，直门达在 72%以上，大通为 50%左右。

(3)泥沙

长江中下游泥沙主要来自宜昌以上，上游主要产沙区为金沙江和嘉陵江，占宜昌站多年平均输沙量的 77%。输沙量的年际变化与径流年际变化类似，具有大水多沙、小水少沙特性。1954 年全流域大洪水，宜昌站年输沙量 7.54 亿 t，为历年之最。近年来，受高产沙区降水偏少、大量水利工程修建及水土保持等影响，干流输沙量明显减小。上游 1991—2007 年与 1990 年前相比，嘉陵江在径流量减少不多的情况下，输沙量有较大幅度减少，北碚站多年平均年径流量、年输沙量分别减少 147 亿 m^3、1.09 亿 t，减幅分别为 21%、77%；干流寸滩站径流量变化不大，多年平均年输沙量减少 1.65 亿 t，减幅为 36%。2002 年三峡水库蓄水前宜昌、汉口和大通站多年平均年输沙量分别为 4.92 亿 t、3.98 亿 t 和 4.27 亿 t。三峡水库蓄水后，受上游来沙减少和三峡水库拦沙等因素的共同影响，中下游控制站输沙量显著减少，2003—2020 年宜昌年平均输沙量为 0.42 亿 t，减幅约为 92%。洞庭湖水系由于上游水库群的兴建和长江四口来沙的减少，七里山站 1951—1980 年平均输沙量为 0.539 亿 t，1981—1998 年平均输沙量降为 0.295 亿 t，2003—2020 年平均输沙量降为 0.178 亿 t。

9.4 长江中下游防洪形势与堤防设计水位

经过几十年的防洪建设，长江中下游已基本形成了以堤防为基础、三峡水库为骨干，其他干支流水库、蓄滞洪区、河道整治工程及防洪非工程措施相配套的综合防洪体系，防洪能力显著提高。目前，长江流域共建有堤防约 34000km，其中，长江中下游 3900km 干堤基本达到 1990 年国务院批准的《长江流域综合利用规划简要报告(1990 年修订)》确定的标准；为保障重点地区防洪安全，长江中下游干流安排了 40 处可蓄纳超额洪水约 590 亿 m^3 的蓄滞洪区，其中荆江分洪区、杜家台蓄滞洪区、洪湖分洪区(东分块)、围堤湖垸、澧南垸、西官垸、钱粮湖、大通湖东与共双茶等 9 处蓄滞洪区已建分洪闸进行控制；已建成以防洪为首要任务的主要水库有三峡、丹江口、江垭、皂市等，具有较大防洪作用的水库还溪洛渡、向家坝、两河口、乌东德、白鹤滩、紫坪铺、五强溪、柘林、柘溪、隔河岩、水布垭、万安、漳河等；全面开展了河道整治，长江中下游河势基本稳定；流域内已建成报汛站超过 7000 个，初步建立了水情信息采集系统，其他通信预警系统及各种管理法律法规等非工程措施也正逐步完善。

随着三峡工程的投入运行，长江中下游防洪能力有了较大的提高，特别是荆江河段防洪形势有了根本性的改善。长江干支流主要河段现有防洪能力大致达到：荆江地区依靠堤防可防御10年一遇洪水，通过三峡水库调蓄，遇100年一遇及以下洪水可使沙市水位不超过44.50m，不需要启用荆江地区蓄滞洪区；遇1000年一遇或类似1870年特大洪水，通过三峡水库的调节，可控制枝城泄量不超过80000m^3/s，配合荆江地区蓄滞洪区的运用，可控制沙市水位不超过45.0m，保证荆江河段行洪安全。城陵矶河段依靠堤防可防御10～20年一遇洪水，考虑本地区蓄滞洪区的运用，可防御1954年洪水；遇1931年、1935年、1954年大洪水，通过三峡水库的调节，可减少分蓄洪量和土地淹没，一般年份基本上可不分洪(各支流尾闾除外)。武汉河段依靠堤防可防御20～30年一遇洪水，考虑河段上游及本地区蓄滞洪区的运用，可防御1954年洪水(其最大30d洪量约200年一遇)；由于上游洪水有三峡工程的控制，可以避免荆江大堤溃决后洪水对武汉的威胁；因三峡水库的调蓄、城陵矶附近地区洪水调控能力的增强，提高了长江干流洪水调度的灵活性，配合丹江口水库和武汉市附近地区的蓄滞洪区运用，可避免武汉水位失控。湖口河段依靠堤防可防御20年一遇洪水，考虑河段上游及本地区蓄滞洪区比较理想地运用，可满足防御1954年洪水的需要。汉江中下游依靠综合措施可防御1935年同大洪水，相当于100年一遇。赣江可防御20～50年一遇，其他支流大部分可防御10～20年一遇洪水，长江上游各主要支流依靠堤防和水库一般可防御10年一遇左右洪水。

三峡工程建成后，长江上游干支流水库也相继建成投入运行，至2020年上游建成并正常运行的水库包括溪洛渡、向家坝、紫坪铺、亭子口以及乌江构皮滩等，加上三峡水库共有防洪库容约350亿m^3；预计至2030年乌东德、白鹤滩、两河口、双江口等水库也将陆续投入运行，加上三峡水库防洪库容共计可达470亿m^3左右，中下游防洪形势得到进一步改善。

设计洪水位：沙市、城陵矶、汉口、湖口仍维持原《长江流域综合规划(2012—2030年)》拟定的设计洪水位，以此为依据，利用最新的水文资料及1998年新测的河道地形资料，计算、分析确定的长江中游干流堤防设计洪水位见表9-2。长江中游干流堤防级别见表9-3。

表9-2　长江中游干流堤防设计洪水位

站名	枝城	沙市	石首	监利城南	城陵矶莲花塘	螺山	龙口	新滩口	汉口	鄂城	黄石	武穴	九江	湖口
设计水位/m	51.75	45.00	40.38	37.28	34.40	34.01	32.65	31.44	29.73	28.10	27.50	24.50	23.25	22.50

表9-3　长江中游干流堤防级别

序号	省	堤名	堤防范围	堤长/km	堤防等级	超高/m	备注
1	湖北	松滋江堤	松滋老城—涴市隔堤	51.20	2	1.5	
2		下百里洲江堤	枝江市熊家窑—龙洲横堤	37.37	3	1.0	
3		荆江大堤	荆州市枣林岗—监利城南	182.35	1	2.0	
4		南线大堤	虎渡河拦河坝—藕池安全区上搭脑	22.00	1	3.4	分蓄洪区水位控制
5		荆南长江干堤	涴市隔堤—石首市五马口	189.32	2	1.5～2.0	注2
6		洪湖监利江堤	监利城南—洪湖市胡家湾	230.00	2	2.0	属城陵矶附近区

续表

序号	省	堤名	堤防范围	堤长/km	堤防等级	超高/m	备注
7	湖南	长江干堤	小计	142.05			
			华容县五马口—岳阳市君山区城陵矶	76.80	2	2.0	属城陵矶附近区
			城陵矶—陆城道人矶	12.08	1	2.0	岳阳市城区段
			道人矶—临湘市黄盖镇铁山嘴	53.17	2	2.0	属城陵矶附近区
8	湖北	咸宁长江干堤	小计	105.79			
			四邑公堤	40.22	2	1.5	
			嘉鱼江堤	32.78	3	1.5	
			赤壁干堤	32.79	3	1.5	
9	湖北	武汉江堤	小计	349.07			
			市区堤防	195.77	1	2.0	
			郊区堤防	153.30	2～3	1.5	

注:1. 资料来自国务院批复的《长江流域综合规划(2012—2030 年)》。

2. 601＋000～638＋000 堤段蓄供区水位控制,超高 2.0m,其余堤段超高 1.5m。

9.5 长江中下游超额洪量分析及蓄洪安排

三峡工程建成后,根据目前长江上游干支流水库的建设进程,至 2020 年上游建成并正常运行的水库溪洛渡、向家坝、紫坪铺、亭子口以及乌江构皮滩等,加上三峡水库共有防洪库容约 350 亿 m^3;至 2030 年,考虑进一步建成乌东德、白鹤滩、两河口、双江口等水库,上游防洪库容加上三峡水库共计约 470 亿 m^3。

根据三峡工程建成后不同时期上游水库的建设进程、长江中下游各河段的泄流能力预测变化以及三峡水库在不同时期的防洪调度方式等,对于 1954 年洪水,进行水库调度和洪水演进计算,可以计算出三峡工程建成后不同时期长江中下游超额洪量的变化情况。

湖南省在 2016 年前后,与南京水利科学研究院生物合作开展了"变化环境下七里山水域高洪水位研究",针对长江中下游超额洪量也进行了类似的研究。本手册汇集《洞庭湖综合规划》和"变化环境下七里山水域高洪水位研究"两项研究成果,供使用者合理选用。不同条件下遇 1954 年洪水长江中游洪水超额洪水计算成果见表 9-4。

按照防御 1954 年洪水标准,长江中下游干流规划安排了 40 处蓄滞洪区。其中,洪湖蓄滞洪区总面积 2797.4km^2,面积较大,一次分洪损失大,运用不便。1998 年长江大洪水后,国务院以国发〔1999〕12 号文要求在城陵矶附近尽快集中力量建设蓄滞洪水约 100 亿 m^3 的蓄滞洪区,按照湖北、湖南对等的原则,洪湖蓄滞洪区划出一块约 50 亿 m^3 的蓄滞洪区先行建设。为此,对洪湖蓄滞洪区进行了分块蓄洪规划,将洪湖蓄滞洪区划分成东、中、西三块,优先建设东分块蓄滞洪区。

多年来,长江中下游蓄滞洪区建设进展较慢,建设任务繁重,为指导今后的蓄滞洪区建设,根据目前长江中下游的防洪状况,考虑三峡工程及至规划水平年上游控制性水库建成后长江中下游防洪形势的变化,按照蓄滞洪区启用概率和保护对象的重要性,制定蓄滞洪区总体布局。

表 9-4　不同条件下遇 1954 年洪水长江中游洪水超额洪水计算成果

项目	地形条件	三峡水库调度方式	最高或防洪控制水位/m				分洪量/亿 m^3					螺山流量/(m^3/s)	备注
			沙市	莲花塘	汉口	湖口	荆江区	城陵矶附近	汉口区	湖口区	总量		
80 座谈会	60—70 年代江湖关系	不考虑三峡调度	45	34.4	29.73	22.50	54.0	320.0	68.00	50.0	492.0	65000	
长江流域综合利用规划报告（1990 年修订）	60—70 年代江湖关系	不考虑三峡调度	45	34.4	29.73	22.50	54.0	320.0	68.00	50.0	492.0		规划值
	1998 年地形	不考虑三峡调度	45	34.4	29.73	22.50	54.0	320.0	68.00	50.0	492.0		规划值
		三峡对荆江调度	45	34.4	29.73	22.50	0	280.0	68.00	50.0	398.0		
		三峡对城陵矶调度	45	34.4	29.73	22.50	0	218.0	68.00	50.0	336.0		
洞庭湖规划 1997 年	1980 年地形	不考虑三峡调度	45	34.4	29.73	22.50	43.2	346.8	64.07				
洞庭湖区综合规划	60—70 年代江湖关系	不考虑三峡调度	45	34.4	29.50	22.50	54.0	320.0	68.00	50.0	492.0		规划值
		不考虑三峡调度	45	34.4	29.50	22.50	43.2	339.6	72.50	36.9	492.2		计算值
	现状江湖关系	不考虑三峡调度	45	34.4	29.50	22.50	15.1	436.0	55.90	40.0	547.0		
		三峡对城陵矶调度	45	34.4	29.50	22.50	0	304.7	55.60	39.8	400.1		
		三峡对城陵矶调度	45	34.9	29.50	22.50	0	197.8	145.40	40.4	383.6		
洞庭湖区综合规划	现状江湖关系	三峡上游水库及防洪库容共计约 350 亿 m^3	45	34.4	29.50	22.50	0	217.8	36.20	25.4	279.4		
	2020 年地形	三峡上游水库及防洪库容共计约 350 亿 m^3	45	34.4	29.50	22.50	0	196.0	46.70	25.8	268.5		
	现状江湖关系	三峡上游水库及防洪库容共计约 470 亿 m^3	45	34.4	29.50	22.50	0	162.7	33.70	23.9	220.3		
	2030 年地形	三峡上游水库及防洪库容共计约 470 亿 m^3	45	34.4	29.50	22.50	0	117.1	67.50	23.9	208.5		

续表

项目	地形条件	三峡水库调度方式	最高或防洪控制水位/m				分洪量/亿 m^3					螺山流量/(m^3/s)	备注
			沙市	莲花塘	汉口	湖口	荆江区	城陵矶附近	汉口区	湖口区	总量		
变化环境下七里山水域高洪水位研究	1998年地形	不考虑三峡调度	45	34.4	29.50	22.50	31.0	458.0	20.00	50.0	559.0		
	2006年地形	不考虑三峡调度	45	34.4	29.50	22.50	22.0	429.0	22.00	50.0	523.0		
	2006年地形	三峡运用	45	34.4	29.50	22.50	0	312.0	19.00	50.0	381.0		
	2006年地形	三峡运用	45	34.9	29.50	22.5	0	244.0	63.00	50.0	357.0		
	2006年地形	三库联合调度	45	34.4	29.50	22.50	0	295.0	18.00	50.0	363.0		
	2006年地形	三库联合调度	45	34.9	29.50	22.50	0	236.0	55.00	50.0	341.0		
变化环境下七里山水域高洪水位研究	运用10年	三库联合调度	45	34.4	29.50	22.50	0	268.0	25.00	50.0	343.0		
	运用20年	三库联合调度	45	34.4	29.50	22.50	0	236.0	29.00	50.0	315.0		
	运用30年	三库联合调度	45	34.4	29.50	22.50	0	215.0	32.00	50.0	297.0		

注：三库联合调度指三峡、溪洛渡、向家坝三水库联合调度。

三峡工程建成后，荆江分洪区运用概率达到100年一遇，但由于其在长江流域防洪中的地位十分重要，是防御荆江地区遇类似1870年特大洪水的重要措施，由国家防汛抗旱总指挥部调度，且分洪区内的建设与管理相对完善，运用条件相对较好，确定其为重点蓄滞洪区。将除荆江分洪区以外的长江中下游蓄滞洪区分为重要蓄滞洪区、一般蓄滞洪区和蓄滞洪保留区3类。重要蓄滞洪区为使用概率较大的蓄滞洪区，2020年前属于这类的蓄滞洪区有12处，分别为：城陵矶附近规划分蓄100亿m^3超额洪量的蓄滞洪区（即洞庭湖区的钱粮湖、共双茶、大通湖东3个蓄滞洪区和洪湖东分块）和洞庭湖区的围堤湖、民主、城西、澧南、西官、建设等6个蓄滞洪区，武汉附近区的杜家台蓄滞洪区，湖口附近区的康山蓄滞洪区。一般蓄滞洪区为防御1954年洪水除重要蓄滞洪区外，还需启用的蓄滞洪区，2020年前属于这类的蓄滞洪区有13处，分别为：城陵矶附近区的洪湖中分块和洞庭湖区的屈原、九垸、江南陆城、建新蓄滞洪区，武汉附近区的西凉湖、武湖、张渡湖、白潭湖蓄滞洪区，湖口附近区的珠湖、黄湖、方州斜塘和华阳河蓄滞洪区，其中华阳河蓄滞洪区按建闸控制方案重新确定了蓄滞洪区范围，蓄滞洪区面积调整为1307km^2，有效蓄洪容积由62亿m^3调整为25亿m^3。蓄滞洪保留区为用于防御超标准洪水或特大洪水的蓄滞洪区，2020年前属于这类的蓄滞洪区16处，分别为荆江地区的涴市扩大分洪区、人民大垸分洪区、虎西备蓄区，城陵矶附近的君山、集成安合、南汉、安澧、安昌、北湖、义合、安化、和康、南顶、六角山等11个蓄滞洪区及洪湖西分块，武汉附近区的东西湖蓄滞洪区。

对重要蓄滞洪区和一般蓄滞洪区，在进行蓄滞洪区围堤加高加固的同时，在区内进行安全区、安全台等安全建设，调整产业布局和结构，限制人口入迁和新增重要产业。对蓄滞洪保留区可基本不限制其发展，进行围堤加高加固及安全转移道路、通信预警系统等的建设。

根据《长江流域综合规划（2012—2030年）》，2020年以后，根据长江上游干支流控制性水库建设进程、上游控制性水库与三峡水库联合调度情况以及中下游河道冲刷和江湖关系演变的情况，经分析研究，拟将洞庭湖区的建设垸由重要蓄滞洪区调整为一般蓄滞洪区，九垸由一般蓄滞洪区调整为蓄滞洪保留区，取消洞庭湖区的安化、和康、南顶及六角山等4个蓄滞洪区；对武汉附近区的东西湖蓄滞洪区深入研究论证调减蓄滞洪区范围或取消的可行性。由于长江上游干支流控制性水库建设进程还存在诸多不确定因素，加之中下游河道冲刷及江湖关系的变化仍需根据观测资料的积累作进一步的分析论证。

2018年以来根据长江委关于蓄滞洪区布局调整的有关意见，拟将建设垸由重要蓄滞洪区调整为一般蓄滞洪区，君山垸由蓄滞洪保留区调整为保护区。

9.6 长江干堤湖南段

9.6.1 河道概况

长江由西向东流经湖北枝城、枝江、沙市、石首后入监利县境，过复兴洲进入湘境，成为湖南、湖北两省界河，北为湖北，南为湖南。流经华容县五马口、塔市、江洲、天字一号、上车湾、砖桥、洪山头、岳阳市洪水港、广兴洲、荆江门、七弓岭、城陵矶（纳洞庭湖）、象骨港、道仁矶、寡妇矶、陆城、临湘市儒溪、鸭栏、江南、黄盖、铁山嘴再入湖北省境。这一段江面宽一般为1500～2000m，界牌河段（全长37km，位于城陵矶以下20km）最宽处达3790m；主流贴近右岸，最深处为荆江门－3.8m（吴淞基面）；城陵矶和鸭栏河段，两岸山岗对峙，右岸擂鼓台、道人矶、寡妇矶、白马矶与左岸白螺矶、杨林矶、螺山隔江相望；河道曲折多湾，崩岸严重，1949—1962年共退挽月堤26次，总长35km，1962年起先后在临湘市西尾沟、华容县天字一号、岳阳市荆江门、七弓岭等地抛石护岸；1968年开始在华容县上车湾人工裁弯，1969年6月竣工通水，缩短河长29.2km。

9.6.2 设计水位

长江中游右岸干堤从五马口—铁山嘴 142.055km 即为“长江干堤湖南段”，分属华容县、岳阳市的君山区和云溪区、临湘市。长江委在沿河从上而下设有监利水文站（左岸，位于洞庭湖口以上）、莲花塘水位站（右岸）和螺山水文站（左岸），另外右岸尚有各垸堤委会设的汛期水位观测站。水文特性分析见第 4 章，依据《长江流域综合规划（2012—2030 年）》确定的控制站设计洪水位内插求得沿程设计洪水位，长江干堤湖南段设计洪水位见表 9-5；根据《长江中下游河道整治规划报告》成果，设计枯水位为：新沙洲天字一号、上车湾 22m，洪水港 21m，荆江门 20m，七弓岭 19.5m，城陵矶—螺山 20m。

表 9-5　长江干堤湖南段设计洪水位　（单位：m）

地名	五马口	监利	洪水港	荆江门	北闸	莲花塘	新港	螺山	新洲脑	铁山嘴
设计洪水位	35.84	35.20	34.44	33.90	33.63	32.46	32.20	32.07	31.89	31.35
1998 年最高洪水位		36.24	35.57	35.10	34.85	33.86	33.18	32.96	32.93	32.22

注：基面为 85 黄海。

9.6.3 工程地质

长江干堤湖南段处于长江Ⅰ级阶地前缘地带，地势较为平坦、开阔。区内基岩出露甚少，仅在螺山卡口及儒溪渡口处见有震旦系硅质板岩零星出露，堤防区和垸内第四系河流冲积物广泛分布。地下水主要赋存于第四系松散堆积物孔隙中，一般上部为孔隙潜水，下部为承压水。孔隙潜水主要由大气降水或河水侧向补给，季节动态变化明显，水位埋深 1～5m，高洪水位时尚能渗出地表；孔隙承压水主要储集于Ⅰ级阶地下部粉细砂、砂砾石层中，接受河水等地表水的补给，含水层顶板埋深 1.5～9.0m，地下水位埋深一般为 1～3m，高洪水位时高出地表。区内地质构造简单，仅有十家烟铺—良心堡断裂及岳阳—湘阴断裂穿过区内。地震烈度除永济垸为Ⅶ度外，其余为Ⅵ度区。主要工程地质问题为砂基渗透破坏，堤防本身隐患险工，如堤身散浸滑坡、沉陷开裂、白蚁洞穴渗水、风浪击蚀外坡塌方、堤基散浸、管涌，堤脚岸坡冲淘坍塌，建筑物漏水等。1998 年特大洪水过后，已对大堤全线进行了加高加固处理。

9.6.4 堤防工程

长江干堤湖南段总体为二级堤防，其中永济垸属岳阳市城市防洪堤的组成部分，按一级堤防考虑；设计洪水位采用三点控制（沙市 45m、莲花塘 34.4m、汉口 29.73m）推求，即《长江流域综合规划（2012—2030 年）》成果，堤顶超高取 2m。

长江干堤湖南段各县一线防洪大堤桩号见表 9-6。

表 9-6　长江干堤湖南段各县一线防洪大堤桩号

垸名	市县名	地名		桩号		堤长/km	原桩号
		起	止	起	止		
C21 民生	华容县	五马口	洪山纸厂	0＋000	32＋724	32.724	0＋000～31＋944，下延 780m
B21 建设	君山区	风波岭	胜天	32＋724	51＋012	18.288	0＋000～18＋288
B22 建新	君山区	胜天	建君界	51＋012	53＋975	2.963	0＋000～2＋963

续表

垸名	市县名	地名		桩号		堤长 /km	原桩号
		起	止	起	止		
B23 君山	君山区	建君界	穆湖铺	53+975	76+800	22.825	11+679～34+504
C22 永济	云溪区	莲花塘	北尾	76+800	86+380	9.580	0+000～8+780，上延 1400m，下裁弯缩短 600m
B24 陆城	云溪区	北尾	儒矶	86+380	104+080	17.700	8+780～24+720，六处合计外延 1760m
	临湘市	儒矶	鸭栏	104+080	109+110	5.030	0+000～3+359，上延 1671m
B24 江南	临湘市	鸭栏	烟波尾	109+110	136+044	26.934	3+359～30+293
	临湘市	烟波尾	铁山嘴	136+044	142+055	6.011	0+000～6+011

9.7 荆江大堤及荆江分洪工程

9.7.1 荆江河道

长江中游的湖北枝城—湖南城陵矶河段称为荆江，现状河长 347.2km，根据河道特性，又以藕池口为界分为上、下荆江。上荆江河长 171.7km，为微弯河型，具有凹岸冲刷、凸岸淤积、弯道处江心洲主、支汊兴衰交替演变的特点，其间有松滋口、太平口、藕池口向洞庭湖分流。下荆江河长 175.5km，为典型的蜿蜒型河道，河床演变剧烈，主要表现为凹岸崩塌速率大，凸岸相应淤长，在一定的水流边界条件下发生自然裁弯、切滩、撇弯，1887 年、1909 年、1911 年、1949 年先后在古长堤、尺八口、河口、碾子湾自然裁弯，1967 年、1969 年分别在中洲子和上车湾进行人工裁弯，1972 年在沙滩子自然裁弯，在石首市与监利市之间有调弦口向洞庭湖分流，但在 1958 年冬堵口建闸。

9.7.2 江汉平原

江汉平原区为长江、汉江及其大小支流汇集而形成的河湖相沉积平原，分为荆北区（四湖区）、洞庭湖区（湖北部分，亦称荆南区）、汉北区、汉南区、武汉附近江北区、武汉附近江南区、黄广华阳区等 7 个较大排区。排涝区总面积 38890km^2，内有耕地面积 1990 万亩，人口 2670 万人。排涝能力基本达到 5～10 年一遇。

江汉平原区治涝在保留合适的调蓄区域和调蓄容积的基础上，合理增建泵站，改造渍害低产田，完善排涝系统。规划排涝标准为两级或多级提排区达到 10 年一遇 3d 暴雨 5d 排至作物耐淹水深；排湖标准为 10 年一遇。规划对 51 座大中型及 323 座小型一级泵站、2186 座固定式二级排水泵站进行更新改造，装机容量约 640MW；新建泵站 9 处，装机容量 22.8MW；加固内湖渍堤 750km；修建撇洪渠 11.3km；实施白露湖（22km^2）、洪湖（94km^2）退田还湖，建设汉北区调蓄区、沙湖排湖调蓄区和南屏垸调蓄区，调蓄区面积 37.36km^2；改造渍害低产田约 140 万亩。

9.7.3 荆江大堤

荆江大堤是上述荆北防洪大圈中的一段，平均堤高 12m，最高达 16m。1952 年以前上起堆金台，下至拖船埠，全长 124km；1952 年由堆金台向上游丘岗区延伸 8km 到枣林岗，1954 年由拖船埠向下延伸 50km 到监利城南，全长 182.35km。其中沙市以上 50km 属入江支流沮漳河（流域面积 7339 km^2）河堤，沙市以下到观音寺 20km 为第一险段；马家寨经郝穴至蛟子渊 30km 为第二险段；在两个险段中间有文村甲至马家寨 10km 外是洲滩巴垸——青安二圣洲，使这一段荆江大堤成了多年不见水的二道防线；蛟子渊以下到监利姚圻脑上首的杨家湾长 54km，外面是人民大垸、人民外垸等洲滩民垸，使这一段荆江大堤也成了多年不见水的二道防线，其余就是少量临江但又没有什么特殊的江堤。在 182.35km 荆江大堤中，真正险堤 50km，常年不见水形成二道防线 64km，小河堤 50km，一般江堤 18.35km。荆江大堤位于千多万亩江汉平原的最上游，如果在沙市附近溃口，洪水以十几米高的水头直下，居高临下之势，势不可挡，则武汉市不保，因此荆江大堤的地理位置决定了它的重要性。

9.7.4 荆江分洪

为保证荆江大堤的安全，减少入湖流量从而减轻洞庭湖区的防洪压力，1952 年 3 月 31 日中央人民政府政务院发布《关于荆江分洪工程的规定》，1952 年 4 月 5 日全面动工，动员了湖南、湖北两省军民 30 万人。

(1)工程规模和位置

整个工程包括加固荆江大堤和加修荆江分洪区围堤、修建太平口进洪闸（北闸）和黄山头节制闸（南闸）。工程位于长江右岸大堤以西，虎渡河以东，湖南省界以北地区的湖北省境内。

(2)荆江分洪区

总面积 921km^2，蓄洪水位 42m，总蓄洪量 62 亿 m^3，有效蓄洪量 54 亿 m^3，围堤总长 209km，其中虎东堤长 90km（太平口—闸口长 53.3km，闸口—南闸长 36.8km）、长江干堤长 99km（太平口—杨家厂长 57.5km，杨家厂—藕池长 41.5km）、南线大堤长 20km（是湖南省洞庭湖区屏障，不分洪时由湖北防守，分洪后由湖南防守）。

(3)北闸

北闸是分洪区进洪闸，位于太平口，为钢筋混凝土开敞式，全长 1054m，共 54 孔，闸孔宽 18m，高 3.93m，底板高程 41.5m，设计进洪流量 8000m^3/s。

(4)南闸

南闸是分洪区节制闸，位于黄山头，又名黄山头闸，为钢筋混凝土开敞式，闸身总长 336.825m，共 32 孔，闸孔宽 9m，高 16 孔 5.65m、16 孔 6m，底板高程 16 孔 36.2m（加固孔）、15 孔 35m、1 孔 35.5m，设计下泄流量 3800m^3/s。

南闸运用原则：①当荆江不分洪，南闸不控制时，按天然来量下泄；②荆江分洪区虽分洪，但虎东堤不溃口时，南闸不控制，按天然来量下泄；③荆江分洪区分洪后，虎东堤不幸溃口，或判定有发生溃口的实际危险时，南闸必须及时控制过闸流量，使之不超过 3800m^3/s；④当涴市扩大分洪区运用时，如果虎渡河里甲口以下水位因泄洪的交叉水流影响而抬高，南闸应立即控制过闸流量，使之不超过 3800m^3/s。

闸门运用操作原则：①当上游水位不超过 40m 时，虽需控制流量，但因 32 孔全开的总泄量仍不超过 3800m^3/s，因此闸门不进行任何控制。②当上游水位超过 40m 时，开始关闭加固孔闸门；当水位达到 41.5m 时，加固孔闸门 16 孔应全部关闭。③当上游水位超过 41.5m 时，应开始下放非加固闸门控制流量；当上游水位到 42m 时，全部非加固孔闸门 16 孔应开到 39.9m；当上游水位到 43m 时，全部非加固孔闸门 16 孔应开到 39.2m。为避免闸门震动或操作不易达到要求时，允许开启度在±0.5m 范围内变动。④当上游水位超 40m，下游水位不超过 38.5m 时，因为支臂及门底横梁阻水，浮力较大，所以需借倒拉下落闸门。

9.8 洪湖分蓄洪工程

洪湖分蓄洪工程属湖北省洪湖市和监利市管辖，围堤总长334.47km（其中长江干堤226.85km、东荆河堤42.80km、洪湖主隔堤64.82km），地面高程23～28m，总面积2797.30km^2，总容积203.76亿m^3，有效蓄洪容积182.61亿m^3（其中洪湖面积402km^2，容积7.5亿m^3），区内现有耕地127.16万亩，人口115.4万人，1997年工农业总产值104亿元。洪湖分蓄洪区主隔堤于1972年冬动工兴建，1980年基本完成，同时兴建了福田寺闸、高潭口电排站等11项附属配套工程。1998年国家批准兴建二期工程，包括围堤加固、临时扒口进退洪设施及区内安全建设。

由于蓄洪总容积太大，不便于灵活处理类似1998年型洪水的超额洪量，因此根据地理位置条件，规划拟定了3种分块方案，洪湖分蓄洪区分块方案基本情况见表9-7。

表9-7 洪湖分蓄洪区分块方案基本情况

项目名称	西分块方案	中分块方案	东分块方案	合计
分块（蓄洪）面积/km^2	888.60	1019.00	889.70	2797.30
蓄洪水位/m	32.50	32.50	32.50	32.50
蓄洪总容积/亿m^3	56.99	79.35	67.42	203.76
有效蓄洪容积/亿m^3	53.09	65.45	64.07	182.61
人口/万人	47.33	39.41	37.16	113.90
耕地面积/万亩	56.45	28.93	41.78	127.16
固定资产/亿元	53.96	72.16	37.81	163.93
工农业总产值/亿元	24.76	55.50	23.74	104.00
新建隔堤长度/km	49.85	73.30	23.45	146.60
新建涵闸/处	36.00	58.00	13.00	107.00

东分块为优先使用的重点蓄滞洪区，其建设内容包括：新建东隔堤23.45km，新建套口进洪闸（规模10000m^3/s，位于龙口附近，上距螺山水文站约70km），补元退洪闸、内荆河节制闸等3座大型涵闸及围堤上13座小型涵闸，新建安全区8处，总面积38.1km^2，围堤长度48.57km，修建转移道路216.08km及其他安全设施。

9.9 三峡工程

9.9.1 概况

三峡工程于1993年开始进行施工准备，1994年12月14日正式开工，1997年11月8日大江截流成功，2002年11月6日导流明渠截流成功，2003年6月实现了135m水位蓄水发电。2007年汛后蓄至156m（初期运用，相应防洪库容可达110亿～138亿m^3），2009年竣工时达到正常蓄水位175m（相应总库容393亿m^3，防洪库容221.5亿m^3）。三峡工程建成后，防洪方面可将荆江河段的防洪标准由三峡水库运行前的约10年一遇提高到100年一遇，遭遇类似1870年大洪水时，通过荆江等分蓄洪区配合运用，可使沙市水位不超过45m，洞庭湖区分洪量减少约100亿m^3。发电方面，总装机容量1820万kW，年发电量847亿kW·h，对缓和华中、华东、川东地区能源紧张状况有重要作用。航运方面，可改善库区航运里程570～650km，库区航道单向通过能力由1000万t增至5000万t，从而改善长江特别是重庆—宜昌的航道条件，对促进西南与华中、华东地区的物资交流和发展长江航运事业具有积极作用。此外，还具有巨大的养殖、旅游等方面的效益，还有利于长江中下游城镇的供水和南水北调，总之，是一个条件优越、效益显著的综合利用水利工程，是治理开发长江的一项关键工程。

9.9.2 工程位置

三峡（瞿塘峡、巫峡、西陵峡三大峡谷的简称）位于长江上游段的尾端，上起四川奉节白帝城，下迄湖北宜昌南津关，全长 192km，地势雄伟险峻，两岸悬崖峭壁，江面狭窄（河宽 250～350m，最窄处仅 100m 左右，水深在 60～90m，最深处达 110m），水流湍急，滩险众多。三峡水利枢纽即位于西陵峡中的湖北宜昌三斗坪镇。大坝左岸为坛子岭，右岸为白岩尖，河床中穿过中堡岛，岛左侧为主河槽，右侧为支汊（称后河）。

9.9.3 开发原则

采用“一级开发，一次建成，分期蓄水，连续移民”的原则，即从三峡坝址到重庆之间的长江干流上，只修建三峡工程一级枢纽；工程按合理工期一次连续建成，以后不搞扩建；枢纽建成后，水库运行水位分期抬高，以缓和水库移民的难度，并可通过初期蓄水运用时水库泥沙淤积的实测资料验证泥沙试验研究的成果；移民分批不分期，连续搬迁。

9.9.4 枢纽布置

三峡枢纽工程由大坝、水电站厂房、通航建筑物三大主体建筑物组成。泄流坝段位于河床中部（即原主河槽内），两侧为电站坝段及非泄流坝段，厂房为坝后式，右岸预留有将来扩机用的地下厂房位置，左岸为通航建筑物。

9.9.5 工程规模

最大坝高 175m，坝长 2309.47m；坝顶高程（185m）以下库容 505 亿 m^3，正常蓄水位（175m）以下库容 393 亿 m^3，防洪限制水位 145m，防洪库容 221.5 亿 m^3，兴利库容 165 亿 m^3；装机 26 台，单机容量 70 万 kW，总装机容量 1820 万 kW，多年平均年发电量 846.8 亿 kW·h；双线 5 级连续梯级永久船闸 1 座，可通过万吨级船队，单线 1 级垂直升船机 1 座，可通过一艘 3000 吨级客货轮，另设有施工期临时通航船闸 1 座；技术设计阶段主体工程土石方开挖 10282.9 万 m^3，土石方填筑 3179.9 万 m^3，混凝土浇筑 2793.5 万 m^3，钢筋 46.23 万 t，金属结构安装 25.65 万 t；施工总工期 17 年，枢纽工程静态总投资 500.9 亿元。

三峡工程主要特性见表 9-8。

表 9-8 三峡工程主要特性

项目名称		单 位	数量	备注
流域面积	全流域	万 km^2	180	未包括地下电站
	三斗坪坝址	万 km^2	100	
坝址洪水（日平均流量）	20 年一遇	m^3/s	72300	统计参数：
	100 年一遇	m^3/s	83700	$\overline{x}=52000m^3/s$
	200 年一遇	m^3/s	88400	$C_v=0.21$
	设计（1000 年一遇）	m^3/s	98800	$C_v/C_s=4$

续表

项目名称			单 位	数量	备注
坝址洪水（日平均流量）	校核（10000 年一遇＋10%）		m^3/s	124300	
	可能最大洪水		m^3/s	127000	
	实测最大洪峰流量		m^3/s	71100	1896 年
	调查最大洪峰流量		m^3/s	105000	1870 年
径流	多年平均流量		m^3/s	14300	
	多年平均径流量		亿 m^3	4510	
泥沙	多年平均年输沙量		亿 t	5.30	
	实测最大年输沙量		亿 t	7.54	1954 年
	实测最小年输沙量		亿 t	3.61	1986 年
	多年平均含沙量		kg/m^3	1.20	
	实测最大含沙量		kg/m^3	10.50	
水库	正常蓄水位		吴淞，m	175.0	
	防洪限制水位		吴淞，m	145.0	
	枯季消落水位		吴淞，m	155.0	
	100 年一遇洪水位		吴淞，m	166.9	
	设计洪水位		吴淞，m	175.0	
	校核洪水位		吴淞，m	180.4	
	正常蓄水位以下总库容		亿 m^3	393	
	防洪库容		亿 m^3	221.5	145～175m
	兴利库容		亿 m^3	165.0	155～175m
	死库容		亿 m^3	171.5	145m 以下
坝址下泄流量	设计洪水时最大下泄流量		m^3/s	69800	
	坝下相应水位		吴淞，m	76.4	
	校核洪水时最大下泄流量		m^3/s	102500	
	坝下相应水位		吴淞，m	83.1	
	枯水期平均调节流量		m^3/s	5860	$P=96\%$，
	坝下相应水位		吴淞，m	62.2	相应葛洲坝库水位 62m
防洪效益	100 年一遇及其以下洪水	沙市最高水位	m	≤44.5	
		相应枝城下泄流量	m^3/s	≤56700	
	1000 年一遇	沙市最高水位	m	≤45	启用荆江分洪
		相应枝城下泄流量	m^3/s	70200	
水电站	总装机容量		万 kW	1820	不含地下电站
	保证出力		万 kW	499	
	多年平均年发电量		亿 kW·h	846.8	

续表

项目名称		单 位	数量	备注
水电站	年利用小时数	h	4650	
	厂房形式		坝后式	
	最大水头	m	113	
	最小水头	m	71	
	额定水头	m	80.6	
	平均水头	m	90	
	水轮机形式		混流式	
	额定出功/台	MW/台	710/26	左岸厂房14台,右岸厂房12台
	额定工况机组过流量	m^3/s	966.4	
	发电机形式		伞式	
	单机额定容量	MW/MVA	700/777.8	
	功率因数		0.9	
	额定电压	kV	18	
	交流输电线电压	kV	500	
	直流输电线电压	kV	±500	或±600
	回路数:交流/直流	回	11/2	
大坝	坝型		混凝土重力坝	
	建基岩石		花岗岩	闪云斜长花岗岩
	地震烈度:基本/设防	度	Ⅵ/Ⅶ	
	坝顶高程	吴淞,m	185	
	最大坝高	m	175	坝轴线处
	坝轴线全长	m	2309.47	
泄洪建筑物	形式		深孔和表孔	包括排漂孔泄流量 $507m^3/s$,加上电站(18台机)过流量,总泄流能力 $92140m^3/s$
	前缘总长	m	483	
	设计泄流能力(水位175m)	m^3/s	72220	
	单宽流量(水位175m)	$m^3/(s\cdot m)$	150	
	消能方式		鼻坎挑流	
	深孔孔口尺寸/孔数	m/个	7×9/23	
	进口底部高程	吴淞,m	90	
	最大流速	m/s	37	
	表孔孔口尺寸/孔数	m/个	6×8.5/22	
	堰顶高程	吴淞,m	158	
	最大流速	m/s	32	
	深孔工作门形式		弧门	液压启闭机
	表孔工作门形式		平板门	坝顶门机
	深、表孔事故检修门形式		平板门	坝顶门机

续表

项目名称		单 位	数量	备注
通航建筑物	1. 永久船闸	座	1	双线连续5级梯级
	闸室有效尺寸	m×m×m	280×34×5	长×宽×槛上水深
	过闸船队吨位	万吨级		船队
	年单向通过能力	万t	5000	
	2. 垂直升船机	座	1	单向单级
	承船厢有效尺寸	m×m×m	120×18×3.5	长×宽×船厢水深
	最大过船吨位	t	3000	客、货轮
	3. 临时船闸	座	1	单线1级
	闸室有效尺寸	m×m×m	240×24×4	长×宽×槛上水深
工程施工	对外交通基本方案		公路和水运	公路为主，水运为辅
	专用公路等级	级	Ⅰ	山岭重丘标准Ⅰ级
	施工导流方式		分期	三期导流
	施工期通航		渠和闸	导流明渠结合临时船闸
	施工总工期	年	17	
	枢纽工程静态总投资	亿元	500.9	1993年5月末价格水平

第 10 章 防汛组织与工作制度

本章节汇集了水利部、湖南省相关防汛工作的组织和工作制度文件，分别为：《洪涝突发险情灾情报告暂行规定》《湖南省防汛应急预案（试行）》《湖南省水利厅水旱灾害防御应急响应工作规程（试行）》《湖南省水利系统防汛抗旱工作指引（第一版）》《湖南省洞庭湖区防洪工程险情报送规定》。

10.1 洪涝突发险情灾情报告暂行规定

洪涝突发险情灾情报告暂行规定

国汛〔2020〕7 号

第一章 总 则

第一条 为及时、准确、全面掌握突发险情、灾情，为防汛抗洪减灾决策提供支撑，最大限度避免或减少人员伤亡，减轻灾害损失，保障防洪安全，特制定本规定。

第二条 本规定依据《中华人民共和国突发事件应对法》《中华人民共和国防洪法》《中华人民共和国防汛条例》以及国家相关预案和规定等制定。

第三条 本规定适用于各级防汛抗旱指挥部洪涝突发险情灾情的紧急报告管理。洪涝灾情的常规统计工作仍按《自然灾害情况统计调查制度》和《特别重大自然灾害损失统计调查制度》执行。

第四条 洪涝突发险情灾情报告遵循分级负责、及时快捷、真实全面的原则。

第五条 各级防汛抗旱指挥部负责本地区洪涝突发险情灾情的及时掌握与报告工作，并确定专人负责。

第六条 突发险情主要指水库（水电站）、堤防、涵闸（泵站）等工程突然出现可能危及工程安全的情况，交通、能源、通讯、供水、排水等重要基础设施因洪涝、台风等灾害导致的突发险情，以及因山体崩塌、滑坡、泥石流突然形成的堰塞湖险情等。当上述工程出现溃坝、决口、坍塌等失事性险情前兆，重要基础设施发生严重威胁安全运行的险情，堰塞湖严重威胁人员安全时为突发重大险情。

第七条 突发灾情主要指由于江河湖泊洪水泛滥、山洪灾害、台风登陆或影响、堰塞湖形成或溃决、水库垮坝、堤防决口等导致的人员伤亡、人员被困、城镇受淹、基础设施毁坏等情况。本规定所称突发重大灾情是指因突发重大险情而导致的上述突发灾情。

第二章 报告内容

第八条 突发险情按工程类别分类报告，主要内容应包括防洪工程、重要基础设施、堰塞湖等的基本情况、险情态势、人员被困以及抢险情况等，具体内容如下：

1. 水库（水电站）突发险情报告内容

基本情况：水库名称、所在地点、所在河流、建设时间、是否病险、主管单位、集雨面积、总库容、大坝类型、坝高、坝顶高程、泄洪设施、泄流能力、汛限水位、校核水位、设计水位以及溃坝可能影响的范围、人口及重要基础设施情况等；

险情态势：险情发生时间、出险位置、险情类型、当前库水位、蓄水量、出入库流量、下游河道安全泄量、雨水情、险情现状及发展趋势等；

抢险情况：现场指挥、抢险救援队伍及人员、抢险设备物料、抢险措施及方案、进展情况等。

2. 堤防（河道工程）突发险情报告内容

基本情况：堤防名称、所在地点、所在河流、管理单位、堤防级别、特征水位、堤顶高程、堤防高度、内外边坡以及堤防决口可能影响的范围、人口及重要基础设施情况等；

险情态势：险情发生时间、出险位置、险情范围、险情类型、河道水位、流量、雨水情、险情现状及发展趋势等；

抢险情况：现场指挥、抢险救援队伍及人员、抢险设备物料、抢险措施及方案、进展情况等。

3. 涵闸（泵站）突发险情报告内容

基本情况：涵闸名称、所在地点、所在河流、管理单位、涵闸类型、涵闸孔数、闸孔尺寸、闸底高程、闸顶高程、启闭方式、过流能力（设计、实际）、特征水位以及涵闸失事可能影响的范围、人口及重要基础设施情况等；

险情态势：出险时间、出险位置、险情类型、河道水位、流量、雨水情、险情现状及发展趋势等；

抢险情况：现场指挥、抢险救援队伍及人员、抢险设备物料、抢险措施及方案、进展情况等。

4. 重要基础设施突发险情报告内容

基本情况：重要基础设施名称、所在地点、主管部门和单位、主要设计指标以及可能影响的范围、危害程度等；

险情态势：出险时间、起因经过、险情现状及发展趋势等；

抢险情况：现场指挥、抢险救援队伍及人员、抢险设备物料、抢险措施及方案、进展情况等。

5. 突发堰塞湖险情报告内容

基本情况：发生位置、所在河流，堰塞体组成、高度、顶宽、顺河长、体积、上下游坡度，初估堰塞湖蓄水量、水深，是否渗流、过流以及堰塞体上游及溃决后下游可能影响的范围、人口及重要基础设施情况，现场处置条件及相关图件等；

险情态势：堰塞湖水位上涨、蓄水量增加情况，上游来水及过流情况，雨水情、险情现状及发展趋势等，预估堰塞湖蓄满量、危险性等级及影响范围；

抢险情况：现场指挥、抢险救援队伍及人员、抢险设备物料、抢险措施及方案、进展情况等。

第九条　突发灾情报告内容包括灾害基本情况、灾害损失情况、抗灾救灾部署和行动情况等。

1. 灾害基本情况：灾害发生的时间、地点、灾害类别、致灾原因、发展趋势及可能引发的次生衍生灾害。

2. 灾害损失情况：死亡人口、失踪人口、被淹村庄或城镇、被困或直接威胁群众、受灾范围、受灾面积、受灾人口、基础设施损毁情况、交通电力通信中断情况以及直接经济损失等。其中死亡及失踪人口应有原因分析,受淹城镇或村庄应包括基本情况、受淹范围、淹没水深、对生产生活的影响情况等。

3. 抗灾救灾部署和行动情况:预报预警发布、预案启动、群众转移、抗灾救援部署和行动、抗灾救灾地方投入情况,抢险救灾队伍及人员等。

第三章 报告程序

第十条 各级防汛抗旱指挥部要及时掌握突发险情灾情信息,加强与水利、应急、气象、自然资源、住建、交通、能源、工信等部门沟通,健全突发险情灾情互通机制,及时共享信息,并在第一时间向上一级防汛抗旱指挥部报告。当发生突发重大险情灾情时,可同时越级报告。

第十一条 突发险情灾情报告分为首报和续报,原则上应以书面形式逐级上报,由各级防汛抗旱指挥部或其办事机构负责人签发。紧急情况下,可以采用电话或其他方式报告,并以书面形式及时补报。

第十二条 突发险情灾情的首报是指确认险情灾情已经发生,在第一时间将所掌握的有关情况向上一级防汛抗旱指挥部报告。

发生突发重大险情灾情时,所在地的县级以上防汛抗旱指挥部应在险情灾情发生后1小时内报告国家防汛抗旱总指挥部办公室。大江大河干流重要堤防、涵闸等及大型和防洪重点中型水库发生的重大险情应在险情发生后立即报告国家防汛抗旱总指挥部办公室。

第十三条 续报是指在突发险情灾情发展过程中,防汛抗旱指挥部根据险情灾情发展及抢险救灾的变化情况,对报告事件的补充报告。续报内容应按附表要求分类上报,并附险情、灾情图片。续报应延续至险情排除、灾情稳定或结束。

第四章 核实发布

第十四条 在险情排除、灾情稳定或结束后,相关防汛抗旱指挥部应根据险情灾情严重程度及时组织有关部门调查核实,并书面报告上一级防汛抗旱指挥部。涉及重大险情灾情的,应报国家防汛抗旱总指挥部办公室。

第十五条 各级防汛抗旱指挥部接到水利、应急、气象、自然资源、能源、工信等部门突发险情灾情报告后,及时将相关情况通报同级防汛抗旱指挥部相关成员单位。

第十六条 突发险情灾情信息由各级防汛抗旱指挥部按分级负责要求组织发布,根据应急响应级别,通过授权发布、组织报道、接受媒体采访、举行新闻发布会等方式及时向公众发布权威信息。涉及军队的,按相关规定办理。发布的信息应及时报送上级防汛抗旱指挥部。

第五章 检查监督

第十七条 各级防汛抗旱指挥部要加强对突发险情灾情报送工作的检查、监督、指导,对信息报送不及时、信息处理失误的,予以通报批评。造成严重后果的,追究相关人员的责任。

第十八条 各级防汛抗旱指挥部应对突发险情灾情上报情况进行评价,并作为年度工作考核的重要内容。

第六章 附 则

第十九条 省级防汛抗旱指挥部可根据本规定制定具体实施办法。

第二十条 本规定由国家防汛抗旱总指挥部办公室负责解释。

第二十一条 本规定自发布之日起实施。国家防总此前下发文件与本规定不一致的,按本规定执行。

10.2 湖南省防汛应急预案(试行)

湖南省防汛应急预案(试行)

湘防指发〔2020〕6 号

1 总则

1.1 编制目的

以习近平关于防灾减灾救灾“两个坚持、三个转变”重要论述为根本遵循,贯彻落实省委、省政府防汛工作要求,有效防御洪涝灾害,防范和化解超标准洪水等重大风险,最大程度地保障人民群众生命财产安全,支撑全省经济社会持续稳定发展。

1.2 编制依据

《中华人民共和国突发事件应对法》《中华人民共和国防洪法》《中华人民共和国防汛条例》《国家防汛抗旱应急预案》《湖南省突发事件总体应急预案》《全国人民代表大会常务委员会关于国务院机构改革涉及法律规定的行政机关职责调整问题的决定》《湖南省机构改革实施方案》《湖南省应急管理厅职能配置、内设机构和人员编制规定》等法律、法规和有关规定。

1.3 适用范围

本预案适用于本省行政区域内洪涝灾害的防范与处置。

1.4 工作原则

防汛应急处置工作实行各级人民政府行政首长负责制。坚持以人为本、安全第一,统一指挥、军地协作,分级负责、属地为主,以防为先、防抗救结合的原则。

2 应急组织体系及职责

省、市州、县市区人民政府设立防汛抗旱指挥部,负责本行政区域防汛应急工作。

2.1 省防汛抗旱指挥部(以下简称省防指)

省防指总指挥由省人民政府省长担任,副总指挥由分管相关工作的副省长、省军区副司令员、武警湖南省总队司令员担任;秘书长由省防指任命。

省委宣传部、武警湖南省总队、省军区战备建设局、省发展和改革委员会、省教育厅、省公安厅、省民政厅、省司法厅、省财政厅、省人力资源和社会保障厅、省自然资源厅、省生态环境厅、省住房和城乡建设厅、省交通运输厅、省水利厅、省农业农村厅、省文化和旅游厅、省卫生健康委员会、省应急管理厅、省人民政府国有资产监督管理委员会、省林业局、省广播电视局、省粮食和物资储备局、省供销合作总社、共青团湖南省委、省红十字会、省消防救援总队、省气象局、省通信管理局、国网湖南省电力有限公司、广铁集团长沙办事处、五凌电力有限公司、湖南澧水流域水利水电开发有限责任公司等单位为省防指成员单位,各成员单位主要负责人为省防指成员。

省应急管理厅加挂省防汛抗旱指挥部办公室(以下简称省防办)牌子,办公室主任由省防指任命。

2.2 应急组织机构职责

2.2.1　省防指

领导、组织全省防汛工作;拟订全省防汛工作政策、规章和制度等;组织编制修订大江、大河、大湖防御洪水方案、大型防洪水库汛期调度运用计划和蓄滞洪区运用预案;统筹全省水工程防洪调度,组织指挥抗洪抢险和群众转移,协调做好灾后处置相关工作。

2.2.2　省防办

承担省防指日常工作;负责组织防汛会商和日常调度;收集汇总并报告雨水情、灾情和抢险救灾进展等情况,提出防汛救灾方案及建议;协调、督促省防指各成员单位参与防汛应急处置工作;做好防汛预警预报发布、新闻宣传等工作;承办省防指交办的其他事项。

2.2.3　省防指成员单位工作职责按有关文件规定执行。

2.3　专家组

省防指聘请有关专家成立专家组,为防汛应急处置工作提供咨询与建议。

3　能力建设

省、市州、县市区人民政府着力推进以“1333 工程”为核心的防汛能力建设工作。突出“1”个出发点,即以人民为中心,把人民的生命安全放在首位;夯实水库、堤防和蓄滞洪区“3”个防汛抗灾能力硬件基础;提升预测预报预警、水库调度和巡库巡堤巡塘查险发现问题解决问题“3”个防汛抗灾能力软件基础;增强应急预案、应急力量和应急救援“3”项防汛抗灾能力实力基础。

4　预防预警

4.1　预防预警机制

4.1.1　各级防汛抗旱指挥部建设防汛监测预警系统,统一收集气象、雨水情、地质灾害等监测信息,为指挥决策提供技术支撑。

4.1.2　各级气象、水利、自然资源等部门按照各自的职责负责灾害性天气、洪涝、山洪和地质灾害的监测预警预报,并向同级防汛抗旱指挥部报送信息。

4.1.3　各级防汛抗旱指挥部严格按照雨水情收集、汇报制度以及险情登记、汇报制度等做好信息收集、研判、报告工作。

4.2　预防预警行动

4.2.1　江河洪水预警

(1)当江河湖库即将出现洪水时,各级水利部门做好洪水预报工作,及时向同级防汛抗旱指挥部报告水情和洪水趋势。

(2)各级防汛抗旱指挥部按照分级负责原则,确定洪水预警区域、级别和洪水信息发布范围,按照权限向社会发布。

(3)水利部门跟踪分析江河湖库洪水的发展趋势,及时预报发布水情,为抗灾救灾提供依据。

4.2.2　渍涝灾害预警

当气象部门预报将出现强降雨时,各级防汛抗旱指挥部分析确定渍涝灾害预警区域、级别,按照权限向社会发布,并做好排涝相关准备工作。必要时,由当地政府组织低洼地区群众及企事业单位及时转移避灾。

4.2.3　蓄滞洪区预警

(1)蓄滞洪区运用预案由所在地防汛抗旱指挥部负责编制,报同级人民政府审批。由上级人民政府或上级防汛抗旱指挥部调度的蓄滞洪区，其预案审批前应征得有调度权限的防汛抗旱指挥部同意。国家蓄滞洪区的应用预案应由省防指汇总报送流域和国家防汛抗旱总指挥部办公室备案。

(2)当地防汛抗旱指挥部应当及时根据省防指的命令发布蓄洪警报。蓄洪警报发布后，蓄洪区所在地的县市区、乡镇人民政府应及时有秩序地组织群众安全转移。

4.2.4　山洪和地质灾害预警

(1)山洪和地质灾害可能发生的地区，根据山洪和地质灾害的成因和特点，主动采取预防和避险措施。气象、水利、自然资源等部门应加强监测，及时发布预警信息。

(2)有山洪和地质灾害防御任务的县市区防汛抗旱指挥部、乡镇政府要编制本地区山洪灾害防御预案，自然资源、应急、水利、气象等部门应做好技术支持。

(3)山洪和地质灾害易发区乡镇应建立健全专业监测与群测群防相结合的监测体系，落实观测、预警等措施。汛期坚持24小时值班巡查制度，降雨期间，加密观测、巡查频次。一旦发现危险征兆，应立即采取告警、转移群众等措施，并及时将重要信息向防汛抗旱指挥部报告。

4.2.5　极端灾害性天气预警

当预测部分地区将发生大暴雨、台风等极端灾害性天气时，气象部门及时向公众发布预警信息，并将预警信息报告同级防汛抗旱指挥部。地方防汛抗旱指挥部迅速组织有关部门会商研判，防范灾害风险，必要时采取避灾转移等措施。

5　巡查防守

5.1　巡查防守机制

5.1.1　巡查防守工作实行各级人民政府行政首长负责制，由防汛抗旱指挥部统一指挥，分级、分部门、分工程管理单位负责。

5.1.2　堤防等防洪工程管理单位或部门负责划分巡查防守任务和区段，报同级防汛抗旱指挥部确定。当地防汛抗旱指挥部应按照管理权限组织巡查防守队伍，并督促有关部门按照划定的任务和区段将巡查防守队伍登记造册，并予以公示。

5.1.3　堤防等防洪工程日常巡查防守工作由管理单位负责。当江河湖泊预报将达到警戒水位时，按照划定的巡查防守任务和区段由相应的防汛抗旱指挥部组织队伍实施巡查防守；当水位达到保证水位时，加强巡查力量和频次，并视情采取应急处置措施确保工程安全。

5.1.4　各级防汛抗旱指挥部组织有关部门和单位成立专项督查组，开展巡查防守督查工作。

5.2　巡查防守行动

5.2.1　巡堤查险要做到早发现、不遗漏，采用按责任堤段分组次、昼夜轮流的方式进行。对险工险段、砂基堤段、穿堤建筑物、堤防附近洼地、水塘等易出险区域，要扩大查险范围，加强巡查力量，必要时应24小时不间断巡查。

5.2.2　巡堤查险应做好记录，并建立严格的交接班制度。

5.2.3　发现险情后要立即向防汛抗旱指挥部和上级主管部门报告，科学果断进行处置，严防风险转化为事故、小险演变成大险。

6　应急响应

6.1　响应分级

根据洪涝灾害的严重程度和范围，应急响应分Ⅳ级(一般)、Ⅲ级(较大)、Ⅱ级(重大)和Ⅰ级(特别重大)四级。

6.1.1 Ⅳ级响应

出现下列情况之一时,可启动Ⅳ级响应。

(1)24小时降雨量100毫米以上(或6小时降雨量50毫米以上)笼罩面积达到2万～3万(含3万)平方公里;

(2)水利部门预报某条主要河流干流或洞庭湖堤垸水位逼近警戒水位,且预报仍将继续上涨,堤防等工程出现一般险情(即将发生一般洪水时);

(3)气象部门预报我省部分地区将出现较强降雨过程,可能造成洪涝灾害;

(4)一个县市区或一处防洪工程发生洪涝灾害,一次性因灾死亡(失踪)5人以上、10人以下。

6.1.2 Ⅲ级响应

出现下列情况之一时,可启动Ⅲ级响应。

(1)24小时降雨量100毫米以上(或6小时降雨量50毫米以上)笼罩面积达到3万～6万(含6万)平方公里;

(2)水利部门预报某条主要河流干流或洞庭湖堤垸水位超过警戒水位,且预报将逼近保证水位,万亩以上堤垸等工程出现较大险情(即将发生较大洪水时);

(3)水利部门预报长江宜昌站将出现6万立方米/秒的流量,且城陵矶站在警戒水位以上;

(4)气象部门预报台风将影响我省部分市州,并发出灾害性天气预警;

(5)气象部门预报我省部分地区将出现强降雨过程,可能造成较严重洪涝灾害;

(6)湖区内涝严重,主要内湖水位超过保证水位堤防出现险情,气象部门预报仍将出现强降雨,且危及周边群众等公共安全时;

(7)一个县市区或一处防洪工程发生洪涝灾害,一次性因灾死亡(失踪)10人以上、30人以下。

6.1.3 Ⅱ级响应

出现下列情况之一时,可启动Ⅱ级响应。

(1)24小时降雨量100毫米以上(或6小时降雨量50毫米以上)笼罩面积达到6万～10万(含10万)平方公里;

(2)水利部门预报某条主要河流干流或洞庭湖堤垸水位达到保证水位,并预报水位仍将上涨,万亩以上堤垸出现溃垸性险情,个别万亩以上一般堤垸发生溃垸(即将发生大洪水时);

(3)水利部门预报长江宜昌站将出现6万～8万(含8万)立方米/秒的流量,且城陵矶站在警戒水位以上;

(4)气象部门预报台风将严重影响我省部分地区,并发出灾害性天气预警;

(5)气象部门预报我省大部分地区将出现特强降雨过程,且相应地区主要河流控制站在警戒水位以上;

(6)某座大型水库或几座中型水库出现超设计水位洪水,出库流量超过下游河道安全泄量,严重危及沿线城镇等公共安全;

(7)湖区内涝严重,主要内湖水位超历史最高水位,内湖堤防出现严重险情,气象部门预报仍将出现强降雨,且危及周边群众等公共安全时;

(8)省重点在建水利工程遭遇超标准洪水且出现重大险情,并危及下游公共安全;

(9)一个县市区或一处防洪工程发生洪涝灾害,一次性因灾死亡(失踪)30人以上、50人以下。

6.1.4 Ⅰ级响应

出现下列情况之一时,可启动Ⅰ级响应。

(1)24小时降雨量100毫米以上(或6小时降雨量50毫米以上)笼罩面积大于10万平方公里;

(2)水利部门预报多条主要河流干流控制站水位将超历史最高实测水位;

(3)水利部门预报长江宜昌站将出现8万立方米/秒以上流量,且城陵矶站在警戒水位以上;

(4)气象部门预报我省大部分地区将出现极端降雨过程,湖区主要控制站在保证水位以上;

(5)多座大型水库或数座中型水库出现超校核水位洪水,严重威胁下游县级以上(含县级)城镇等公共安全;

(6)一座以上大型水库或多座中型水库出现超设计水位洪水,预报下游河道控制站将超过历史最大流量或最高水位,或大坝堤防出现重大险情,并严重危及下游公共安全;

(7)数个万亩以上堤垸发现溃垸或一个重点堤垸发生溃垸;

(8)决定启用我省境内蓄洪垸蓄洪,需转移安置灾民10万人以上;

(9)一个以上县市区或一处防洪工程发生洪涝灾害,一次性因灾死亡(失踪)50人以上。

有关数量表述中,"以上"含本数,"以下"不含本数。

6.2 响应行动

省防指根据雨水情、灾险情等对全省启动相应级别应急响应。原则上,防汛应急响应逐级启动,特殊情况时可越级启动。

6.2.1 Ⅳ级响应行动

(1)防汛值班:值班人员密切关注天气变化、雨、水、险、灾等情况,适时向省防办领导报告。

(2)防汛会商与组织:省防指副总指挥或由其委托省防指成员、省防办主任主持防汛会商,作出相关工作部署,加强汛情监测预警和相关工作指导,将有关情况向省防指负责人、上级有关部门报告,并通报省防指各成员单位。

(3)省防指各成员单位工作要求:必要时,由省防办协调,相关成员单位派出工作组赶赴所联系的县市区指导防汛救灾工作。

(4)应急调度:各受灾县市区根据水情、灾险情等做好本级防汛物资、资金、人力和水库等防洪工程调度。

6.2.2 Ⅲ级响应行动

(1)防汛值班:省防办领导参与值班,优化调度值班人员,加强值班力量,密切关注天气变化、雨、水、险、灾等情况,随时向省防办主任报告重要情况。

(2)防汛会商与组织:省防指副总指挥或由其委托省防指成员主持防汛会商,作出相关工作部署,强化汛情灾情监测及相关工作指导,及时将有关情况向省委、省人民政府、省防指及国家防总、长江防总报告,并通报省防指各成员单位。必要时,组织专题会商。

(3)省防指各成员单位工作要求:各成员单位按照职责落实相关工作,及时将重要情况报送省防办。由省防办协调,应急、水利、民政、自然资源、交通运输、农业农村、卫生健康委等部门根据需要派出工作组赶赴重灾区指导防灾减灾救灾工作。省军区、武警湖南省总队和省消防救援总队组织兵力集结待命,省级防汛物资仓库做好出库及运力准备。

(4)应急调度:省防指根据灾险情的严重程度和相关要求,做好人、财、物、水库、内湖等调度工作。相关市州、县市区按照规定,做好人、财、物及水库等防洪工程调度工作。

6.2.3 Ⅱ级响应行动

(1)防汛值班:省防指副总指挥或省防指成员带班,省防办主任参加值班;加强值班力量,按要求做好信息调度、汇总与报告以及后勤保障等工作。

(2)防汛会商与组织:省防指总指挥或副总指挥坐镇省防指,随时主持召开防汛会商会议或专题组织会商,必要时启动异地会商,分析洪水发展趋势、未来天气变化情况,研究抗洪抢险中的重大问题并作出相应部署;发布紧急通知,督促相关市州、县市区防汛抗旱指挥部切实做好抗洪抢险工作,必要时,报请省委、省人民政府派出督查组赴各地督查防汛抗灾工作;收集整理灾情、抗洪救灾行动等重要情况,及时向省委、省人大常委会、省人民政府、省政协、省军区及国家防总、长江防总报告。报请省人民政府按照有关规定向国务院报告我省防灾减灾救灾等情况。省领导率工作组赴所联系的市州指导抗洪救灾工作。视汛情应对需要按流域依法宣布进入紧急防汛期。省防指不定期组织召开新闻发布会。

(3)省防指各成员单位工作要求:应急、水利、民政、自然资源、交通运输、农业农村、卫生健康委、通信、电力等部门派出由厅级领导带队的工作组,赶赴重灾区或所联系的责任区指导防汛救灾工作,及时向省防指报告有关情况。财政部门做好抗洪救灾资金调度。交通运输部门开通抢险物资车辆免费专用通道。省级抢险物资做到"以车代仓、以船代仓",及时申请国家抢险救灾物资支援。新闻部门做好宣传报道协调工作,通过网络、电视、广播等媒体及时发布汛情信息。省红十字会等有关单位、社会组织开展社会救助活动。

(4)应急调度:省防指根据灾情、险情的严重程度和相关规定,做好人、财、物的调度工作,省军区、武警湖南省总队、省消防救援总队组织兵力及时到达指定地点执行抢险救灾任务或集结待命;专业抢险力量在省防指的统一调度下,参与险情抢护、应急救援等工作。加强水库、内湖、平垸行洪堤垸等防洪蓄洪工程的调度,特别要做好重点工程的实时调度、重大险情的抢护、受洪水威胁区域人员的安全转移等工作。省防指通过新闻媒体对外发布应急响应及动员令。必要时,省防指决定并发布封航或交通管制公告。

6.2.4 Ⅰ级响应行动

(1)防汛值班:省防指副总指挥或省防指成员带班,省防办主任坚守值班岗位。按照非常洪水值班有关要求,做好信息调度、文字综合、后勤保障等工作。必要时,从省防指相关成员单位抽调人员,充实值班力量。

(2)防汛会商与组织:省防指总指挥或副总指挥坐镇省防指,随时主持召开紧急会商会或专题会商会,必要时启动异地会商,分析洪水发展趋势、未来天气变化等情况,研究抗洪抢险中的重大问题并作出部署;发布紧急通知,迅速做好分蓄洪区启用准备工作;督促相关市州、县市区防汛抗旱指挥部做好抗洪抢险工作,随时向省委、省人大常委会、省人民政府、省政协、省军区及国家防总、长江防总报告相关情况。报请省政府及时向国务院报告我省洪灾情况,争取抢险救灾资金、物资、器材等支持。省领导率工作组立即赴所联系的市州指导抗洪救灾工作。省防指迅速派出工作组、专家组赴一线指导抗洪抢险,现场督查分蓄洪区启用,水库、内湖调度,人员转移等工作。省防指适时依法宣布全省或部分地区(流域)进入紧急防汛期,协调驻湘部队和武警官兵、消防救援力量,动员民兵、预备役人员以及社会力量全力开展抗洪救灾。紧急防汛期间，省防指依法对阻水严重的桥梁、引道、码头和其他跨河工程设施作出应急处置；在全省范围内调用物资、设备、交通工具和人力；决定采取取土占地、砍伐林木、清除水障和其他必要的紧急措施。省防指适时组织召开新闻发布会。派出督查组赴各地督查防汛抗灾工作，各成员单位增派工作组赶赴重灾区指导防汛救灾工作。财政部门及时调配全省抗洪救灾应急资金。应急部门牵头，全力开展受灾人员救助工作，组织开展查灾、核灾、损失评估等工作。卫生健康部门做好灾区医疗救治和卫生防疫工作。公安部门负责灾区的治安保卫、道路交通管制等工作，协助做好灾区群众撤离和转移工作。交通运输部门按照省防指的命令组织征调交通运输工具，开通防汛免费专用通道。水利、自然资源部门加强对地质灾害的现场监测和预警工作。电力部门负责保障防汛抢险、排涝救灾的电力供应。新闻部门做好宣传报道协调工作，通过网络、电视、广播等媒体及时发布汛情信息。省红十字会等单位、社会团体积极开展社会救助等活动。

(3)应急调度：省防指根据灾情、险情等严重程度和相关规定，做好人、财、物的调度工作。省军区、武警湖南省总队、省消防救援总队迅速组织兵力奔赴灾区抗洪抢险，必要时可向上级请求兵力或设备支援。省防指根据汛情、险情发展，适时加大省级抢险物资和救生器材调运力度，加强水库、内湖、分蓄洪区等的调度，全力做好重点工程的实时调度、重大险情的抢护以及受洪水威胁区域人员的安全转移工作，必要时可请求国家防总协调做好三峡水库和长江干流分蓄洪的综合调度工作。

6.3　应急处置

6.3.1　水库、江河堤防、水闸、泵站、输水渠道或管道等水利基础设施发生重大险情时，各级人民政府、防汛抗旱指挥部要组织做好群众安全转移工作；迅速组织队伍抢险，力争避免垮坝、堤防决口、垮闸等恶性事件发生。

6.3.2　对避灾避险转移的群众，各级防汛抗旱指挥部要协调应急、民政等部门实施紧急安置与救助。

6.3.3　洞庭湖区非常洪水的防守调度及蓄洪垸紧急救生、群众转移等按相关专项预案、方案及程序组织实施。

6.4　信息报送及发布

6.4.1　各级应急、水利、自然资源、住房和城乡建设、交通运输、气象、粮食和物资储备、电力、铁路等成员单位及时准确向同级防汛抗旱指挥部报送部门备汛工作开展、度汛隐患排查整改、水工程调度、险情及抢险处险、应急力量备勤调度等情况。

6.4.2　各级防汛抗旱指挥部按照《湖南省突发事件新闻发布应急预案》有关规定，做好相关信息发布工作。

6.5　响应调整或解除

当气象条件好转，江、河、湖干流控制站水位下降，险情得到有效控制或其他应急响应条件向好发展，由省防指会商研究决定或依照有关报请程序决定并宣布降低防汛应急响应级别，直至解除响应。

7　后期处置

7.1　善后工作

7.1.1　各级防汛抗旱指挥部在紧急防汛期间调用的物资、设备、交通运输工具等，汛期结束后应及时组织归还；造成损坏或无法归还的，按照国家有关规定给予相应补偿或作其他处理；取土占地、砍伐林木的依法补办手续。有关市州、县市区人民政府要对取土后的土地组织复垦，对砍伐的林木组织补种。

7.1.2 蓄滞洪区分蓄洪运用后，防汛抗旱指挥部和有关部门要按照《蓄滞洪区运用补偿暂行办法》做好相关工作。

7.1.3 相关部门应尽快组织灾后重建工作，灾后重建原则上按原标准恢复，条件允许可提高标准重建。

7.1.4 各社会团体、个人及国外机构的捐赠资金和物资由省募捐管理机构负责管理与监督。

7.2 总结评估

省防指要对预案实施、应急处置等情况予以全面总结，根据量化指标作出科学评估，及时向省委、省人民政府及国家防总、长江防总报告。

8 应急保障

8.1 工程保障

8.1.1 汛前，各级应急、水利、自然资源、住房和城乡建设、交通运输、电力、铁路等成员单位根据职责分工，做好矿山、尾矿库、水利工程、城市排涝工程、交通干线、电力设施等重点防范目标的度汛隐患排查和整改。

8.1.2 各级防汛抗旱指挥部督促堤防、水库管理单位加强日常运行管理。在紧急防汛期，防汛抗旱指挥部根据防汛抗洪的需要，有权在其管辖范围内调用物资、设备、交通运输工具和人力，决定采取取土占地、砍伐林木、清除阻水障碍物和其他必要的紧急措施；必要时，公安、交通等有关部门按照防汛抗旱指挥部的决定，依法实施陆地和水面交通管制。

8.2 物资保障

8.2.1 省防指按照《湖南省防汛物资储备定额》强化全省和荆江南线大堤储备点防汛抢险物料储备；统筹调度省军区、省消防救援总队、国家森林消防局机动支队六大队、省粮食和物资储备局等单位防汛抢险救援物资。

8.2.2 各级防汛抗旱指挥部应按相关规定储备足额的防汛抢险救援物资，平时加强储备物资的管理和维护，确保应急所需。各级人民政府组织协调相关部门(单位)做好应急救灾物资供应，确保灾区社会稳定。

8.2.3 防汛抢险救援物资调度，坚持“先近处后远处”“先库存后外购”“先本级后上级”的原则，由各级防汛抗旱指挥部按照管理权限统一调度。必要时，由省防指申请国家防总紧急调拨。

8.2.4 各级防汛抗旱指挥部在汛前要落实好防汛物资调度预案，明确储备单位、可调数量、运载车辆、行驶路线、人员配备、联系方式等；在重要防守目标附近提前预置防汛抢险物料，结合通航通行条件，科学做好“以车代仓、以船代仓”准备工作。

8.3 队伍保障

8.3.1 各级防汛抗旱指挥部要推进以综合性消防救援队伍为主力、以专业救援队伍为协同、以军队和武警部队为突击、以社会力量为辅助的应急救援力量体系建设。

8.3.2 省防指建立与南部战区、省军区、武警湖南省总队“点对点”联络机制，加强灾情信息通报、灾区情况勘测、应急物资和力量投送、现场救援协同等方面的联动，健全部队参与应急救援工作机制;同时,加强与省建工集团、省交水建集团、中国水电八局等企业的应急联动,将有关施工抢险队伍纳入防汛专业应急抢险力量体系,加强共建共训共练,形成应急救援合力。

8.4 通信保障

各级人民政府应建立健全防汛应急通信保障体系,配备与防汛应急需要相适应的设施设备。各级通信部门应保障紧急状态下防汛、抢险、救灾的通信畅通。

8.5 经费保障

县级以上人民政府应当将防汛、抢险、救灾等经费纳入地方财政预算,确保防汛救灾应急所需。省财政厅联合省防办向财政部、国家防总申请特大防汛补助费,按规定提出防汛专项资金分配方案,及时下拨资金,并联合相关单位做好资金监管等工作。

8.6 预案保障

市州、县市区人民政府参照本预案、结合本地实际制定防汛应急预案,并按程序报批。省住房和城乡建设厅、省自然资源厅、省交通运输厅、省水利厅、省应急管理厅、省气象局等省防指成员单位在编制部门专业应急预案时,要将城市防涝、地质灾害防御、道路交通防洪、水利工程防洪、气象灾害预警预报等工作予以明确,确保与本预案有效无缝衔接。

9 宣传、培训和演练

各级人民政府、防汛抗旱指挥部加强防汛避灾减灾知识及相关法律法规的宣传和培训,结合实际有计划、有重点地组织开展应急演练,增强全社会防汛减灾意识,提高自救互救能力,筑牢防灾减灾救灾的人民防线。

10 责任追究

对因迟报、漏报、谎报、瞒报汛情灾情等信息,或在防汛应急处置中有其他失职、渎职行为并造成严重后果的,依法依规追究相关责任人的责任;构成犯罪的,依法追究刑事责任。

11 附则

11.1 预案管理与更新

省防汛抗旱指挥部办公室根据情况变化,及时提请省防汛抗旱指挥部修订完善本预案。

11.2 预案制定与实施

本预案经省防汛抗旱指挥部批准后,由省防汛抗旱指挥部办公室印发,自公布之日起试行。

10.3 湖南省水利厅水旱灾害防御应急响应工作规程(试行)

湖南省水利厅水旱灾害防御应急响应工作规程(试行)

湘水发〔2020〕13号

1 总则

1.1 编制目的

为进一步规范省水利厅水旱灾害防御应急响应工作程序和应急响应行动,提高应急处置工作效率和水平，保证水旱灾害防御工作及时高效有序进行最大限度减轻灾害损失，特制定本规程。

1.2 编制依据

根据《中华人民共和国防洪法》《中华人民共和国突发事件应对法》《中华人民共和国防汛条例》《中华人民共和国抗旱条例》《湖南省实施〈中华人民共和国防洪法〉办法》《湖南省突发事件总体应急预案》《湖南省防汛应急预案（试行）》等有关法律法规和文件，制定本规程。

1.3 适用范围

省水利厅开展水旱灾害防御应急处置工作适用本规程。

当发生或预计发生水旱灾害事件时省水利厅根据本规程启动相应级别应急响应，各部门（单位）根据工作职责及本规程开展监测预警预报、水工程调度及抢险技术支撑等水旱灾害防御相关工作。

2 组织机构及职责

2.1 组织机构

省水利厅成立厅水旱灾害防御工作领导小组（以下简称领导小组），组长由厅长担任，副组长由其他厅领导担任。

领导小组成员单位有：省纪委省监委驻厅纪检监察组办公室、规计科技处、政法处、财务、人事处、水资源处、建设处、运管监督处、河湖处、水保处、农水水电处、移民处、防御处、河长处、机关党委后勤中心、防御中心、洞庭湖中心、农电局、工管局、质监站、移民中心、水文中心、设计院、水电职院、水科院、施管局等有关处室（单位）。省纪委省监委驻厅纪检监察组由负责同志任领导小组成员，其他成员单位由主要负责同志任领导小组成员。

成立防汛抢险技术支撑专家组（以下简称专家组），专家组组长由厅总工程师担任。

领导小组下设办公室（以下简称厅防办）、厅防办主任由分管水旱灾害防御工作的厅领导担任；副主任由防御处、防御中心、洞庭湖中心、水文中心负责同志担任。

2.2 领导小组及成员单位职责

领导小组职责：贯彻落实国家和省委省政府、省防指有关水旱灾害防御工作部署组织、指挥、协调省水利厅机关各处室和厅直有关单位水旱灾害防御工作；指导全省水利系统水旱灾害防御工作。

组长职责：负责防御应急工作的全面领导和指挥，决定水旱灾害防御应急重要事项。

分管水旱灾害防御工作的副组长职责：负责防御应急工作的综合协调、会商分析、工程调度、重要水利工程抢险部署等工作；参加省防指联合值守期间其职责由组长指定一名副组长负责履行。

其他副组长职责：负责各自分管领域的水旱灾害防御应急工作承担组长临时指派的任务。

专家组职责：参与制定重要防洪工程、重要农村供水设施险情处置方案；参与研判重要汛情旱情和水工程调度等。

厅防办职责承担领导小组日常工作；落实领导小组防御决策指令；组织水旱灾害防御值班工作；承担水工程调度工作；协调专家组开展应急抢险技术支撑工作。

各成员单位职责：

省纪委省监委驻厅纪检监察组：监督检查水旱灾害防御工作履职情况。

办公室：负责联系对接水利部办公厅、省委办公厅、省政府办公厅参与协调省直有关部门工作协调组织召开新闻媒体通气会和新闻发布会。

规计科技处:统筹指导全省水旱灾害防御工程体系建设;组织重大水旱灾害防御课题研究、技术引进和科技推广等工作;配合做好中央(省级)水利救灾资金下达。

政法处:提供水旱灾害防御应急工作的法律支撑。

财务处:参与中央(省级)水利救灾资金安排建议,配合中央(省级)水利救灾资金的下达工作。

人事处:牵头组建和完善省级防御洪水应急抢险专家库。

水资源处:提供全省水资源管理和节约工作情况,指导干旱期节约用水工作。

建设处:提供在建水库、水闸、城市防洪工程、四水干流堤防、破大堤工程(洞庭湖区以外)建设情况督促指导在建工程安全度汛工作。

运管监督处:提供已建水库水闸堤防等水利工程的基础信息;指导已建水库、水闸堤防的安全度汛监管;指导编制水库调度规程。

河湖处:负责水域岸线日常监督管理提供河湖“清四乱”岸线管控等情况。

水保处:提供水旱灾害防御相关水土保持基本情况,协助做好水旱灾害防御有关工作。

农水水电处工管局农电局:提供大中型农村安全引水工程、灌区、农村水电站运行状况和干旱期间人畜饮水、灌区灌溉保障情况;参与抗旱及抗旱调水的有关工作指导农村安全饮水灌区农村水电站等工程的防洪和抗旱工作。

移民处、移民中心:指导大中型水库的移民搬迁安置和后期扶持项目的度汛安全工作。

防御处:负责厅防办日常工作。协调指导预报预警、水工程调度和防御技术支撑工作。

河长处:参与督促侵占河道、影响行洪安全工程的清理整治工作。

机关党委:指导基层党组织和党员在水旱灾害防御工作中发挥战斗堡垒和先锋模范作用。

后勤中心:负责水旱灾害防御期间的供电、用车、安全保卫、车辆疏导和会议服务等保障工作。

防御中心:承担厅防办日常工作。承担预报预警水工程调度和防御技术支撑事务性工作;负责省防汛抗旱云平台的运行维护;负责水旱灾害防御新闻宣传报道;参与水旱灾害防御值班。

洞庭湖中心:提供湖区水利工程基本情况和在建工程进度情况;提供湖区内江内湖运用日常调度情况并提出调度意见;承担洞庭湖区、长江湖南段水旱灾害防御技术支撑工作。

质监站:参与在建水利工程建设项目的质量监督和出险项目的质量事故调查。

水文中心:负责提供雨水情、墒情旱情监测预测预报信息;负责省级山洪灾害监测预警系统、防洪预报调度系统以及水文部门所建山洪灾害防治雨水情监测站点运行维护工作。

设计院、水电职院、水科院、施管局:负责有关水旱灾害防御技术研究,参与相关方案预案的研究和重大险情处置方案的制定。必要时派专家协助开展水旱灾害防御处置。

3　应急响应

按照洪涝干旱灾害发生的性质严重程度、可控性和影响范围等因素将应急响应分为一般(Ⅴ级应急响应)、较大(Ⅲ级应急响应)、重大(Ⅱ级应急响应)、特别重大(Ⅰ级应急响应)四个等级。在重大灾害发生时,报请分管省领导组织、指挥应急防御工作。

3.1　启动和终止程序

根据水情、旱情、灾情变化由厅防办适时提出启动、降低、终止相应级别应急响应;应急响应启动、降低、终止由领导小组组长或其委托的副组长决定。原则上应急响应逐级启动特殊情况时可越级启动。应急响应启动降低终止情况报分管水利的省领导和省防指。

3.2 响应一般要求

水旱灾害防御应急响应启动后响应措施或行动依响应级别提升逐步加强，一般有：

(1)领导小组组长或分管水旱灾害防御工作的副组长组织会商，领导小组有关成员参加，必要时市州水利局负责同志以视频方式参加。

(2)向相关市州水利局及有关单位发出通知，通报启动应急响应及水旱灾害防御等情况，安排部署防御工作。

(3)将水旱灾害防御情况及时上报省委省政府、水利部、长江委以及省防指。

(4)根据需要派出专家组赴现场协助指导当地开展水旱灾害防御工作。

(5)及时发布洪水预警、山洪预警和干旱预警。

(6)根据汛情险情及地方需求等报请省防指开展抗洪抢险及险情处置等工作。

(7)根据水旱灾害防御工作需要和地方请求向国家财政部和水利部、省政府申请水利救灾资金。

(8)领导小组成员单位进入应急值守状态，各负其责做好水利工程运行、调度、监管及相关应急处置等应对工作。

防御处、防御中心、洞庭湖中心按照调度权限加强水工程调度，提出蓄滞洪区运用建议，向领导小组组长、副组长汇总报告汛情旱情及水旱灾害防御工作等情况。

水文中心加强值班值守，加强与省气象局联合会商和滚动预报，加密信息报送频次，情况紧急时随时报送。

办公室、防御处、防御中心启动应急宣传机制，滚动报道汛情旱情和工作部署及成效，及时回应社会关切。

设计院、水电职院、水科院、施管局等单位专设联系人与厅防办对接，做好抢险技术支撑准备。防汛抢险技术支撑专家要保持联络畅通，随时提供技术咨询和指导。

3.3 Ⅳ级应急响应

3.3.1 Ⅳ级响应的判别

当发生或预计发生符合下列条件之一的事件时启动Ⅳ级应急响应。

(1)24小时降雨量100mm以上或6小时降雨量50mm以上且笼罩面积达到2万～3万平方千米；

(2)四水干流或洞庭湖区主要控制站水位接近警戒水位且将继续上涨；多条四水主要支流主要控制站水位超过警戒水位；

(3)四水干流堤防、万亩以上堤垸出现较大险情，四水主要支流堤防出现决口小型水库出现重大险情一座中型水库出现较大险情；

(4)发生较大山洪灾害；

(5)全省农作物受旱面积达到600万亩以上；

(6)全省因旱饮水困难人口达50万人以上；

(7)其他需要启动Ⅳ级应急响应的情况。

3.3.2 Ⅳ级应急响应行动

(1)值班：值班人员密切监视雨水情、灾险情及干旱等情况，及时向领导小组组长报告。

(2)会商与组织:分管水旱灾害防御的副组长或委托厅防办副主任主持会商,有关情况向水利部、省委省政府、省防指和领导小组报告。

(3)应急调度:根据汛旱情发展趋势,做好水工程调度工作,并及时报告省防指。

(4)成员单位工作要求:按照职责做好水旱灾害防御相关工作,及时提供责任范围内风险点及管控建议,必要时派员督导市州水旱灾害防御工作。

(5)专家组工作要求:根据请求必要时派出专家组指导一线抢险工作。

3.4 Ⅲ级应急响应

3.4.1 Ⅲ级响应的判别

当发生或预计发生符合下列条件之一的事件时启动Ⅲ级应急响应。

(1)24 小时降雨量 100mm 以上或 6 小时降雨量 50mm 以上且笼罩面积达到 3 万～6 万平方千米;

(2)四水干流或洞庭湖区主要控制站水位超过警戒水位且将继续上涨;多条四水主要支流主要控制站超过保证水位;

(3)四水干流堤防、万亩以上堤垸出现一处决口,四水主要支流堤防出现多处决口,小型水库溃坝,一座中型水库出现重大险情或多座中型水库出现较大险情,大型水库出现险情;

(4)发生重大山洪灾害;

(5)全省农作物受旱面积达到 1200 万亩以上;

(6)全省因旱饮水困难人口达 100 万人以上;

(7)其他需要启动Ⅲ级应急响应的情况。

3.4.2 Ⅲ级应急响应行动

(1)值班:加强值班力量,密切监视雨水情、灾险情及干旱等情况,随时向领导小组报告重要情况。

(2)会商与组织:分管水旱灾害防御工作的副组长主持会商,有关情况向水利部、省委省政府、省防指和领导小组报告。

响应期间,分管水旱灾害防御工作的副组长因工作等原因不能主持会商的,由领导小组组长另指定副组长主持会商。

(3)应急调度:领导小组根据汛旱情发展趋势,向省防指提出水工程调度建议,并按要求做好水工程调度。

(4)成员单位工作要求:按照职责做好水旱灾害防御相关工作,及时将水旱灾害防御重要情况报送厅防办。必要时派员督导市州水旱灾害防御工作。

(5)专家组工作要求:根据领导小组要求,派出专家组指导市县做好抢险工作。

3.5 Ⅱ级应急响应

3.5.1 Ⅱ级应急响应的判别

当发生或预计发生符合下列条件之一的事件时启动Ⅱ级应急响应。

(1)24 小时降雨量 100mm 以上或 6 小时降雨量 50mm 以上且笼罩面积达到 6 万～10 万平方千米;

(2)四水干流或洞庭湖区主要控制站水位超过保证水位且仍将继续上涨,多条四水主要支流主要控制站超过历史最高水位；

(3)四水干流堤防、万亩以上堤垸出现多处决口重点垸堤防出现较大险情，一座中型水库溃坝或多座中型水库出现重大险情大型水库出现较大险情；

(4)发生特大山洪灾害；

(5)全省农作物受旱面积达到1800万亩以上：

(6)全省因旱饮水困难人口达200万人以上；

(7)其他需要启动Ⅱ级应急响应的情况。

3.5.2 Ⅱ级应急响应行动

(1)值班：启动非常规值班模式由领导小组副组长24小时带班；办公室、建设处、运管监督处、农水水电处、洞庭湖中心、工管局水文中心等领导小组成员单位参与24小时值班。

(2)会商与组织：领导小组组长随时主持召开会商，有关情况向水利部、省委省政府、省防指报告。

(3)应急调度：及时向省防指提出水工程调度建议，并协助省防指督促相关单位做好水工程调度。

(4)领导小组成员单位工作要求：所有成员24小时待命，随时赴市州督导水旱灾害防御工作。

(5)专家组工作要求：所有专家24小时待命，随时赴现场指导抢险工作。

3.6 Ⅰ级应急响应

3.6.1 Ⅰ级应急响应的判别

当发生或预计发生符合下列条件之一的事件时，启动Ⅰ级应急响应。

(1)24小时降雨量100mm以上或6小时降雨量50mm以上且笼罩面积大于10万平方千米；

(2)四水干流主要控制站水位超过历史最高水位，湖区主要控制站水位在保证水位以上且仍将继续上涨；

(3)一座大型水库或多座中型水库出现超校核水位洪水，大型水库出现重大险情，数个万亩以上堤垸或一个重点堤垸溃垸；

(4)全省农作物受旱面积达到2400万亩以上；

(5)全省因旱饮水困难人口达300万人以上；

(6)其他需要启动Ⅰ级应急响应的情况。

有关数量表述中，“以上”含本数，“以下”不含本数。

3.6.2 Ⅰ级应急响应行动

(1)值班：启动非常规值班模式，由领导小组组长24小时带班，领导小组副组长参加值班，领导小组所有成员单位参加24小时值班。按要求做好信息调度、汇总与报告以及后勤保障等工作。

(2)会商与组织：领导小组组长或报请分管副省长随时主持召开会商，有关情况紧急向水利部、省委省政府和省防指报告。

(3)应急调度：及时向省防指提出水工程调度、蓄滞洪区运用建议，并协助省防指督促相关单位做好水工程调度。

(4)领导小组成员单位工作要求：所有成员24小时待命，随时赴相关地区督导水旱灾害防御工作。

(5)专家组工作要求:所有专家24小时待命,随时赴现场指导抢险工作。

4 应急保障

进入汛期以后,水旱灾害防御工作成为水利厅的中心工作,厅系统全体干部职工均有参加水旱灾害防御工作的责任和义务,必须保持24小时通讯畅通,应急期间应随时按要求参加水旱灾害防御应急工作。

5 附则

5.1 领导小组组成及职责根据变化情况动态调整。

5.2 各市州县市区水利局可参照本规程明确相关工作程序。

5.3 本规程自印发之日起实施。

10.4 湖南省水利系统防汛抗旱工作指引(第一版)

湖南省水利系统防汛抗旱工作指引(第一版)

湘水办函〔2020〕53号

序 言

党中央、国务院高度重视人民群众生命财产安全,习近平总书记多次作出重要指示,提出"两个坚持、三个转变"防灾减灾救灾新理念。水情是湖南最大的省情之一,以防汛抗旱为主要抓手,推进水安全战略,是贯彻落实习近平总书记治水思路的重大举措也是积极践行水利改革发展总基调的必然要求。

机构改革以来,国家防汛抗旱机制发生了深刻变革,但无论机制如何变化,水利部门始终应把抓好防汛抗旱相关工作作为头等大事、首要任务,牢固树立"防大汛、抗大旱、抢大险"思想,坚持早谋划、早部署、早行动,全力打好防汛抗旱的主动仗。水旱灾害防御作为一项复杂的系统工程,涉及面广,专业性强。为充分发挥专业部门优势,扎实做好测防报调工作,主动衔接好抗救援要求,省水利厅组织对水利部门承担的工作任务进行了系统梳理,制定本工作指引,旨在更好地引导全省水旱灾害防御工作,确保各项工作落到实处。本指引围绕水旱灾害防御日常工作,从"测、防、报、调"四个方面对水利系统的工作职责和要求进行规范,引导一线工作人员更好履职。由于防汛抗旱新机制下水旱灾害防御工作开展仍处在摸索阶段,很多仍借鉴过往经验。在工作指引试行过程中,如有不当之处,请予指正。

"测"的工作指引

一、概述

"测"是指采集、监视和处理气象、雨水旱情等信息的工作过程。

二、工作原则

依规采集,传输顺畅,密切监视,及时研处。

三、工作要点

气象、水文、县级水行政主管部门、水工程管理单位等根据需要完善站点建设,做好运行维护。各类信息要按照通信规约要求,在固定时间段或采取固定频次采集,测到的信息及时报送,确保信息准确无误且通信无碍。

(一)气象信息

1. 密切监视

主要监视、研判气象部门发布的专题预报、常规预报、卫星云图、雷达回波图、暴雨预警短信等

2. 及时研处

做好例行记录,按规定报送信息。

(1)专题预报有强降雨或高温少雨天气过程时,水文部门定性或定量分析汛、旱情趋势;水利部门视情况发布汛、旱情预警。

(2)收到暴雨预警短信或发现卫星云图、雷达回波图反映有强降雨可能时,密切关注实时降雨,及时提醒相关地区加强防范。

(3)发现卫星云图、雷达回波图反映的降雨趋势与专题预报有较大差异时,咨询气象部门进一步研判,并视情提醒相关地区注意。

(二)雨、水情

1. 密切监视

(1)定期监视水文部门发布的实时雨情河湖水情以及水库管理单位发布的水库水情等。

(2)定期监视水文部门发布的雨水情预测预报等信息。

2. 及时研处

做好例行记录,按规定报送信息。

(1)发现局部发生强降雨时,及时提醒相关地区注意研判、防范,视情加密雨、水情监视频次。

(2)水文预报或实际观测到河湖水位达到或超过警戒水位、保证水位、历史水位时,提醒相关地区加强研判、防范,动态加密水情监视频次,及时收集防守情况。

(3)水库水位超汛限水位正常水位时,及时收集水库运行、调度特征资料,督促调度主管部门或水库管理单位按水利部监管要求整改。

(4)雨、水情接近或达到应急响应或山洪预警启动条件时及时提请启动响应并加强防御工作;动态加密雨、水情监视频次,及时收集防御情况。

(三)旱情

1. 密切监视

(1)定期监视抗旱系统监测分析的河湖水情降雨距平指数、连续无雨日等指标。

(2)定期监视水文部门发布的枯水预报、墒情等信息

(3)及时研判各地报送的水工程蓄水量、灌区保灌天数,农村饮水困难人数等信息,会同农业农村部门分析研判农业受旱情况及农业旱情发展趋势。

2. 及时研处

做好例行记录,按规定报送信息。

(1)监测发现有旱情时,提醒相关地区注意研判防范,动态加密旱情信息收集频次。

(2)水文部门发布枯水预报时,按规定发布干旱预警。

(3)旱情达到应急响应启动条件时，及时提请启动响应并加强抗旱工作；动态加密旱情监视频次，及时收集抗旱工作情况。

(四)舆情

1. 密切监视

主要监视云平台监控的媒体官网新闻信息。

2. 及时研处

做好例行记录，按规定报送信息。

监测发现负面舆情时，及时了解情况，主动发声，回应关切。

(五)故障、异常情况处置

若监视发现以下故障、异常情况，应迅速联系、协调、要求相关部门、单位处理、解决。

1. 防汛抗旱云平台、湘汛通运行故障时，由省水利厅督促软件技术支持单位立即排障、恢复。

2. 气象常规预报、卫星云图等产品发布异常时，各级水行政主管部门协调本级气象部门解决。

3. 县级山洪灾害监测预警平台、雨量监测站点运行故障时，省市级水行政主管部门督促县市区水行政主管部门负责整改、恢复；长期故障且无正当原因的省水利厅将通报批评并限期整改、恢复。

4. 雨水情信息出现奇异值时，由当地水文部门研判、修正；水库水情出现奇异值时，由水库管理单位研判、修正。

5. 河湖水情缺报、迟报时，由当地水文部门整改；水库水情缺报、迟报时，由水库管理单位整改；必要时要求其上级主管部门督促落实。

“防”的工作指引

一、概述

“防”包括灾前的预防，即准备、保障、监督、防护等，包括预案修订完善、责任制落实、备汛检查、非工程措施运行管护、专家组建设管理等。

二、原则

依法依规、科学有序、全面及时、分级负责。

三、工作要点

(一)准备

1. 责任制落实

(1)技术和管护责任人

①汛前逐一落实本部门管理的水库(水电站)堤防、涵闸(泵站)、蓄滞洪区、供水工程、灌区等水利工程技术、管护责任人，落实测报系统等非工程措施管护责任人，并登记造册，报上级水利部门备案。

②水利工程管理单位要落实工程管护责任人，并登记造册，报水利部门备案。

(2)划分巡堤查险任务和区段

①汛前组织对本部门本行业管理的堤防工程划分巡堤查险任务和区段，并登记造册，明确责任人和巡堤查险队伍，报同级防汛抗旱指挥机构确定。

②报请本级人民政府组织其他部门对其管理的堤防划分巡堤查险任务和区段，明确责任单位、

责任区段、责任人和巡堤查险队伍，并分组登记造册，每年汛前汇总后予以公示。

2. 方案预案编制

(1)水旱灾害防治规划组织编制本辖区水旱灾害防治规划、洪水(干旱)风险图，并做好实施应用工作。

(2)水旱灾害防御预案方案汛前组织编制本辖区水旱灾害防御预案方案或规程，对水旱灾害防御应急响应条件、应对措施等进行明确，并报上一级水利部门备案。

(3)防洪调度方案和防汛抢险应急预案。

①按照分级管理的原则，汛前组织修订完善所有具有防洪功能的水库防洪调度方案，所有水利工程防汛抢险应急预案。

②水库管理单位汛前修订完善防洪调度方案和工程防汛抢险应急预案，并报水利部门批准执行。

(4)跨汛期施工方案需跨汛期施工的水利工程，施工单位汛前制定跨汛期施工方案和应急抢险方案，并报水利部门批准执行。

(5)抗旱供水调度方案预案。

①制定遭遇各种最不利情况的流域、区域应急水量调度方案预案，梳理确定可能的应急调水线路，保障用水安全。

②水利部门管辖或监督的水厂组织编制应急供水预案。

③灌区管理单位汛前修订完善灌溉供水方案，并报水利部门备案。

(6)蓄滞洪区运用预案。报请本级人民政府组织修订完善蓄滞洪区运用预案及人员转移方案，做实居民财产登记，按程序报送审批。

(7)山洪灾害防御应急预案。报请本级人民政府汛前组织修订完善山洪灾害防御应急预案。

3. 培训演练

(1)履职能力培训。

①汛前组织水旱灾害防御工作人员开展值班值守、水利灾险情统计上报水旱灾害防御宣传报道等履职能力培训。

②汛前组织工程巡查管护人员开展水库、堤防等巡查履职能力培训。

(2)防洪调度演练。组织开展江河和水工程洪水调度演练重点演练水情监测、洪水预报、异地会商、调度决策、沟通协调、工程运用等内容。

(3)应急避险演练。报请本级人民政府组织开展水库下游沿河低洼地带、山洪灾害易发区应急避险演练。

(二)保障

1. 工程保障

(1)水利工程建设扫尾。全面摸排上一年度开工的水利工程建设扫尾情况，指导督促施工单位加强施工调度，确保汛前全面完成建设扫尾任务。

(2)掌握工程防洪能力。

①全面排查水库、湖泊、堤防、蓄滞洪区、分洪河道、闸坝、泵站等工程现状和运用条件，重点排查骨干工程和未经洪水考验的水利工程，全面掌握流域水工程防洪能力。

②排查四水干流、中小河流重要控制断面行洪能力，摸清水库下游河道、河道滩区等安全泄量。

③对排查出的度汛安全隐患，按照“一单四制”的要求，限期整改，动态清零；对一时难以整改到位的，登记造册，分析制定不同情况下的应对措施。

(3)水毁工程修复。全面梳理检查水利工程设施水毁修复、朝天口堵口复堤和险工险段治理任务完成情况。指导督促进度滞后的地方和责任单位加强施工调度，采取有效措施，确保入汛前全面完成修复任务，及时恢复防洪功能。

(4)强化工程维护。汛期组织尽力做好突发水毁水利工程修复、抗旱应急水源工程建设、灌溉渠道清淤扫障和供水管网维护等工程建设管理。

(5)强化实施保障。报请本级人民政府落实水毁水利工程及度汛安全隐患整治工程建设资金，优化前期工作程序，促进项目实施。

2. 非工程保障

(1)应急抢险技术支撑。

①汛前建立完善本级水旱灾害防御专家库。专家库要涵盖水文监测预警、勘察、设计、施工、水利水电科研以及水旱灾害防御管理等领域。严格专家筛选，实行专家动态管理机制。

②汛前完善应急抢险现场支撑机制，建立专家组管理办法，视需要或有关部门地方请求，从专家库中调取有关专业技术人员组成专家组，赶赴现场开展技术支撑。

③编制水利工程应急抢险技术手册。

(2)监测预警设施运行维护。

①对山洪灾害防御、雨水情监测和土壤墒情站网等监测预警设施和平台组织汛前巡检，运用现代化手段实时监视站网和平台的运行情况，发现故障，督促管理单位第一时间组织力量抢修。

②报请本级人民政府汛前落实山洪灾害监测预警系统运行维护经费，并纳入财政预算。

(三)监督

(1)度汛安全大检查。按照县级自查、市级抽查、省级督查的方式，汛前组织检查工程调度运用准备情况，工程调度指挥、运行管理和安全度汛责任制落实情况，各类防汛抗旱方案预案修订完善情况，防洪工程建设和水毁工程修复质量和进度，防汛信息系统、防汛通信和水文设施运行状况等。

(2)巡查。组织对水库堤防、供水管道、灌溉渠道等防汛抗旱工程汛期的安全巡查，暴雨高洪及用水高峰期加密巡查。

(四)防护

(1)落实汛期值班制度。汛前制定水旱灾害防御值班方案合理安排值班力量，严格落实汛期领导带班制、24小时值班制。各地应根据本地区实际情况，制定值班手册。

(2)加强值班督导。加强水利工程技术、管护责任人到岗履职情况督导和抽查。

(3)实时综合研判。监视汛情旱情、灾情险情和工作开展情况，研判分析发展趋势，适时召开水旱灾害防御会商会，部署安排水旱灾害防御工作，视情启动水旱灾害防御应急响应。

(4)报告汛情旱情。及时向党委政府报告汛情旱情发展，提出相关工作建议。当堤防发生超警戒水位洪水时，报请人民政府组织开展巡堤查险。

“报”的工作指引

一、概述

“报”包括水旱情预报、水旱灾害预警、灾险情报送、工作报告和公众信息发布等内容各类型均有相应的时间和报送要求，主要目的是为防汛抗旱指挥决策和组织救灾提供及时准确的雨水情、工险情和旱涝灾情信息。

二、原则

规范有序准确及时、责任明确。

三、工作要点

(一)预测预报

按照《湖南省水利厅办公室关于做好水旱情预测预警预报发布服务有关工作的通知》(湘水办函〔2019〕64号)要求，督促各级水文部门及时提供预测预警预报信息。

(二)预警

可采用发布水旱灾害防御预警的形式，预警内容应包括监测预报、工作要求、工作安排及建议等。报送要求为：

1. 上级水利部门发布预警通知后4小时内。

2. 气象、水文部门发布强降雨、洪水预报或旱情监测预报后4小时内。

(三)报险

暂按原国家防总《防汛抗旱突发险情灾情报告管理暂行规定》(国汛〔2006〕2号)要求上报，分为突发险情和突发灾情报告内容应包括工程基本情况、灾险情态势以及抢险(救灾)情况、影响人员等，原则上以书面形式逐级上报，紧急情况下可采用电话或其他方式，并以书面形式及时补报。报送要求为：

1. 首次报告：确认险情或灾情已经发生，在第一时间将所掌握的有关情况向上级报告。

2. 续报：在突发险情、灾情发展过程中，根据险情、灾情发展及抢险救灾的变化情况，对报告事件补充报告。续报应延续至险情排除、灾情稳定或结束。

3. 当发生重大突发险情和重大灾情等紧急情况下可以越级报告，应在发生后3小时内报告至省水利厅。

(四)报灾

暂按原国家防总《关于切实加强洪涝灾情统计工作的通知》(国汛办电〔2018〕27号)、原国家防总办《关于印发〈水旱灾害统计报表制度〉的通知》(办旱一〔2011〕19号)和《湖南省水利厅办公室关于继续开展抗旱统计报送工作的通知》要求上报(后续如有新的文件要求，从其要求报送)，分为洪涝灾害和干旱灾害统计。内容应包括灾情综述及相关信息，重大突发灾害的灾情须附典型灾害照片。报送要求为：

1. 实时报：灾害发生过程中即时报送，统计时段为灾害发生日至报表报送日。

2. 过程报：一次灾害过程的灾情上报，过程结束后的第二个工作日及时上报经核实后的灾情。

3. 月报：本月发生的灾害过程的累计报，在下月第三个工作日前上报。

4. 年报：全年发生的灾害过程的累计报，分初报和终报。每年10月底前上报初报，次年第五个工作日前上报终报。

（五）报告

可采用专题报告、重大专题报告和防御情况专报等形式，内容应包括雨水情、形势分析、领导部署、行动情况及下阶段工作计划等。报送要求为：

1. 专题报告：预报将有水旱灾害发生，抗御水旱灾害过程中有重要行动、取得显著成效，以及一个过程结束后进行总结时分别报送时间一般为发生或过程结束当天，应报分管（或联系）领导、同级防指和上级主管部门。

2. 重大专题报告：重大过程情况以重大专题报告形式，报送时间一般为发生或过程结束当天，应报主要领导、分管（或联系）领导、同级防指和上级主管部门。

3. 防御况专报：汛期报送，可分为月报和年报，其中月报一般每月 3 号前报送，年报汛期结束后 15 个工作日内报送，应报同级党委、政府、防指和上级主管部门。

（六）公众发布

可采用新闻通稿、新闻发布会、电视（广播）公告等，形式内容主要为抗御水旱灾害行动、典型事例或人物、舆论关注热点回应等。各地水利部门视情开展，但要做到及时主动发声。

“调”的工作指引

一、概述

运用水库水电站、蓄滞洪区、内湖等有计划的调节洪水，达到减轻洪涝干旱灾害、适当兼顾其他综合利用的目标。

二、原则

依法、科学、精细。

三、工作要点

（一）水库、水电站

1. 调度管理权限。

（1）有防洪任务的水库水电站调度及监督权限。

①11 座作为流域控制性防洪工程或防洪影响涉及两个及以上市州的大型水库水电站，按《湖南省防汛抗旱指挥部工作规则（试行）》的规定由省里直接调度。

②其他 14 座大型水库水电站，由枢纽所在市州调度，省防汛指挥部省水利厅按管理权限监督其调度工作。

③80 座防洪重点中型水库水电站由所在市州调度。

④其他一般中型水库水电站，由所在市州明确，由市州或相应的县市区调度。

⑤小型水库水电站防洪调度职责和监督责任，由市州、县市区按照管理权限明确。

（2）具有防洪库容的水库水电站汛期控制运行方案审批权限。

①省管调度的 11 座大型防洪水库水电站由省水利厅初审并报省防汛抗旱指挥部审定。

②由市州调度的 14 座大型防洪水库水电站及市州调度的 80 座防洪重点中型水库水电站，由所在市州水利局初审并报省水利厅复核，省水利厅复核通过后报省防汛指挥部审批下达。

③其他一般中型和小型水库水电站按照管理权限由市县水利局初审并报同级防汛抗旱指挥部门审批下达，市县水利局将审批后的一般中型水库水电站汛期控制运行方案报省水利厅备案。

（3）无防洪库容的水库水电站监督权限。

①21 座大型水库水电站及 11 座四水干流上的中型水库、水电站由所在市州防汛抗旱指挥部或水利局等防洪调度管理部门监督。

②其他中型水库水电站由所在市州防汛抗旱指挥部或水利局明确，由相关市州县市区防汛抗旱指挥部或水利（水务）局等防洪调度管理部门监督。

③小型水库水电站防洪调度职责和监督责任，由市州、县市区防汛抗旱指挥部或水利（水务）局按照管理权限明确。

2. 基础信息收集。

(1)水库汛期调度运用计划、水库调度规程、蓄滞洪区运用预案等方案预案制定情况。

(2)水库水电站堤防、蓄滞洪区等安全度汛准备情况。

(3)水毁修复工程、水库病险整治工程破大堤工程建设、蓄滞洪区安全建设等在建涉水工程建设进展情况。

(4)堤防、水库、蓄滞洪区度汛隐患排查处置情况。

(5)下游河道行洪能力。

3. 防洪调度实施。

(1)收集雨水工情，包括水库坝前水位、入库流量、出库流量，上下游河道控制站点水位流量过程等，预测分析后期降雨影响，及时发布预警。

(2)严格执行汛限水位，做好洪水前腾库工作。利用 3 天降雨数值预报估测洪水强度，判断防洪库容是否充足，适时开展防洪预报调度，提前腾出库容以蓄纳即将发生的洪水。

(3)依据雨情、水库水情、气象预报、洪水过程预报等，按照错峰要求和调度原则，结合上下游防洪工程情况及防洪要求，组织专家充分论证后，拟定出多种情况的防洪调度方案。

(4)根据洪水过程影响情况，组织召开或提请防汛抗旱指挥部组织召开防汛会商会进行调度决策。

(5)根据防汛会商会意见，按照一拟、二签（领导签发）、三下达、四确认等工作程序发布水库洪水调度命令。调度命令主发水库管理单位，抄送水库上、下游市级防指和水行政主管部门。

(6)调度命令从接收到执行一般应留有一定的反应时间，确保水库和下游做好相关安全准备。情况紧急时，经有签发权限的领导同意，可先行电话通知，做好记录和录音。

(7)通过电话询问、网络视频、水库实时报汛信息等手段监督调度命令执行情况。

(8)开展 24 小时值班值守，持续收集更新雨、水情信息，做出修正预报，实时跟踪调度命令执行情况、调度方案实施后的效果后续实际降雨、修正预报等信息，拟定新的调度方案，并及时提请组织会商。

4. 调度工作监督检查

(1)检查内容。

①涉及防洪调度的水工程汛期调度方案规程规范、规章制度、调度指令等执行情况。

②水情旱情预警信息或预警信息发布情况。

③调度信息及时通报、反馈及处理情况。

④调度管理台账规范情况等。

(2)检查程序。

①制定水工程防洪抗旱调度运用监督检查工作方案。

②实施水工程防洪抗旱调度运用监督检查。

③发现并确认问题。

④提出问题整改意见。

⑤督促问题整改。

⑥提出责任追究意见。

⑦责任追究。

(3)检查方式。

①采取“线上线下”的方式,通过在线监控和现场检查开展问题认定。

②监督检查单位应听取被检查单位的陈述和申辩,对其提出的申辩材料予以复核特殊情况或紧急情况须立即整改的,先整改后申辩。

5. 分析总结

(1)开展分析评估,汛期结束后组织水文、气象等部门对防洪调度运用过程开展专门调研和评价,对水文气象预报成果误差和调度效益进行分析。

(2)编写总结报告,内容包括已开展的工作、取得的成效和经验、存在的问题、下一步工作打算及建议意见等,市州水利局总结报告需报送省水利厅。

(3)完善档案管理,包括雨、水、沙、冰情资料及短、中、长期预报成果,调度方案及计算成果,以及其他重要调度运用数据和文件等。

(二)蓄滞洪区

1. 调度管理权限

(1)调弦口的运用由湖北、湖南两省协商决定,必要时由长江防汛总指挥部裁决。

(2)需启用国家批准的洞庭湖蓄滞洪区分蓄城陵矶附近区的超额洪水时,由长江防汛总指挥部商湖南省人民政府决定,并报国家防汛总指挥部备案后,由省防汛指挥部下达蓄洪调度命令,当地市级人民政府组织实施。

(3)需启用国家批准的洞庭湖蓄滞洪区分蓄四水尾闾地区及长江三口河系超额洪水时,省防汛指挥部根据实际情况报长江防汛总指挥部批准后下达蓄洪调度命令,由当地市级人民政府组织实施。

(4)需启用一般垸分蓄洪水时,由市级防汛指挥部提出方案省防汛指挥部决定并报长江防汛总指挥部备案后,当地市级防汛指挥部下达蓄洪调度命令,由当地县级人民政府组织实施。

2. 工作内容

(1)县(市、区)水行政主管部门组织修订完善蓄滞洪区运用预案,经市州水利局初审汇总,报省水利厅技术审核,由所在县(市、区)人民政府批准后报省水利厅。

(2)组织开展蓄滞洪区内居民财产登记核查工作。

(3)加强分蓄洪运用研究,为蓄滞洪区运用及时提供技术支持。

(4)开展通信预警设施、进(退)洪闸、围堤、安全区(楼、台)等方面隐患排查。

(5)及时报请同级防汛抗旱指挥部组织蓄滞洪区运用预案演练,熟悉掌握水利部门在蓄滞洪区运用中承担的工作职责、工作内容和具体要求。

(6)汛期密切监视雨水情状况,加强启用分蓄洪控制点水位的监测、预测,及时向防汛抗旱指挥部提出建议。

(7)分析提出蓄滞洪区启用效果及影响,为防汛指挥部决策提供支持。

(8)经有权限的防汛指挥部下达调度命令后,按照蓄滞洪区运用预案规定的职责做好蓄滞洪区运用有关工作。

(9)配合做好蓄滞洪区运用补偿有关工作。

(三)内湖

1. 调度管理权限

(1)不跨县级行政区域的内湖由县级水行政主管部门负责实施辖区内内湖防洪排涝工程调度。

(2)跨县级行政区域的内湖由所涉县级水行政主管部门沟通协调形成防洪排涝工程调度方案草案后,报市级水行政主管部门审定印发,再按相应权限进行调度。

(3)跨市级行政区域的内湖由所涉市县级行政主管部门沟通协调形成防洪排涝工程调度方案草案后,报省级水行政主管部门审定印发,再按相应权限进行调度。

2. 工作内容

(1)掌握内湖基本情况,包括水系分布、集雨面积、堤防标准,以及排涝泵站、水闸的数量、位置和排涝能力。

(2)编制修订内湖调度方案或应急排涝预案,明确排涝泵站、水闸的起排水位调度方式和限排条件,明确内湖堤防防守责任人和责任区段。

(3)按内湖调度方案或应急排涝预案组织演练,熟悉调度工作程序。

(4)达到方案预案启动条件时,按内湖调度方案或应急排涝预案实施内湖调度。

10.5 湖南省洞庭湖区防洪工程险情报送规定(暂行)

湖南省洞庭湖区防洪工程险情报送规定(暂行)

依据湘防办〔2003〕24号

1 总则

1.1 为了进一步做好洞庭湖区防汛抢险工作,规范防洪工程报险工作程序和制度,提高防洪工程险情处理的应变能力,保障防洪安全,根据《中华人民共和国水法》《中华人民共和国防洪法》《中华人民共和国防汛条例》,特制订本暂行规定。

1.2 本规定适用于洞庭湖区所有堤防工程(包括一线临河堤防、重点间隔堤、撇洪河堤、内湖渍堤及长江干堤)、河道整治工程及各种建筑物工程汛期发生险情的报送,其他工程或非汛期发生的险情报送可参照执行。

1.3 防洪工程险情报送,必须坚持"分级管理、严肃认真、务实准确、反馈快速"的原则。

1.4 汛期防洪工程险情收集和报送实行专人负责,基层工程管理单位和各级防汛部门应当设有险情报送岗位，具体承办险情的收集与登记、上报与回应、资料整理与归档等方面的工作。

2 险情分类与分级

2.1 险情分类

2.1.1 洞庭湖区险情根据工程类别分为堤防工程险情、河道工程险情和建筑物工程险情；根据实时形态特征可分为管涌、渗漏、滑坡、跌窝、漏洞、裂缝、崩岸、风浪、漫溢、结构破坏、设备失灵等险情。

2.1.1.1 堤防工程险情

堤防是沿河流、湖泊，或行洪区、分洪区（蓄、滞洪区）、围垦区边缘修筑的挡水建筑物。堤身及堤基按其形态经常出现的险情有管涌、渗水、滑坡、裂缝、漏洞、跌窝、风浪冲刷、漫溢等。

(1)管涌。管涌是在一定渗流作用下，堤身或地基土体中的细颗粒沿着骨架颗粒所形成的孔隙涌出流失的翻砂鼓水现象，其逸出口常在背河堤脚、更远的地面或堤脚外的坑塘、水洼等处，常冒出小泉眼或出现沙环，因此湖区常习惯称作“翻砂鼓水”。检查管涌主要是在背河堤脚、地面检查是否有漩涡或冒水（清水或带褐色水）现象，并试探水温，感觉水温变凉，即应加以怀疑，夜间风雨交加，看不清时，可先挡住周围的流水，然后低头用舌头舔水，含沙者为“浑涌”，无沙者为“清涌”。险情计量单位采用“个/m^2”，通常一处管涌是由多个管涌组成的管涌群，“个”指组成管涌群的管涌个数，“m^2”指管涌群外廓线面积。

(2)渗水。湖区习惯叫“散浸”，是堤防等防洪工程在高水位作用下，背河坡面及坡脚附近地面出现的土壤渗水现象，其特征是土壤表面湿润、泥软或有纤流。渗水原因主要是堤身断面单薄、土壤孔隙率大、有裂缝、压实不好、堤身有隐患、地基透水性强等，致使渗径减短，渗透加重，发展成为渗水险情。渗水严重时，有发展成为管涌、流土或漏洞的可能。该类险情常出现在新修大堤或砂质堤身背河坡面或坡脚附近。险情计量单位采用“段/m”，“段”指该处险情范围内出现堤段不连续渗水的堤段数，“m”指该处险情渗水沿堤轴线的总长度。

(3)滑坡。湖区习惯叫“脱坡”，是堤身边坡失稳，局部土体下滑，严重时堤脚处土壤被推挤向外移动或隆起，致使堤身破损、断面削弱的险情，在堤防临、背水坡均可发生，分别叫“外脱坡”和“内脱坡”。滑坡险情计量同渗水险情。

(4)裂缝。堤坝在洪水长时间作用下，其顶部或坡面出现纵向或横向（垂直堤坝轴线）裂缝，使堤坝破损，危及堤坝安全。除脱坡前先发生裂缝外，黏土干缩、大堤沉陷、两工段接头不好、存在松散土层等因素都可能发生裂缝。裂缝以横缝最危险；干缩裂缝多在表层，呈不规则形态。险情计量单位采用“条/m”，“条”指该处险情范围内出现裂缝的条数，“m”指该处险情裂缝的总长度。

(5)漏洞。漏洞是贯穿堤身或堤基中的缝隙或孔洞流水的现象。湖区常见的漏洞险情还包括动物巢穴，如蚁穴、鼠洞、蛇洞等。

(6)陷坑。陷坑也称跌窝，即在高水位或雨水浸注情况下，堤身、戗台及堤脚附近发生的局部凹陷现象。陷坑发生原因主要是堤身或临河坡面下存有隐患，土体浸水后松软沉陷，或堤内涵管漏水导致土壤局部冲失发生沉陷，有时伴随漏洞发生。察看堤坡等处有无沉陷时，若发现低洼陷落处，其周围又有松落迹象，上有浮土，即可确定为陷坑。

(7)风浪。江、河、湖泊汛期涨水，水面加宽，水深增大，风浪高，堤坝边坡在风浪涌动连续冲击淘刷下，易遭受破坏。轻者造成坍塌险情，重者严重破坏堤身，以致决口成灾。

(8)漫溢。漫溢是出现超标准洪水,水位上涨,堤高不够,洪水从其顶面溢出的险情。

2.1.1.2　河道工程险情

河道工程在湖区主要为进行河道整治进行的控导护滩工程,包括丁坝、矶头、护岸等,洞庭湖区河道工程出现的险情主要为崩岸垮坡。

2.1.1.3　建筑物工程险情

建筑物工程是指堤防及河道上用来引水、泄水、分洪等的水工建筑物,包括闸(坝)、涵洞、电排等。堤防上的建筑物湖区习惯叫作"穿堤建筑物"。建筑物险情主要表现有建筑物与堤身结合部渗水、闸身滑动、翼墙倾倒、闸下游护坦海漫处冲塌与渗水,闸后脱坡、闸底板或侧墙裂缝及断裂、闸门漏水或启闭失灵等,并根据这些险象分为渗水险情、结构破坏险情和设备失灵险情。

(1)渗水险情。渗水险情包括建筑物与堤身结合部渗水、闸下游护坦海漫处渗水等,是因涵闸与堤防结合部位回填土体不密实、存在缝隙,或因基础施工质量不好、反滤设施不能满足要求,或因伸缩缝破坏等引起闸门下游及闸堤结合部位渗水甚至管涌。

(2)结构破坏险情。结构破坏险情包括闸身滑动、翼墙倾倒、闸下游护坦海漫处冲塌,闸后脱坡、闸底板或侧墙裂缝及断裂等。是由于闸地基破坏或设计、施工存在缺陷及水流冲刷、超标准运行、结构老化等原因引起闸室、翼墙等结构发生位移、变形甚至出现裂缝、断裂或倾倒。在湖区最为常见的是基础不均匀沉陷引起涵管断裂或管身裂缝。

(3)设备失灵险情。是闸门、启闭机等设备不能满足运行要求,如启闭机损坏、闸门扭曲变形等原因造成闸门启闭失灵,闸门构造缺陷或损坏、止水损坏等造成闸门漏水。

2.1.2　报送实时险情一般按其形态特征进行分类,可根据上述2.1.1及表2-1的规定进行划分。

当一段堤防内发生同类险情位置纵向间距不超过100m时,原则上划分为一处险情。

当一处险情有二种以上形态特征时,视内在联系按主要(危害性大)形态特征划分类别,如"滑坡"往往伴随"纵向裂缝"发生,划分险情时应划为"滑坡"。

表2-1　　**常见险类名称及其主要形态特征**

险类编号	险类名称	一般发生位置	主要形态特征	计量单位
1	堤防工程险情			
1.1	管涌(翻砂鼓水)	背河堤脚、堤坡、堤后渠道、水塘	清涌、翻砂鼓水	个/m^2
1.2	渗水(散浸)	背河堤脚、堤坡	土壤表面潮湿、发软并有水渗出严重时发生流土或形成漏洞。	段/m
1.3	滑坡	背河堤坡、临水堤坡	圆弧滑动、局部挫落、条形倒崩	段/m
1.4	裂缝	堤顶、背河堤坡、临水堤坡	纵向裂缝、横向裂缝	条/m
1.5	漏洞	背河堤脚、堤坡	孔洞流水	处
1.6	陷坑(跌窝)	堤顶、堤坡、背河堤脚	地面突然塌陷	处
1.7	风浪	临河堤坡	迎水坡风浪冲刷、崩垮	m
1.8	漫溢	堤顶	洪水越顶或风浪越顶漫水,需要抢修子堤	m
1.9	其他		不能列入前述类别的其他险情	处

续表

险类编号	险类名称	一般发生位置	主要形态特征	计量单位
2	河道工程险情			
2.1	崩岸垮坡	临堤坡岸	圆弧滑动、局部挫落、条形倒崩	段/m
2.2	其他		不能列入前述类别的其他险情	处
3	建筑物工程险情			
3.1	渗水险情	闸(涵)与堤防结合部、伸缩缝、下游护坦、海漫	渗水、管涌	处
3.2	结构破坏险情	闸身及附属工程	闸身或上下游翼墙倾倒、滑动、裂缝、断裂,消能设施冲塌崩垮	处
3.3	设备失灵险情	闸门、启闭机	闸门止水破坏漏水、闸门锈蚀穿孔、闸门关闭不到位漏水、启闭机失灵	处
3.4	其他		不能列入前述类别的其他险情	处

2.2 险情分级

2.2.1 实时险情级别应当以“处”为单元进行确定。一处险情通常是指某一时间发生在工程某一部位或某一堤段上的同类险情,一处险情可以是单个的,也可以是成片(群)的。

2.2.2 实时险情级别按险情形态大小、“度汛保安抢护规模”并综合考虑险情发展变化速度及风险后确定,分一般险情、较大险情、重大险情、特大险情(含溃决)四级。

“度汛保安抢护规模”仅指按一般抢险方法所需抢险物料和设备台班费的估算价值,不包括人工工资、生活补贴、土方费、拆迁补偿费等。

2.2.3 洞庭湖区防洪工程实时险情级别按表2-2的规定进行确定。

当险情的“度汛保安抢护规模”与“险情形态大小”在同一级别的,按相应级别确定;不在同一级别的,综合考虑“险情发展变化速度及风险”后按中间级别确定。

2.2.4 实时险情在抢护过程中发生变化,可以按实际情况调整原来确定的级别,但仍属同一处险情。

表2-2 **险情级别划分标准**

<table>
<tr><th colspan="3" rowspan="2">险情级别
确定原则</th><th colspan="4">险情级别</th></tr>
<tr><th>一般险情</th><th>较大险情</th><th>重大险情</th><th>特大险情</th></tr>
<tr><td colspan="3">险情发展变化速度及风险</td><td>恶化缓慢,恶化风险不大,抢护施工强度平缓</td><td>较快,有较大恶化风险,抢护施工强度较大</td><td>迅速,有迅速溃堤风险,抢护施工强度很大</td><td>堤防近乎决口,抢护结果难料,作最后挽救</td></tr>
<tr><td colspan="3">度汛保安抢护规模/(万元/处)</td><td><1</td><td>1～10</td><td>>10</td><td>不可预计</td></tr>
<tr><td rowspan="2">险情形态大小</td><td rowspan="2">堤防工程险情</td><td>管涌</td><td>出清水
出浑水,单孔直径<10cm</td><td>出浑水,单孔直径>10cm或管涌群</td><td>出浑水,管涌群>10m²,部分管涌形成水柱</td><td>形成水柱,带泥块或卵石</td></tr>
<tr><td>渗水</td><td>渗清水,无砂粒流动</td><td>渗清水,有砂粒流动</td><td>渗浑水或堤身软(液)化明显</td><td>流土</td></tr>
</table>

续表

险情级别确定原则			险情级别		
		一般险情	较大险情	重大险情	特大险情
险情形态大小	堤防工程险情 滑坡	堤身浅层滑动或深层滑动但滑坡顶点在堤肩以下。	深层滑动，滑坡顶点在堤肩以下且错距＞1m	深层滑动，滑坡顶点超过堤肩	深层滑动，堤顶滑坡超过1/2
	堤防工程险情 裂缝	纵缝	贯穿横缝		
	堤防工程险情 漏洞	背后渗清水	背后渗浑水		水柱，带泥块或卵石
	堤防工程险情 跌窝	堤身无明显变形	堤身有明显变形，	堤身有明显变形，背河有渗水、管涌	堤顶塌陷，形成决口
	堤防工程险情 风浪	堤坡坍塌1/3以下	堤坡坍塌至堤肩	堤坡坍塌超过堤肩	堤顶崩塌超过1/2或防浪墙倾倒
	堤防工程险情 漫溢	抢修子堤长度＜200m	抢修子堤长度＞200m，高度＜0.5m，	抢修子堤长度＞200m，高度＜1m	抢修子堤长度＞200m，高度＞1m
	河道崩岸垮坡	不影响堤防安全	崩岸在堤防禁脚10m外，不影响堤防安全	崩岸在堤防禁脚10m内，或影响堤防安全	
	建筑物工程险情 渗水	参照堤防工程“管涌”	参照堤防工程“管涌”	参照堤防工程“管涌”	参照堤防工程“管涌”
	建筑物工程险情 结构破坏		附属结构破坏下游不漏水	主体结构破坏或附属结构破坏下游漏水	整体滑动、倾倒或即将溃决
	建筑物工程险情 设备失灵	不影响运行	影响运行	严重影响运行或失控	

3 险情报告与回应

3.1 险情报告

3.1.1 乡(镇)防汛指挥机构(或基层管理单位)应当分堤段明确险情收集与报告人员，配备通信工具(固定电话或移动电话)，保障做到实时险情随时发现，随时报告。县级以上防汛指挥机构应当设有险情报送岗位，具体承办险情的收集与登记、上报与回应、资料整理与归档等方面的工作。

3.1.2 现场查险人员在发现险情后，除应及时上报外，并在险情位置做好警示标志。

一般险情，在险情位置插上四方形蓝旗(旗帜尺寸宽60cm，高40cm，旗杆2m)。

较大险情，在险情位置插上四方形黄旗(旗帜尺寸宽60cm，高40cm，旗杆2m)。

重大险情，在险情位置插上四方形紫旗(旗帜尺寸宽100cm，高60cm，旗杆2m)。

特大险情，在险情位置插上四方形红旗(旗帜尺寸宽100cm，高60cm，旗杆2m)。

3.1.3 实时险情根据“分级管理”的原则按照防汛组织体系逐级传递上报。一般险情报至当地县级防汛指挥机构，较大险情报至市级防汛指挥机构，重大险情及特大险情报至省防汛指挥机构。其报告时限应符合表3-1的规定

表 3-1　　实时险情报告至相关防汛指挥机构的时限　　(单位:min)

险情级别	乡(镇)	县(市、区)	市	省
一般险情	<10	<15		
较大险情	<10	<15	<20	
重大险情	<10	<15	<20	<30
特大险情	<10	<15	<20	<30

注:1. 表中时限自现场报告人员发现险情时刻起算。

2. 本表时限规定为电话报险时限,文字报险时限在此基础上延长10分钟。

3.1.4　实时险情报送,一般采用文字传真或电子邮件方式,其中重大险情和特大险情应当先电话报告,并立即补用文字传真或电子邮件报告,其报告内容应符合附表B的规定。有些险情应有特殊说明,如渗水、管涌、漏洞等的出水量及清浑状况等。重大险情和特大险情除按附表B的规定填报外,还应附结构平面图、断面示意图并尽可能提供有关地形、地质、音像、工程历史等资料。

3.2　险情回应

3.2.1　各级防汛指挥机构接到实时险情报告后,应迅速查明情况,按附表B的要求做好登记,并及时报告值班指挥长;对于重大险情和特大险情必须跟踪掌握情况,随时报告值班指挥长。

3.2.2　县(市、区)防汛指挥机构对于较大险情、重大险情和特大险情,均应及时在险情现场派驻险情报告专职人员,随时全面掌握险情动态情况,按照附表C的要求对抢险过程进行实时记录,并报告相关防汛指挥机构。

重大险情每2小时向省防汛指挥机构报告一次抢护情况,特大险情每1小时向省防汛指挥机构报告一次抢护情况。

3.2.3　市、省防汛指挥机构对于重大险情和特大险情应酌情派员赶赴险情现场了解情况,并根据实际需要予以指导和帮助。

3.2.4　各级防汛指挥机构在接到特大险情报告后,应在全力抢险的同时,申报撤退预案,布置或开展受洪水威胁居民的转移安置工作。

4　险情统计与资料整理

4.1　险情统计

4.1.1　险情统计按照防汛组织体系逐级汇总上报,一般报至省防汛指挥部的时间应在每日9时以前。报告方式采用传真或电子邮件,报告内容应符合附表A的规定。

4.1.2　险情统计报表分日报表和累计报表。

日报表统计时段一般从前天8时起至当日8时止,在汛期紧张时期可根据防汛会商要求调整。

累计报表统计时段一般从汛期以来至当日8时止,其统计方法根据实际情况可以是周报表、月报表或某一洪水过程对某一河流流域、某一堤垸报表等。

4.2　资料整理

4.2.1　各级防汛指挥机构对本地发生的实时险情应当及时进行汇总研究,并根据水情趋势和工情状况提出险情动态分析意见,指导面上的抗洪抢险工作。

4.2.2　县(市、区)防汛指挥机构对于本地发生的特大险情、重大险情和部分较大险情,应当及时组织调查总结,编成案例交流,促进提高抗洪抢险工作水平。抢险案例应当包括基本情况、险情描述、出险原因、抢险方案及措施、抢险过程、抢险效果和技术经济评价等方面的内容。

4.2.3 汛后，堤防工程管理单位应当及时对汛期险情发生的部位、发生的原因及其相应的数量、类别、级别等情况进行综合分析，编制工程现状调查分析报告，并提出需要进行安全检测和工程复核计算的项目及对堤防工程维修加固的初步建议。上级主管部门接到工程现状调查分析报告后，及时组织安全鉴定，对堤防工程的安全状况作出评价，并提出需要加固的堤段范围和可能采取的加固措施。

5 附则

5.1 各市、县(市、区)防汛指挥机构，可根据本规定结合本地实际情况制订具体实施办法。

5.2 本规定由湖南省防汛指挥部办公室和湖南省洞庭湖水利工程管理局负责解释。

5.3 本规定自颁发之日起施行。

附表(A、B、C)格式：略。

第 11 章　洪水调度

11.1　洞庭湖区洪水调度

11.1.1　洪水调度预案编制的目的与原则

(1)目的

编制洪水调度预案是为了使洪水调度程序规范化、正规化,以达到分工明确、责任清楚、步骤细化、调度流程规范,实现科学调度的目的。

(2)原则

洪水调度的原则是确保重要地区和重点防洪工程安全,确保人民群众生命安全,确保重要城镇、重点堤垸和主要交通干线的安全,减轻洪涝灾害损失。在确保大坝安全的前提下,充分发挥水库拦洪效益,最大限度地减少水库和库区洪灾损失;充分发挥蓄洪垸的蓄洪效益,其顺序一般为首先运用堤防、水库、洲滩民垸和平垸行洪单退堤垸,再依次启用重点蓄洪垸、一般蓄洪垸。遇超标准洪水时需启用保留蓄洪垸。

11.1.2　分级洪水调度

根据水位,可将洪水调度划分为一般洪水调度(警戒—保证水位)、大洪水和特大(非常)洪水(超保证或控制水位)调度。

(1)一般洪水调度

洪水沿主河道下泄,洪水洪峰流量未达到河道安全泄量的极限值,但湖区部分洲滩被淹,部分低地和沿江地势较低的街道进水,沿江和洞庭湖的部分堤垸将受到一定威胁,险情风险增加,抗洪抢险将处于紧张状态,需加强防守,科学调度,运用水库拦洪、沿河(湖)洲滩民垸行蓄洪水。

(2)大洪水和特大(非常)洪水调度

当出现或根据短期洪水预报出现长沙站水位 39.00m 以上、益阳站 39.00m 以上、常德站 41.5m 以上、津市站 44.0m 以上、城陵矶(七里山)站 34.55m 以上时,已超过现有河道的安全泄量或保证水位,防汛将进入紧急防汛期。需动员全省军民,全力以赴,确保大中型水库、重点堤垸、重要城市、重要交通干线和人民生命的安全,将洪灾损失减少到最低。除充分运用各大型水库拦洪错峰外,还需及时研究湖区蓄洪垸分蓄洪水问题。

四水及洞庭湖区控制站防汛特征水位见表 11-1。

表 11-1　　四水及洞庭湖区控制站防汛特征水位　　(单位:m)

河名		编号	站名	1951—2020年(冻结高程)		特征水位(冻结高程)		基面换算值		
				最高洪水位	发生时间	警戒	保证	吴淞后	56黄海	85黄海
湘江	干流	1	老埠头	107.32	2017-07-02	103.00			−3.00	
		2	归阳	50.23	2017-07-13	45.50			+25.70	
		3	衡阳	60.59	1994-06-18	56.50	58.00		−2.43	
		4	衡山	54.88	1994-06-18	49.00	51.50		−2.38	
		5	株洲	44.58	1994-06-18	40.00	43.00		−1.99	−1.90
		6	湘潭	41.95	1994-06-18	38.00	39.50	−0.46	−2.28	−2.19
		7	长沙	39.51	2017-07-03	36.00	38.37	−0.48	−2.28	−2.19
	耒水	8	耒阳	81.04	1981-04-16	77.50	80.00		0	
	洣水	9	甘溪	57.04	1982-06-18	51.50	不设		0	
	涟水	10	湘乡	49.53	1969-08-11	47.00	48.50		−1.79	
资水	干流	11	罗家庙	235.74	1996-07-18	230.00	不设		−2.21	
		12	邵阳	222.21	1996-07-19	214.00	217.00		−2.19	
		13	新化	178.38	1996-07-19	170.50	171.50		−2.22	
	尾闾	14	桃江	44.44	1996-07-17	39.20	42.30	−0.53	−2.34	−2.25
		15	益阳	39.48	1996-07-21	36.50	38.32	−0.32	−2.13	−2.04
沅江	干流	16	安江	170.29	1996-07-17	163.00	不设		−1.99	
		17	浦市	126.37	1996-07-18	117.50	122.50		−1.96	
	尾闾	18	桃源	47.37	2014-07-17	42.50	45.40	−0.17	−1.98	−1.89
		19	常德	42.49	1996-07-19	39.00	40.68		−1.91	−1.82
澧水	干流	20	张家界	167.08	1998-07-22	163.00	165.50		−2.10	
	尾闾	21	石门	62.66	1996-07-23	58.50	61.00		−2.09	−2.00
		22	津市	45.02	2003-07-10	41.00	44.01	−0.31	−2.18	−2.09
松滋	中支	23	安乡	40.44	1998-07-24	37.50	39.38	−0.46	−2.28	−2.19
藕池	东支	24	罗文窖	37.73	1998-08-19	35.50	36.50	−0.24	−2.03	−1.94
洞庭湖	湘水东支	25	湘阴	36.66	1996-07-21	34.00	35.41	−0.26	−2.08	−1.99
	七里湖	26	石龟山	42.00	2003-07-11	38.50	40.82	−0.28	−2.13	−2.04
	目平湖	27	南咀	37.62	1996-07-21	34.00	36.05	−0.18	−1.94	−1.85
		28	小河咀	37.57	1996-07-21	34.00	35.72	−0.14	−1.96	−1.87
	南洞庭	29	沅江	37.09	1996-07-21	33.50	35.28	−0.27	−2.04	−1.95
	东洞庭	30	七里山	35.94	1998-08-20	33.00	34.55	−0.21	−2.03	−1.94

11.1.3　水库洪水调度

对洞庭湖防洪作用较为直接的大型水库洪水调度，包括柘溪、五强溪、凤滩、江垭及皂市等。湖南省大型水库汛期运用方案见表11-2。

表 11-2 湖南省大型水库汛期运用方案

水库名称	所在县(市)	所属流域水系	集雨面积/km²	防洪高水位/m	正常蓄水位/m	相应库容/亿 m^3	设计洪水位（重现期）	汛期控制水位/m			
								前汛期		后汛期	
								日期/(月-日)	水位/m	日期/(月-日)	水位/m
涔天河	江华	湘江沱江	2466.0	316.60	313.0	12.100	317.76 (500)	04-01—06-30	306.50	07-01—08-10 08-11—09-30	305.50～310.50 313.00
双牌	双牌	湘江潇水	10594.0	170.00	170.0	3.740	173.40(100)	04-01—06-20	168.00～169.00	06-21—09-30	170.00
欧阳海	桂阳	湘江舂陵水	5409.0	130.00	130.0	2.960	130.00(100)	04-01—06-30	128.00～128.50	07-01—09-30	130.00
东江	资兴	湘江耒水	4719.0	285.00	285.0	81.200	289.52(1000)	04-01—08-31	284.00	09-01—09-30	285.00
青山垅	永兴	湘江永乐江	450.0	243.80	243.8	0.850	248.84(100)	04-01—06-30	240.80	07-01—09-30	240.80
酒埠江	攸县	湘江攸水	625.0	164.00	164.0	2.160	166.74(200)	04-01—06-30	163.00	07-01—09-30	164.00
水府庙	双峰	湘江涟水	3160.0	94.00	94.0	3.700	95.72(100)	04-01—06-30	93.00	07-01—09-30	94.00
株树桥	浏阳	湘江浏阳河	564.0	165.00	165.0	2.290	165.11(100)	04-01—07-31	163.00	08-01—09-30	165.00
官庄	醴陵	浏阳河涧江	201.0	123.60	123.6	1.070	124.60(100)	04-01—06-20	121.00	06-21—09-30	122.00
黄材	宁乡	湘江沩水	240.8	166.00	166.0	1.260	167.08(100)	04-01—07-31	164.00	08-01—09-30	166.00
柘溪	安化	资水干流	22640.0	170.00	169.0	29.400	171.19(200)	04-01—05-20， 05-21—07-15	165.00 162.00～165.00	07-16—07-31 08-01—09-30	165.00～167.50 167.50～169.00
六都寨	隆回	资水辰水	338.0	355.64	355.0	1.098	355.20(100)	04-01—06-30	353.00	07-01—09-30	355.00
莽山	宜章	长乐水	230.0	398.50	395.0	1.150	398.50	04-01—04-30	391.50	05-01—09-30	391.50
凤滩	沅陵	沅江酉水	17500.0	205.00	205.0	13.900	209.65(1000)	05-01—05-31， 06-01—07-31	200.00 198.50	08-01—09-30	205.00
五强溪	沅陵	沅江干流	83800.0	108.00	108.0	30.480	111.13(1000)	05-01—05-31， 06-01—07-31	102.00 98.00～102.00	08-01—08-31， 09-01—09-30	102.00～108.00 108.00
竹园	桃源	沅江夷望溪	701.5	102.50	102.5	1.010	106.45(500)	04-01—07-31	101.00	08-01—09-30	102.50
黄石	桃源	沅江白羊河	552.0	90.00	90.0	4.580	91.90(500)	04-01—07-30	89.00	08-01—09-30	90.00
王家厂	澧县	澧水涔水	484.0	82.60	82.6	2.000	84.88(100)	04-01—07-31	78.23	08-01—09-30	78.23
铁山	岳阳	新墙河	493.0	92.75	92.2	5.460	94.15(100)	04-01—06-30	91.20	07-01—09-30	92.20

续表

水库名称	所在县市	所属流域水系	集雨面积/km²	防洪高水位/m	正常蓄水位/m	相应库容/亿 m³	设计洪水位(重现期)	汛期控制水位/m			
								前汛期		后汛期	
								日期/(月-日)	水位/m	日期/(月-日)	水位/m
江垭	慈利	澧水溇水	3711.0	236.00	236.0	15.72	236.37(500)	05-01—06-20 06-21—07-31	210.6～224.0 210.6～215.0	08-01—08-31 09-01—09-30	230.0～236.0 236.0
白云	城步	沅江巫水	556.0	541.80	540.0	2.98	541.80(1000)	04-01—06-30	537.0	07-01—09-30	538.0
皂市	石门	澧水渫水	3000.0	143.50	140.0	12.00	143.50(500)	05-01—06-20 06-21—07-20 07-21—07-31	125.0～129.0 125.0～127.0 125.0～132.0	08-01—08-10 08-11—09-30	132.0～140.0 140.0
洮水	茶陵	湘江洣水	769.0	207.20	205.0	4.76	206.70(100)	04-01—06-30	202.0	07-01—09-30	205.0
托口	洪江	沅江	24450.0	250.00	250.0	12.49	250.75(500)	05-01—05-31 06-01—07-31	246.0～250.0 242.0～246.0	08-01—08-31 09-01—09-30	246.0～250.0 250.0
晒北滩	金洞管理区	白水流域	324.0	300.00	300.0	1.058	300.02	04-01—06-30	296.0	07-01—09-30	296.0

注;本表依据2022年湖南省大型水库汛期控制运用方案

11.1.4 湖南省洞庭湖区防御洪水方案

湖南省洞庭湖区防御洪水方案

湘防〔2016〕45 号

湖南省洞庭湖区包括常德、益阳、岳阳、长沙、湘潭、株洲 6 个地级市的 37 个县(市、区)。三峡水库运行后,洞庭湖区防洪形势虽有较大改善,但现状情况下,重现 1954 年型洪水时,城陵矶附近地区仍有大量超额洪水,我省洞庭湖区防汛形势依然非常严峻。为防御洞庭湖区洪水,保障重点防洪目标安全,最大限度减轻灾害损失,根据《中华人民共和国防洪法》《中华人民共和国防汛条例》《蓄滞洪区运用补偿暂行办法》《长江流域综合规划(2012—2030 年)》《长江流域防洪规划》《全国蓄滞洪区建设与管理规划》以及《长江防御洪水方案》等,结合洞庭湖区防洪现状,制定本方案。

一、洪水特性

洞庭湖为我国第二大淡水湖,是长江中游重要的洪水调蓄湖泊,汇集湘江、资水、沅江、澧水(以下统称为"四水")及湖周中小河流,承接长江松滋口、太平口、藕池口(以下统称为"三口")和调弦口(1958 年冬建闸控制)分流,在城陵矶汇入长江。

洞庭湖区洪水主要来自洞庭湖四水和长江三口分流长江的洪水,湖泊洪水特性受上述洪源因素共同影响。

湘江年最大洪水多发生于4—8 月,其中 5—6 月发生次数最多。一次洪水历时较长,一般为 10 天左右。控制站湘潭站以下至入湖口为湘江尾闾区。湘江湘潭以下河段,7—9 月受洞庭湖洪水顶托影响严重。湘江湘潭站实测最大流量为 1994 年的 20800 立方米/秒,洪水重现期相当于 30 年一遇;长沙站历史最高水位为 1998 年的 39.18 米(冻结高程,下同)。

资水年最大洪水多发生于 4 月下旬至 8 月,其中 5—7 月发生次数最多。一次洪水历时,上游一般在 3 天左右,中、下游段最长达 7~8 天。控制站桃江站以下至入湖口为资水尾闾区。资水桃江(一)站实测最大流量为 1955 年的 15300 立方米/秒,益阳站相应水位为 38.32 米;桃江(一)站 1996 年和 1998 年最大洪峰流量分别为 11600 和 10100 立方米/秒,益阳站相应水位分别为 39.48 米和 38.41 米。

沅江年最大洪水多发生在 5 月中旬至 8 月,其中 6—7 月发生次数最多。一次洪水历时,中游为 7~11 天,下游为 10~14 天。控制站桃源站以下至入湖口为沅江尾闾区。桃源站实测最大流量为 1996 年的 29100 立方米/秒,常德站相应水位 42.49 米(历史最高)。

澧水年最大洪水多发生在 5 月中旬至 8 月,其中 6—7 月发生次数最多。一次洪水历时,上游为 2~3 天、中下游为 3~5 天。控制站石门站以下至入湖口为澧水尾闾区。据历史洪水调查,石门站 1935 年洪峰流量为 30300 立方米/秒,石门站实测最大流量为 1998 年的 19900 立方米/秒,津市站实测最高水位为 2003 年的 45.02 米。

长江洪水主要由暴雨形成,洪水发生的时间和地区分布与暴雨一致。长江上游干流受上游各支流洪水的影响,洪水主要发生时间为 7—9 月,长江中下游干流因承泄上游和中下游支流的洪水,汛期为 5—10 月。其中,荆江河段洪水主要来自长江上游,具有高水位出现频繁且持续时间长、洪峰流最大等特点，当上游洪水与洞庭湖水系洪水遭遇，或受洞庭湖水系洪水顶托影响时，更易出现本河段的高洪水位。

洞庭湖承纳四水，吞吐长江，每年从4月开始，四水流域进入汛期，洪水汇集洞庭湖；6—9月为长江流域的多雨季节，由长江三口分流入湖水量剧增。洞庭湖多年平均入湖洪峰流量(日均)41500立方米每秒，历年最大63100立方米每秒，多年平均最大3日、7日、10日、15日、30日入湖洪量分别为96、192、250、342、573亿立方米；洞庭湖多年平均出湖洪峰流量(日均)27600立方米每秒，历年最大43900立方米每秒，多年平均最大3日、7日、10日、15日、30日出湖洪量分别为70、156、218、307、540亿立方米。

二、防洪工程体系

目前，洞庭湖区基本形成了以堤防为基础，上游干支流水库、蓄滞洪区、平垸行洪、退田还湖等相配合的综合防洪工程体系。根据《长江流域防洪规划》，洞庭湖区总体的洪水防御对象为1954年洪水，在发生1954年洪水时，保证重点保护地区的防洪安全。湘江、资水、沅江、澧水尾闾总体防洪标准为10～20年一遇，其中长沙市城区防洪标准为100～200年一遇、岳阳市城区防洪标准为100年一遇、益阳市和常德市城区防洪标准为50～100年一遇，石门、桃江等重要县级城市防洪标准为20～50年一遇，其他县级城市防洪标准为20年一遇。

洞庭湖区各主要控制站点防洪控制水位分别为：城陵矶(莲花塘)34.40米；长沙39.00米；益阳39.00米；常德41.50米；津市44.00米；安乡39.50米；石龟山41.00米；南咀37.00米；小河咀36.50米；南县(罗文窑)36.35米；哑巴渡37.38米。

四水尾闾河段现状行洪能力：湘江长沙河段18000立方米每秒(1985年《湘水流域规划》)；资水桃江河段8950立方米每秒，益阳河段8300立方米每秒(1993年《资水流域规划报告》)；常德河段23000立方米每秒(2015年《沅水流域规划》)；石门、津市河段安全泄量12000立方米每秒(1991年《澧水流域规划报告》)。

(一)堤防工程

湖南省洞庭湖区现有一线防洪大堤长3740千米。按照堤防分级标准，洞庭湖区南线大堤、长江干堤岳阳城区段、长沙市城区防洪堤为1级堤防，岳阳长江干堤(岳阳市城区段除外)、湖南省洞庭湖区11个重点垸堤防为2级堤防，24处蓄滞洪区堤防为3级堤防，其他一般垸堤防等级为3～5级不等。

(二)蓄滞洪区

长江中下游干流沿岸设有42处蓄滞洪区，有效蓄洪容积为589.7亿立方米，包括重点蓄滞洪区1处，为荆江分洪区；重要蓄滞洪区12处；一般蓄滞洪区13处；蓄滞洪保留区16处。其中湖南省洞庭湖区规划安排了24处蓄滞洪区，有效蓄洪总容量163.81亿立方米，包括9处重要蓄滞洪区，分别为钱粮湖、共双茶、大通湖东、民主、澧南、西官、围堤湖、城西、建设垸；4处一般蓄滞洪区，分别为屈原、九垸、江南陆城、建新垸；11处蓄滞洪保留区，分别为君山、集成安合、南汉、和康、安化、安澧、安昌、北湖、义合、南顶、六角山垸。

(三)重要防洪水库

长江干流已建成三峡水库等骨干防洪水库，三峡水库汛限水位145米至正常高水位175米之间防洪库容221.5亿立方米，其中，145米至155米间的56.5亿立方米库容用于对城陵矶地区进行防洪补偿调度；155 米至 171 米间的 126 亿立方米库容用于对荆江河段进行防洪补偿调度，确保荆江河段防洪标准达到 100 年一遇；171 米至 175 米之间的 39 亿立方米库容用于防御特大洪水，在遭遇 100 年一遇以上至 1000 年一遇洪水或类似 1870 年洪水时避免荆江地区发生毁灭性洪水灾害。

洞庭湖水系建有柘溪、五强溪等 6 座主要大型防洪骨干水库，总防洪库容 44.06 亿立方米，其中，资水建有柘溪水库，防洪库容 10.6 亿立方米；沅江建有托口、五强溪、凤滩水库，总防洪库容 18.25 亿立方米；澧水建有江垭、皂市水库，总防洪库容 15.21 亿立方米；湘江干流无控制性防洪水库。

（四）平垸行洪，退田还湖

1998 年大水后，湖南省洞庭湖区实施了平垸行洪、退田还湖和移民建镇，共平退堤垸 340 个，其中单退堤垸 117 个，双退堤垸 223 个，完成移民搬迁 15.83 万户，52.04 万人，扩大行蓄洪面积 778.7 平方公里，增加行蓄洪容积 34.8 亿立方米。

三、防御洪水原则

（一）蓄泄兼筹，以泄为主；江湖两利，左右岸兼顾，上、中、下游协调。

（二）局部服从全局、兴利服从防洪。

（三）发生洪水时，在充分发挥河道行洪和湖泊蓄滞洪作用，调度三峡水库及四水干支流大型水库拦蓄洪水的基础上，适时运用平垸行洪单退堤垸或一般垸行蓄洪水，相机运用重要和一般蓄滞洪区分蓄洪，必要时适时启用蓄滞洪保留区，视情采取局部河段适当超防洪控制水位运行、扩大河道泄洪能力等措施，保障重点防洪目标安全，最大限度减轻洪灾损失。

（四）在确保防洪安全的前提下，兼顾洪水资源利用。

四、防御洪水安排

当长江或长江与洞庭湖水系组合发生洪水时，依据《长江防御洪水方案》，运用三峡水库和洪湖、洞庭湖区蓄滞洪区和有关一般垸蓄滞超额洪水，以确保武汉市以及洞庭湖区重要防洪目标的安全。若长江先发洪水，沙市站不能安全承泄，按《荆江河段应急度汛方案》调度；若沙市河段可安全承泄，而城陵矶站（莲花塘）超过控制水位，威胁武汉市安全，则启用洪湖蓄滞洪区蓄洪。当城陵矶附近地区超额洪水很大，武汉市或洞庭湖区重点垸危急时，若单独启用洞庭湖蓄滞洪区或洪湖蓄滞洪区分洪均难缓解其危急，则报请长江防汛抗旱总指挥部要求同时启用洞庭湖区蓄滞洪区和洪湖蓄滞洪区同时等量分蓄超额洪水。

当洞庭湖水系发生洪水时，在充分发挥河道行洪能力、湖泊蓄滞洪作用、四水干支流大型水库拦洪削峰作用的前提下，运用洞庭湖区蓄滞洪区、有关一般垸蓄滞超额洪水，以保障重要防洪目标的安全。

（一）城陵矶附近区

当长江或长江与洞庭湖水系组合发生洪水，城陵矶水位低于 33.95 米时，充分利用河湖泄蓄洪水；预报城陵矶水位将达到 33.95 米并继续上涨，视实时水情工情，相机运用河段内长江干堤之间、洞庭湖区有关一般垸行蓄洪水；预报城陵矶水位将达到 34.40 米并继续上涨，报请长江防汛抗旱总指挥部运用三峡水库 145 米至 155 米之间 56.5 亿立方米库容对城陵矶地区进行补偿调度，以控制城陵矶站（莲花塘）水位不高于 34.40 米；当三峡水库对城陵矶地区的防洪补偿调度库容用完后，预报城陵矶水位仍将达到 34.40 米并继续上涨，视实时水情工情，相机运用重要蓄滞洪区、一般蓄滞洪区分洪，控制城陵矶水位不高于34.90米；若仍不能控制水位上涨，运用蓄滞洪保留区分蓄洪水，并视实时水情适当抬高长江干流1级及2级堤防运行水位，加强工程巡查、防守、抢险，并采取必要措施，保障重要保护对象防洪安全。

当洞庭湖水系发生洪水，预报城陵矶站(莲花塘)水位将达到34.40米并继续上涨时，报请长江防汛抗旱总指挥部运用三峡水库145米至155米之间56.5亿立方米库容对城陵矶地区进行补偿调度，以控制城陵矶站(莲花塘)水位不高于34.40米。当三峡水库对城陵矶地区的防洪补偿调度库容用完后，预报城陵矶水位仍将达到34.40米并继续上涨，视实时水情工情和洪水来源，相机运用东洞庭湖区、汨罗江、新墙河流域的平垸行洪单退垸和大通湖东垸、钱粮湖垸、共双茶垸及建设、建新、江南陆城、屈原、君山等蓄洪垸分蓄洪。

(二)南洞庭湖区

当南咀站水位达37.00米和小河咀站水位达到36.50米，洪水在宪城垸附近地区渲泄不畅，预报水位仍将继续上涨，且大通湖垸、育乐垸、长春垸、湘滨南湖垸危急时，首先运用畔山洲、江猪头、鲜鱼村、净下洲等垸，再启用宪城垸分泄洪水，同时，加强共双茶垸西堤的防守。如上游来量大，共双茶垸分洪闸(章鱼口)建成前，启用青潭垸、弓管子等南洞庭湖区平垸行洪单退垸和永新垸，再在八形汉或白沙破口分洪入共双茶垸。共双茶垸蓄满后，如仍不能缓解危急时，则破开茶盘洲下口吐洪，形成上吞下吐的行洪道。共双茶垸分洪闸(章鱼口)建成后，则开启分洪闸蓄洪，分洪流量3630立方米/秒。共双茶垸蓄满后，如仍不能缓解危急时，则破开茶盘洲下口吐洪，形成上吞下吐的行洪道。

(三)西洞庭湖区

当小河咀站水位达到36.50米，洪水在小河咀受阻，沅澧垸或沅南垸危急，且围堤湖垸已先期运用时，则视超额洪量大小首先运用目平湖、五汉湖、杨阁老垸、三汉漳等一般垸和六角山垸蓄洪；当南咀站水位达37.00米，安乡站水位达到39.50米或石龟山站水位达到41.00米，并预报仍将继续上涨，且沅澧垸或安保垸危急时，则启用上述尚未启用的一般垸蓄洪，若危急仍未缓解，则在南汉垸西伏、下新码头破东、西堤蓄洪。

(四)松滋、虎渡、藕池河系

三口河系发生洪水时，视情报请长江防汛抗旱指挥部调度运用三峡和上游水库联合拦蓄洪水，减轻三口河系堤防防洪压力。

松滋河：当安乡站水位达到39.50米，石龟山站水位达到41.00米，并预报仍将继续上涨，且松澧垸、沅澧垸、安保垸、安造垸部分或全部危急时，首先启用七里湖垸、西官垸、九垸行蓄洪水；若仍不能解除其危急，启用新洲下垸、新洲上垸、安澧垸蓄洪。

虎渡河：当南闸来水大于陆家渡河河道安全泄量，威胁安造垸的安全时，在安昌垸白粉嘴处扒口分泄洪水，进洪流量2340立方米/秒。

藕池河：当东支南县(罗文窖)站水位达到36.35米，并预报仍将继续上涨，且华容护城垸或育乐垸危急时，启用集成安合垸蓄洪；当中支哑巴渡水位达到37.38米并预报仍将继续上涨，且育乐垸危及时，依次启用南顶垸、和康垸、南汉垸蓄洪；安化垸蓄洪时机视藕池河洪水情势决定。

(五)湘江尾闾区

当长沙站水位达到39.00米，并预报仍将继续上涨，且长沙市城区或烂泥湖垸危急时，首先启用湘江尾闾翻身外垸、樟树港、文径港、石牛垸、乌龟冲、洋沙湖等垸行蓄洪水；如上游来量较大，采取上述措施仍不能有效缓解其危急时，启用翻身垸、苏蓼垸、城西垸和义合垸行蓄洪水。城西垸进洪口选在包公庙至濠河口堤段，进洪流量3000立方米/秒，该垸蓄满后，若仍未能控制水位上涨，且上游濠河口与下游斗米嘴之间落差较大时，在斗米嘴开下口，形成上吞下吐的行洪道。北湖垸视湘江尾闾或南洞庭湖洪水情势择机蓄洪。

（六）资水尾闾区

当益阳站水位达到39.00米，并预报仍将继续上涨，且益阳市城区、长春垸或烂泥湖垸危急时，首先启用资水尾闾半边山、毛家桥、半稼山等垸及桃江城关以下至益阳市河段两岸牛潭河、新桥河上、花果山等垸行蓄洪水；如上游来量较大，采取上述措施仍不能有效缓解其危急时，启用民主垸行蓄洪水。民主垸进洪口选在陈婆洲堤段，进洪流量4000立方米/秒，该垸蓄满后，若仍未能控制水位上涨，且上游陈婆洲与下游育江口之间落差较大时，在育江口破北堤，形成上吞下吐的行洪道，同时要加强长春垸、烂泥湖垸大堤防守。

（七）沅江尾闾区

当常德站水位达到41.50米，并预报仍将继续上涨，且沅澧垸或沅南垸危急时，首先启用围堤湖垸蓄洪，若该垸蓄满后，危急仍未解除，应在接港下1公里处扒下口，形成上吞下吐的行洪道；当运用围堤湖垸行蓄洪仍不能缓解其危急时，启用木塘垸、车湖垸、陬溪垸蓄洪；当实施上述措施后，常德市城区防洪形势仍然危急时，由常德市视情在就近地区选择有关堤垸分蓄洪水。

（八）澧水尾闾区

当津市站水位达到44.00米，并预报仍将继续上涨，且松澧垸危急时，首先启用澧水及道水傍山小垸行蓄洪水；如上游来量较大，实施上述措施仍不能缓解其危急时，启用七里湖垸、澧南垸、西官垸蓄洪，若危急仍未解除，启用新洲下垸、阳由垸、新洲上垸、九垸蓄洪，启用九垸蓄洪时应加强松澧隔堤的防守。

五、洪水资源利用

在确保防洪安全的前提下，经有管辖权的防汛抗旱指挥机构批准，四水干支流控制性水库可采取汛期适度蓄水、汛末提前蓄水、流域调水补水等措施，合理利用洪水资源。

六、调度实施

（一）荆江分洪区的运用由长江防汛抗旱总指挥部商湖北省人民政府提出方案，报国家防汛抗旱总指挥部决定；调弦口的运用由湖北、湖南两省协商决定，必要时由长江防汛抗旱总指挥部裁决。

（二）需启用国家批准的洞庭湖蓄滞洪区分蓄城陵矶附近区的超额洪水时，由长江防汛抗旱总指挥部商湖南省人民政府决定，并报国家防汛抗旱总指挥部备案后，由省防汛抗旱指挥部下达蓄洪调度命令，当地市级人民政府组织实施。

（三）需启用国家批准的洞庭湖蓄滞洪区分蓄四水尾闾地区及长江三口河系超额洪水时，省防汛抗旱指挥部根据实际情况报长江防汛抗旱总指挥部批准后下达蓄洪调度命令，由当地市级人民政府组织实施。

（四）需启用一般垸分蓄洪水时，由市级防汛抗旱指挥部提出方案，省防汛抗旱指挥部决定并报长江防汛抗旱总指挥部备案后，当地市级防汛抗旱指挥部下达蓄洪调度命令，由当地县级人民政府组织实施。

七、应急措施

蓄滞洪区所在地各级人民政府要根据本方案做好蓄滞洪区运用的各项准备工作。洞庭湖区各级防汛抗旱指挥部要将蓄滞洪区预案修订完善、居民财产登记、分蓄洪运用保障措施落实以及加强蓄滞区建设与管理等蓄滞洪区运用准备工作作为每年备汛工作的重要内容,对辖区内的蓄滞洪区运用准备工作进行检查,督促落实责任和措施。

预报将发生洪水时,洞庭湖区各级人民政府要紧急部署,全力以赴组织抗洪抢险和安全转移,全面落实蓄滞洪区运用各项应急措施。

(一)增加巡逻查险力量,加大防守抢险力度,严格督查制度,落实责任。各级防汛联系责任人、包片防守行政和技术责任人必须按提高一档的要求,到岗到位。

(二)加强防汛重点部位防守。各级防汛责任部门要及早组织隐患排查,对发现的基础渗漏堤段、病险涵闸等防洪重点部位要及时登记造册,逐处制定好防守预案。各级行政领导和技术人员要切实履行职责,对防洪重点部位严加防守。

(三)紧急集结,合理调度抢险队伍。各级防汛抗旱指挥部要按照已制定的应急抢险预案,迅速集结抢险队伍,合理调度机动抢险力量;省防汛抗旱指挥部视汛情的发展,按照省军区制定的抗洪抢险兵力部署方案,适时、科学、合理商调部队、民兵舟桥团和机动抢险队参与抢险救援工作。

(四)紧急调运应急抢险物资器材。各级防汛抗旱指挥部在紧急调运补充重点防汛部位抢险物资器材的同时,要及时通知有关部门组织运力,以车、船代仓储,装配足够的抢险物资器材,以备急需。

(五)做好蓄洪时的安全转移。需启用蓄滞洪区或一般垸分蓄洪水时,省、市防汛抗旱指挥部将适时通知当地人民政府做好分蓄洪准备工作,当地人民政府应按照制定的蓄洪安全转移和人员安置预案,迅速组织相关垸内群众紧急转移,并切实做好人员安置、生活保障、卫生防疫、物资供应、治安管理等工作。蓄洪命令下达后,建有分洪闸的蓄滞洪区或一般垸在人员全部转移完毕后按照操作规程开闸蓄洪,需要破堤蓄洪的蓄滞洪区或一般垸,当地政府要确保蓄洪破堤队伍能够及时进驻现场破堤蓄洪。各级政府必须做好救援工作准备,全力组织营救人员,尽量减少财产损失,避免人员伤亡。

(六)做好蓄滞洪区运用补偿工作。国家确定的蓄滞洪区运用后,蓄滞洪区所在地各级人民政府要严格按照《蓄滞洪区运用补偿暂行办法》有关规定,开展蓄滞洪区运用补偿工作。

(七)当长江发生特大洪水时,应特别加强南线大堤、杨家当隔堤、安造垸北大堤等重点堤段的防守。

八、附则

(一)本方案由省防汛抗旱指挥部组织编制并负责解释。

(二)本方案自颁布之自起执行,《洞庭湖区非常洪水度汛方案》(湘防〔2008〕5号)同时废止。

11.2 主要内河内湖调度方案

依据2022年湖南省洞庭湖区主要内河内湖调度方案。

11.2.1 冲柳高低水调度方案

(1)穿紫河

穿紫河水位超过 32.50m(吴淞高程,下同),且南碚自排闸关闭,并预报有降雨过程时,南碚泵站开机。

(2)柳叶湖

柳叶湖水位超过 32.50m,开启新河口闸、柳叶闸向马家吉河、穿紫河排水,适时调度新河口节制闸。

(3)新河

穿紫河与新河未连通前,当花山闸关闭,新河水位超过 32.80m 时,花山泵站开机向柳叶湖排水。

(4)马家吉河(市城区河段)

当马家吉河水位达到 33.00m 时,关闭新河口节制闸,马家吉泵站开机。

(5)高水河

1)当苏家吉闸关闭,高水河苏家吉站(以下同)水位达到 35.00m 时,苏家吉电排立即开机排洪。

2)在苏家吉电排全力抢排的条件下,高水河水位达到 36.2m,且水位持续上涨,沿岸电排一律停排。西洞庭管理区渍水改由沙河口电排排入澧水;八官垸内渍水由牛鼻滩、芷湾和观音寺电排站排入沅江。

3)若水位继续上涨超过 36.5m,马家吉水位低于 34.8m 时,开启冲柳闸(新伍家拐闸)向马家吉泄洪,马家吉电排协同抢排高水河洪水。若高水河仍然危急,则加大冲柳闸泄量,同时开启马家吉闸泄洪,牛鼻滩电排协同抢排洪水。

4)采取上述措施后,高水河仍超过 36.5m,则依序启用土硝湖、皮家障等垸分洪。

当城区遭遇特大暴雨袭击,在调度过程中柳叶湖、马家吉河全线危急时,开启新河口节制闸,通过拦马口闸、伍家拐闸,牛鼻滩和苏家吉电排参与抢排城区洪水。

11.2.2 西毛里湖

1)当内湖平均水位达到 32.00m 且水位有上涨趋势时关闭水闸,开启泵站排水;当澧水平均水位达到 41.25m 且水位持续上涨时,关闭泵站停止排水。

2)当内湖水位高于正常蓄水位 31.50m 且高于闸外水位时,打开新民闸排水。

3)当内湖水位低于 30.00m 且低于闸外水位时,关闸蓄水,保证环毛里湖周边农业用水需求。

11.2.3 涔澹水河调度方案

(1)王家厂水库

王家厂水库 6 月底前库容控制在 1.2 亿 m^3 以内。若库区出现 100mm 降雨,王家厂水库库容将新增 2000 万 m^3,总库容达 1.4 亿 m^3;当小渡口闸关闭,涔河超警戒水位或达到保证水位时,王家厂水库暂不下泄;如库区再出现 250mm 以上降雨,王家厂水库库容超过 2.29 亿 m^3(水位 84.00m)(5 月底前必须进行蓄水验收),原则上按照入库流量确定下泄流量,来多少下泄多少。

(2)涔水

当涔水水位高于澹水水位时,关闭中渡口闸;当澧水水位高于涔水水位时,小渡口闸关闭。小渡口泵站分情况开机抢排:①涔水水位达到 36.5m,涔水流域正在降雨,且预报未来有持续性强降雨;②涔水水位达到警戒水位 39.5m，且水位继续上涨；③涔水水位达到警戒水位 39.5m，水位未上涨，但预报未来有持续性强降雨。开机抢排预留调洪容积，停排水位 36.5m。

(3)澹水

1)澹水控制在 39m 以下，保持低水位状态。当乔家河闸关闭、小渡口闸关闭时，澹水不能经中渡口、小渡口闸自排入澧水，羊湖口电排分情况开机抢排：①澹水水位达到 36.5m，澧阳平原正在降雨，且预报未来有持续性强降雨；②澹水水位达到 38.5m，澧阳平原继续降雨且水位继续上涨；③澹水水位达到 38.5m，水位未上涨，但预报未来有持续性强降雨。羊湖口电排开机抢排预留澹水调蓄容积，停排水位 36.5m。

2)当澹水水位达到 40.5m 时，视具体情况关闭十回港闸，同时节制十支三、周家溶、南三撇、万家铺、荣涔排等闸分段蓄渍，确保津澧新城安全。

(4)北民湖

1)开闸分洪。

当小渡口闸关闭，涔河袁家港水位达到 41.00m，且天气继续恶化，王家厂水库水位已达防洪高水位、小渡口泵站满负荷运行(6 台机组 2.07 万 kW)，涔河两岸出现危机时，报市防汛抗旱指挥部(以下简称"市防指")同意后，开启老狮子桩闸($370m^3/s$)向北民湖分洪，袁家港水位继续上涨至 41.5m 时，开启新狮子桩闸($170m^3/s$)向北民湖分洪。

2)破堤蓄洪。

当小渡口闸关闭，王家厂水库被迫泄洪，小渡口泵站满负荷运行(6 台机组 2.07 万 kW)，北民湖已开启新、老狮子桩闸分洪，仍不能使涔河水位回落，袁家港水位达到 41.77m 时，向市防指紧急报告，北民湖破堤蓄洪。由县蓄洪安全转移领导小组组织实施破堤蓄洪，由县公安局组织公安干警和炸药等爆破物资器材，按上级指挥部批复意见，选择在合同铺实施爆破蓄洪。

11.2.4 南湖撇洪河调度方案

1)警戒水位标准：34.50m，保证水位标准：35.65m。

2)当蒋家嘴水闸关闭，且闸内水位达 34.00m 时，视雨情水情变化，蒋家嘴泵站开机排洪；当闸内水位达 34.50m 时，蒋家嘴泵站必须开机排洪；当蒋家嘴水闸尚未关闭，但闸内水位达 35.00m，且内外水位继续上涨时，蒋家嘴泵站仍要开机抢排洪水。

3)当蒋家嘴水闸关闭，闸内水位达 35.00m，且水位继续上涨时，撇洪河沿岸电排一律停排。

4)当内河水位达 36.20m，根据预报内河水位将继续上涨时，开启偏山分洪闸向南湖调蓄区分洪，调蓄区(第一期工程)止蓄水位 31.00m，调蓄水量 3000 万 m^3，同时由聂家桥乡负责加强调蓄区内渍堤防守。

5)采取上述措施后，撇洪河水位仍超过 36.40m(蒋家嘴闸内)，则拟在右岸 35 个平退垸中择垸破口蓄洪(表 11-3)，以严格控制水位继续上涨。

表 11-3　　南湖撇洪河预备蓄洪垸基本情况

序号	垸名	所属单位	起蓄高程/m	止蓄高程/m	蓄水深度/m	蓄水量/万 m^3	调蓄面积/亩	受淹耕地/亩
合计	35 个	5 个				11509	45265	26908
1	安乐湖	蒋家嘴镇	31.0	35.65	4.65	395	1959	1310

续表

序号	垸名	所属单位	起蓄高程/m	止蓄高程/m	蓄水深度/m	蓄水量/万 m^3	调蓄面积/亩	受淹耕地/亩
2	纸料洲	龙潭桥镇	32.0	35.65	3.65	125	690	570
3	胡家嘴		31.0	35.65	4.65	29	135	125
4	胡家冲		31.0	35.65	4.65	390	1800	1200
5	向阳垸		30.0	35.65	5.65	818	2243	1850
6	木鱼洲		34.5	35.65	1.15	12	215	150
7	郭家洲		31.0	35.65	4.65	63	224	120
8	沙河		30.0	35.65	5.65	162	613	500
9	唐家桥		31.0	35.65	4.65	572	2316	1140
10	刘家河		31.0	35.65	4.65	664	2460	1050
11	余家桥		30.0	35.65	5.65	1344	4277	2728
12	祝家坝		30.0	35.65	5.65	1132	3792	1280
13	书院洲		30.0	35.65	5.65	335	1105	616
14	木子湖		30.0	35.65	5.65	914	3105	1537
15	走马堤		30.0	35.65	5.65	45	187	149
16	张家冲	崔家桥镇	34.0	35.65	1.65	3	46	40
17	红石		31.0	35.65	4.65	89	443	325
18	红心		30.5	35.65	5.15	1387	5176	3400
19	杨家障		34.0	35.65	1.65	10	128	50
20	红永		31.5	35.65	4.15	250	1383	1110
21	八斗丘		32.0	35.65	3.65	10	66	15
22	丁家障		34.0	35.65	1.65	6	75	30
23	丁家湾		32.0	35.65	3.65	22	129	20
24	童家湾		32.0	35.65	3.65	26	138	100
25	李家湾		31.5	35.65	4.15	41	213	142
26	唐家冲		32.0	35.65	3.65	11	73	20
27	红专		31.5	35.65	4.15	72	455	248
28	红旗		34.0	35.65	1.65	92	1065	320
29	大冲		33.5	35.65	2.15	16	152	70
30	红江		31.0	35.65	4.65	194	1121	720
31	邓家冲		32.5	35.65	3.15	17	132	58
32	红东		31.0	35.65	4.65	290	1267	610
33	李家障	太子庙镇	30.5	35.65	5.15	1295	4246	2100
34	姚家坝	株木山街道	31.0	35.65	4.65	327	1772	1461
35	笑田		32.0	35.65	3.65	351	2064	1744

注:1. 以上子垸均为平垸行洪、退田还湖、移民建镇、单退堤垸。

2. 调蓄面积为 36.00m 高程面积。

11.2.5 西湖高水内江调度方案

1)警戒水位标准:32.00m,保证水位标准:32.86m。

2)汛期当赵家河水闸关闭(水位外高内低)时,报请市防指关闭罗家铺闸,防止鼎城区渍水继续流入西湖高水内江,西湖分指派专人驻守。

3)当西湖高水内江水位(赵家河闸内水位)达31.70m时,按县防指命令调度赵家河(新)泵站开机起排。

4)当西湖高水内江水位达32.50m时,所有向高水内江排渍的电排(含西湖管理区)一律停排。

5)当西湖高水内江水位达32.60m,且水情雨情继续恶化,坡头泵站进水前池水位在27.30m以下时,同时开启易家嘴、新港口闸泄洪,易家嘴闸下泄流量为35m³/s、新港口闸下泄流量为5m³/s,分别由坡头泵站和三角堤电排排出外河。

6)当西湖高水内江水位达32.70m,水情雨情继续恶化,不能开闸泄洪或开闸泄洪不能满足要求时,依序破内江沿岸12个巴垸蓄洪(表11-4)。

表11-4　汉寿县西湖垸高水内江预备蓄洪垸基本情况

乡镇	子垸名	起蓄高程/m	止蓄高程/m	蓄水量/万m³	蓄水深度/m	调蓄耕地/亩	受渍耕地/亩	受淹房屋		迁移人口/人
								栋数	容积/m³	
合计	共12个			506		3485	1940	118	15620	528
鼎城黑山嘴乡渔场	共1个	31.0	32.5	160	1.5	1600				
罐头嘴	共2个			48		480	700			
	双太渔场	31.0	32.5	18	1.5	180	180			
	双太渔场	31.0	32.5	30	1.5	300	520			
洲口	共5个			240		1115	950	118	15620	528
	胜利	29.5	32.5	50	3.0	250	200	12	2300	50
	华光	29.0	32.5	7	3.5	30	30			
	汀头	29.5	32.5	41	3.0	205	190	48	6200	208
	维兴	29.5	32.5	30	3.0	150	130	21	2400	120
	永光	29.0	32.5	112	3.5	480	400	37	4720	150
西港	共4个			58		290	290			
	金星	30.0	32.5	13	2.5	80	80			
	新港	29.0	32.5	14	3.5	60	60			
	上花	30.0	32.5	12	2.5	70	70			
	连护	29.0	32.5	19	3.5	80	80			

11.2.6 大通湖内湖调度方案

大通湖垸集雨面积180万亩(湖子口哑河以东15.97万亩集雨面积已除外),耕地86.6万亩,人口60万人,可调蓄湖泊、沟港及起半调节作用的鱼池水面约18万亩。大通湖垸现有外排泵站19处,装机规模36717kW,内排泵站275处,装机规模47825kW。

大通湖现有内湖渍堤65.1km,通湖渠道渍堤263km,控湖外排大型泵站明山电排装机规模(6×2300)

13800kW、设计流量 150m³/s，大东口电排装机规模(4×2500)10000kW、设计流量 90m³/s，大通湖排区排涝受益面积 151 万亩，受益人口 50 万人。

(1)调度原则

以防涝保安为重点，兼顾内湖调蓄为原则，科学调度，确保大通湖水系农田达到 10 年一遇三日暴雨三日末排至农作物耐淹水深的排涝标准。

(2)调度方案

1)大通湖水位调度。

①汛期水位控制在 28.8m 以下。

②非汛期水位控制在 27.2～27.8m。

2)工程调度。

①"三闸一倒"的调度：五门闸在非汛期视内湖水位适时启闭，在汛期当外湖水位低于内湖水位时应开启闸门以利于自流外排，高于内湖水位时应关闭闸门；均和倒虹吸管在内湖水位 28.0m 时，与五门闸同步运行，内湖水位达 28.0m 以上时立即关闭；黄茅洲船闸在内湖水位 29.5m 以下时正常运行，内湖水位达 29.5m 时，停止运行；五七闸在内湖水位 28.5m 以下时根据抗旱及生态环境需求运行，内湖水位超 28.5m 禁止运行。

②外排泵站的调度：明山、大东口泵站联合运行调度，开机内湖水位 28.6m。经气象预测分析，遇特大暴雨天气，按市防指命令提前开机空湖待蓄。

其他 17 处外排泵站负责各自的排渍涝区域；当大通湖超过保证水位 29.5m 时，视天气情况由市防指决定是否协排大通湖。

③内排泵站的调度：内湖水位在 29.5m 以下不限制运行；当内湖水位达 29.5m 时，所有内排泵站允许开机 12h，停机 12h；当内湖水位达 29.7m 时，所有内排泵站一律停止运行。

3)分洪调度。

当内湖水位达 30.0m 且继续降雨、湖水上涨时，实行分洪决策；首先扒开沙港市的益丰、八一、富利堂 3 处巴垸蓄洪，蓄洪面积 2.5 万亩，平均蓄水深 3m，蓄水约 5000 万 m³，可降低大通湖水位 0.5m；如大通湖环湖渍堤危险仍未解除，则继续扒开乌嘴三新垸(1.5 万亩)、明山巴垸(0.5 万亩)和大通湖精养渔场(0.2 万亩)蓄洪，可蓄水 4400 万 m³，可降低大通湖内湖水位 0.44m。

4)调度权限。

大通湖水位调度与排涝工程调度，由市水利局按大通湖排涝调度方案下达调度指令；空湖待蓄调度与分洪调度，由市防指按大通湖排涝调度方案下达调度指令。

11.2.7 烂泥湖水系调度方案

烂泥湖垸为洞庭湖 11 个重点垸之一，位于湘江尾闾与资水尾闾之间，东临湘江及其支流湘江西支，南接湘江一级支流沩水，西靠雪峰山麓的丘陵地带，北隔资水干流及其东支毛角口河与长春垸、民主垸、湘滨南湖垸隔江相望。全垸东西宽约 42km，南北长约 48km，地理坐标东经 112°22′～112°48′，北纬 28°17′～28°43′，总集雨面积 1584km²，其中丘陵区面积 734.6 km²，平原区面积 849.4 km²。

烂泥湖垸地跨益阳、岳阳、长沙 3 市，分属益阳市的赫山区、岳阳市的湘阴县、长沙市的望城区和宁乡市共 4 个县(市、区)，根据 2017 年统计年鉴，全垸共有乡镇(街道、工业园)14 个，分别为益阳市赫山区的赫山街道、兰溪镇、八字哨镇、龙光桥街道、笔架山乡、泉交河镇、欧江岔镇、龙岭工业园，岳阳市湘阴县的新泉镇、岭北镇，长沙市望城区的新康乡、靖港镇、乔口镇和宁乡市的双江口镇。垸内保护面积127.4万亩，总耕地面积76.22万亩，其中水田64.59万亩；总户籍人口75.36万人，其中农业人口57.12万人，目前常住人口63.28万人。有一线防洪大堤132.117km。全垸工农业总产值199.64亿元，其中工业总产值157.88亿元、农业总产值41.76亿元，粮食产量59.56万t，油料5189t，是洞庭湖区重要的商粮油基地。垸内有石长铁路、长常高速公路、319国道、308省道等重要陆上交通干线，外河资水为三级航道，湘江为二级航道，区域水陆交通优势极为明显。

烂泥湖垸主要内湖有东烂泥湖、鹿角湖、白坪湖，内河有兰溪河、张芦渠河、围山渠、镜明河，垸内河湖通过涵闸互联互通。

东烂泥湖位于赫山区东北部，北面与湘阴县接壤，沿湖主要乡镇有赫山区笔架山乡、泉交河镇、欧江岔镇及湘阴县岭北镇和新泉镇。该湖与柳林江直通融为一体，正常蓄水位30.0m，正常蓄水位时水面面积16000亩。

鹿角湖位于赫山区东北部，东面与湘阴县接壤，沿湖主要乡镇有赫山区八字哨镇、笔架山乡以及湘阴县新泉镇。鹿角湖与东烂泥湖通过芦花江闸相连，正常蓄水位26.87m，正常蓄水位时水面面积8500亩。

（1）调度原则

1)排涝调度坚持以保堤垸安全优于保垸内财产，保垸内财产优于保耕地面积，保大面积耕地优于保小面积耕地的原则。

2)排涝调度应充分发挥防洪体系整体和各项防洪工程设施的防洪作用，确保重点，兼顾一般，将洪水灾害减少到最低程度。

3)应针对代表性洪水，确定各项防洪工程运用的次序、时机和运用方式。

4)在保障防洪安全的前提下，可结合综合利用目标，合理利用洪水资源。

（2）调度权限

1)在保证水位以下，由赫山区和湘阴县防指按照防汛预案协同调度。

2)在保证水位以上（含保证水位），在湖南省防指统一调度下，赫山区和湘阴县成立联合督导组，统一调度。

（3）排涝调度方案

1)排涝调度水位见表11-5。

表11-5　　烂泥湖水系排涝调度水位

名称	东烂泥湖	张芦渠	鹿角湖	围山渠	兰溪河	北萍湖
调蓄面积/亩	16000	2000	8500	1200	5678	2800
警戒水位/m	32.30	32.30	30.30	31.00	31.50	29.30
保证水位/m	33.30	32.80	31.00	31.80	32.50	29.60
起排水位/m	32.00	32.00	30.00	31.00	31.50	29.30
停排水位/m	31.50	31.50	29.50	30.50	30.50	28.90

2)具体调度方案。

①东烂泥湖：起排水位为32.00m，停排水位为31.50m。a.当东烂泥湖水位达到31.50m并继续上升，

且湘江水位高于东烂泥湖水位时，由湘阴县防指调度新泉寺泵站开机排水，空湖待蓄；b. 当东烂泥湖水位达到33.20m并继续上升时，由赫山区防指调度新河泵站协排；c. 当东烂泥湖水位达到33.50m，严重危及堤垸安全时，湘阴县和赫山区防指报请湖南省防指下达命令，东烂泥湖周边内排一律停止向东烂泥湖排水，赫山区防指调度新河、小河口泵站协排，并报请益阳市防指调度团洲泵站协排；d. 当东烂泥湖水位超过34.00m时，湘阴县和赫山区报请湖南省防指调度泄洪，由湖南省防指命令湘阴来仪湖渔场蓄水，该场6000亩面积平均调蓄3m深，可降低东烂泥湖水位1.06m；e. 如果水位继续上涨，由湖南省防指命令泉交河镇烂泥湖片2.3万亩面积蓄水，相应降低东烂泥湖水位2.50m。

②鹿角湖：起排水位为30.00m，停排水位为29.50m。a. 当鹿角湖水位达到30.00m并继续上升时，由赫山区防指调度鹿角湖泵站开机排水；b. 当鹿角湖水位达到30.50m，设计雨型的雨期继续延长或雨型突然加大，且天气预报的雨期延长3天或者超过3天时，由区防指调度新河泵站协排；c. 当新河泵站无法协排鹿角湖渍水，水位呈继续上涨趋势时，报湖南省防指命令周边所有内排机埠停排，区防指调度开启长塘闸，由新老八字哨泵站协排渍水；d. 在外排的情况下，水位仍上涨到31.00m，湘阴县和赫山区报请湖南省防指命令鹿角湖内的湘阴胜利渔场1000亩面积分洪、可蓄水深2.7m，能降低鹿角湖水位0.36m；e. 当水位虽未达到起排水位，但根据气象预报可能遭遇恶劣气象条件时，赫山区防指调度鹿角湖泵站开机排水，空湖待蓄。

3)汛期重点公共涵闸调度。

①双庆闸：当东烂泥湖水位达到32.00m并继续上升，且湘江水位高于东烂泥湖水位时，由湘阴县防指调度新泉寺泵站开机排水，同时，赫山区防指调度关闭双庆闸，防止张芦渠等客水流入东烂泥湖；当东烂泥湖水位超过33.20m需新河、小河口或团洲泵站协排时，开启双庆闸。

②芦花江控制闸：当东烂泥湖水位高于鹿角湖水位时，关闭涵闸；特殊情况下需鹿角湖泵站协排东烂泥湖时，开启涵闸。

11.2.8 黄家湖防汛排涝调度方案

黄家湖处于资水尾闾，南洞庭湖之滨，地理范围位于东经112°10′～112°23′，北纬28°42′～28°44′，属于资阳区与沅江市共同管辖。其总集雨面积167km^2[包含资阳区、沅江市和常德市汉寿县3个市(区、县)的4乡镇，其中资阳区134km^2，沅江市30km^2，汉寿县3km^2]，保护耕地面积15.4万亩，受益总人口10.84万人。

黄家湖泵站工程是黄家湖的主要排涝泵站，位于长春垸一线防洪大堤七鸭子段，桩号46+980，设计装机容量8台2220kW，设计排涝流量24.90m^3/s，设计抗旱流量9.30m^3/s，工程等别为Ⅲ等。泵站设计服务于黄家湖旱季补水、汛期排涝削峰和调蓄黄家湖水位，是为黄家湖流域农业、渔业和旅游业服务的现代化中型泵站，具有重要的社会效益、生态效益和经济效益。

(1)调度原则和依据

以防洪保安为重点，充分发挥黄家湖泵站的灌排功能，遵循枯水年份保证有蓄水，丰水年份不防汛，极端丰水年份不溃堤的原则。防洪与经济互相兼顾，科学、合理调度黄家湖洪水。根据《黄家湖泵站新建工程初步设计报告》、内湖防汛预案及黄家湖调度特征水位情况(表11-6)制定本方案。

表 11-6　　黄家湖调度特征水位　　(单位:m)

名称	高程(吴淞)	备注
历史最高水位	34.20	
保证水位	33.20	
警戒水位	32.30	
运行起排水位	32.00	
正常蓄水位	30.50	
下限水位	29.00	

(2)排水调度方案

1)自流排水调度方案。

永兴排水闸是黄家湖与外河连通的唯一通道,为了最大限度地利用该闸自流外排。其调度方案分为非汛期排水调度和汛期排水调度两个阶段。

①非汛期排水调度:综合考虑抗旱、养鱼、内湖行船水位及下一年度度汛需要,在非汛期,控制湖水位29.0～29.5m,最低不低于29.0m。

②汛期排水调度:控制内湖水位29.0～32.0m(一般控制湖水位在30.5m左右)。只要内湖与外河水位出现正差即开启湖闸排水,否则闭闸。

2)泵站调度方案。

当水位达到32.0m,预测外河水位还将继续上涨,短中期气象预报在黄家湖区仍有强降雨时,由资阳区防汛抗旱指挥部会商决定是否开机排水。当水位超过32.30m时,则满负荷开机,可采取黄家湖与南门桥两湖联调的方式,将水位降低到32.0m以下。

(3)防洪调度

黄家湖泵站建成后,黄家湖水位控制将得到较大改善,但在极端气候条件出现时,虽泵站满负荷开机,但内湖仍有可能发生较大渍水,引起湖水位超高。当黄家湖出现超标准洪水位,根据区防指令开启白李渠节制闸泄洪至南门桥湖,由黄家湖、南门桥泵站联排。环湖有关乡镇仍应按照防汛预案执行。

(4)调度指令的下达

非汛期的调度指令由资阳区水利局统一下达,汛期的调度指令均由资阳区防汛抗旱指挥部统一下达,资阳区防汛抗旱指挥部须将泵站调度指令及时通报沅江市防汛抗旱指挥部并报益阳市防汛抗旱指挥部。

11.2.9　华容河防洪调度方案

(1)基本情况

华容河是长江流入洞庭湖的水道之一,江水从调弦口闸流入,经湖北石首的陈公东、西两垸、华容县万庾、城关至治河渡分南、北两支,绕新华垸至钱粮湖农场罐头尖合流,再经六门闸入东洞庭湖。北支长23.7km,南支长24.9km,按北支计算华容河干流长60.5km,流域面积1679.8km^2(其中湖北省石首市531km^2)。除湖北石首的陈公东垸、西垸外,在华容县境内一线防洪大堤长141.8km,直接保护着华容的护城、禹盘、新华、新太、人民、钱粮湖农场等6个垸的73.7万亩耕地,约50万人的生命安全。1958年冬,经湖南、湖北两省协议,国务院批准,华容河首尾(调弦口、旗杆嘴)堵坝建闸成为半封闭型河流。冬春为自排水道，夏秋为汇集机排渍水的撇洪河。华容河沿线穿堤涵闸共有117处137孔，排涝泵站46处142台30778kW（其中华容县35处92台16988kW；君山区8处34台5530kW；石首市3处16台8260kW），内排流量达298.8m^3/s，加之丘山区撇洪水入河，流量近370m^3/s，而华容河六门闸当内河水位达到34.5m，外湖水位达33.5m时下泄流量仅100m^3/s左右，若湖水高于33.5m，则下泄流量还会减少，特别是近20年来，由于洞庭湖水位的抬升，汛期六门闸外湖水位维持在33.5m以上的时间较长，华容河两岸涝渍严重，排涝流量很大，致使华容河汛期水位经常发生陡涨，严重危及堤防安全。目前华容河两岸河堤标准偏低，堤身单薄，堤顶高程为36～38m。两岸堤防以六门闸内的水位作为控制水位，历史最高水位为1998年7月29日的35.88m。目前六门闸泵站主体工程已基本完成，设计装机6台，总装机容量8400kW，设计排水流量190m^3/s。

（2）调度原则

1）每年汛期，六门闸开启视闸内外水位差进行操作，当闸外水位高于闸内水位时，闸门全部关闭；当闸外水位低于闸内水位时，开启闸门自流外排。

2）在高洪水位期间，当六门闸内水位高于34.5m，且仍呈上涨趋势时，华容河两岸所有内排机埠的装机应关闭一半，丘山区各高撇洪渠闸全部关闭；当六门闸内水位达到35.0m时，华容河两岸所有内排机埠应全部关闭，以防止华容河洪水威胁进一步加剧，确保河堤安全。

3）2022年汛期六门闸排涝工程的更新改造尚未验收，目前建设单位已制定了临时度汛应急预案，华容县防指、君山区防指要认真督促监管工程建设单位严格履行主体责任，落实各项度汛措施，确保度汛安全。

11.2.10 黄盖湖防洪调度方案

（1）基本情况

黄盖湖是湖南省洞庭湖区仅次于大通湖的第二大内湖，跨湖南、湖北两省，共有水面面积71km^2，岳阳市境内黄盖湖湖堤61.095km，堤顶高程30.5～32.0m，保护着黄盖湖地区13.08万人和17.46万亩耕地（未计湖北省）。黄盖湖主要水系为沅潭河和新店河，区域内径流汇集到黄盖湖后，经铁山嘴闸或电排排入长江，铁山嘴控制流域面积1538km^2（临湘1106km^2），铁山嘴闸内水位是黄盖湖的标志水位。据资料记载以来，闸内实测最高水位为1998年的30.18m，2010年黄盖湖铁山嘴闸内水位最高水位达30.14m。铁山嘴闸内保证水位29.5m，警戒水位28.00m。近年来，随着水利设施的增加，黄盖湖垸区的排涝与防洪矛盾日益加剧，目前，共建有内排机埠共28处51台6548kW，外排铁山嘴电排3台6000kW，最大排水流量108m^3/s。目前新增2台6000kW机组正在建设。为确保黄盖湖地区人民生命和财产的安全，特制定防洪调度。

（2）调度方案

1）汛期当黄盖湖铁山嘴闸内水位低于闸外水位时，闸门应全部关闭。当黄盖湖铁山嘴闸内水位超过27m，且预报仍将继续上涨时，开启铁山嘴电排抢排渍水；当黄盖湖铁山嘴闸内水位超过28m，且预报仍将继续上涨时，所有内排机埠应减少排渍流量，铁山嘴电排开启台数视闸内水位上涨速度及未来天气形势并结合电排外排流量而定。当黄盖湖铁山嘴闸内水位超过29.5m的保证水位时，所有内排机埠应无条件全部停止排水，以确保湖堤安全。

2）当黄盖湖铁山嘴闸外水位低于闸内水位时，应打开闸门放水入江，其中，当闸内水位降至27.0m时，为保证垸内养殖和农田灌溉用水的需要，视情况关闸蓄水。

3）遇严重旱情，且铁山嘴闸内水位又低于27.00m，在确保防洪安全的前提下，经岳阳市防汛抗旱指挥部批准，可开闸引江水入黄盖湖。

11.2.11 洋溪湖地区防洪排涝调度方案

(1)基本情况

洋溪湖地区防洪排涝调度缘于冶湖撇洪渠工程。该工程于1975年冬开工，1979年春竣工，由总干渠、南干渠、西干渠组成。其中，总干渠长3.47km，南干渠6.60km，西干渠18.70km，3条干渠总长28.77km，支渠长20.77km。该工程的主要作用是：等高截流，高水撇引，干旱时低田自灌，高田提灌。可撇引撇洪渠以上156.60km^{2}的地表水，减少白泥湖、洋溪湖和冶湖渍水约1.1亿m^3。与冶湖撇洪渠工程相配套，该地区先后兴建了鸭栏泄洪闸、孙家汉闸、曾家汉闸和鸭栏电排、新设电排、土矶头电排，通称“三闸三排”。“三排”总装机11台共4400kW，其中鸭栏电排3台1200kW、土矶头电排5台2000kW、新设电排3台1200kW，担负临湘市、云溪区两地共249.88km^{2}集雨面积的排涝任务，其中撇洪渠以上156.60km^2、洋溪湖地区14.57 km^2、白泥湖地区78.71 km^2，共有9个乡镇、11万人和15.41万亩农田受益。

为调处洋溪湖地区水事矛盾，1992年市政府下文成立洋溪湖水利工程管理处，负责协调冶湖撇洪渠水系、洋溪湖地区及白泥湖地区水事矛盾，搞好“三闸三排”防汛抗旱排涝调度和工程的维护管理。

(2)调度原则

洋溪湖地区防洪排涝由岳阳市防汛抗旱指挥部直接调度，洋溪湖管理处具体组织实施。云溪区、临湘市防汛指挥部负责协调所辖排涝区域群众工作，并负责撇洪渠干、支渠堤防的防守。

(3)调度方案

1)当洋溪湖控制低水位为26.0m，汛期水位高于26.0m时，开启鸭栏电排机组排渍；当白泥湖控制低水位为25.5m，汛期水位高于26.0m时，开启新设、土矶头电排机组排渍。

2)当汛期撇洪渠水位高于长江水位时，开启鸭栏泄洪闸将撇洪渠水排入长江；当长江水位高于撇洪渠水位时，关闭鸭栏泄洪闸。抗旱期间，适时关闸蓄水，当长江水位高于撇洪渠水位时，在确保防洪安全的情况下，经岳阳市防汛抗旱指挥部批准，可开闸引水满足工农业生产需要。

3)当撇洪渠鸭栏泄洪闸闸前水位超过30.5m，且不能向长江自流外排时，同时开启曾家汉、孙家汉泄洪闸分别向洋溪湖和白泥湖泄洪。

11.2.12 长沙市望城区乔口防洪闸调度方案

(1)基本情况

乔口防洪闸是洞庭湖、烂泥湖大圈的“南大门”，位于湘江西岸，为烂泥湖撇洪河出乔口镇的节制闸。乔口防洪闸于1976年11月动工兴建，1978年建成投入使用。乔口防洪闸是一座以灌溉为主，兼顾防洪、泄洪、排渍、抗旱等综合效益的大(2)型水闸工程。乔口防洪闸主要由泄洪闸、排渍底孔、公路桥等建筑物组成。主要建筑物级别为2级，次要建筑物级别为3级，水闸设计洪水标准为：30年一遇洪水设计、100年一遇洪水校核。该水闸承担着710km^{2}集雨面积的烂泥湖撇洪河、湘江洪水的防洪调度任务，担负着长沙市望城区、宁乡县，岳阳市湘阴县及益阳市赫山区3市2区2县40多万人、68多万亩良田的防洪灌溉重任。防洪闸工程设计流量1710m^3/s，多年平均流量600m^3/s，枢纽工程包括8张8.9m×7.15m泄洪闸门、1个2.48m×3.15m底孔闸、1座公路桥。1978年竣工投入运行以来，为受益地区的农业生产、农村发展及农民致富发挥了巨大的经济效益。2018年10月底开始除险加固，本次加固完成内容包括：堰体、闸墩加固处理、启闭平台及启闭房改造，水闸基础防渗处理，水闸下游消能防冲加固处理，上、下游堤防护坡加固处理等。

(2)调度方案

1)当实测24h降水量在50mm以下时，水闸防洪调度进行日常防汛调度，即河内水位高于下游水位时，开闸维持内河水位在2.5～4.5m，开闸总孔数为1～2孔，并根据具体情况决定开启孔数。

2)当6h内降水量将达50mm以上，或者已达50mm以上且降水可能持续，达到暴雨黄色预警时内水位高于下游水位时，开闸维持内河水位在1.5～1.8m，总开孔数为3～5孔。

3)当实测24h降水量达275mm(10年一遇暴雨)，河内水位高于下游水位时，总开孔数为8孔，全开。

4)当实测24h降水量达335mm(20年一遇暴雨)以上，且洪峰流量大于水闸下泄能力时，水闸将超标准运行，按相应应急预案运行。

5)当12h内降水量将达50mm以上，或者已达50mm以上且降水可能持续时，接防办指令，在降水来临前，且内河水位高于下游水位时，进行适当预泄，控制内河水位降至2.5～4.5m。

6)当6h内降水量将达50mm以上，或者已达50mm以上且降水可能持续，达到暴雨黄色预警时，接防办指令，在降水来临前，且内河水位高于下游水位时，进行预泄，控制内河水位1.5～1.8m。

防洪调度控制权限：水闸防洪调度由乔口防洪闸事务所进行管理，管理单位在区防指的指导下联合指挥，并由乔口防洪闸事务所具体进行操作。

11.3 长江中下游洪水调度

11.3.1 水库承担的防洪任务及其防洪调度方案

当长江中下游发生大洪水时，三峡水库联合上游金沙江、雅砻江、岷江、嘉陵江、乌江等干支流的水库，以及清江、洞庭湖支流的水库，以沙市、城陵矶等防洪控制站水位为主要控制目标，实施防洪补偿调度。

三峡水库在长江上游发生大洪水时，采取对荆江河段进行防洪补偿调度方式；三峡水库尚不需为荆江河段防洪大量蓄水，而城陵矶水位将超过堤防设计水位时，采取兼顾对城陵矶地区进行防洪补偿调度方式；如城陵矶地区防洪形势依然严峻，可考虑溪洛渡、向家坝、乌东德、白鹤滩等水库与三峡水库联合调度，进一步减轻城陵矶附近地区防洪压力。

梨园、阿海、金安桥、龙开口、鲁地拉、两河口、锦屏一级、二滩等配合三峡水库承担长江中下游防洪任务的水库，实施与三峡水库同步拦蓄洪水的调度方式，适当控制水库下泄。

金沙江下游溪洛渡、向家坝、乌东德、白鹤滩水库在留足川渝河段所需防洪库容前提下，根据长江中下游防洪需要，配合三峡水库承担长江中下游防洪任务，按三峡水库来水量进行分级控泄，减少进入三峡水库的洪量；当预报三峡水库入库洪峰较大时，削减进入三峡水库的洪峰流量。

观音岩、瀑布沟、亭子口、构皮滩、思林、沙沱、彭水等承担所在河流防洪和配合三峡水库承担长江中下游防洪双重防洪任务的水库，当所在河流发生较大洪水时，结合所在河流防洪任务，实施防洪调度；当所在河流来水量不大且预报短时期内不会发生大洪水时，也需减少水库下泄流量，配合其他水库降低长江干流洪峰流量，减少三峡水库入库洪量。

清江水布垭、隔河岩等清江梯级水库实施与三峡水库错峰防洪调度方式。

洞庭湖水系水库防洪调度在满足本流域防洪要求的前提下，与干流防洪调度相协调。当三峡水库对长江中下游防洪调度时，若洞庭湖水系来水较大，按所在河流防洪任务拦蓄洪水；若洞庭湖水系来水较小且预报短时期内不会发生大洪水时，水库群相机配合调度，减少入湖水量。

11.3.2 蓄滞洪区调度运用方案

依据《长江防御洪水方案》，蓄滞洪区调度运用方案如下：

(1)发生设计标准以内洪水

1)荆江河段。

不需要启用蓄滞洪区。

2)城陵矶河段。

当三峡水库对城陵矶地区的防洪补偿调度库容用完后，预报城陵矶水位仍将达到34.40m并继续上涨，视实时水情工情，相机运用重要蓄滞洪区、一般蓄滞洪区分洪，控制城陵矶水位不高于34.90m。洞庭湖四水发生洪水时，充分发挥各支流水库的拦洪作用，减轻下游防洪压力。洞庭湖四水尾闾控制站水位超过其控制水位，危及重点垸和城市安全，可先期运用四水尾闾相应蓄滞洪区。

(2)发生设计标准以上洪水

1)荆江河段。

发生100年一遇以上、1000年一遇以下洪水时，充分利用三峡等水库联合拦蓄洪水，控制枝城最大流量不超过80000m^3/s。视实时水情工情，依次运用荆江分洪区、涴市扩大区、虎西备蓄区及人民大垸蓄滞洪区分蓄洪水，控制沙市站水位不超过45.00m，保证荆江两岸干堤防洪安全，防止发生毁灭性灾害。发生1000年一遇以上洪水，视需要爆破人民大垸中洲子江堤吐洪入江，进一步运用监利河段主泓南侧青泥洲、北侧新洲垸等措施扩大行洪；若来水继续增大，爆破洪湖西分块蓄滞洪区上车湾进洪口门，利用洪湖西分块蓄滞洪区分蓄洪水。

2)城陵矶河段。

运用重要蓄滞洪区和一般蓄滞洪区仍不能控制水位上涨时，运用蓄滞洪保留区分蓄洪水。运用蓄滞洪保留区后，仍不能控制城陵矶、汉口、湖口水位上涨，适当抬高干流1级及2级堤防运行水位，加强工程巡查、防守、抢险，并采取必要措施，保障重要保护对象防洪安全。

11.3.3 平垸行洪、退田还湖

1998年大水后，对长江中下游干堤之间严重阻碍行洪的洲滩民垸、洞庭湖区及鄱阳湖区部分洲滩民垸进行了平垸行洪、退田还湖建设，共平退了1461个圩垸，迁移了61.64万户、241.64万人。

经圩垸平退和联圩并圩后，目前长江中下游干流河道内仍有洲滩民垸406个，洲上人口约130万人，总面积约2500km^2；洞庭湖区、鄱阳湖区还有万亩以下圩垸133个，人口59.77万人。依据《长江防御洪水方案》，洲滩民垸的行蓄洪运用方式如下：

(1)荆江河段

充分利用河道下泄洪水，调度运用三峡和上游水库联合拦蓄洪水，适时运用清江梯级水库错峰，相机运用荆江两岸干堤间洲滩民垸行蓄洪水，控制沙市水位不超过44.50m。

(2)城陵矶河段

预报城陵矶水位将达到33.95m并继续上涨，视实时水情工情，相机运用河段内长江干堤之间、洞庭湖区洲滩民垸行蓄洪水。

11.3.4 长江防御洪水方案

长江防御洪水方案

国函〔2015〕124 号

长江是我国第一大河，自西向东流经青海、四川、西藏、云南、重庆、湖北、湖南、江西、安徽、江苏、上海等 11 个省（区、市），支流涉及贵州、甘肃、陕西、河南、浙江、广西、广东、福建等 8 个省（区），流域面积 180 万平方千米。长江防洪安全关系流域广大地区人民生命财产安全和经济社会发展，涉及上海、南京、合肥、南昌、武汉、长沙、重庆、成都、贵阳、昆明等重要城市，京广、京沪、京九、沪汉蓉、沪昆、渝黔、成昆等铁路干线，京港澳、京沪、大广、二广、沪蓉、沪渝、杭瑞、福银等高速公路，长江干支流航道，江汉油田等重要设施安全。

经过多年建设，长江流域防洪工程体系逐步完善，防洪非工程措施建设取得长足进展，防洪能力显著提高。根据《中华人民共和国防洪法》《中华人民共和国防汛条例》《长江流域综合规划(2012—2030 年)》《长江流域防洪规划》，结合长江流域防洪现状，制定本方案。

一、流域洪水特性

长江干流全长 6300 余千米，自江源至湖北宜昌为上游，长 4505 千米，集水面积约 100 万平方千米；宜昌至江西鄱阳湖出口湖口为中游，长 955 千米，集水面积约 68 万平方千米；湖口至入海口为下游，长 938 千米，集水面积约 12 万平方千米，其中大通以下约 600 千米河段受潮汐影响。

长江流域的洪水主要由暴雨形成。长江上游金沙江洪水由暴雨和冰雪融化共同形成，宜宾以下依次接纳岷江、沱江、嘉陵江、乌江等主要支流洪水，形成宜昌峰高量大、陡涨渐降型洪水。长江中下游承接长江上游、洞庭湖、汉江、鄱阳湖等洪水，洪水峰高量大、持续时间长，其中大通以下受洪水和潮汐双重影响。

长江洪水发生时间一般年份下游早于上游，江南早于江北，各支流洪峰互相错开，中下游干流可顺序承泄干支流洪水，不致形成较大洪水。但遇气候异常，干支流洪水遭遇，易形成区域性或流域性大洪水。

二、防洪工程体系

目前，长江上游初步形成了由干支流水库、河道整治工程、堤防护岸等组成的防洪工程体系。防洪标准干流为 20～50 年一遇，各主要支流一般为 10～20 年一遇。

长江中下游基本形成了以堤防为基础，三峡水库为骨干，其他干支流水库、蓄滞洪区、河道整治工程、平垸行洪、退田还湖等相配合的防洪工程体系。长江中下游总体防洪标准为防御新中国成立以来发生的最大洪水（即 1954 年洪水），荆江河段防洪标准为 100 年一遇，同时对遭遇类似 1870 年洪水应有可靠的措施保证荆江两岸干堤防洪安全，防止发生毁灭性灾害。汉江中下游防洪标准为防御 1935 年洪水（相当于 100 年一遇）。洞庭湖湘江、资水、沅江、澧水（以下统称四水），鄱阳湖赣江、抚河、信江、饶河、修水（以下 统称五河），总体防洪标准为 20 年一遇。长江中下游其他支流防洪标准多为 10～20 年一遇。

长江干流主要控制站防洪控制水位(堤防设计水位)分别为:李庄270.00米,寸滩192.12米,宜昌55.73米.沙市45.00米,城陵矶34.40米,汉口29.73米,湖口22.50米,大通17.10米.南京10.60米(考虑台风为11.10米).江阴7.25米(考虑台风为8.04米)。

长江中下游干流各河段现状行洪能力:沙市约53000立方米/秒,城陵矶约60000立方米/秒,武汉约73000立方米/秒,湖口约83000立方米/秒。

(一)堤防工程

长江流域堤防包括长江干堤、主要支流堤防,以及洞庭湖区、鄱阳湖区、城市堤防等,总长约64000千米,是长江防洪的基础。目前,长江中下游3900余千米干流堤防已基本达标。

荆江大堤、无为大堤、南线大堤、汉江遥堤以及沿江全国重点防洪城市堤防等为1级堤防。松滋江堤、荆南长江干堤、洪湖监利江堤、岳阳长江干堤(岳阳市城区段除外)、四邑公堤、汉南长江干堤、粑铺大堤、黄广大堤、九江大堤(九江市城区段除外)、同马大堤、广济圩江堤、枞阳江堤、和县江堤、江苏长江干堤(南京市城区段除外),以及洞庭湖区、鄱阳湖区重点圩垸堤防等为2级堤防。

仅依靠堤防,长江中下游干流荆江河段(枝城—城陵矶)、城陵矶河段(城陵矶—东荆河口)、武汉河段(东荆河口—武穴)、湖口河段(武穴—湖口)分别可防御10年一遇、10～20年一遇、20～30年一遇和20年一遇洪水。

(二)重要防洪水库

长江流域已建成大中小型水库5.12万座,总库容约3588亿立方米。以三峡水库为骨干的重要大型防洪水库总防洪库容达627亿立方米。其中,三峡水库防洪库容221.5亿立方米,分为对城陵矶地区进行防洪补偿调度库容、对荆江河段进行防洪补偿调度库容和防御特大洪水的库容三部分;上游干流梨园、阿海、金安桥、龙开口、鲁地拉、观音岩、溪洛渡、向家坝,雅砻江锦屏一级、二滩,岷江紫坪铺、瀑布沟,嘉陵江碧口、宝珠寺、亭子口、草街,乌江构皮滩、思林、沙沱、彭水等重要水库除承担所在河流的防洪任务外,还配合三峡水库承担长江中下游防洪任务;中下游主要支流上的丹江口、水布垭、隔河岩、漳河、五强溪、柘溪、江娅、皂市、万安、峡江、柘林、廖坊等重要水库除承担所在河流的防洪任务外,还配合减轻长江干流的防洪压力。在建和近期拟建的具有防洪作用的重要大型水库有乌东德、白鹤滩、两河口、双江口、宜冲桥、浯溪口等。

(三)蓄滞洪区

长江中下游干流沿岸设有42处蓄滞洪区,总面积约为1.2万平方千米,有效蓄洪容积为589.7亿立方米。其中,重点蓄滞洪区1处,为荆江分洪区;重要蓄滞洪区12处,分别为洪湖东分块、钱粮湖、共双茶、大通湖东、围堤湖、民主垸、城西垸、澧南垸、西官垸、建设垸、杜家台、康山圩蓄滞洪区;一般蓄滞洪区13处,分别为洪湖中分块、屈原农场、九垸、江南陆城、建新农场、西凉湖、武湖、张渡湖、白潭湖、珠湖圩、黄湖圩、方州斜塘、华阳河蓄滞洪区;蓄滞洪保留区16处,分别为涴市扩大区、人民大垸、虎西备蓄区、君山农场、集成安合、南汉垸、和康垸、安化垸、安澧垸、安昌垸、北湖垸、义合垸、南顶垸、六角山、洪湖西分块、东西湖蓄滞洪区。支流滁河设有荒草二圩、荒草三圩、蒿子圩、汪波东荡4处蓄滞洪区。

(四)河道整治工程

60余年来,长江中下游干流开展了较大规模的护岸工程、下荆江系统裁弯、部分分汊河段堵汊等河道整治,共完成护岸1600余千米,抛石9100余万立方米,丁坝685座,各类沉排约520万平方米。经整治，中下游干流河势基本得到控制，总体较为稳定，部分河段崩岸较为严重，局部河段河势处于调整之中 。

（五）平垸行洪、退田还湖

1998 年大水后，对长江中下游干堤之间严重阻碍行洪的洲滩民垸、洞庭湖区及鄱阳湖区部分洲滩民垸进行了平垸行洪、退田还湖建设，共平退了 1461 个圩垸，迁移了 61.64 万户、241.64 万人。

经圩垸平退和联圩并圩后，目前长江中下游干流河道内仍有洲滩民垸 406 个，洲上人口约 130 万人，总面积约 2500 平方千米；洞庭湖区及鄱阳湖区还有万亩以下圩垸 133 个，人口 59.77 万人。

三 、防御洪水原则

（一）蓄泄兼筹，以泄为主；江湖两利，左右岸兼顾，上、中、下游协调。

（二）局部服从全局、兴利服从防洪。

（三）当发生设计标准内洪水时，加强工程防守，充分利用河道下泄洪水，合理利用三峡及其他干支流水库拦洪、错峰，适时运用洲滩民垸行蓄洪水，相机运用流域内重要和一般蓄滞洪区分洪，确保防洪安全。

（四）当发生设计标准以上洪水时，充分运用水库拦蓄，适时启用荆江分洪区及蓄滞洪保留区，视情采取局部河段适当超防洪控制水位运行、扩大河道泄洪能力等措施，保障重点防洪目标安全，最大程度减轻洪灾损失。

（五）在确保防洪安全的前提下，兼顾洪水资源利用。

四、防御洪水安排

（一）长江上游

1. 当川渝河段发生设计标准内洪水时，充分利用河道下泄洪水，适时运用金沙江下游溪洛渡和向家坝、岷江瀑布沟、嘉陵江亭子口等干支流水库拦洪、削峰、错峰，减轻宜宾、泸州、重庆等重要城市的防洪压力。

2. 当雅砻江、岷江、嘉陵江、乌江等支流发生设计标准内洪水时，充分利用河道下泄洪水，适时运用支流水库拦洪、削峰、错峰，减轻下游防洪压力。

3. 当发生设计标准以上洪水时，在确保水库安全的前提下，充分利用水库拦蓄洪水，采取必要措施，保障重要城市和防洪工程安全。

（二）长江中下游

1. 发生设计标准内洪水

（1）荆江河段。

充分利用河道下泄洪水，调度运用三峡和上游水库联合拦蓄洪水，适时运用清江梯级水库错峰，相机运用荆江两岸干堤间洲滩民垸行蓄洪水，控制沙市水位不超过 44.50 米。

清江、沮漳河发生洪水时，充分发挥隔河岩、水布垭、漳河等水库的拦洪、削峰、错峰作用，减轻下游防洪压力。

（2）城陵矶河段。

城陵矶水位低于 33.95 米时，充分利用河湖泄蓄洪水。

预报城陵矶水位将达到 33.95 米并继续上涨，视实时水情工情，相机运用河段内长江干堤之间、洞庭湖区洲滩民垸行蓄洪水。

预报城陵矶水位将达到34.40米并继续上涨.调度运用三峡等水库联合拦蓄洪水，以控制城陵矶水位不高于34.40米。

当三峡水库对城陵矶地区的防洪补偿调度库容用完后，预报城陵矶水位仍将达到34.40米并继续上涨，视实时水情工情，相机运用重要蓄滞洪区、一般蓄滞洪区分洪，控制城陵矶水位不高于34.90米。

洞庭湖四水发生洪水时，充分发挥各支流水库的拦洪作用，减轻下游防洪压力。

洞庭湖四水尾间控制站水位超过其控制水位，危及重点垸和城市安全，可先期运用四水尾间相应蓄滞洪区。

(3)武汉河段。

汉口水位低于28.50米时，充分利用河道下泄洪水。

汉口水位达到28.50米并预报继续上涨，视实时水情工情，相机运用河段内长江干堤之间洲滩民垸行蓄洪水。

汉口水位达到29.50米并预报继续上涨，首先运用杜家台蓄滞洪区分蓄汉江或长江洪水，视实时水情工情再运用武汉附近一般蓄滞洪区，控制汉口水位不超过29.73米。

汉江发生洪水时，充分利用丹江口等水库联合拦蓄洪水，相机运用杜家台蓄滞洪区分蓄洪水，必要时启用部分分蓄洪民垸蓄洪。

(4)湖口河段。

湖口水位低于20.50米时，充分利用河湖泄蓄洪水。

湖口水位达到20.50米并预报继续上涨，视实时水情工情，相机运用河段内长江干堤之间、鄱阳湖区洲滩民垸行蓄洪水。

预报湖口水位将达到22.50米并继续上涨，首先运用鄱阳湖区的康山蓄滞洪区分蓄洪水，相机依次运用鄱阳湖一般蓄滞洪区、华阳河蓄滞洪区分蓄洪水。

鄱阳湖五河发生洪水时，充分发挥各支流水库的拦洪作用，减轻下游防洪压力。

(5)湖口以下河段。

充分利用河道下泄洪水，相机运用河段内长江干堤之间洲滩民垸行蓄洪水，控制干流水位不超过堤防设计水位。

青弋江、水阳江及滁河发生洪水时，充分发挥支流水库的拦洪作用，合理调度控制闸站，利用分洪道、河湖泄蓄洪水，相机运用蓄滞洪区分蓄洪水。

2. 发生设计标准以上洪水

(1)荆江河段。

荆江河段发生100年一遇以上 、1000年一遇以下洪水时，充分利用三峡等水库联合拦蓄洪水，控制枝城最大流量不超过80000立方米/秒。视实时水情工情，依次运用荆江分洪区、涴市扩大区、虎西备蓄区及人民大垸蓄滞洪区分蓄洪水，控制沙市站水位不超过45.00米，保证荆江两岸干堤防洪安全，防止发生毁灭性灾害。

发生1000年一遇以上洪水，视需要爆破人民大垸中洲子江堤吐洪入江.进一步运用监利河段主泓南侧青泥洲、北侧新洲垸等措施扩大行洪；若来水继续增大，爆破洪湖西分块蓄滞洪区上车湾进洪口门，利用洪湖西分块蓄滞洪区分蓄洪水。

(2)城陵矶及以下河段。

运用重要和一般蓄滞洪区仍不能控制水位上涨，运用蓄滞洪保留区分蓄洪水。

运用蓄滞洪保留区后，仍不能控制城陵矶、汉口、湖口水位上涨，适当抬高干流1级及2级堤防运行水位，加强工程巡查、防守、抢险，并采取必要措施，保障重要保护对象防洪安全。

五、洪水资源利用

在确保防洪安全的前提下，根据防洪形势、气象水文预报，综合考虑水资源、水生态等需求，经有管辖权的防汛抗旱指挥机构批准，长江干支流控制性水库可采取汛期适度蓄水、汛末提前蓄水、流域调水补水等措施，合理利用洪水资源。

六、工作与任务

(一)防汛准备

长江防汛抗旱总指挥部及地方各级防汛抗旱指挥部要对流域及所辖范围内的防汛准备情况进行检查，督促落实防汛责任和度汛措施。受洪水影响的企业和单位，要做好各项防汛准备，落实防洪自保措施。

(二)预报预警

气象、水文、海洋等部门要及时作出天气形势、降雨、洪水和风暴潮等预报，并按有关规定发布预报成果。流域内承担防洪任务的水库运行管理单位应按要求向相关防汛抗旱指挥部报送水库流域内的实时水雨情、水库调度运行等相关信息。

长江防汛抗旱总指挥部和地方各级防汛抗旱指挥部应及时发布洪水预警信息。

(三)蓄滞洪区运用

蓄滞洪区所在地各级人民政府要根据本方案做好蓄滞洪区运用的各项工作。

(四)抗洪抢险

长江防汛抗旱总指挥部指导、协调、监督长江抗洪抢险工作。

地方各级人民政府要按照防汛责任制的规定，组织做好抗洪抢险工作。国土资源、交通运输、能源、通信等部门和单位应做好所属行业及其设施的抗洪抢险工作。

当长江发生设计标准以上洪水时，地方各级人民政府要采取措施，加强重要防洪工程和各类重要基础设施的防守和抢险工作，保证重要水库、重要堤防、重要城市和重要地区的防洪安全。

(五)救灾

地方各级人民政府应当组织有关部门和单位做好受灾人员转移安置、生活保障、卫生防疫、物资供应、治安管理、水毁修复、恢复生产和重建家园等工作。

七、责任与权限

(一)责任

1. 长江防汛抗旱总指挥部负责流域防洪的组织、协调、指导、监督工作和重要防洪工程的调度运用。

2. 各省(市)人民政府负责本行政区域内的抗洪抢险和蓄滞洪区(包括蓄洪民垸、洲滩民垸)运用、人员转移安置、救灾及灾后恢复等工作。

3. 国土资源、交通运输、能源、通信等部门和单位负责所属行业及其设施的防洪安全。

（二）权限

1. 荆江分洪区的运用由长江防汛抗旱总指挥部商湖北省人民政府提出方案，报国家防汛抗旱总指挥部决定；国家确定的其他蓄滞洪区的运用由长江防汛抗旱总指挥部商所在省人民政府决定，并报国家防汛抗旱总指挥部备案。

2. 三峡水库的防洪和蓄水调度由长江防汛抗旱总指挥部提出方案，报国家防汛抗旱总指挥部批准。丹江口、陆水水库的防洪和蓄水调度由长江防汛抗旱总指挥部负责。长江上中游大型水库配合三峡水库为长江中下游进行防洪调度时，由长江防汛抗旱总指挥部调度。

3. 大型水库防洪影响范围或承担的防洪任务跨省（市）的，其防洪调度由长江防汛抗旱总指挥部负责；大型水库防洪影响范围和承担的防洪任务不跨省（市）的，其防洪调度由所在省（市）防汛抗旱指挥部负责，重要水库的实时调度方案报长江防汛抗旱指挥部备案。

4. 调弦口的运用由湖北、湖南两省协商决定.必要时由长江防汛抗旱总指挥部裁决。

5. 当洞庭湖四水发生洪水，为保护四水下游重点地区的防洪安全，需运用四水尾间国家确定的蓄滞洪区分蓄洪水时，由湖南省提出方案，报经长江防汛抗旱总指挥部同意后执行。

6. 长江中下游洲滩民垸，汉江中下游、洞庭湖四水、鄱阳湖五河的分蓄洪民垸等的运用由所在省防汛抗旱指挥部负责，报长江防汛抗旱总指挥部备案。

7. 长江上游水库群联合调度方案由长江防汛抗旱总指挥部制定，报国家防汛抗旱总指挥部批准后执行。各水库汛期调度运用计划和汛末蓄水方案由水库运行管理单位编制，报有管辖权的防汛抗旱指挥机构批准。

八、附则

（一）本方案由国家防汛抗旱总指挥部负责解释。

（二）长江水利委员会根据本方案，会同流域内有关省（市）人民政府制定长江洪水调度方案，报国家防汛抗旱总指挥部批准。以往方案与本方案不符的.按本方案执行。

（三）本方案中各控制站水位采用冻结吴淞高程。

（四）本方案自印发之日起执行，此前有关长江防御洪水方案同时废止

第12章 洞庭湖保护及水资源利用

12.1 概述

洞庭湖南汇湘、资、沅、澧四水，北纳松滋河、虎渡河、藕池河三口分泄的长江洪水，东接汨罗江和新墙河，由城陵矶注入长江。洞庭湖区河湖众多、水网密布、水资源丰富，洞庭湖流域水资源总量为2086亿m^3。从水资源消费结构来看，洞庭湖区农业用水占总用水量的63.6%，高于全国1.2个百分点，工业用水占总用水量的26.5%，居民生活用水占总用水量的9.9%；从城乡集中供水式供水能力来看，洞庭湖区城市公共供水普及率约为88.5%，农村自来水普及率约为86.5%；从饮用水水源来看，洞庭湖区大部分地区饮用水水源为地表水，但是荆南四河流域，以及南县、沅江市、大通湖区等地区的部分饮用水水源目前仍然为地下水。地下水改地表水，城乡供水一体化改造正在进行中。

洞庭湖流域中四水多年平均流量5330m^3/s，多年平均径流量1682亿m^3；三口多年平均流量2700m^3/s，多年平均径流量850亿m^3；出湖控制站城陵矶（七里山）多年平均出湖流量9012m^3/s，出湖水量2842亿m^3。四水来水、荆南三河来水、区间来水分别占入湖总水量的59.2%、29.9%和10.9%。洞庭湖径流量年内分配不均，5—9月径流量达1801亿m^3，占全年的65.3%。洞庭湖季节性水位变化大，平均水位以7月最高，1月最低，多年最大水位变幅达18.77m。汛期蓄水量、湖面面积分别是枯期的10倍、5倍以上。

受江湖关系变化、人类活动的影响，水资源与水环境发生改变。特别是三峡工程建成运用以来，长江荆江河段的防洪能力显著提高，洞庭湖区的防洪形势得到改善，但洞庭湖与长江的江湖关系仍将产生持续的变化，对长江中游及洞庭湖区的防洪、水资源利用与水生态环境保护产生显著影响。目前，相对于经济社会发展对洞庭湖治理的要求，区域内仍然存在防洪排涝能力有待提高、水资源供需矛盾突出、局部地区水资源匮乏、水生态环境衰退、水利管理水平有待提高等问题。

12.2 水环境现状

洞庭湖总体水质为Ⅳ类，主要超标因子为总磷、总氮；营养状态指数为48.2，属于中营养状态。从监测断面来看，洞庭湖区11个国控监测断面水质均为Ⅳ类，洞庭湖国控监测断面水质情况见表12-1。其中，东洞庭湖部分监测断面水质相对较差，部分断面达到轻度富营养状态，大小西湖及附近水域已连续多年发生水华。洞庭湖出口监测断面水质为Ⅳ类，属于轻度富营养状态。

表 12-1　　洞庭湖国控监测断面水质情况

序号	所在城市	洞庭湖区	断面名称	水质类别	超标污染物（超标率）	富营养化状态等级	营养状态指数
1	岳阳市	东洞庭湖	岳阳楼	Ⅳ类	总磷 70%	轻度富营养	50.1
2	岳阳市	洞庭湖出口	洞庭湖出口	Ⅳ类	总磷 60%	轻度富营养	50.6
3	岳阳市	东洞庭湖	鹿角	Ⅳ类	总磷 70%	中营养	48.6
4	岳阳市	东洞庭湖	东洞庭湖	Ⅳ类	总磷 40%	轻度富营养	50.2
5	岳阳市	南洞庭湖	横岭湖	Ⅳ类	总磷 30%	中营养	47.1
6	岳阳市	南洞庭湖	虞公庙	Ⅳ类	总磷 40%	中营养	46.6
7	岳阳市	东洞庭湖	扁山	Ⅳ类	总磷 70%	轻度富营养	50.3
8	常德市	西洞庭湖	蒋家嘴	Ⅳ类	总磷 20%	中营养	45.3
9	益阳市	西洞庭湖	小河咀	Ⅳ类	总磷 20%	中营养	45.3
10	益阳市	南洞庭湖	万子湖	Ⅳ类	总磷 30%	中营养	46.3
11	益阳市	西洞庭湖	南咀	Ⅳ类	总磷 70%	中营养	47.5
全湖				Ⅳ类	总磷 50%	中营养	48.2

注：资料来自《洞庭湖水环境综合治理规划》，2018 年 10 月。

12.3　河道生态基流

生态流量指标是指维系河流水生态系统结构和功能，需要保留在河道内的流量。湖南省控制断面有湘资沅澧干流、跨省重要河流、跨市州重要河流，以及建有流域控制性水工程河流的流域控制断面、省界控制断面、市界控制断面、重要水利枢纽控制断面、市（州）城区控制断面等，洞庭湖区河流主要控制断面生态流量控制指标见表 12-2。

12.4　洞庭湖自然保护区功能区划(森林生态系统、湿地生态系统、野生动物类型)

洞庭湖地处中北亚热带湿润气候区，四季分明，热量丰富，降水充沛，无霜期长。洞庭湖是国际重要湿地和珍稀候鸟栖息地，是水生生物栖息繁衍的重要场地，是我国生物多样性最为丰富的区域之一。洞庭湖区分布有东洞庭湖、西洞庭湖、长江天鹅洲白鱀豚等 9 个国家级自然保护区，横岭湖、南洞庭湖湿地水禽等 6 个省级自然保护区，以及东洞庭湖、西洞庭湖、南洞庭湖、洪湖等 4 个国际重要湿地。生物资源丰富，有国家一、二级保护野生植物 30 多种，中华鲟、白鲟、东方白鹳等国家一级保护野生动物 13 种，二级保护野生动物 35 种，是国家重点保护野生动物江豚和麋鹿的栖息地。洞庭湖区省级以上自然保护区基本情况见表 12-3，洞庭湖自然保护区功能区划分布图见附图 7，洞庭湖区国家级水产种质保护区分布图见图 12-1。

表 12-2　洞庭湖区河流主要控制断面生态流量控制指标

序号	河流	控制断面	控制面积/km^2	多年平均流量/(m^3/s)	断面类型	生态流量/(m^3/s)	最小流量/(m^3/s)	最小流量占多年平均流量比例/%	备注
1	湘江	湘潭	81638	2070	流域控制与市州城区断面	333.0	359	17	
2	湘江	长沙枢纽	90520	2317	重要水利枢纽和市州城区断面	348.0	387	17	
3	资水	柘溪坝	22640	599	重要水利枢纽断面	86.3	130	22	控制性水工程
4	资水	修山坝(桃江)	27000	707	流域控制、重要水利枢纽、市州城区断面	107.0	141	20	
5	沅江	五强溪坝	81800	1934	重要水利枢纽断面	295.0	395	20	控制性水工程
6	沅江	桃源坝(桃源站)	85223	2030	流域控制、重要水利枢纽、市州城区断面	300.0	400	20	
7	澧水	三江口坝(石门站)	15070	456	流域控制与重要水利枢纽	70.0	78	17	
8	澧水	艳洲坝	15955	483	重要水利枢纽断面	70.0	70	15	
9	洞庭湖	城陵矶(七里山)		9010	流域控制与市州城区断面	1080.0	1080	12	

注:1. 资料来自《湖南省主要河流控制断面生态流量方案》(湘水发〔2019〕17 号)。

2. 最小流量是指满足河道内和河道外所有用水需求的最小流量值。

表 12-3　　洞庭湖区省级以上自然保护区基本情况

保护区名称	行政区域	面积/(万 hm^2)	自然保护区类型	级别
东洞庭湖	岳阳市	19.00	湿地	国家级
西洞庭湖	汉寿县	3.00	湿地	国家级
乌云界	桃源县	3.33		国家级
壶瓶山	石门县	6.66		国家级
六步溪	安化县	1.42		国家级
石首麋鹿	石首市	0.16		国家级
长江天鹅洲白鳖豚	石首市	0.20		国家级
洪湖	洪湖市、监利县	4.14		国家级
长江新螺段白鳖豚	洪湖市、临湘市等	1.35		国家级
集成麋鹿	华容县	0.25		省级
横岭湖	湘阴县	4.30		省级
幕阜山	平江县	0.77		省级
南洞庭湖湿地水禽	益阳市	16.80	湿地	省级
安化红岩	安化县	0.90		省级
何王庙长江江豚	监利县	0.26		省级

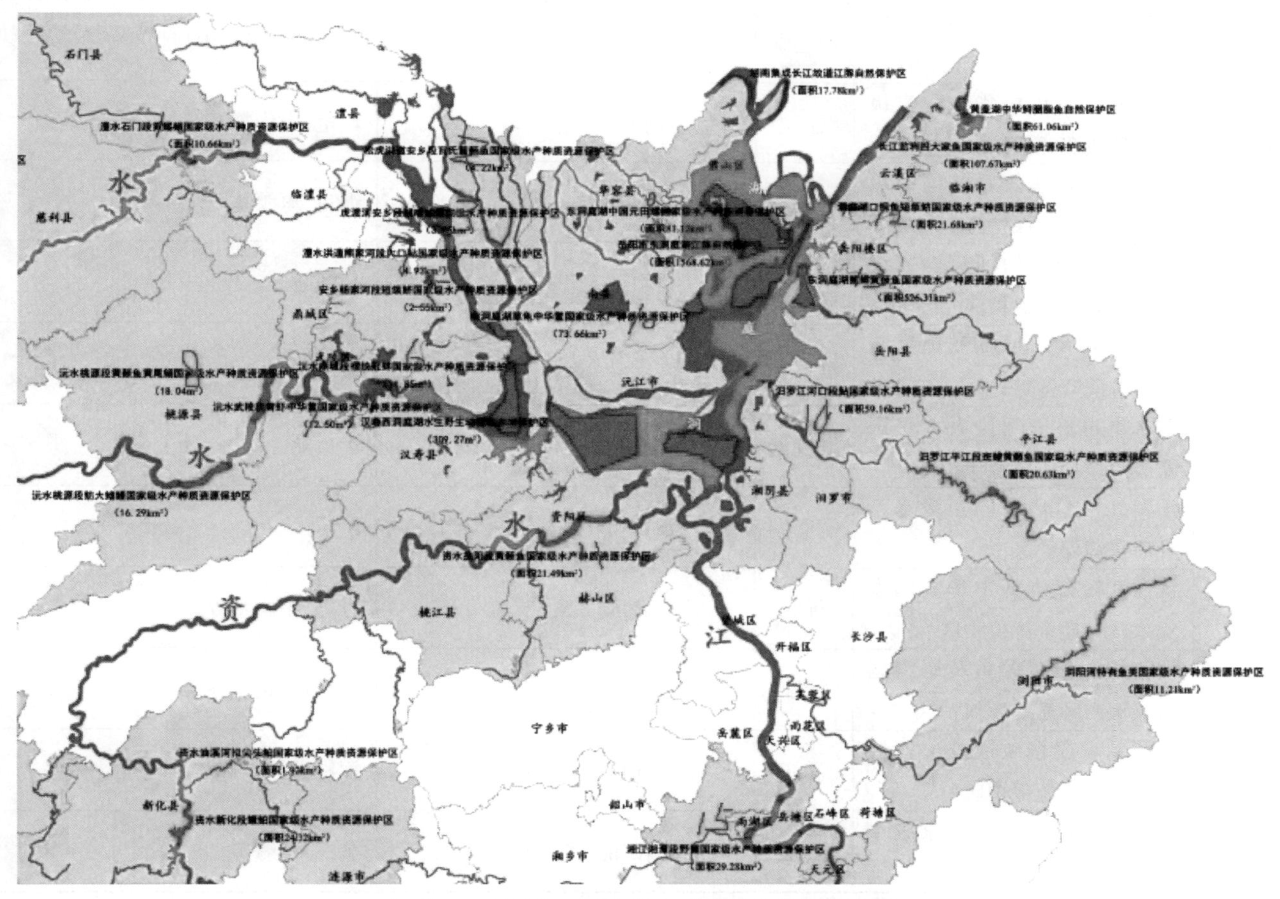

图 12-1　洞庭湖区国家级水产种质保护区分布图

12.5 洞庭湖区水产种质资源保护区

至2022年，湖南省洞庭湖区有国家级水产种质资源保护区14个，即东洞庭湖鲤鲫黄颡国家级水产种质资源保护区、东洞庭湖中国圆田螺国家级水产种质资源保护区、南洞庭湖银鱼三角帆蚌国家级水产种质资源保护区、南洞庭湖大口鲶青虾中华鳖国家级水产种质资源保护区、南洞庭湖草龟中华鳖国家级水产种质资源保护区、洞庭湖口铜鱼短颌鲚国家级水产种质资源保护区、安乡杨家河段短河鲚国家级水产种质资源保护区、虎渡河安乡段翘嘴鲌国家级水产种质资源保护区、澧水洪道熊家河段大口鲇国家级水产种质资源保护区、汨罗江河口段鲶国家级水产种质资源保护区、沅江武陵段青虾中华鳖国家级水产种质资源保护区、沅江桃源段黄颡鱼黄尾鲴国家级水产种质资源保护区、沅江鼎城段褶纹冠蚌国家级水产种质资源保护区、资水益阳段黄颡鱼国家级水产种质资源保护区。洞庭湖区国家级水产种质资源保护区基本情况见表12-4。

表12-4 洞庭湖区国家级水产种质资源保护区基本情况

序号	名称	所属水系	所属行政区域	面积/hm^2	保护对象
1	东洞庭湖鲤鲫黄颡国家级水产种质资源保护区	洞庭湖	岳阳市	132800	鲤、鲫、黄颡、鲶等定居性经济鱼类
2	东洞庭湖中国圆田螺国家级水产种质资源保护区	洞庭湖	华容县	16902.1	中国圆田螺、三角帆蚌、无齿蚌、褶文冠蚌、背瘤丽蚌等软体动物
3	南洞庭湖银鱼三角帆蚌国家级水产种质资源保护区	洞庭湖	益阳市	38653.3	银鱼、三角帆蚌
4	南洞庭湖大口鲶青虾中华鳖国家级水产种质资源保护区	洞庭湖	湘阴县	43000	大口鲶、青虾、中华鳖
5	南洞庭湖草龟中华鳖国家级水产种质资源保护区	洞庭湖	南县	6100	草龟、中华鳖等
6	洞庭湖口铜鱼短颌鲚国家级水产种质资源保护区	洞庭湖	岳阳市	2100	铜鱼、短颌鲚
7	安乡杨家河段短河鲚国家级水产种质资源保护区	洞庭湖	安乡县	995	短颌鲚等
8	虎渡河安乡段翘嘴鲌国家级水产种质资源保护区	洞庭湖	安乡县	2450	翘嘴鲌等
9	澧水洪道熊家河段大口鲇国家级水产种质资源保护区	洞庭湖	安乡县	2620	大口鲇
10	汨罗江河口段鲶国家级水产种质资源保护区	洞庭湖	汨罗市	5400	鲶
11	沅江武陵段青虾中华鳖国家级水产种质资源保护区	沅江	武陵区	1250	青虾、中华鳖等
12	沅江桃源段黄颡鱼黄尾鲴国家级水产种质资源保护区	沅江	桃源县	2140	黄颡鱼、黄尾鲴等
13	沅江鼎城段褶纹冠蚌国家级水产种质资源保护区	沅江	鼎城区	1413	褶纹冠蚌等蚌类
14	资水益阳段黄颡鱼国家级水产种质资源保护区	资水	益阳市	2368.3	黄颡鱼、鳜等

12.6 洞庭湖北部地区水资源配置工程

洞庭湖北部地区地处四口水系区，主要包括常德市安乡县、益阳市南县、岳阳华容县与君山区等县（市、区）。由于长江四口分流量减少，造成了本片的资源性缺水。资源性缺水导致本地水资源的开发利用率偏高，使水体的水环境遭到破坏，加之区内血吸虫疫情仍不容乐观，造成了本片资源性、水质性、工程性的复合型缺水。区内的安乡县、南县、华容县和松滋市的生产生活用水都取自就近的河道，水量与水质难以保证。

为解决洞庭湖北部地区干旱缺水问题，2017 年 11 月，湖南省委、省政府立足北部地区水资源禀赋条件，研究提出洞庭湖北部地区分片补水总体方案，总体布局为“澧水东调，北连长江，南引草尾，分区配置，分散补水”，计划从澧水、长江干流、草尾河等河流分 3 片引流补水，工程总投资 46.7 亿元。鉴于总体方案投资规模较大，湖南省人民政府明确“整体规划、市县主体、应急先行、先易后难、先重后轻、加减同步”的工作思路，组织实施分片补水一期工程，共 8 个项目，总投资 15.7 亿元（省级奖补 3.14 亿元）。

分片补水一期工程 8 个项目于 2018 年启动建设，并已于 2020 年建成，按照“省级奖补、市县主体”模式实施，共建有提水泵站 23 处、水闸 347 处、倒虹吸 3 处，整治渠道 129km，总引水流量 192m^3/s。工程实施后，有效改善了洞庭湖北部地区 200 万亩耕地灌溉水源问题，一定程度上改善了供水水源问题，有力提升了大通湖、珊珀湖、三仙湖水库（沱江）、华容河等水体水质，解决了部分堤垸生产、生活、生态用水等问题，取得显著的生态效益、民生效益。洞庭湖北部地区分片补水一期工程实施情况见表 12-5。

为充分发挥一期工程补水效益，扩大受益范围，进一步改善洞庭湖北部地区饮水、灌溉水源条件和重要内湖水生态环境质量，湖南省水利厅在 2021 年 8 月开工实施了洞庭湖北部地区分片补水二期工程。二期补水工程遵循“稳进高新”工作方针，按照“加固、扩容、疏浚、拦蓄”洞庭湖水系统治理基本思路，继续依照“澧水东调，北连长江，南引草尾，分片配置，分散补水”的总体布局，坚持“整体规划、统筹兼顾、系统治理、市县主体”原则，着眼当前，谋划长远，聚焦洞庭湖北部地区民生急需，立足现有水源基础条件、巩固发挥已建工程的补水效益、避免重复建设、系统解决区域水安全问题。二期工程计划实施安乡县安造安昌安化垸补水工程、澧县梦溪补水工程、益阳市大通湖垸明山补水工程、益阳市大通湖南部水系连通工程、华容县护城垸补水工程、君山区君山垸补水工程等 6 个项目。主要包括新（改）建提水泵站 76 处、节制闸 31 处，新建倒虹吸管 3 处，开挖渠道 4.5km，衬砌加固渠道 118km，整治渠系建筑物 248 处，新建供水管道 6.4km，加固内湖堤 44.2km 等建设内容，工程匡算投资 10 亿元。洞庭湖北部地区分片补水二期工程项目情况见表 12-6。

表 12-5　洞庭湖北部地区分片补水一期工程实施情况

序号	项目名称	所在市	所在县(市、区)	补水思路	建设内容	工程效益	
						改善灌溉面积/万亩	改善供水人口/万人
合计						198.50	89.03
1	澧县西官垸补水工程	常德市	澧县	总引水流量 23.364m³/s(加上澧县河湖连通工程总流量为 38m³/s),包括引澧济澹济涔总干线及如东镇、官垸镇、小渡口镇三大片区连通工程	①新(改)建水闸 4 座; ②新建倒虹吸 1 处; ③提水机埠及渠系建筑物整治 55 座; ④渠道整治 53.09km; ⑤岸坡整治 18.24km	24.40	
2	安乡县珊珀湖补水工程	常德市	安乡县	建设豆港和王家垸提水泵站,引水流量 21.98m³/s,装机容量 2540kW,为珊珀湖换水并为安保垸提供灌溉补水	①新建豆港泵站; ②重建王家垸电排出水管	14.23	
3	安乡县东部补水工程	常德市	安乡县	引水流量 10m³/s,包括提水建筑物、输水渠道及附属建筑物 3 部分,主要有五七泵站改造、五七抗旱沟整治、倒虹吸管等	①新(改)建泵站 2 座; ②新建倒虹吸 2 座; ③渠系建筑物整治 5 座; ④渠道整治 10km	14.17	8.65
4	安乡县城补水工程	常德市	安乡县	建设书垸洲等 5 处泵站,孟家洲哑河治理,为安乡县城及安造垸南部补水	①新(改)建泵站 5 座; ②新(改)建水闸 7 座; ③渠道整治 13.6km	4.50	
5	益阳市大通湖垸五七运河补水工程	益阳市	大通湖区	一期治理河长 10.2km,新建五七闸,长春泵站移址重建等;二期治理河长 19.1km,河道清淤 8.9km,岸坡整治 32.4km 等	①一期治理河长 10.2km,主要建设内容为:新建五七引水闸,长春泵站移址重建,护坡护岸 2.1km,河道清淤 1.18km,清理河面碍洪水草 10.2km,涵闸加固改造 7 处。目前,五七运河补水工程(一期)已全部完工; ②二期治理河长 19.1km,主要建设内容为:河道清淤疏浚 8.9km,全线违建设施清除,岸坡整治护砌 32.441km,穿堤涵闸加固改造 28 处,堤防达标建设 13.854km,阻水桥梁拆除 9 处,恢复 3 处,改造 1 处	27.00	7.60

续表

序号	项目名称	所在市	所在县(市、区)	补水思路	建设内容	工程效益	
						改善灌溉面积/万亩	改善供水人口/万人
6	南县沱江补水工程	益阳市	南县	建设沱江灌排两用泵站，建成饮用水水源地，沱江两岸堤防整治	新建沱江下坝调节泵站（总装机 2520kW），全线清淤疏浚 41.02km，沿线涵闸加固改造 16 处，堤防培修 43.32km，堤顶路面硬化 38.018km	38.60	41.78
7	沅江市大通湖垸东南片补水工程	益阳市	沅江市	建设向南闸提水泵站及外西闸提水泵站，引水流量 $22.57m^3/s$，装机容量 1540kW；配套渠道护砌等	沅江市大通湖垸东南片补水工程主要建设内容为：新建 2 座泵站，渠道护砌 31.3km，涵闸新(改)建 84 处	43.62	31.00
8	岳阳市华洪运河补水工程	岳阳市	君山区 华容县	新建取水浮船泵站，引水流量 $19.54m^3/s$，装机容量 2800kW；扩建潘家渡大闸；渠系连通工程；华洪运河整治工程	①取水枢纽工程：新建取水浮船泵站（设计流量为 $19.54m^3/s$，装机 2800kW），7 根压力钢管（60m×DN 1200）、引水前池、箱涵连接段(8.45m)、引水防洪闸、双孔钢筋混凝土箱涵(60.8m)、消力池； ②水系连通工程：新建取水头部至西干渠连接渠段及灌排闸，拓宽西干渠(550m)，西干渠上新建 1 座节制闸，一支渠维修，拆除扩建一支渠运河闸、潘家渡运河大闸； ③华洪运河整治工程：拆除堵水垱 2 处，对 12.83km 渗漏严重段大堤进行锥探灌浆防渗，对华洪运河本次治理河段进行白蚁防治，对低矮单薄段堤防进行加高培厚 15.18km，岸线生态护坡 49.434km，新建堤顶公路 50.59km，新(改)建涵闸 59 处，改造泵站 28 处	31.93	

表 12-6　　洞庭湖北部地区分片补水二期工程项目情况

序号	项目名称	所在市	所在县市区	匡算投资/亿元	补水思路	工程效益			与一期补水工程的关系
						改善灌溉面积/万亩	受益人口/万人	其他效益	
合计				10.00		118.70	79.40		
1	安乡县安造安昌安化垸补水工程	常德市	安乡县	1.86	从松滋河东支将水通过新建黄土堤补水泵站提送至黄土堤总干渠，然后输送至最东端的三五渠，输水主干渠沿岸通过水闸分配相应的流量辐射至垸内现状各支渠。把松滋河东支的水输送到安造、安昌及安化垸北部地区，解决因虎渡河和藕池河断流而灌溉缺水问题	18.25	11.08	生态效益	新增补水通道
2	澧县梦溪补水工程	常德市	澧县	1.36	利用一期取水工程，将从澧水引入的水量进一步引至宋鲁湖、杨家湖、水沫堰和湖坝垱，为梦溪片区和如东山丘区高地灌溉补水。为拟建的毛家山（青龙窖）水厂提供补充水源	15.90	12.50	生态效益	扩大补水效益
3	益阳市大通湖垸明山补水工程	益阳市	南县	1.32	在明山电排西侧附近新建引排水闸结合提水泵站，可通过引、提、排水，提高灌溉、排水保证率，促进大通湖水体南北方向的流动			生态效益	新增补水通道
4	益阳市大通湖南部水系连通工程	益阳市	沅江市、大通湖区	2.00	①新建五七运河节制闸，当大通湖不需要五七运河补水时，通过爱民闸向四兴河补水，连通大通湖以南区域水系； ②在金盆河与老三河交界处位置新建金盆河节制闸，使五七运河补水经爱民闸、四兴河、金盆河流入漉湖；改造柳登河沿线涵闸，连通老三河、柳登河、金盆河； ③新建南大河泵站将草尾河水引入南大河	42.60	28.00	生态效益	扩大补水效益、新增补水通道

续表

序号	项目名称	所在市	所在县市区	匡算投资/亿元	补水思路	工程效益			与一期补水工程的关系
						改善灌溉面积/万亩	受益人口/万人	其他效益	
5	华容县护城垸补水工程	岳阳市	华容县	2.10	华容河水位抬高后，利用沿河现有的万庾大闸、石山矶低闸、三汊河低闸等涵闸向垸内补水，新修节制闸及提水机埠，塌西湖、蔡田湖、牛屎湖渍堤加固及清淤，利用现有渠系工程对垸内平原地区进行灌溉	35.00	22.80	生态效益	扩大补水效益
6	君山区君山垸补水工程	岳阳市	君山区	1.36	在西闸改建泵船引水，通过修整垸内渠系及垸内建筑物，沿线进行灌溉，同时通过管道将原水输送至城区水厂	6.90	5.00	生态效益	新增补水通道

12.7 沱江堵坝(三仙湖平原水库)

沱江位于益阳市南县境内,属藕池河系东支支流,北起南洲镇,南至茅草街入南洞庭湖,全长41.02km,是大通湖垸与育乐垸的界河。沱江沿线两岸有6个乡镇222个行政村,总人口38.85万人(其中农业人口25.84万人),耕地面积36.5万亩,是南县粮、棉、麻主产区,也是南县食品加工、农机修造等工业企业基地,更是渔业生产基地。由于河道淤塞,河床抬高,沱江河床平均抬高4.08m,形成了悬河,行洪、分洪功能明显下降,灌溉能力减弱,原有沿河水利设施失效,水源紧缺,农田因干旱大面积减产减收,洲滩上芦苇杂草丛生,血吸虫病蔓延。为了解决沱江两岸防洪、水资源水环境逐步恶化等问题,1999年国家启动沱江综合治理工程建设,并于2002年完工,主要治理措施为在加固两岸堤防、实施水利血防工程建设的基础上,对沱江上、下两口实施闸坝控制,形成三仙湖平原水库。其中沱江上闸坝工程包括上坝坝体、引水闸和护坡工程,坝体全长1080m,坝顶高程39.30m,引水闸引水流量$50m^3/s$。沱江下闸坝工程包括下坝坝体、排水闸、泄水船闸和护坡工程,下坝坝体全长380m,坝体西侧排水闸尺寸为3孔,宽3m,高3.2m,东侧泄水船闸净宽10m,全长213m。

三仙湖平原水库建成后,取得了显著效益。一是通过水闸控制汛期内水位,缩短防洪堤线,减少防洪压力;二是在汛末蓄水,实现洪水资源化,增大了调蓄量,提高水资源配置能力,减少了旱灾,确保了库区周边农业丰产丰收;三是蓄水后,水位抬高,改善了沿岸水运条件,而且消灭钉螺滋生环境,有效控制了血吸虫疫源蔓延。由于近年江湖关系持续剧烈演变,藕池河断流时间延长,加之经济高速发展,三仙湖蓄水及藕池河汛期来水已不能满足南县县城发展需求。初步治理思路是在草尾河建提水泵站,利用沱江和南茅运河,南水北调向南县县城输水,解决生产、生活用水问题。

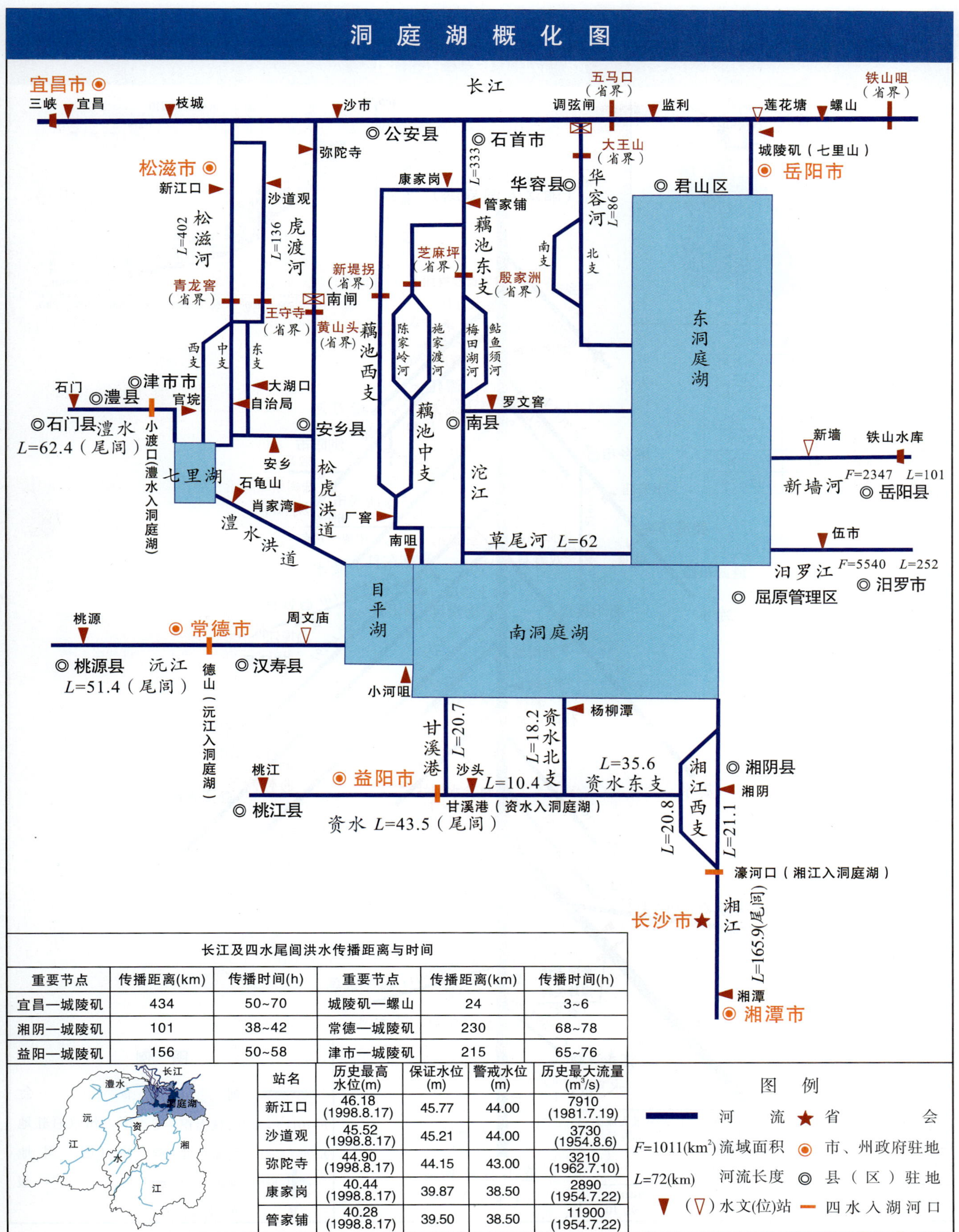

长江及四水尾闾洪水传播距离与时间

重要节点	传播距离(km)	传播时间(h)	重要节点	传播距离(km)	传播时间(h)
宜昌—城陵矶	434	50~70	城陵矶—螺山	24	3~6
湘阴—城陵矶	101	38~42	常德—城陵矶	230	68~78
益阳—城陵矶	156	50~58	津市—城陵矶	215	65~76

站名	历史最高水位(m)	保证水位(m)	警戒水位(m)	历史最大流量(m^3/s)
新江口	46.18 (1998.8.17)	45.77	44.00	7910 (1981.7.19)
沙道观	45.52 (1998.8.17)	45.21	44.00	3730 (1954.8.6)
弥陀寺	44.90 (1998.8.17)	44.15	43.00	3210 (1962.7.10)
康家岗	40.44 (1998.8.17)	39.87	38.50	2890 (1954.7.22)
管家铺	40.28 (1998.8.17)	39.50	38.50	11900 (1954.7.22)

附图 1　洞庭湖区水系概化图

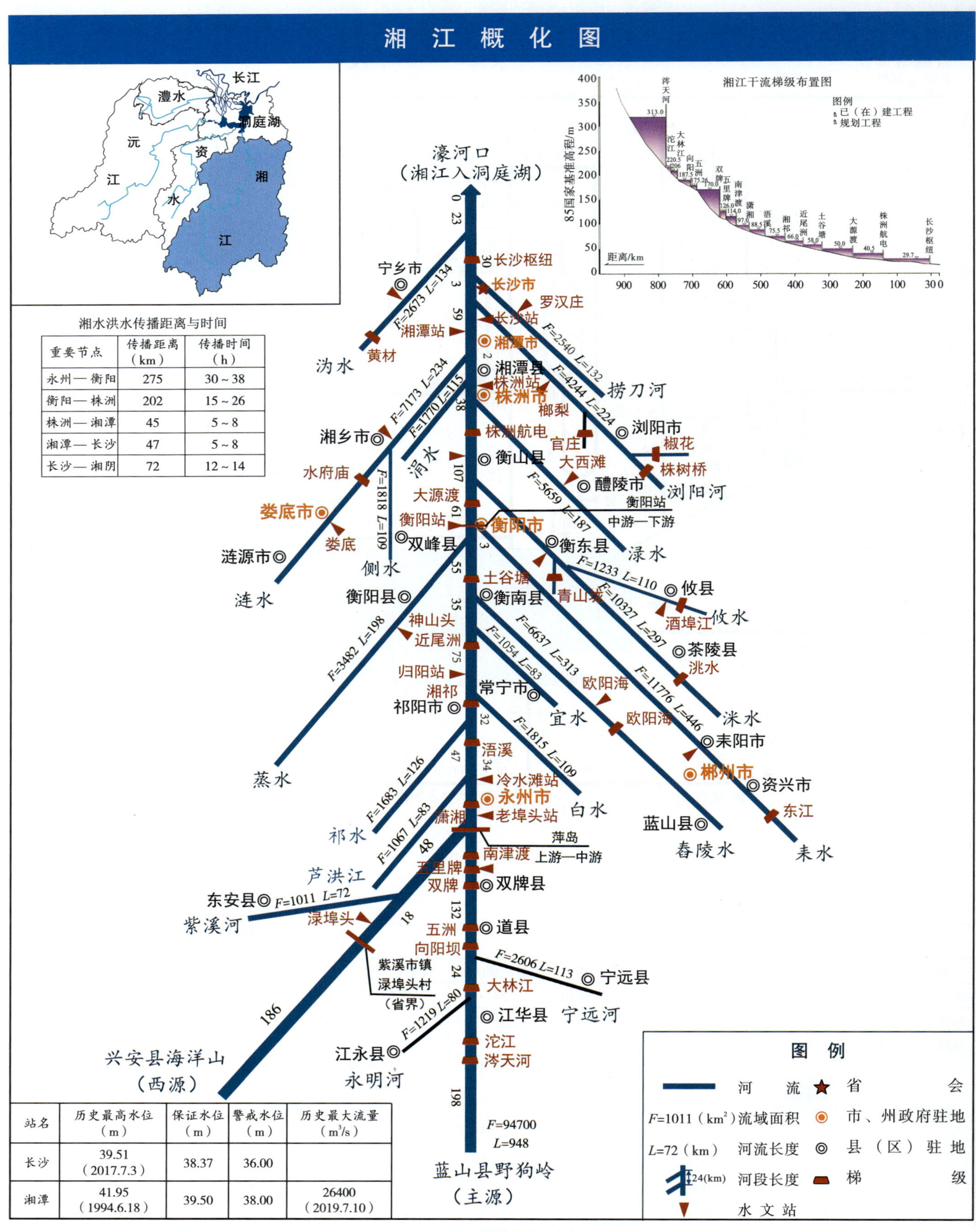

湘水洪水传播距离与时间

重要节点	传播距离（km）	传播时间（h）
永州—衡阳	275	30～38
衡阳—株洲	202	15～26
株洲—湘潭	45	5～8
湘潭—长沙	47	5～8
长沙—湘阴	72	12～14

站名	历史最高水位（m）	保证水位（m）	警戒水位（m）	历史最大流量（m³/s）
长沙	39.51（2017.7.3）	38.37	36.00	
湘潭	41.95（1994.6.18）	39.50	38.00	26400（2019.7.10）

附图 2　湘江水系概化图

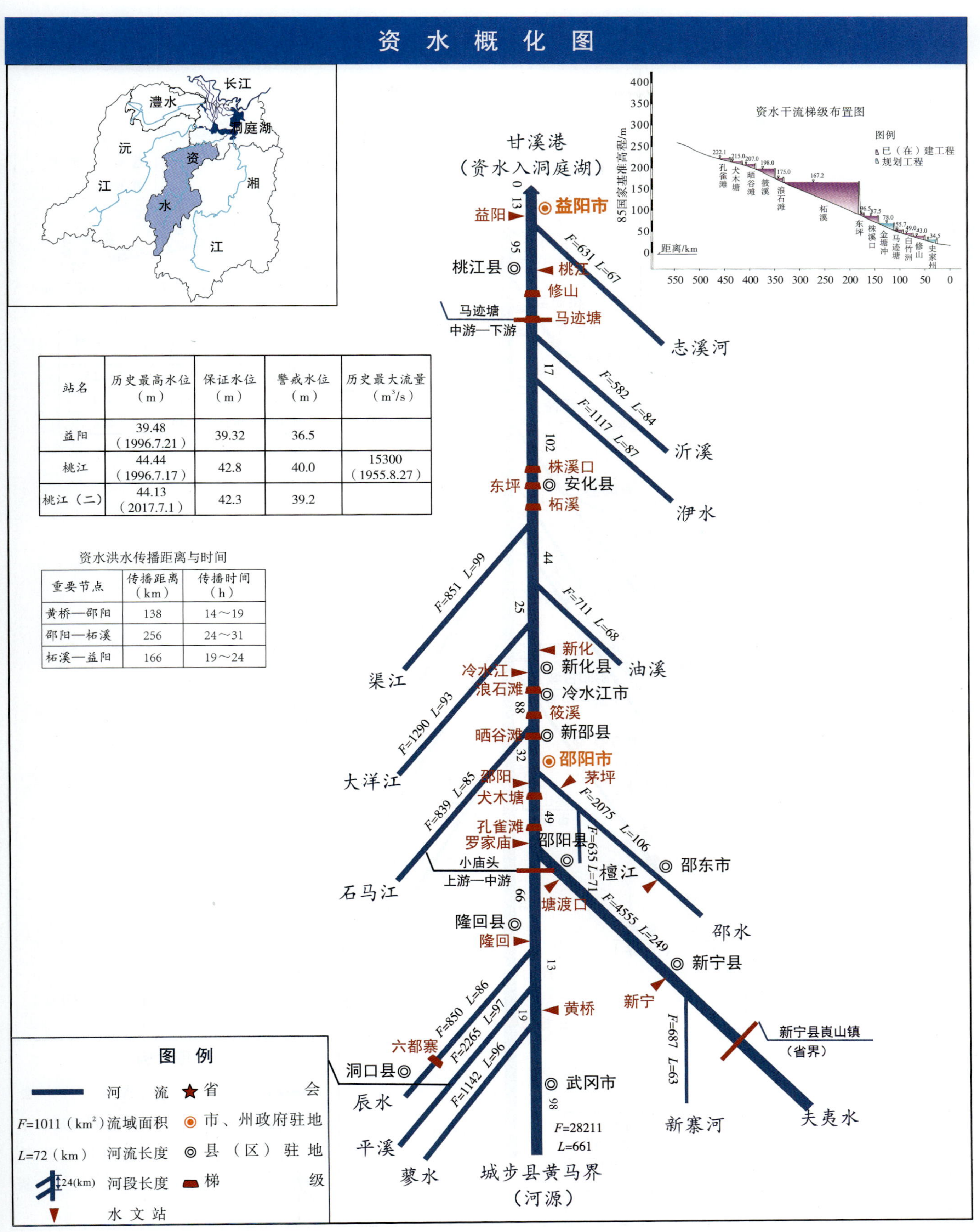

站名	历史最高水位（m）	保证水位（m）	警戒水位（m）	历史最大流量（m³/s）
益阳	39.48（1996.7.21）	39.32	36.5	
桃江	44.44（1996.7.17）	42.8	40.0	15300（1955.8.27）
桃江（二）	44.13（2017.7.1）	42.3	39.2	

资水洪水传播距离与时间

重要节点	传播距离（km）	传播时间（h）
黄桥—邵阳	138	14～19
邵阳—柘溪	256	24～31
柘溪—益阳	166	19～24

附图3　资水水系概化图

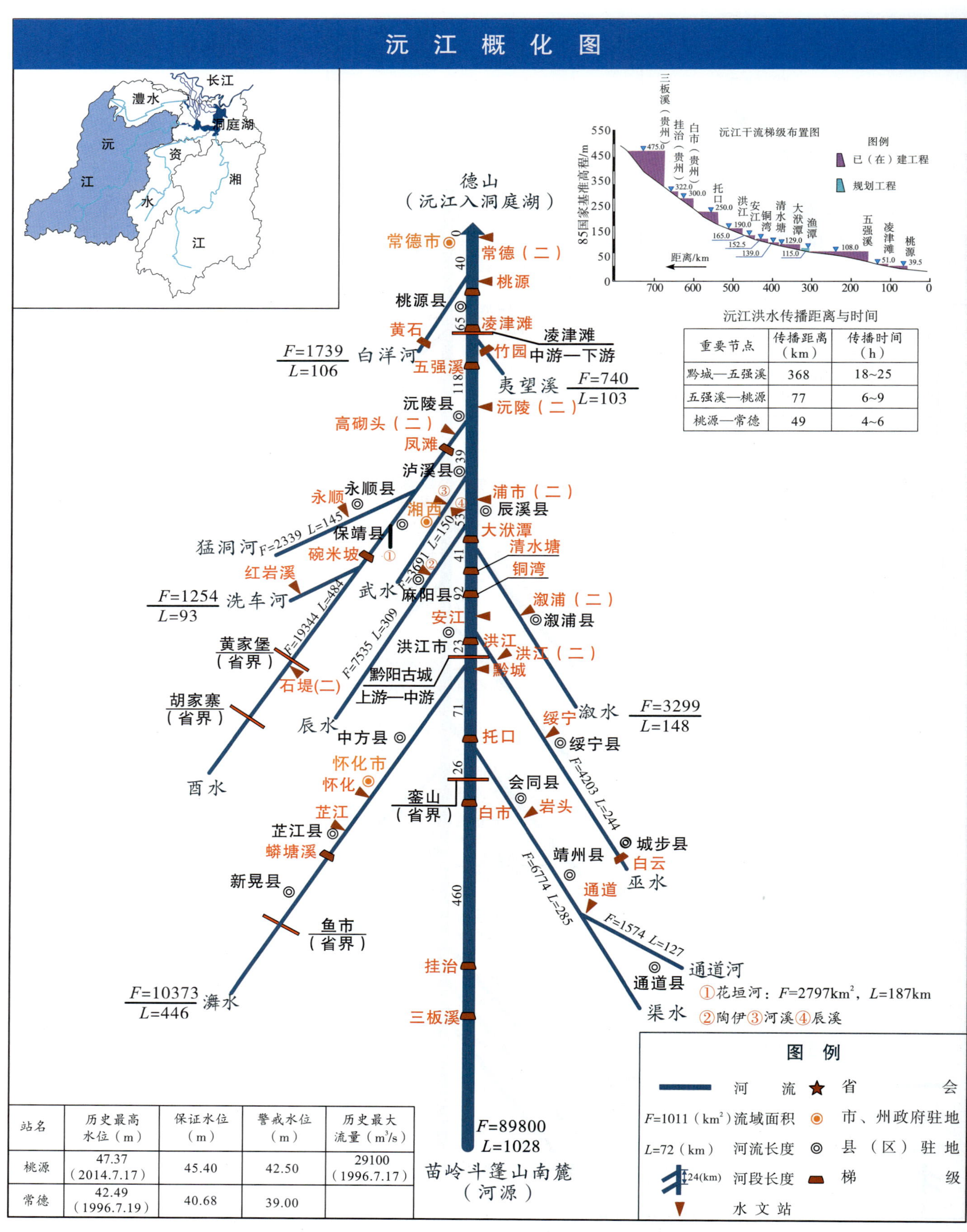

重要节点	传播距离（km）	传播时间（h）
黔城—五强溪	368	18~25
五强溪—桃源	77	6~9
桃源—常德	49	4~6

站名	历史最高水位（m）	保证水位（m）	警戒水位（m）	历史最大流量（m³/s）
桃源	47.37（2014.7.17）	45.40	42.50	29100（1996.7.17）
常德	42.49（1996.7.19）	40.68	39.00	

附图 4　沅江水系概化图

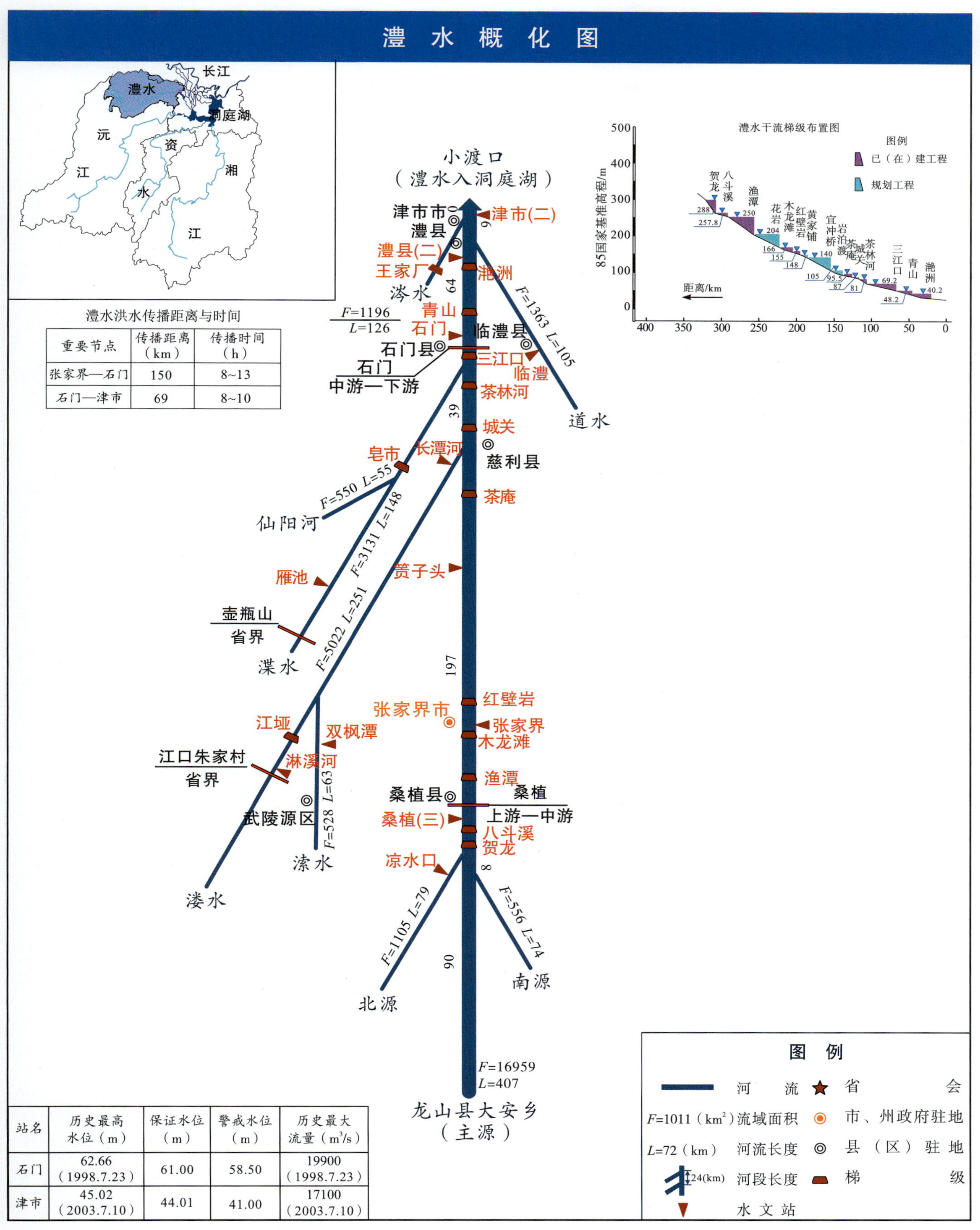

重要节点	传播距离（km）	传播时间（h）
张家界—石门	150	8~13
石门—津市	69	8~10

站名	历史最高水位（m）	保证水位（m）	警戒水位（m）	历史最大流量（m^3/s）
石门	62.66（1998.7.23）	61.00	58.50	19900（1998.7.23）
津市	45.02（2003.7.10）	44.01	41.00	17100（2003.7.10）

附图5　澧水水系概化图

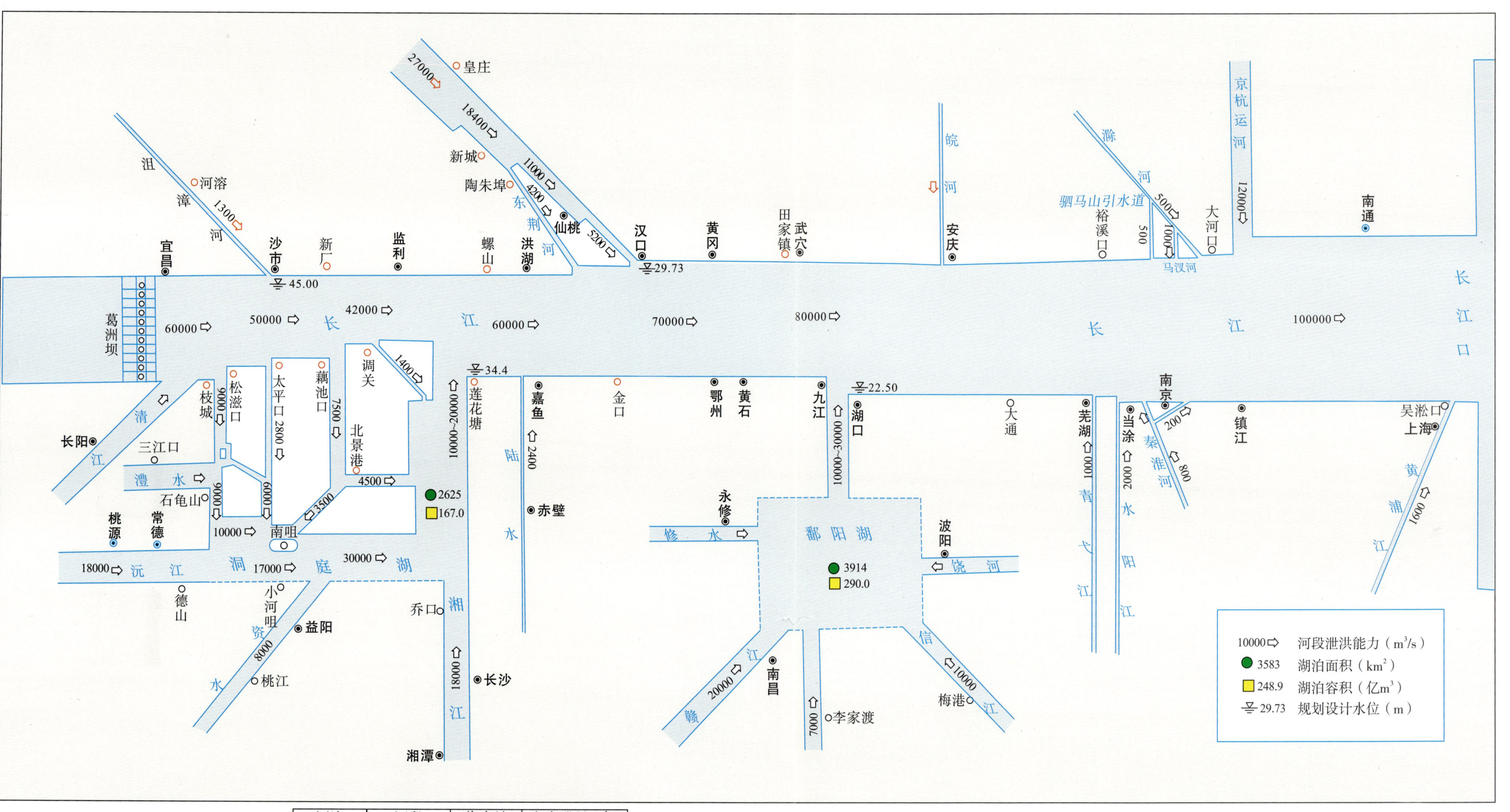

长江中下游地区是洪灾多发地区，当来水超过河道渲泄洪水能力时，如不采取其他措施，就易发生洪灾。某一河流河段的泄洪能力，又受相关的河道洪水遭遇，洪水持续时间长短、下游是否顶托等因素的影响。下表所列长江部分河段安全泄量，是在比较恶劣的洪水遭遇组合情况下能够安全通过的流量。

河流	河段	代表站	安全泄量(m^3/s)
长江干流	荆江	枝城	60000~68000
	城陵矶	螺山	60000
	武汉	汉口	70000
	湖口	湖口	80000
长江干流	碾盘山	皇庄	27000~30000
	新城	沙洋	18400~19000
	泽口以下		14200
	杜家台以下		90000~50000
洞庭湖水系	湘江尾闾	靖港	18000
	资水尾闾	沙买	8000
	沅江尾闾	牛鼻滩	18000
	澧水尾闾	石龟山	9000
		安乡	6000

除了以上一些河段外，还有一些洪道，其作用是利于行洪，如澧水洪道，上起湖南津市小渡口，下迄沅江市南咀，全长87.7km，是1954年汛后 为减少松滋河澧水相互干扰而开辟的，从石龟山分为上下两段，过流能力上段为10000m/s，下段洪道原可适应节节汇流加入，由于河道流速缓慢，芦苇迅速生长，泥沙淤积，洪道断面日见缩小。赤磊洪道，位于大通湖大圈与共双茶蓄洪区之间，全长55.8km。洪道最大流量为4640m^3/s。1954年汛后洪道建成，从此松滋河、虎渡河、澧水及沅江通过南咀断面的流量，一部分可通过洪道东流。马汉河洪道，位于滁河下游，长13.8km,通过流量1018m^3/s，1991年洪水时发挥了作用。

编者注：

1.本图为长江委资料

2.文中“赤磊洪道”是指草尾河。

附图6　长江中下游河道泄洪能力示意图